ספר דעת תבונות

SEFER DAAT TEVUNOT

EL LIBRO DE LA SABIDURÍA DEL ALMA

RABÍ MOSHÉ JAIM LUZZATTO

ספר דעת תבונות

SEFER DAAT TEVUNOT

EL LIBRO DE LA SABIDURÍA DEL ALMA

EDICIONES OBELISCO

Colección Cábala y Judaísmo
El libro de la sabiduría del alma
Rabí Moshé Jaim Luzzatto

1.ª edición: mayo de 2022

Título original: *Sefer Daat Tevunot*

Traducción: *Equipo editorial*
Maquetación: *Isabel Also*
Corrección: *David Aliaga*

Edita: Ediciones Obelisco, S. L.
Collita, 23-25. Pol. Ind. Molí de la Bastida
08191 Rubí - Barcelona - España
Tel. 93 309 85 25
E-mail: info@edicionesobelisco.com

ISBN: 978-84-9111-861-9
Depósito Legal: B-6.211-2022

Impreso en los talleres gráficos de Romanyà/Valls S. A.
Verdaguer, 1 - 08786 Capellades - Barcelona

Printed in Spain

רבי משה חיים לוצאטו

ספר דעת תבונות

Rabbí Moshé Jaim Luzatto

El libro de la Sabiduría del alma

א) אמרה הנשמה - תאותי ורצוני להתישב על קצת דברים מאותם שנאמר בהם (דברים ד, לט), "והשבות אל לבבך כי ה' הוא האלהים", הרי הם מעיקרי אמונתנו שחייב כל האדם לרדוף אחרי ידיעתם, כל אשר תשיג ידו.

1. Dijo el alma: aspiro y deseo resolver algunas cuestiones, acerca de las cuales se ha dicho (*Deuteronomio* IV-39): «Confirmarás en tu corazón que el Eterno es Dios...»; después de todo, estos son principios de nuestra fe[1] cuyo conocimiento todo hombre debe perseguir de acuerdo con sus capacidades, y tanto como esté a su alcance.

---

1. La palabra *emunah* (אמונה) alude a algo más que «fe» o «creencias». Procede de una raíz que denota más bien «certeza». Se refiere a los 13 principios de fe enunciados por Maimónides en su comentario a la *Mishná*.

ב) אמר השכל - אנה פניך מועדות? הנה העיקרים הם י"ג, ועל איזה מהם תרצי להתבונן ?

2. Dijo el intelecto: ¿Qué deseas conocer? He aquí que hay trece principios, ¿cuál de ellos deseas comprender?

ג) אמרה הנשמה - הנה כל העיקרים הי"ג הנה הם מאומתים אצלי בלי שום ספק כלל; אבל יש מהם שהם מאומתים לי וגם מובנים, ויש מהם שהם מאומתים לי באמונה, אך לא מבוארים מן ההבנה והידי־עה.

3. Dijo el alma: he aquí que he verificado los trece principios hasta no quedar en mí duda alguna; pero hay algunos que he verificado y también comprendido, y hay otros que he verificado con la fe, pero no he comprendido con el entendimiento y el conocimiento.[2]

ד) אמר השכל - איזה מאומתים לך, ואיזה מבוארים לך?

4. Dijo el intelecto: ¿Cuáles comprendes (únicamente) con la fe y cuáles con la razón?

ה) אמרה הנשמה - הנה מציאות ה', יחודו, נצחיותו, והיותו חוץ מן הגוף וכל מקרי גוף, חידוש העולם, נבואה, נבואת משה, תורה מן השמים ונצחיותה שלא תשתנה - כל הדברים האלה אני מאמנת ואני מבינתם, ואיני צריכה בהם ביאור; אבל ההשגחה, שכר ועונש, ביאת המשיח ותחיית המתים - מאמנת אני ודאי מפני חובת הדת, אבל הייתי חפצה לסבור בהם סברא שאשקוט בה.

2. Alusión a las *sefiroth* de *Binah* y *Daat*.

5. Dijo el alma: la existencia de Dios (ה'),[3] su Unicidad, su Eternidad, su independencia de la materia[4] y de todo tipo de cuerpo, la renovación del mundo,[5] la profecía, la profecía de Moisés, la *Torah* del Cielo, su eternidad y su inmutabilidad. Todas estas cosas las creo y las entiendo y no necesito que me sean aclaradas. Pero en cuanto a la Providencia (השגחה), la recompensa y el castigo, la llegada del Mesías y la resurrección de los muertos,[6] creo en estos principios, pero desearía alcanzar una comprensión razonada de ellos.

ו) אמר השכל - מהו המתקשה לך בזה.

6. Dijo el intelecto: ¿qué es lo que te dificulta su comprensión?

ז) אמרה הנשמה - המסיבות הגדולות המתהפכות בעולם המראות תמיד לכאורה הפך ההשגחה ח"ו. כל שכן שאין הסברא רואה סוף הענינים להיכן הם מגיעים, מה רוצה האדון ב"ה בבריותיו, ולמה הוא מנהלם, ומה אחרית כל אלה; כי מעשי ה' ית' נראה בהם רוחב כל כך גדול שאין שום לב מכיל אותם. והייתי רוצה שתלמדני דרך ישרה להבין יושר הענינים האלה, מבלתי נטות ימין ושמאל.

7. Dijo el alma: los grandes acontecimientos que se repiten en el mundo, que parecen contradecir a la Providencia, Dios no lo quiera. Sobre todo, porque la razón no parece poder vislumbrar el fin de estos hechos. ¿Qué desea Dios de sus criaturas? ¿Adónde las conduce y cuál es la finalidad de todo esto? Porque los actos de Dios se ven tan gran-

3. En el sentido de El Eterno. Seguiremos traduciéndolo por Dios para una mejor comprensión del texto.

4. Literalmente, «del cuerpo».

5. En el sentido de creación ininterrumpida y continuada.

6. O sea, los 4 últimos de los 13 principios de Maimónides.

des que no hay corazón capaz de contenerlos. Desearía que me enseñaras el camino correcto (דרך ישרה)[7] para comprender estos asuntos correctamente (יושר), sin desviarme ni a la derecha ni a la izquierda.

ח) אמר השכל - אבל יש בכאן דברים קשים ועמוקים מאד, כגון, צדיק ורע לו, רשע וטוב לו, שנתקשו על גדולי החכמים והנביאים, ואפילו למשה רבנו ע"ה, שאי אפשר להשיגם.

8. Dijo el intelecto: pero hay, entre estas cuestiones, cuestiones muy difíciles y profundas como el mal que afecta a los justos y el bien que acontece a los malvados,[8] que han dejado atónitos a los grandes sabios y a los profetas, incluido Moisés, nuestro maestro, que en paz descanse, que no pueden ser comprendidos.

ט) אמרה הנשמה - הפרטים שלא אוכל להבין - הנה אניח. אך שהכללים לפחות יהיו בידי ישרים, שאדע על כל פנים עצה וסברא ישרה בכל רוחב הדברים האלה. ואז מה שלא תשיגהו ידיעתי - אומר לעצמי, לא עליך המלאכה לגמור.

9. Dijo el alma: los detalles que no logro comprender, no lo intento. Pero los principios generales, permíteme lograr una comprensión recta pare tener un razonamiento adecuado sobre todos estos asuntos. Y, en lo referente a aquello que no puedo comprender, me diré a mí misma que no es un trabajo que yo deba acometer.[9]

---

7. Literalmente, el camino recto.
8. El sufrimiento del justo y la prosperidad del malvado es un tema recurrente en el Talmud y en el *Tania*.
9. Véase *Pirké Avoth* (II-16).

י) אמר השכל - זה ודאי, שהקב"ה הקים עולמו על המשפט, ומנהגו במשפט ישר ונאמן; וזה הדבר תראי אותו ברור בלי שום ספק, וכמו שהעיד הרועה הנאמן (דברים לב, ד), "הצור תמים פעלו כי כל דרכיו משפט, אל אמונה ואין עול, צדיק וישר הוא".

10. Dijo el intelecto: es sabido que el Santo, bendito sea, estableció su mundo con justicia (משפט) y lo conduce con justicia recta y fiel; y éste es un asunto obvio sin pizca de mentira y como atestiguó el pastor fiel[10] (*Deuteronomio* XXXII-4): «Él es la Roca y sus obras son justicia; Dios de fe, sin iniquidad, es justo y recto».

יא) אמרה הנשמה - יושר המשפט הזה ועומק העצה השלמה הזאת שזכרת, הוא מה שאני חפצה לשמוע ממך באר היטב, דבר על בוריו.

11. Dijo el alma: la rectitud de esta justicia y la profundidad esencial de la totalidad de las cuestiones que has recordado, esto es lo que yo quisiera que me explicaras clara y detalladamente.

יב) אמר השכל - אך מה שצריך לברר ראשונה, הוא ענין מציאות האדם והעבודה המוטלת עליו, לדעת מהו התכלית הנרצה בכל זאת.

12. Dijo el intelecto: sin embargo, lo que he de aclararte primero es el asunto de la existencia del hombre y del trabajo que se le impuso a fin de conocer el propósito de todo esto.

---

10. O sea, Moisés.

יג) אמרה הנשמה - זה ודאי ענין שמבקש עיון הרבה להבינו על בוריו בכל חלקיו.

13. Dijo el alma: es éste un asunto que requiere mucha observación para que se pueda comprender en todos sus aspectos.

יד) אמר השכל - היסוד הראשון שעליו עומד כל הבנין הוא, שרצה הרצון העליון שיהיה האדם משלים את עצמו ואת כל הנברא בשבי־לו, וזה עצמו יהיה זכותו ושכרו. זכותו - לפי שנמצא שהוא מתעסק ויגע להשיג השלמות הזה, וכשישיגהו - יהיה נהנה רק מיגיע כפיו וחלקו מכל עמלו. שכרו - שהרי סוף סוף הוא יהיה המושלם, ויהיה מתענג בטובה לנצח נצחים.

14. Dijo el intelecto: el primer fundamento sobre el que se alza todo este edificio es que la voluntad superior deseó que el hombre se completara[11] a sí mismo y a toda la creación con él, y esto, en sí mismo, será su mérito y su recompensa. Su mérito: ya que él habrá trabajado y se habrá cansado buscando alcanzar esta perfección que, una vez alcanzada, podrá disfrutar como fruto del trabajo de sus manos y de sus esfuerzos. Su recompensa: finalmente habrá alcanzado la perfección y se complacerá en el bien eternamente.

טו) אמרה הנשמה - זה יסוד שכולל פינות רבות, והנני ממתנת לשמוע מה תבנה על היסוד הזה, שאז אבחין למפיע מה נכלל ביסוד הזה. אך דבר אחד אשאל תחלה בכלל, היש טעם למה רצה הרצון העליון בדבר הזה.

11. En el sentido de que se perfeccionara. Perfección y completitud vienen a ser lo mismo.

15. Dijo el alma: éste es un fundamento que incluye muchos aspectos y estoy deseando saber qué se construirá sobre él porque entonces comprenderé todo lo que incluye. Pero antes desearía hacer una pregunta general, ¿tiene algún sentido que la Voluntad Superior lo deseara así?

טז) אמר השכל - הטעם פשוט, והוא תלוי בתשובת שאלה אחרת, שהיא, למה רצה הבורא ב"ה לברוא נבראים.

16. Dijo el intelecto: la respuesta es sencilla, y está relacionada con otra pregunta: ¿por qué deseó el Creador, bendito sea, que fueran creadas las criaturas?[12]

יז) אמרה הנשמה - תשיב אתה לך ולי מלתא דשויא לתרווייהו:

17. Dijo el alma: contéstame con una respuesta que atienda a ambas preguntas.

יח) אמר השכל - מה שנוכל להשיג בענין זה הוא, כי האל ית"ש הוא תכלית הטוב ודאי. ואמנם, מחק הטוב הוא להטיב, וזה הוא מה שרצה הוא ית"ש - לברוא נבראים כדי שיוכל להטיב להם, כי אם אין מקבל הטוב אין הטבה. ואמנם, כדי שתהיה ההטבה הטבה שלמה, ידע בחכמתו הנשגבה שראוי שיהיו המקבלים אותה מקבלים אותה ביגיע כפם, כי אז יהיו הם בעלי הטוב ההוא, ולא ישאר להם בושת פנים בקבלם הטוב, כמי שמקבל צדקה מאחר. ועל זה אמרו (ירושלמי ערלה פרק א, הלכה ג), "מאן דאכיל דלאו דיליה בהית לאסתכולי באפיה".

12. Literalmente «que fuera creada la creación».

18. Dijo el intelecto: en este sentido podemos comprender lo siguiente: que Dios, bendito sea su nombre, es la esencia del bien. Y, ciertamente, la ley del bien es hacer el bien, y esto es lo que deseaba Él, bendito sea su nombre, crear creaciones porque no hay bien si no hay quien reciba el bien. Y, ciertamente, en su sabiduría sublime sabía que ese bien sólo puede ser completo si es recibido como el fruto de un trabajo realizado, porque únicamente entonces el que recibe se siente propietario de ese bien y no lo recibe con vergüenza, como el que recibe caridad.[13] Todo esto, como ha sido dicho (Talmud de Jerusalén, tratado de *Orlá*, capítulo 1, *halajah* 3): «Aquel que no come de lo propio se avergüenza al mirar a su benefactor».

יט) אמרה הנשמה - הטעם מתישב בלבי. עתה השלם דבריך:

19. Dijo el alma: esta explicación conviene a mi corazón. Ahora completa tus palabras.

כ) אמר השכל - מן ההקדמה אשר הקדמנו יצא לנו שרש גדול להתבונן עליו, והוא ענין החסרון ושלמותו. כי עתה צריך לדעת מהו החסרון, ומהו תולדותיו, ומה הוא תקונו שתשלם בו הבריאה, ואיזה דרך העשות התיקון הזה, ומה הם תולדותיו.

20. Dijo el intelecto: a partir de la introducción que he hecho surge la raíz principal[14] desde la que reflexionar sobre esto, y éste es un asunto de carencia y completitud.[15] Porque ahora hemos de conocer qué es la imperfección y cuáles son sus ramificaciones[16] y cómo corregirla,

13. Alusión al pan de la vergüenza.
14. Literalmente «grande».
15. En el sentido de imperfección y perfección.
16. En el sentido de consecuencias.

para completar[17] la creación y de qué manera realizar esta corrección y cuáles son sus ramificaciones.

כא) אמרה הנשמה - אבל חושבת אני שהיה צריך להבין מהו השל-
מות שיגיע לו האדם כשהשלים עבודתו ושבת ממלאכתו, שאז נבין
למפרע כל זה שהזכרנו. והטעם לזה פשוט ומבואר, כי הלא זה שי-
שיג האדם לבסוף הוא מה שחסר ממנו בתחלה, ומפני שחסר ממנו
הוא צריך להשתדל ולקנותו.

21. Dijo el alma: pero pienso que has de comprender cuál es la naturaleza de la perfección cuando el hombre completa su tarea y descansa de sus trabajos (מלאכת) porque entonces podemos comprender todo esto que estoy recordando. Y la razón de esto es sencilla y clara: el logro final del hombre será finalmente aquello de lo que carecía al principio y que lo impulsó a luchar para adquirir aquello que le falta.

כב) אמר השכל - כן דברת. אמנם השלמות נוכל להבין אותו עתה
בכלל, ולא בפרט, אלא שבדעתנו אותו בכלל, נבין למפרע החסרו-
נות בפרט, כי על כל פנים כל חסרון הוא העדר השלמות ההוא.

22. Dijo el intelecto: desde luego. Ciertamente, la perfección sólo podemos entenderla parcialmente y de un modo general y no en sus particularidades, pero en nuestra opinión al irla conociendo de un modo general, seremos capaces de ver sus defectos en detalle ya que cualquier defecto no es sino esa falta de integridad.

17. En el sentido de perfeccionar.

כג) אמרה הנשמה - אמור מה שאתה אומר על השלמות הזה:

23. Dijo el alma: explica aquello que dices acerca de esa perfección.

כד) אמר השכל - השלמות הזה פשוט הוא מן המקרא ומן הס־ברא; והוא, שיהיה האדם מתדבק בקדושתו ית', ונהנה מהשגת כבודו בלי שום מונע מפריד ומעכב. איבעית אימא קרא (ישעיה נח, יד), "אז תתענג על ה'"; (תהלים קמ, יד), "ישבו ישרים את פניך"; (שם טז, יא), "שובע שמחות את פניך" וכו', ואחרים כאלה רבים עד מאד, הלא המה בכל פינות דברי הנביאים והכתובים, גלויים לכל העמים, דרשו מעל ספר ה' וקראו. ובדברי רז"ל (בר־כות יז ע"א), "העולם הבא אין בו לא אכילה ולא שתיה וכו', אלא הצדיקים יושבים ועטרותיהם בראשיהם ונהנים מזיו השכינה".

24. Dijo el intelecto: esta perfección sencilla de la que he hablado se encuentra en los escritos y en la especulación; y hace que el hombre se apegue a la santidad del Bendito y disfrute en la adquisición de su gloria sin separación ni retraso. Está escrito (*Isaías* LVIII-14): «Entonces te deleitarás en el Eterno»; (*Salmos* CXL-14): «Los rectos permanecerán ante tu faz»; (*Salmos* XVI-11): «gozo y alegría en tu rostro»... y hay más versículos de este tipo. La encontramos también en todas las palabras de los profetas y en los Escritos: «Consultad el libro del Eterno y leed». Lo mismo ocurre con las palabras de los sabios, de bendita memoria, (*Berajoth* 17a): «En el mundo por venir no comemos ni bebemos... pero los justos están sentados con sus coronas sobre sus cabezas y gozan del esplendor de la Shekinah».

איבעית אימא סברא, הנשמה אינה אלא חלק אלוה ממעל, הנה אין תשוקתה ודאי אלא לשוב ולדבק במקורה ולהשיגו, כטבע כל עלול החושק לעילתו, ואין מנוחתה אלא כשתשיג את זה. אך מה יהיה ההתדבקות הזה, ומה ההשגה הזאת - אנו אין לנו כח להבין אותו

כל עוד היותנו בתוך החסרונות. אבל מזה אנו מבחינים חסרונותינו, כי כמו שידענו שהשלמות הוא ההתדבקות הזה, כן נדע שהחסרו־נות הם כל הריחוק מזה, והמניעה המתמצעת בינותינו ובינו ית"ש, שבעבור זה אי אפשר לידבק בו כמו שנתדבק אחרי אשר תעבור המניעה, וזהו החסרון שאנו צריכים להשתדל להעביר ממנו, ולקנות השלמות אשר זכרנו. ואמנם כאן אנו צריכים להקדמה אחת עיקרית מאד.

Desde el punto de vista de la razón, el alma (נשמה) no es sino una parcela divina de las alturas y, siendo así, su único deseo es volver a volver a reunirse y apegarse a su fuente, ya que tal es la naturaleza de toda creación, y no hay descanso para ella hasta que lo ha alcanzado. Pero no tenemos la capacidad (כח)[18] para comprender todo esto mientras estemos sometidos por la imperfección. Sin embargo, a partir de este hecho podemos comprender nuestras imperfecciones. Porque, así como comprendemos que ese apego es la perfección, sabemos que la imperfección es lo que nos aleja de Él y constituye una barrera entre nosotros y el Santo, bendito sea, y nos impide apegarnos a Él como lo haríamos si no existiera. Éste es el defecto que hemos de intentar eliminar a fin de alcanzar la perfección que hemos mencionado. Sin embargo, necesitamos ahora introducir un asunto muy importante.

כה) אמרה הנשמה - ומה היא?

25. Dijo el alma: ¿Y cuál es?

כו) אמר השכל - שהאלוה ב"ה היה יכול ודאי לברוא האדם וכל הבריאה בתכלית השלמות; ולא עוד, אלא שמחוקו היה ראוי שיהיה

18. Literalmente «fuerza», «poder».

כך, כי להיותו שלם בכל מיני שלמות - גם פעולותיו ראוי שתהיינה שלמות בכל שלמות. אלא שכאשר גזרה חכמתו להניח לאדם שי־ שלים הוא את עצמו, ברא הבריות האלה חסרות השלמות. והרי זה כאילו עכב מדת שלמותו וטובו הגדול שלא לעשות כחק גדולתה בבריות האלה, אלא לעשותם באותה התכונה שרצה בה לפי התכ־ לית המכוון במחשבתו הנשגבת.

26. Dijo el intelecto: que Dios (אלוה), bendito sea, podría haber realizado la creación del hombre y de toda la creación totalmente completa.[19] Y aún más, esto es lo que hubiera sido adecuado que hubiese hecho ya que al ser Él totalmente perfecto, hubiera sido normal que sus acciones también lo fueran. Sin embargo, su sabiduría decidió dejar que el hombre se perfeccionara a sí mismo y por eso lo creó imperfecto, impidiendo que se manifestaran en esa creación su propia perfección y su suprema bondad. Él le dio la forma más idónea para lograr que cumpliera el objetivo establecido por su pensamiento sublime.

וכאן נכללת ידיעה אחרת, והיא, מה שאמרו ז"ל (חגיגה יג ע"א), "שדי - שאמר לעולמו די"; ושהשמים היו נמתחים והולכים עד שגער בהם כמו שכתוב במדרש (תנחומא בראשית סוף פרשת מקץ).

Se sobrentiende aquí otra idea, como dijeron los sabios, de bendita memoria (*Jaguigah* 13a): «*Shaddai*» (שדי)[20] quien dijo a su mundo «*Dai*» (די),[21] y los cielos siguieron expansionándose hasta que Él los amonestó, como está escrito en el *midrash*.[22]

19. En el sentido de perfecta.

20. Uno de los nombres de Dios.

21. Basta.

22. Véase *Midrash Tanjuma sobre Bereshit*, al final de la parashah *Miketz*.

והיינו, כי ודאי היה יכול לברוא יותר בריות ממה שברא, והבריות עצמם יותר גדולות ממה שברא; ואם היה רוצה לברוא בריותיו לפי ערך הפועל, לא היה להם שיעור, כמו שאין שיעור לו וליכלתו. אבל בראם לפי ערך הנפעל, דהיינו ששיער בהם המדה והתכונה הנאותה בהם לפי המכוון בהם. ונמצא, שעכ"פ עיכב, כביכול, יכולתו הרבה ובלתי בעלת תכלית, שלא תפעל בבריותיו כמו ערכה, ולא ת"ייי אלא לפי ערך הבריות האלה הנפעלות ממנה.

Es decir, que hubiera podido crear más criaturas de las que creó y las criaturas hubieran podido ser más grandes que las que creó. Y si hubiera querido que lo igualaran en cuanto a medidas, serían ilimitadas como Él mismo lo es y como lo es su poder. Sin embargo, las creó según la naturaleza del objeto creado, es decir que les concedió la medida y las condiciones adecuadas al objetivo deseado. Al hacerlo, refrenó su capacidad infinita para que no actuaran sino en los límites de las criaturas creadas.

(כז) אמרה הנשמה - כל זה מוכרח ודאי, כי מן האמונה הוא שהאלוה יתברך שמו הוא כל יכול בכל פנים, ואי אפשר לשום שום גבול או שיעור ליכלתו כלל. וכל מה שאנו רואים שנברא ממנו בשי־עור מיוחד ומוגבל - לא יהיה לפי ערכו ח"ו, אלא לפי מה שגזר רצונו לפעול:

27. Dijo el alma: todo esto ha de ser así porque a partir de la fe en que Dios (אלוה), bendito sea, todo lo puede en todos los aspectos, y no permite limitaciones o fronteras. Y cuanto vemos que ha creado lo ha hecho en una medida precisa y limitada, y esto no refleja una limitación de su poder, ¡Dios no lo quiera!, sino la forma en que su voluntad se hizo.

(כח) אמר השכל - נגדור הכלל הזה, אחר נלך אל הקדמה אחרת עיקרית מאד. זה הכלל, האלוה ית"ש מנע, כביכול, את עצמו, פירוש, שמנע את יכלתו, בברוא נבראיו שלא לעשות אותם כפי כוחו, אלא לפי מה שרצה וכיון בהם; ובראם חסרים כדי שישלימו הם את עצמם, ויהיה שלמותם שכרם בזכות מה שטרחו להשיגו. וכל זה רק ברצותו להטיב הטבה שלמה:

28. Dijo el intelecto: definamos este principio y vayamos a otra introducción muy importante. Éste es el principio: es como si Dios (אלוה), bendito sea, se hubiera reprimido, por decirlo de algún modo, a sí mismo. Esto significa que ha reprimido su posibilidad en la formación de las criaturas para no crearlas de acuerdo a su poder sino al objetivo deseado. Las creó imperfectas a fin de que se perfeccionaran y esta perfección fuera la recompensa por el esfuerzo de haber luchado por ella, y todo esto solamente porque su voluntad es beneficiar con un bien completo.

(כט) אמרה הנשמה - עתה נשמע ההקדמה הזאת שאמרת:

29. Dijo el alma: escuchemos cuál es esta introducción de la que hablas.

(ל) אמר השכל - אנו צריכים להבין עתה מהיכן נמצא כח באדם להשלים חסרונותיו, כיון שנברא חסר. אמנם, הנה אנחנו נכנסים עתה בים גדיל ורחב ידים מאד, כי הצעות רבות וגדולות יצטרכו לנו קודם שנבא להשלמת ענייננו. והנה לך צריך מתון מתון, להבין הדברים בסדר נכון, כי זה דרך החכמה - לקנות ידיעות זו אחר זו, עד שבסוף הכל יצא לאור ענין אחד שלם, שהוצרכו בעבורו כל ההקדמות ההם:

30. Dijo el intelecto: necesitamos comprender ahora de dónde ha de sacar el hombre fuerza para desbastar[23] las imperfecciones con las que fue creado. Ciertamente hay aquí un vasto océano muy profundo ya que hemos de analizar numerosas proposiciones antes de cerrar el tema. Y he aquí que deberás armarte de paciencia y analizar todos estos asuntos ordenadamente y en detalle, porque éste es el camino de la sabiduría (דרך החכמה): adquirir conocimientos uno detrás de otro hasta que, finalmente, se perfile completamente el asunto para lo cual se necesitaban todas estas introducciones.

לא) אמרה הנשמה - דבר דבריך על הסדר הנכון, ואני הנני מקשבת בכל ההמתנה וישוב המצטרך.

31. Dijo el alma: di tus palabras en el orden adecuado y entonces yo las escucharé con la paciencia y reflexión necesarias.

לב) אמר השכל - ראשונה צריך שתדעי, שאף על פי שאמרנו כבר שרצה האדון ב"ה לתת השגה מיקר שלמותו אל נבראיו, ודאי הוא שלא היה הרצון בזה לתת להם השגה מכל שלמותו אשר אין לו סוף שיעור ותכלית כלל; אלא אדרבה, רק קצה קטן ממנו רצה לגלות להם, ובו יהיה כל תענוגם בהשיגם אותו, כמו שביארנו. וזה דבר פשוט ונרצה מאד, מן הטעם כי אי אפשר לעלול ונברא אשר כמונו להשיג כל שלמות הבורא ית"ש, וכענין שנאמר (איוב יא, ז), "החקר אלוה תמצא, אם עד תכלית שדי תמצא". ונמצא, שכל מה שיוכלו להשיג הנבראים, לא יהיה אפילו כטפה מן הים הגדול מן השלמות של הבורא ית"ש.

23. Literalmente «perfeccionar».

32. Dijo el intelecto: en primer lugar, necesitas saber que, como ya dijimos, el Señor (אדון), bendito sea, quiso dar a conocer la grandeza de su perfección a las criaturas; aunque, no quiso hacerles conocer toda su perfección, que carece de límite o cerco de cualquier tipo. Por el contrario, únicamente deseó revelarle una pequeña parte para procurarles un placer inconmensurable, como ya dijimos. Y este asunto es muy simple y agradable ya que no es posible que algo que fue creado y engendrado como es nuestro caso pueda captar toda la perfección del Creador, bendito sea su nombre, y ha sido dicho (*Job* XI-7) «¿Puedes tú siquiera conocer los propósitos de Dios (אלוה) y alcanzar la perfección del Todopoderoso?». Y se encuentra que todo lo que las criaturas pueden percibir no será ni una gota del gran mar de la perfección del Creador, bendito sea.

לג) אמרה הנשמה - זה פשוט אצל כל חכמי לב, וכבר נאמר (תהלים קו, ב), "מי ימלל גבורות ה'" וגו'.

33. Dijo el alma: esto es evidente para aquel que es sabio de corazón, como se ha dicho (*Salmos* CVI-2): «¿Quién puede relatar los hechos poderosos de Dios?».

לד) אמר השכל - עתה כשנשיב אל לבנו כל סדרי מעשיו ית', כל המעשה הגדול אשר עשה מני שים אדם עלי ארץ, וכל אשר הבטיח לנו לעשות ע"י נביאיו הקדושים, הנה מה שמתברר לנו מכל זה ביּ־רור גמור - הוא עוצם יחודו יתברך. ותראי שכל שאר מעלות של־מותו הבלתי בעלת תכלית אינם מתבררים אצלנו כלל, שאין בנו כח להשיג אותם.

34. Dijo el intelecto: ahora bien, si consideramos el orden de todas las acciones del Bendito, todas las grandes cosas que hizo desde que colocó al hombre sobre la faz de la Tierra y todo lo que ha prometido

por medio de sus profetas, lo que se nos aparece completamente claro es la extraordinaria Unidad del Creador. Hemos de saber que todos los demás atributos de su perfección infinita no están tan claros para nosotros ya que carecemos de la capacidad para comprenderlos.

דרך משל, ידענו שהוא חכם, אבל לא השגנו סוף חכמתו; ידענו שהוא יודע, ולא השגנו ידיעתו. ועל כן אמרו ז"ל (תפלת אליהו, תיקוני זוהר, הקדמה שניה), "אנת הוא חכים, ולאו בחכמה ידיעא, אנת הוא מבין, ולאו בבינה ידיעא". וכיון שאין אנו יכולים להשיג המעלות האלה, נמשך לנו מזה איסור החקירה בהם, כי על כל כיוצא בזה נאמר (חגיגה יג. בשם בן סירא ג, כא), "במופלא ממך אל תדרוש, במכוסה ממך אל תחקור"; וכן אמרו (ספר יצירה, פרק א), "אם רץ לבך - שוב למקום.

A modo de ejemplo: sabemos que es sabio, pero no podemos comprender la profundidad de su sabiduría. Sabemos que es conocedor, pero no podemos comprender la profundidad de su conocimiento. A propósito de esto, nuestros sabios, de bendita memoria, dijeron (Oración de Elías, *Tikunei haZohar*, Segunda introducción): «Eres sabio, pero no de una sabiduría conocida; eres inteligente, pero no de una inteligencia conocida». Pero ya que no somos capaces de alcanzar estos niveles, nos está prohibido investigar sobre ellos, ya que entran en la categoría de «lo que está encima de ti, no lo investigues; lo que está oculto, no lo examines» (*Jaguigah* 13a). Y también han dicho: «Si tu corazón corre hacia delante, regresa a tu lugar» (*Sefer Yetzirah* cap. 1).

אבל יחודו, אדרבא, זה מתגלה ומתברר לנו בירור גמור. ונמשך לנו מזה שלא די שהוא מתברר לנו, אלא שחייבים אנחנו להשיב אל לבנו הידיעה הזאת, לתקוע אותה בלבבנו בישוב גמור בלי שום פקפוק כלל. והוא מה שמצוינו משה רבנו ע"ה מפי הגבורה (דברים

ד, לט), "וידעת היום והשבות אל לבבך כי ה' הוא האלהים בשמים ממעל ועל הארץ מתחת אין עוד".

Pero, por el contrario, su Unidad nos es desvelada clara y manifiestamente. Podemos deducir que no es suficiente con que nos sea clara, sino que además tenemos el deber de implantar firmemente esta comprensión en nuestro corazón, sin ningún tipo de duda. Y esto es lo que nos ordenó Moisés, nuestro maestro, que en paz descanse, con fuerte voz (*Deuteronomio* IV-39): «Y sabrás hoy y pondrás en tu corazón que el Eterno (ה') es el único Dios arriba en el cielo y abajo en la Tierra. No hay ningún otro.»

ופי עליון מעיד בעצמו ומודיע כי כל הנלקט מכל מסיבותיו הגדולות אשר הוא מתהפך בעולמו, הלא הוא גילוי יחודו הגמור הזה; כענין אמרו (דברים לב, לט), "ראו עתה כי אני אני הוא ואין אלהים עמדי", ומקרא זה נאמר אחר שכלל כל סיבוב הגלגל, שהיה עתיד ומזומן להיות סובב בעולם, שנכלל הכל בדברי השירה ההיא של האזינו, וכמו שפשטן של כתובים עצמן מוכיח, והנה חותם החזון שלו חתם בלשון הזה, "ראו עתה כי אני אני הוא" וגו'.

Y la misma boca del Altísimo (עליון) atestigua y proclama que el fruto de todos los grandes acontecimientos de este mundo es la revelación de esta Unidad absoluta, como ha sido dicho (*Deuteronomio* XXXII-39): «Ve hoy y sabrás en tu corazón que Yo soy Yo y no hay otro Dios aparte de Mí». Y este versículo viene después del ciclo de acontecimientos que han de tener lugar en el futuro y que están contenidos en la canción *Hazinu* (האזינו), y el sentido literal (פשט) de los versículos lo demuestra. La visión se acaba con estas palabras «Ve hoy y sabrás en tu corazón que Yo soy Yo, etc».

ובדברי הנביא ישעיה נתבאר בהדיא (ישעיה מג, י יא), "למען תדעו ותאמינו לי ותבינו כי אני הוא, לפני לא נוצר אל ואחרי לא יהיה. אנכי אנכי ה' ואין מבלעדי מושיע"; וכמו שכתוב (ישעיה מד, ו), "אני ראשון ואני אחרון ומבלעדי אין אלהים"; וכמו שכתוב (ישעיהו מה, ו ז), "למען ידעו ממזרח שמש וממערבה כי אפס בלעדי אני ה' ואין עוד. יוצר אור ובורא חשך עושה שלום ובורא רע, אני ה' עושה כל אלה". והנה "למען ידעו", "למען תדעו ותבינו" כתיב, משמע שרוצה שנדע בידיעה והבנה. ותכלית כל ההצלחה שהוא מבטיח לישראל הוא התברר יחודו לעיני הכל. ודבר זה נזכר פעמים אין מספר בדב־רי הנביאים ע"ה (ישעיהו ב, יא), "ונשגב ה' לבדו ביום ההוא"; (זכ־ריה יד, ט), "והיה ה' למלך וגו' ביום ההוא יהיה ה' אחד ושמו אחד"; (צפניה ג, טו), "כי אז אהפוך אל עמים לקרוא כלם בשם ה' לעבדו שכם אחד". וסוף דבר, הלא זה עדותנו בכל יום תמיד (דברים ו, ד), "שמע ישראל ה' אלהינו ה' אחד.

En las palabras del profeta Isaías (XLIII-10 y 11) se explica explícitamente: «Para que me conozcáis y me creáis y sepáis que Yo soy Él. Antes de mí no había ningún Dios y no lo habrá después de mí. Soy el Eterno y fuera de mí no hay otro salvador». Y también está escrito: «Soy el primero y soy el último, y fuera de mí no hay otro Dios» (*Isaías* XLIV-6) y como está escrito «A fin de que sepan desde Oriente hasta Occidente que no hay otro sino Yo. Yo soy el Eterno y no hay ningún otro. Yo formo la luz y creo la oscuridad, hago la paz y creo el mal, soy el Eterno que hace todo esto» (*Isaías* XLV-6 y 7). Y he aquí que «a fin de que sepan» y «para que me conozcáis y me creáis» indica que desea que conozcamos y sepamos. Y el objetivo del éxito que promete a Israel es la manifestación de su Unidad ante los ojos de todos. Y estas palabras se han citado en diversas ocasiones en los libros y las palabras de los profetas, que descansen en paz, (*Isaías* II-11): «Y sólo el Eterno será exaltado en ese día». Y (*Zacarías* XIV-9): «Y será el Eterno rey… en ese día el Eterno será Uno y su nombre será Uno» (*Sofonías* III-9): «Pues daré de nuevo a los pueblos una lengua pura a fin de que invoquen el nombre del Eterno y que lo sirvan con un solo esfuerzo». Para concluir, y éste es nuestro testimonio de cada día (*Deuteronomio* VI-4): «Escucha, Israel, el Eterno nuestro Dios, el Eterno es Uno».

נמצא, שכל מה שמתברר לנו באמת מעוצם שלמותו הבלתי בעלת תכלית הוא רק יחודו השלם. שכאשר נביט בהבטה עיונית על כל המעשים אשר נעשו תחת השמים, נראה הילוך אחד שסובב והולך, והיתה מנוחתו רק גילוי האמת הזאת. עתה צריכים אנו להבין היחוד הזה, ומהו הנרצה בו, והוא מה שצונו הכתוב (דברים ד, לט), "והשבות אל לבבך כי ה' הוא האלהים" וגו', משמע שצריך ישוב הדעת ועצה נכונה בענין הזה. וכבר אמרתי, זה ים גדול ורחב ידים הוא, שיש לנו לשוט בו כנפשנו שבענו.

Se encuentra que realmente, lo único que en verdad se nos manifiesta de su perfección es su Unidad perfecta. Cuando observamos con profundidad todo lo que se hace bajo el cielo, constatamos la obra perpetua de un proceso cíclico cuya finalidad es la revelación de esta única verdad. Ahora necesitamos entender esta unidad y lo que se desea en ella, y es lo que la *Torah* (*Deuteronomio* IV-39) dice: «Sabrás hoy y confirmarás en tu corazón que el Eterno es el único Dios». Esto significa que se necesita sentido común y el asesoramiento adecuado en este asunto. Y ya lo he dicho, éste es un mar grande y espacioso, en el que tenemos que navegar con toda la fuerza de nuestras almas.

לה) אמרה הנשמה - מה הבנה צריכה בזה? הנה יחוד - רצונו לומר שהקדוש ב"ה הוא אחד ודאי, ואין זולתו

35. Dijo el alma: ¿qué entendimiento (בנה) es necesario para esto? He aquí que la Unidad significa que el Santo, bendito sea, es Uno y nos hay otro sino Él.

לו) אמר השכל - כן, ודאי הוא שזהו הענין בכלל. אבל עדיין דבר זה צריך לפנים. והוא ממש מה שאמר הכתוב (דברים ד, לח), "אתה הראת לדעת וגו' אין עוד מלבדו", שפירשוהו ז"ל (סנהדרין סז ע"ב), "אפילו לדבר כשפים.

36. Dijo el intelecto: ciertamente, esto es verdad desde un punto de vista general, pero este punto de vista requiere que profundicemos. Y esto es lo que significa lo que está escrito (*Deuteronomio* IV-35): «Se te ha revelado a fin de que sepas que el Eterno es el Dios verdadero y que no hay otro aparte de Él». Lo que nuestros sabios, de bendita memoria, subrayaron: «ni siquiera en la brujería» (*Sanhedrín* 67b).[24]

והיינו, כי הנה כשאנו אומרים שהקב"ה הוא אחד, אינו די שנבין שהוא אחד במציאותו, דהיינו שאין מצוי מוכרח אלא הוא, ושאין בורא אלא הוא, אבל צריכים אנו להבין עוד, שאין שום שליט ומושל אלא הוא; ואין מנהיג לעולמו או לשום בריה בעולמו אלא הוא; ואין מעכב על ידו, ואין מונע לרצונו, וזהו ששליטתו יחידית וגמורה. והוא הענין מה שנתבאר בכתוב (דברים לב, לט), "ראו עתה כי אני וגו' אני אמית ואחיה וגו' ואין מידי מציל"; וכן נאמר (איוב כג, יג), "והוא באחד ומי ישיבנו" וגו'; וכן אנו מעידים לפניו (איוב ט, יב), "מי יאמר אליו מה תעשה". ותדעי שזה יסוד גדול לאמונתנו הודאית, וכמו שנכתוב עוד לפנים בס"ד.

Esto quiere decir que, cuando afirmamos que el Santo, bendito sea, es Uno, no basta con que comprendamos que es Uno en su existencia, es decir que es la única existencia necesaria, y que no hay otro creador a parte de Él. Sino que también hemos de comprender que no hay otro soberano o gobernador a parte de Él. Nadie se le puede oponer o impedir que se haga su voluntad; dicho de otro mo-

24. Todo está bajo su control, incluso el poder de la brujería.

do, su poder es único y total y es lo que está dicho en el versículo «Ved ahora que Yo, Yo soy, y no hay dioses conmigo; Yo hago morir, y Yo hago vivir; Yo hiero, y Yo curo; y no hay quien pueda librarse de mi mano». (*Deuteronomio* XXXII-39), y también se ha dicho «Pero si Él se determina en una cosa, ¿quién lo apartará?» (*Job* XXIII-13). Y también damos testimonio frente a Él: «¿Quién le dirá: qué haces?» (*Job* IX-12). Y has de saber que es el fundamento principal de nuestra *emunah*, como expondremos más adelante con la ayuda de Dios.

ואמנם עיקר הידיעה הזאת היא לאפוקי ממיני סברות רעות הנופ־לים בלבות בני אדם, מהם שנפלו בלב עובדי עבודה זרה, ומהם בלב רוב המון עם הארץ, מהם בלב גויי הארץ, ומהם בלב פושעי ישראל הראשונים אשר השחיתו לעשות.

Ciertamente, la parte principal de este conocimiento procede de la refutación de ciertos falsos conceptos que se han introducido en el corazón de los hijos del hombre, algunos en el corazón de los practicantes de la idolatría, otros en el de la masa ignorante, otros entre los no judíos y otros, finalmente, en el corazón de los primeros pecadores de Israel en el pasado.

הנה העובדי עבודה זרה היו משני מינים, המין הראשון חשבו שהקב"ה נעלה מן הדברים השפלים, ואינו מביט בהם; ויש אחרים תחתיו, הם המה כוכבי השמים וכסיליהם, שריהם וכל צבאם, שהם המשגיחים בעולם. ועל כן העמידו להם עבודות, עשו להם מזבחות, להם יזבחו ולהם יקטרו, להמשיך מהם השפעה לתועל־תם.

Hay dos tipos de idólatras: el primer tipo (corresponde a) los que pensaban que el Santo, bendito sea, se encuentra por encima de las cosas de este mundo y no les presta atención, que existen otros[25] debajo de Él, como las estrellas del cielo y sus constelaciones, sus príncipes y sus ejércitos, para controlar el mundo. Por esta razón los adoraban y les hacían altares donde les ofrecían sacrificios e incienso para atraerse una influencia benéfica.

המין השני אמרו, חס וחלילה, שתי רשויות הם, אחד פועל טוב ואחד פועל רע, באמרם, אין הפך בלא הפכו; ובהיותו האל ית"ש תכלית הטוב, יהיה ח"ו כנגדו מי שהוא תכלית הרע; ומשני מקורות אלה, אמרו, נולדות הפעולות בעולם הזה, מקצתם לטובה ומקצתם לרעה. והוא ענין (סנהדרין לט ע"א), "מפלגא ולעילא - דהורמיז, מפלגא ולתתא - דאהורמיז", שאמר ההוא מינא לאמימר.

El segundo tipo decía, Dios no lo quiera, que hay dos poderes, uno que produce el bien y otro responsable del mal. Y traían como prueba que no hay nada que no tenga su contrario, y ya que el Santo, bendito sea, es el bien absoluto, el mal absoluto debe existir frente a Él. Y según ellos, de estas dos fuentes (מקורות) proceden los eventos de este mundo, unos para bien y otros para mal. Y éste es el significado de «la primera mitad del hombre está gobernada por Hormiz y la mitad inferior por Ahormiz» (*Sanhedrín* 39a),[26] palabras dichas por un hereje a Amemar.

הדעת השלישי, היא דעת המון האנשים, שחושבים שדברי העולם הזה הולכים לפי חוקות טבעם שהטביע הבורא בתחתונים, והשתדלותם וחריצותם הוא המועיל, ועצלותם הוא המזיק, כענין (דברים ח, יז), "כחי ועוצם ידי עשה לי את החיל הזה". עוד אמרו, הכל תלוי

25. *Ajerim*, «otros», podría referirse a otros dioses.
26. Alusión al Ormuz y el Ahrimán de los zoroastrianos.

במזל, ומקרה אחד לכל, ואין כאן אלא הדרך הטבעי, לא יותר, אם להטיב אם להרע.

El tercer concepto es el que sostiene la mayoría de los hombres, que creen que las cosas de este mundo siguen las leyes de la naturaleza que el Creador implantó en el bajo mundo. Según ellos, únicamente los esfuerzos y el celo pueden producir una influencia positiva y, por el contrario, la pereza es negativa, como vemos en (*Deuteronomio* VIII-17): «Mi potencia y la fortaleza de mi mano me han traído esta riqueza». También dicen que todo depende del destino (מזל) que lo rige todo, y todo depende de la naturaleza, ya sea para bien, ya sea para mal.

הדעת הרביעית היא דעת גויי הארץ האומרים, חטא ישראל, אין ישועתה לו באלהים סלה, ח"ו, "כסף נמאס" קראו להם. כי הקב"ה בחר בהם ונתן להם הבחירה בידם להיות צדיקים או רשעים, והם הרשיעו לעשות, ומנעו ממנו ית', כביכול, שיוכל להטיב עוד להם, כענין (דברים לב, יח), "צור ילדך תשי"; והוכרח לעזוב אותם ולהחליפם באומה אחרת ח"ו, מפני שאי אפשר להושיעם. ואורך הגלות מורה לכאורה על זה, ומפחיד הלבבות שאינם חזקים באמונה האמיתית:

El cuarto concepto es el de los gentiles de la Tierra, quienes sostienen que «Israel ha pecado y que no hay salvación para él en Dios» (*Salmos* III-3), Dios no lo quiera, tachándolo de «moneda desvalorizada».[27] Porque el Santo, bendito sea, los escogió y les dio la elección de ser justos (צדיקים) o malvados (רשעים) y ellos pecaron e impidieron al Bendito, por decirlo de algún modo, que siguiera beneficiándolos como vemos en (*Deuteronomio* XXXII-18): «Del Fuerte

27. Véase *Jeremías* VI-30.

que te creó, te has olvidado». Y lo obligaron a abandonarlos y a cambiarlos por otra nación, Dios no lo quiera, pues imposible que se salven. La duración del exilio parece darles la razón y asusta a los corazones que no están firmemente establecidos en la verdadera fe.[28]

הדעת החמישית, היא דעת פושעי ישראל, אותם שהיו מכירים את קונם ומכוונים למרוד בו, כאמון שאמר (עי' סנהדרין קג ע"ב), "כלום מכוין אני אלא להכעיס", וכל כדוותיה. וקרא כתיב (ישעיה ג, ח), "למרות עיני כבודו", שהיו חושבים שיוכלו לעשות נגד רצונו ח"ו, ויכעיסוהו במעשיהם הרעים, כמי שמכעיס את חבירו בעל כרחו. ואחרים חשבו להתחזק בכשפים וקסמים, ואחרים בידיעת מלאכי השרת ומשמרותיהם, כמ"ש במדרש (איכה רבה, פרשה ב, ב) שהיו אומרים לירמיהו, "אנא מקיף לה מיא אנא מקיף לה אשא".

El quinto concepto es el de los pecadores de Israel, que reconocían a su Creador y a pesar de todo se rebelaron contra Él como Amón, que dijo (*Sanhedrín* 103b): «Mi única intención es hacer enfadar al Creador»,[29] como está escrito (Isaías III-8): «Para irritar los ojos de su majestad». Pensaban que podían actuar en contra de su voluntad, Dios no lo quiera, y encolerizarlo por sus malas acciones, como se puede hacer enfadar a un amigo en contra de su voluntad. Y otros creyeron que se podían fortalecer por medio de brujerías (כשפים) y sortilegios (קסמים), otros por el conocimiento de los ángeles de servicio y de sus funciones, como está dicho en el *midrash* (*Midrash Rabbah Lamentaciones*): «Decían a Jeremías: la rodearé con un muro de agua… y la rodearé con un muro de fuego».[30]

---

28. *Véase* nota 25.
29. A raíz de una relación incestuosa con su madre.
30. Se refiere a Jerusalén.

ואמנם המאמין ביחוד ומבין ענינו, צריך שיאמין שהקב"ה הוא אחד יחיד ומיוחד, שאין לו מונע ומעכב כלל ועיקר בשום פנים ובשום צד, אלא הוא לבדו מושל בכל. לא מבעיא שאין רשות נגדו ח"ו, אלא הוא עצמו בורא הטוב והרע, כענין הכתוב (ישעיה מה, ז), "יוצר אור ובורא חושך עושה שלום ובורא רע, אני ה' עושה כל אלה".

Y, ciertamente, aquel que cree en la Unidad de Dios y comprende, debe estar convencido de que el Santo, bendito sea, es Uno, solo y único, y que no está sujeto a traba o restricción de ningún tipo, y que sólo Él lo señorea todo. No existe ningún poder que se le oponga, Dios no lo quiera, pues Él mismo es el Creador del bien y del mal como está escrito (*Isaías* XLV-7): «Forma la luz y crea la oscuridad, hace la paz, Yo soy el Eterno, que hace todo esto».

שאין אחר תחתיו שיהיה לו שליטה בעולם, דהיינו שאין שום שר ולא שום כח שני, כמו שחשבו עובדי עבודה זרה. ולא עוד, אלא שהוא לבדו משגיח על כל בריותיו השגחה פרטית, ואין שום דבר נולד בעולמו אלא מרצונו ומידו, ולא במקרה, ולא בטבע, ולא במזל; אלא הוא השופט כל הארץ וכל אשר בה, וגוזר כל אשר יעשה בעליונים ובתחתונים, עד סוף כל המדרגות שבכל הבריאה כולה. ומעוצם יחוד שליטתו הוא שאין לו שום הכרח וכפיה כלל, וכל סדרי המשפט וכל החוקים אשר חקק - כולם תלויים ברצונו, ולא שהוא מוכרח בהם כלל.

Porque ningún ser por debajo de Él domina el mundo, y no hay príncipe o segunda fuerza, como creían los idólatras. Además, sólo Él controla a sus criaturas de forma individual, y nada es creado en su mundo que no proceda de su voluntad y no por azar de la naturaleza o del destino. Él solo gobierna toda la Tierra y todo lo que ésta contiene, decreta lo que ocurre en las esferas superiores e inferiores, a través de todos los grados de la creación. La esencia de la unidad de su poder niega la existencia de cualquier forma externa o restricción ya que todas las reglas y las leyes que Él decretó dependen de su voluntad, no estando sometido a ninguna de ellas.

הנה כשרוצה - משעבד רצונו, כביכול, למעשי בני האדם, כענין ששנינו (אבות פ"ג, יט), "והכל לפי רוב המעשה"; וכשהוא רוצה - אינו חושש לכל המעשים, ומטיב בטובו למי שרוצה, וכמו שאמר למשה רבנו ע"ה (ברכות ז ע"א), "וחנותי את אשר אחון - אע"פ שאינו הגון". וכבר נאמר (איוב לה, ו), "אם חטאת מה תפעל בו ורבו פשעיך מה תעשה לו"; ואז נאמר (ירמיהו נ, כ), "יבוקש את עון ישראל ואיננו וגו' כי אסלח לאשר אשאיר"; וכן נאמר (ישעיה מח, יא), "למעני למעני אעשה לי ואיך יחל"; (שם מג, כה), "אנכי אנכי הוא מוחה פשעיך למעני וחטאתיך לא אזכור". וכן נאמר (זכריה ג, ט), "ומשתי את עון הארץ ההיא ביום אחד".

He aquí que, si lo desea, por decirlo de algún modo, hace depender su voluntad de las acciones de los hombres, como hemos visto (*Avoth* III-19): «y todo depende de muchas acciones». Y cuando Él lo desea no tiene en cuenta las acciones y beneficia a quien le place, tal como le dijo a Moisés, nuestro maestro, de bendita memoria: «Y seré clemente con quien seré clemente, incluso si no lo merece». Y también se ha dicho (*Job* XXXV-6): «Si pecares, ¿qué habrás hecho contra Él? Y si tus rebeliones se multiplicaren, ¿qué le harás tú». Y también se ha dicho (*Jeremías* L-20): «la maldad de Israel será buscada, y no aparecerá; y los pecados de Judá, y no se hallarán; porque perdonaré a los que *yo* hubiere dejado». Y también ha sido dicho (*Isaías* XLVIII-11): «Por mí, por mí, lo haré. ¿De otra manera cómo sería profanado? Y mi honra no la daré a otro». Y también ha sido dicho (*Isaías* XLIII-25): «Yo, Yo soy el que arraigo tus rebeliones por amor de mí; y no me acordaré de tus pecados». Y también ha sido dicho (*Zacarías* III-9): «Y quitaré el pecado de la Tierra en un día».

זאת נחמתנו בענינו, כי לא על מעשינו יפקוד, ולא לזכותנו ימתין, או מחסרון מעשים יחליפינו ח"ו, אלא מפני השבועה אשר נשבע לאבותינו והברית אשר כרת. הנה אפילו אם לא יהיה זכות בישראל - כשיגיע עת מועד, יום נסתם בלבו, הנה על כל פנים יושיענו ודאי, כי אדון כל הוא, ויכול לעשות כן כשהוא רוצה.

Éste es nuestro consuelo en la aflicción, que no cuenta nuestros actos y no espera nuestros méritos, y que no nos cambiará por otra nación, Dios no lo quiera, a causa de nuestra falta de buenas acciones. Pero gracias al juramento que hizo a nuestros antepasados y a la alianza que hizo con ellos, incluso si Israel no tiene ningún mérito, cuando llegue el momento fijado, ese día que Él guarda en su corazón, ciertamente nos salvará sean cuales sean las circunstancias, pues es el Señor de todo y puede hacerlo cuando lo desee.

וממה שצריך להאמין, הוא קרוב למה שהזכרנו עתה, והיינו שבהיות שהוא ית"ש אינו מוכרח במעשיו, על כן לא יוכל שום נברא להתחזק ולעשות נגדו, אפילו שישתמש מן החוקים והסדרים עצמם שהוא ית' חקק, כי הרי הוא עשאם, והוא יכול לשנותם ולבטלם כרצונו; והיינו (סנהדרין סז ע"א), "אין עוד מלבדו - ואפילו כשפים", שזכרנו למעלה. שאף על פי שלפי סדרי המערכה העליונה שרצה הקב"ה וערך, הנה כשפים מכחישים פמליא של מעלה (סנהדרין שם), הנה כשהוא רוצה - מושל בכוחו ומבטלם, והיו כלא היו, ולא כשחשבו הפתאים שיוכלו להשתמש מכליו עצמם כנגדו ח"ו. הרי ראו כי שקר נסכם, לא לעזר ולא להועיל בם, הוא אדון כל, ואין זולתו.

Y lo que hemos de creer (להאמי)[31], y está cerca de lo que acabamos de decir, es lo siguiente: el Santo, bendito sea, no está forzado a actuar, ninguna criatura puede forzarle, ni siquiera por medio de las leyes y los

31. Literalmente «tener fe».

decretos que Él mismo estableció. Él es quien los formó y Él los puede transformar o anular según su voluntad. Repetimos: "No hay otro aparte de Él... incluso la brujería" (*Sanhedrín* 67b). Ya que si bien, en el sistema celeste que el Santo, bendito sea, ha deseado y arreglado, la brujería "refuta la corte celestial" (*Ídem*), si Él lo desea, hace prevalecer su poder y la anula, como si nunca hubiera existido. Y ciertamente no es como opinan esos necios que imaginaban que podrían utilizar contra Él sus instrumentos, Dios no lo quiera. No vieron que era una mentira y que no podía ayudarles. Él es el amo de todo y no hay otro fuera de Él.

ואמנם זה הוא מה שיש לנו להאמין באמונה. אך בירור האמת הזאת הוא המתגלה מכל המעשים, מכל הבריות ומכל ההבטחות וכמו שביארנו לעיל. ונמצא, שגילוי יחודו זה הוא מה שרצה בו הרצון העליון, ועל פי כונה זאת חקק חוקות נבראיו; וכל המסיבות אשר גלגל וסבב, הם מה שצריך כדי לבא לתכלית הזה. והנה נוכל לומר שכל העולם ומלואו, וכל אשר נוכל להתבונן בו, הכל תלוי ועומד על ענין שלימות יחודו ית' שרצה לגלות בפועל לעיני הנבראים האלה. ויולד מזה שכאשר נבין גילוי יחודו זה במה תלוי, נבין גם כן חוקות הנבראים האלה, איך הם מסודרים, ועל מה הם עומדים.

Y ésta ha de ser nuestra fe,[32] ya que esta verdad queda esclarecida y se desvela en todos sus actos, criaturas y promesas, como ya hemos explicado. Se deduce, pues, que la revelación de su Unidad es lo que quiso la Voluntad Celestial. De acuerdo con esta intención, Él formuló las leyes de sus criaturas. Todos los acontecimientos acaecidos son necesarios para la consecución de ese objetivo. Podemos, pues, decir que el mundo, así como todo lo que contiene, y todo lo que de Él podamos comprender depende y está fundamentado sobre la noción de la unidad perfecta de Dios, que Él quiso desvelar ante los ojos de sus criaturas.

32. *Véase* nota 25.

ותראי עוד לפנים בס"ד איך כשרצה הרצון העליון לבנות עולמו ול-
נהגו על ענין זה - מזה נמשך,ונולד כל ההילוך הזה שזכרנו, דהיינו
חסרון האדם, ושלמות עבודתו, וקיבול שכרו, מה שלא נמשך משום
סדר אחר.

Y la conclusión es que cuando percibimos la revelación de su unidad comprendemos al mismo tiempo las leyes que rigen a sus criaturas, cómo están estructuradas y sobre qué se apoyan. Más adelante verás, con la ayuda de Dios, que cuando la Voluntad Suprema quiso crear su mundo y regirlo según estas leyes, todo este plan fue creado: las carencias (חסרון) del hombre, el perfeccionamiento de su servicio y la recepción (קיבול) de su recompensa, todo lo cual depende únicamente de este orden único.

לז) אמרה הנשמה - לזה אני מצפה בתאוה רבה, לשמוע איך מן
גילוי היחוד ימשכו כל אלה.

37. Dijo el alma: estoy impaciente por escuchar cómo todo esto deriva del principio de la revelación de su Unidad.

לח) אמר השכל - הנה מה שאנו צריכים להבין הרבה, הוא ענין
החסרונות האלה הנמצאים בבריאה, ענין הרעות הנמצאות בה,
שהם ענינים שלא כחק שלמותו ית', וכמו שביארנו, אשר על כן נכ-
שלו בם הפושעים, איש לפי דרכו הרעה, וכמו שביארנו לך למעלה;
כי ודאי לפי שלמותו ית' לא היה לו לעשות אלא טובות לבד. אמנם
עתה אבינך הכל על בוריו בס"ד.

38. Dijo el intelecto: he aquí que lo que hemos de comprender muy bien es el problema de las carencias que existen en la creación y del mal que se halla en ella, que no corresponden a la perfección del Bendito, como hemos explicado. Los pecadores, cada cual siguiendo su mal

camino, han tropezado, como explicamos anteriormente. Porque si consideramos la completitud del Bendito, únicamente debería hacer el bien. Ciertamente, ahora voy a aclarar este punto, con la ayuda de Dios.

הנה כשאנו אומרים שהקב"ה הוא יחיד, הלא אנו מבינים שאין זו־לתו, שאין הפך לו, שאין מונע לו, ולאפוקי מכל אותם הסברות שז־כרנו. נמצא, שלא די לקיים בו ית' הטוב, אלא שצריך לשלול ממנו ההפך. אך כל שאר המעלות שנוכל לחשוב בו - אין שייך בהם ההפך כלל. פירוש, דרך משל, בגדר החכמה אין שייך הסכלות, כי הלא חכמה יגדור אותה מה שהדעת מלא מציורי הדברים על יושרם. בדרך החסידות אין שייך הרע, כי גדרו הוא - לעשות טוב עם הכל. אך בגדר היחוד שייך ההפך, כי גדרו הוא - יחוד שאין אחר עמו. הרי, שגדר שאר המעלות הוא קיום הטוב מצד עצמו, וגדר היחוד הוא שלילת הרע.

He aquí que cuando decimos que el Santo, bendito sea, es Uno, entendemos que no hay otro fuera de Él, que no tiene quien se le oponga y que nadie puede forzarlo, contrariamente a todas las teorías que hemos mencionado. Por ello no basta con atribuirle al Bendito la bondad, también hay que refutar su contrario. Pero a todos los demás atributos en los que podamos pensar no se les puede atribuir un contrario. Por ejemplo, la ignorancia no entra dentro de la definición de sabiduría, pues la sabiduría significa una mente llena de ideas bien fundamentadas. En lo que se refiere a la piedad (החסידות), el mal no tiene lugar ahí, pues su definición es hacer el bien con todos. Sin embargo, en la definición de unidad el contrario sí encuentra su lugar pues al definir el Uno, estamos diciendo que no hay otro su lado. De este modo la definición de los demás atributos es la definición positiva del atributo de sí mismo, mientras que la definición de la unidad no puede incluir al mal.

עתה הנך רואה, שאם היה רוצה הקב"ה לגלות כל שאר מעלות של-מותו, כיון שהם כולם רק מעלות של טוב - אין בגדרם אלא קיום הטוב, ולא היה שייך בגילוים עשיית הרע.

Ahora ves que si el Santo, bendito sea, quisiera revelar todas las demás virtudes de su perfección, ya que todas son sólo virtudes del bien, no hay nada en ellas más que la existencia del bien, y su revelación no podría incluir manifestaciones del mal.

אך ברצותו לגלות היחוד, שבגדרו יש שלילת הרע, הנה שייך לע-שות הרע, ולשלול אותו מן המציאות המוכרח והשליטה, כדי שיהיו כל חלקי הגדר מתגלים היטב.

Pero dado su deseo de desvelar su unidad, que abarca a la negación del mal en su definición, fue necesario crear el mal y negarle una existencia y un poder absolutos, a fin de que todos los aspectos de la definición (de la Unidad) puedan ser desvelados.

ואל תטעי לומר שגם לתת ביאור לחכמה צריך להראות הסכלות, וכן לבאר החסידות צריך להראות האכזריות, כי אין הפך ניכר אלא מהפכו; כי צריך להבין שכל מעלות הטוב אין לנו להבינם אלא מע-לות הטוב לפי מה שהוא טוב, ושלילת ההיפך של המעלות ההם אינם בכלל גדר המעלות ההם הטובות, אלא כולם כאחד נכנסים תחת גדר היחוד, שהוא שלילת כל מה שהוא זולתו, וכולם מיני הסוג הזה יחשבו. ומי שרוצה להבין צריך שלא יערב מיני סוג אחד עם מיני סוג אחר:

Y no te equivoques diciendo que para hacer que se manifieste la sabiduría es también necesario revelar la ignorancia, y que para definir la piedad hay que revelar la crueldad, determinando que una cosa sólo puede ser reconocida por medio de su contrario; porque hemos de comprender que todos los niveles del bien pueden ser comprendidos porque forman parte del propio bien, sin que lo contrario de estos bienes no forma parte de su definición. Esos niveles, juntos, entran en la definición de la unidad, que consiste en la negación de todo lo que no es Él. Son todos especies de este tipo. Aquel que quiere comprender no ha de confundir las especies de un tipo con las de otro tipo.

לט) אמרה הנשמה - זה ודאי, שההבנה תלויה רק בהבחנה, וכל הסוגים ומיניהם צריך להבדילם זה מזה, כדי להבין ענינם וענין התולדות הנולדות מהם. ואף על פי שהמחשבה העליונה אין דרכה כדרכי בני אדם, עד שיהיו שייכים בה החילוקים האלה, אבל אנחנו בני אדם צריכים לדבר בדרך בני האדם.

39. Dijo el alma: es sabido que la comprensión depende sólo del discernimiento y que hay que distinguir todos los tipos y especies para poder comprender sus naturalezas y lo que de ellas se desprende. Y aunque la Inteligencia Suprema no pueda compararse con la de los humanos, teniendo cuenta esas distinciones, en tanto que humanos, hemos de hablar en un lenguaje humano.

מ) אמר השכל - יותר ממה שאמרת, אומר לך בענין זה. כי אמת הוא ודאי שהקב"ה היה יכול לברוא עולמו בדרך כל - יכלתו בלא שנוכל להבין במעשיו לא נמשך ולא קודם, לא סיבה ולא מסובב; ואם היה בורא כך - היה סותם פיהם של כל הבריות, שלא יפצו פה כלל על כל מעשיו, כי לא היה אפשר לנו להבין דרכו כלל ועיקר, כי דרך כל - יכלתו אינו נתפס משכלנו, ואינו מובן מן האדם אשר דעתו מוגבלת בחוקותיה הפרטיים. אבל מפני שרצה הרצון העליון שיוכלו בני אדם להבין קצת מדרכיו ופעולותיו, ואדרבה, רצה שיהיו משתדלים על זה ורודפים אחרי זה מאד, על כן בחר להיות פועל אדרבה בדרך בני האדם, פירוש, בסדר מושג ומובן.

והכלל הוא - שרצה לפעול פעולותיו לפי ערך הנבראים, לא לפי ערכו, על כן נתן לנו מקום להתבונן בם, ולהבין לפחות מעט מזעיר, אם לא כביר.

40. Dijo el intelecto: iré aún más lejos que tú en lo que dices. Porque es verdad que el Santo, bendito sea, podría haber creado su mundo a través de su omnipotencia sin que pudiéramos comprender en sus actos ni consecuencia ni antecedente, ni causa, ni efecto. Si lo hubiera creado así, habría hecho a todas las criaturas mudas, les había cerrado la boca en relación a sus acciones. No nos hubiera sido posible entender ni siquiera su manera (דרך)[33] de actuar. La manera de actuar de su omnipotencia está muy por encima de la comprensión del hombre, limitada por las leyes a las cuales se halla sometido. Sin embargo, la Voluntad Superior deseó que los hombres pudieran comprender en algún grado sus caminos y sus acciones, y, por el contrario, ha deseado que se esforzaran para alcanzar este fin que es el objetivo de su búsqueda. Por esta razón, se decidió a actuar a la manera de los hombres, es decir, en un orden perfectible y comprensible. El principio es el siguiente: quiso actuar según el intelecto de sus criaturas y no según su propio intelecto. De hecho, nos ha proporcionado materia de reflexión sobre sus acciones, al menos algo, si no mucho.

והראיה לדבר - מעשה בראשית ככתוב בתורתו, שהרי שם מעיד על עצמו שברא את עולמו בחילוק זמנים, והבדל מאמרות, ובסדר מה שרצה בו, ולא הכל בבת אחת, ולא במאמר אחד שהיה יכול להבראות. ומעתה יש לנו להבחין בכל פעולותיו וטעמיהם, וכל שכן בתולדותיהם, כל הסוגים והמינים והפרטים, ככל הסדר הנשמר בדרכי בני האדם.

33. Literalmente «camino».

Esto nos lo prueba la obra de la creación (מעשה בראשית), como está escrito en su *Torah*, donde se atestigua que Él mismo creó su mundo con una división de tiempos, con mandatos distintivos y a palabras distintas, en el orden que Él deseó y no simultáneamente o por medio de una única palabra, que es como hubiera podido crearlo. De este modo tenemos materia para reflexionar sobre sus actos y sus razones, y aquello que los originaron: los tipos, especies y detalles, según los caminos de los hijos de los hombres (בדרכי בני האדם).

ונשוב לענייננו. הנה כשאנו אומרים - יחוד, כבר שמעת שרצוננו לומר - שלילת כל זולתו, ונמצא זה דבר כללי לכל מעלות שלמותו אשר אין להם תכלית כלל, כי כל מה שהוא בו מעלה ושלמות - צריך להבין תמיד שאין זולתו במעלה ההיא, שאין הפך לו, שאין מונע לו; שכל זה מכלל היחוד הוא, כמו שביארנו. ושני דברים נמצינו למדים מן ההקדמה הזאת, א' - מה שביארנו כבר, שאין שייך בשום מעלה אחרת שיהיה בורא מה שהוא הפך שלמותו כלל, אלא במעלת יחודו, פירוש, כישרצה לגלות מעלת יחודו ית' ולברר אותו ביאור מבואר היטב כנ"ל בכל חלקי גדרו.

Pero volvamos a nuestro asunto. Cuando hablamos de Unidad, se entiende que nos referimos a la negación de todo lo que no es Él. Este principio general rige todos los niveles de su perfección infinita, o sea que a propósito de cualquier cualidad o perfección que Él posea, hay que comprender siempre que no hay otro fuera de Él, que no hay quien se le oponga y nadie puede constreñirlo. Todo esto es incluido en la Unidad tal como hemos explicado antes. Dos cuestiones se desprenden de esta introducción. La primera, que ya hemos desarrollado, es que únicamente podemos hablar de que cree cualquier cosa contraria a su perfección a partir de su Unidad. Algo así carecería de sentido ya que Él desea revelar la naturaleza de su Unidad y exponerla claramente, como ya hemos explicado.

והב' - שלגבי מעלת היחוד השלם הזה - כל שאר המעלות הם כמו דברים פרטיים, וזה דבר כללי, שהרי הוא משקיף על כל המעלות כולם, כמו שהראינו לדעת, שבכל מה שיש בשלמותו שאין לו סוף ושיעור, בכולם הנה הוא יחיד בתכלית היחוד, אין זולתו, אין הפך לו, ואין מונע אליו, כמו שביארנו. ונשרש האמת הזה באמתת המצאו בהכרח, שהוא המרכז מכל מה שנוכל לדבר משלמותו, ולכל מה שלא נוכל לדבר גם כן; והיינו מה שידענו שהוא לבדו מחוייב המציאות, ומוכרח הוא שהוא יהיה, ושלא יהיה אלא הוא, וזה פשוט לכל בני האמונה הקדושה. ועוד לפנים תמצאי התועלת היוצא מן ההצעה הזאת.

El segundo punto que podemos deducir de esta Unidad perfecta, es que todos los otros niveles son particularidades de este aspecto principal, la Unidad que incluye a todos los niveles, como ya hemos comprendido. Porque en todos los atributos de su perfección infinita Él es único y no hay otro fuera de Él, otro que se le oponga ni nadie que lo constriña, como ya hemos explicado. Y esta verdad está arraigada en la de su existencia necesaria, la cual constituye la base de todo lo que podemos decir acerca de su perfección e igualmente de todo lo que no podemos decir. Es, pues, el único ser necesario, su existencia es absoluta y no hay otro más que Él. Esto resulta evidente a todos los hombres hijos de la santa fe (האמונה הקדושה). Explicaremos más adelante las implicaciones se desprenden de esta idea.

מעתה הנה כבר ראית מה שאמרתי לך למעלה כבר, מה נשתנה כח מעלת היחוד הזה מכל שאר המעלות אשר לשלמות - שזה הוא הנותן מקום להילוך הזה של חסרון ושלמות, עבודה וקיבול שכר.

De ahora en adelante, he aquí que has de tener claro lo que dijimos antes, o sea, lo que diferencia el nivel de esta Unidad de los demás niveles de percepción ya que implica el principio de imperfección y perfección, de trabajo (עבודה)[34] y de recepción de una recompensa.

כי אמנם אם לא היה רוצה הרצון העליון אלא לגלות מעלות מש-
למותו, לא היה לו לפעול אלא דברים שלמים לפי השלמות ההוא
שהיה רוצה לגלות, ולא היה ראוי שיהיה בהם שום חסרון כלל,
כאשר כבר הקדמנו, שלברר כל מעלה אחרת חוץ ממעלת היחוד
- אין שייך להראות חסרונות. ואם לא היה חסרון - לא היה מקום
עבודה לאדם, ולא מקום שיקבל שכר. אך כשבחר שהמתגלה מש-
למותו יהיה יחודו ית', אז נמשך מזה שיהיה חסרון בנבראיו, שהרי
צריך להראות החסרון כדי להראות שלילתו.

Porque verdaderamente si la Voluntad superior no hubiera deseado desvelar más que los niveles de su perfección, únicamente hubiera realizado obras perfectas según la perfección que habría escogido desvelar. Porque la imperfección hubiera sido inútil, como ya he explicado anteriormente, puesto que para definir cualquier nivel distinto a la Unidad no es necesario hacer aparecer las carencias. Y si no hubieran carencias, no habría lugar para el trabajo (עבודה)[35] del hombre ni para la recepción de una recompensa. Pero ya que decidió revelar sección de su Unidad, es necesario que haya perfección en sus criaturas. Es, pues, necesario revelar perfección a fin de señalar su negación.

אך אין זה עדיין סוף בירור היחוד; אלא שסוף דבר מכח שלמותו
יעדר באמת החסרון, וישאר הכל מתוקן בכח ממשלת טובו השולט
לבדו, אז נקרא שנגלה בפועל. ואמנם תראי מה יוצא מזה - כי הנה
זה ודאי יגרום שאף על פי שהנבראים נבראו בחסרונם, אך לא יהיה

34. En el sentido del trabajo que supone el servicio divino.

35. Ver nota anterior.

החסרון מום קבוע בהם, אלא אדרבה מום עובר, מום שצריך לעבור
על כל פנים, אלא שהרבה דרכים ימצאו להעביר אותו

Esto, sin embargo, no constituye aún la clarificación última de su Unidad; ésta sólo tendrá lugar cuando todo el poder de su perfección anule la imperfección, y todo se perfeccione en el reino de aquel que domina solo. Sólo entonces se considerará que su Unidad se ha revelado verdaderamente. Y ciertamente, observa que esto implica necesariamente que, a pesar de que las criaturas hayan sido creadas imperfectas, su imperfección no es en modo alguno algo permanente, sino un defecto temporal que, con certeza, pasará. Existen varios medios para lograrlo.

ותביני שרש כל זה, כי הנה החסרון ההוא לא נולד אלא מהסתר
פניו של האדון ב"ה, שלא רצה להאיר פניו על נבראיו מתחלה מיד,
שיהיו שלמים בתחלה, אלא אדרבה, הסתיר פניו מהם והשאירם
חסרים, כי הנה אור פני מלך - חיים ודאי, והסתרו הוא מקור כל רע,
ועוד נדבר מזה לקמן בס"ד.

Y entiende la raíz de todo esto. Esta imperfección surge únicamente del ocultamiento del rostro del Señor, bendito sea, de que Él ha decidido no hace irradiar hacia sus criaturas desde el principio, y no hacerlas perfectas desde un comienzo. Por el contrario, el apartó su faz de ellas y las hizo imperfectas. Porque la luz de la faz del Rey es efectivamente la vida verdadera, y su ocultamiento, la fuente de todo mal, como desarrollaremos más adelante con la ayuda de Dios.

אבל כיון שהכוונה התכליתית בהסתר הזה אינה להיות נסתר, אלא
אדרבה ליגלות אחר כך, ולהעביר כל הרעה שנולדה רק מן ההסתר
ההוא, הנה על כן שם לו חק ומשפט לגלות פני טובו הנסתרים; וזה
או על ידי מעשים שיעשו בני האדם, הם המה המשפטים והתורות

אשר נתן לנו תורתו תורת אמת, אשר יעשה אותם האדם וחי בהם בחיים הנצחיים, כי שכר מצוה - מצוה, הוא הארת פניו ית"ש, שה־סתיר אותם מן האדם בתחלת יצירתו; כי הנה על כן לעמל נברא, בהיות היצר שולט בו, ורבה רעתו עליו בכל מיני חסרונות, והרי־חוק אשר לו מאור החיים; ומעשי המצוות מאירים עליו האור הגנוז, עד שבהשלימו חק מצוותיו, נשלם עצמו עמהם לאור באור החיים האלה.

Pero como la intención de este ocultamiento no era que la luz permaneciera oculta, si no, por el contrario, que se revelara más tarde y disipase todo el mal que resultante de este ocultamiento, estableció firmemente revelar la faz de su bondad oculta. Este proceso puede tener lugar gracias a los actos de los hijos de los hombres, mediante el respeto de las leyes y de las enseñanzas que nos da su *Torah* de verdad, que cuando son realizadas por el hombre se hace merecedor de la vida eterna. La recompensa de una *mitzvah* es, efectivamente, otra *mitzvah*. Se trata de la manifestación de la faz del Santo, bendito sea, que ocultó al hombre desde el comienzo de su formación. Porque he aquí que el hombre fue creado para el trabajo, dominado por una mala inclinación (היצר) y el mal está fuertemente impreso en él a causa de todas sus imperfecciones y de su alejamiento de la Luz de la Vida; y la realización de las *mitzvot* hace brillar la luz oculta. Cuando cumple con su parte de las *mitzvot*, se perfecciona a sí mismo por medio de ellas y permanece en esta Luz de la Vida.

אמנם אם לא יטיב, הנה אף על פי כן ירצה היחוד העליון להתגלות, כי לא לנצח יסתיר פניו מעולמו, אך בחימה שפוכה ימלוך על החו־טאים האלה בנפשותם, ונשאו את עונם עד יתמו חטאים מן הארץ, או כי יכנע לבבם הערל וישובו ויחיו.

Ciertamente, aunque el hombre se apartase del bien, la Unidad Suprema acabaría revelándose ya que Él no ocultará eternamente su rostro a su mundo. Pero entonces propagará su cólera que reinará sobre esos pecadores, y cargarán con el fardo de sus pecados hasta que «los pecados dejen la Tierra», o hasta que sus corazones incircuncisos se arrepientan y vivan.

ולא עוד, אלא בהיות הכוונה בהסתר פנים שזכרנו, רק כי יחזור ויגלה אותם וישוב ירחמנו, הנה אפילו הבחירה הזאת שהוא מניח לנו עתה, ותמיד הדבר תלוי ועומד אם להטיב ואם להרע ח"ו לפי רוב המעשה, אין סופה להתקיים כך, אלא הזמן ששיערה המחשבה העליונה היותו צריך ומספיק לכל הנשמות אשר עשה, שבו יתוקנו - מי בצדקתם, מי בתשובתם ומי בקבלת היסורין; וזה הוא המועד אשר שם שיתא אלפי שנה, כדברי רז"ל (ר"ה לא.; סנהדרין צז ע"א).

Por otra parte, dado que la intención de este ocultamiento de su faz que hemos mencionado es que se manifieste de nuevo y que sea clemente con nosotros, el libre albedrío, que ahora nos concede y que implica recompensa y castigo según el valor de nuestras acciones, no durará eternamente, sino únicamente todo el tiempo que la Inteligencia Suprema ha fijado. Esta duración es la que se necesita para que las almas que Él ha creado puedan perfeccionarse, algunas lo harán a través de la piedad, otras por su arrepentimiento, y otras por medio del sufrimiento. Y este período, según nuestros sabios (*Rosh haShannah* 31a; *Sanhedrín* 97a) es de 6.000 años.

ואחר יחדש עולמו להיות בני האדם כמלאכים ולא כחמורים, אבל יהיו נפשטים מן החומר הגס הזה, ומן התולדות הרעות שלו, הן הם יצר הרע וכל הנמשך ממנו. ואפילו לימות המשיח קרא כתיב (יחזקאל לו, כו - כז), "והסירותי לב האבן מבשרכם וגו' ועשיתי את אשר בחוקי תלכו". וחז"ל אמרו (שבת קנא,; מ"ר קהלת יב, ב), "שנים אשר תאמר אין לי בהם חפץ" (קהלת יב, יב) - אלו ימות המשיח, שאין בהם לא זכות ולא חובה" וזה פשוט, כי כאשר יטהר

האדם מיצר הרע, הנה אין עבודתו אלא בכח מוכרח, ואין השבח מגיע אליו כלל.

Luego Él renovará su mundo de modo que los hombres serán como ángeles y no como asnos; serán librados de su materia grosera y de sus consecuencias nefastas: la mala inclinación y todo lo que deriva de ella. A propósito de la época del Mesías, está escrito (*Ezequiel* XXXVI-26 y 27) «quitaré de vuestra carne el corazón de piedra… y haré que andéis en mis preceptos». Y nuestros sabios, de bendita memoria, dijeron (*Shabbat* 151b; *Midrash Rabbah Eclesiastés* XII-2): «los años acerca de los cuales dirás: "no tengo deseo de ellos". Estos en los días del Mesías en los que no hay mérito ni falta». Y esto es fácil de entender pues cuando el hombre sea purificado de la Mala Inclinación, su servicio divino se convertirá en una necesidad natural, y no será objeto de un tipo de elogio.

אמנם, הנה זה הוא מחוקו של היחוד העליון לבדו ב"ה - להראות עוצם ממשלתו השלמה; שכל הזמן שהוא רוצה, מניח העולם להיות סוער והולך בילדי הזמן, עת אשר שלט הרע בעולם; ולא עוד, אלא שאינו מעכב על ידי הרע הזה מעשות כל אשר בכחו לעשות, ואפי־לו מגיעות בריותיו עד הדיוטא התחתונה. אפס כי לא מפני זה יאבד עולמו, כי הממשלה לו לבדו, והוא עשה, והוא סובל, והוא מחץ, והוא ירפא, ואין עוד מלבדו.

Sin embargo, es de la naturaleza suprema del Santo, bendito sea, mostrar la fuerza de su poder perfecto. Mientras lo desea, permite que el mundo se agite ante las vicisitudes del tiempo, mientras el mal reina en el mundo. Y además Él no restringe este mal ni tan sólo impide que actúe según todas sus fuerzas, incluso si sus criaturas descienden al nivel más bajo posible a causa de esto. Sin embargo, no permite que su mundo se pierda, pues el poder le pertenece; es Él quien actúa, soporta, golpea y cura, no hay otro fuera de Él.

והנה זה יתד חזק לאמונת בני ישראל, אשר לא ירך לבם לא מאורך הגלות ולא ממרירותו הקשה, כי אדרבה, הרשה הקב"ה והניח לרע לעשות כל מה שבכחו לעשות, כמו שביארנו. ובסוף הכל - כל יותר שהקשה הרע את עול סבלו על הבריות, כן יותר יגלה כח יחודו ית' וממשלתו העצומה אשר הוא כל יכול, ומתוך עומק הצרות הרבות והרעות מצמיח ישועה בכחו הגדול ודאי.

Aquí se halla el fundamento esencial de la *emunah* de los hijos de Israel que permite a sus corazones no desfallecer durante el exilio ni en su tremenda amargura. En realidad, el Santo, bendito, sea le permite al mal hacer lo que le parece en su poder, como ya hemos explicado. Y, finalmente, cuando el mal haya reforzado su yugo sobre las criaturas, la Unidad de Dios se manifestará más aún, así como su poder supremo. Desde las profundidades de tantas pruebas y tantos males, ciertamente surgirá la salvación con mucha más fuerza.

כי הן אמת, שהיו יכולים בני אדם להיות זוכים במעשיהם, ומכירים הם האמת, ועוזבים אורחות השקר של העוה"ז ברצותם להתקרב אל בוראם; וזה בהיותם יודעים ומבינים כבר שכל מה שהוא הפך מן הדרך אשר צוה ה' אינו אלא מכלל סוג הרע שרצה הרצון העליון, וברא בהסתר פני טובו. ועל כן ימאסו בתרמית עיניהם זה, ויבחרו באור הגנוז והצפון - אור פני מלך חיים. ואם היו עושים כן, הנה היה יחודו ית' מתגלה אליהם מצד עצמם, ונמצאו מקרבים להם הישועה; ולא היה צריך הקב"ה להראותו הוא להם בדרך קשי הגלות וארכו, כי כיון שנתברר להם האמת מדעתם - די בזה, וכשנתברר - נתבררה. כי כיון שכבר ראו הרע והכירוהו, ועזבוהו ואחזו באמתת יחודו - הרי נעשה מה שצריך, כי כל הכונה היא רק שיתאמת להם ענין זה, כדי שמשם והלאה יתענגו באמת שנתגלה להם, אם כן כשנתגלה - נתגלה.

Porque es cierto que los hijos de los hombres podrían haber obtenido méritos por medio de sus actos, reconocer la verdad y abandonar los caminos de la mentira de este mundo, en su deseo de acercarse a su Creador. Eso ocurriría si supieran y comprendieran que todo lo que se opone al camino que Dios ha ordenado entra en la categoría del mal que la Voluntad Suprema decidió crear disimulando la presencia de su bien. De este modo despreciarían esta ilusión y escogerían la luz secreta y disimulada, la luz del rostro del Rey de la Vida. Y si así fuera, la Unidad del Santo, bendito sea, se revelaría gracias a ellos mismos, y se acercarían a su propia salvación. Entonces, el Santo, bendito sea, no estaría obligado a revelarles su Unidad por medio de un exilio largo y difícil; de este modo percibirían la verdad por sí mismos, de una manera clara y ya que habrían visto y reconocido el mal, y lo habrían abandonado, captando de este modo la verdad de su Unidad, lo necesario ya se habría hecho. Porque toda la intención es que esta noción[36] se haga verdadera para ellos y que puedan deleitarse en la verdad de esta revelación. Del modo que sea, esta verdad ha de llegar a su revelación.

הלא תראי - אדם הראשון עצמו כך קרה לו, והביני היטב הענין הזה. כי אם לא היה בורא הקב"ה העולם אלא על צד הטוב בלא צד הרע כלל, אז לא היתה המחשבה מציירת הרע כלל, שתוכל להבין היחוד בשלמות גדרו, וכמו שביארנו לעיל. אך כיון שכבר ברא הרע, אז ודאי כבר המחשבה יכולה לצייר אותו, ולהכיר מכחו היחוד באמת. ואמנם, אדה"ר כבר היה רואה הרע, והיינו כי הלא הוא היה עץ הדעת טוב ורע שהקב"ה אסרו עליו, ואף על פי כן היה עינו מטעה אותו לחשוב אותו תאוה לעינים, וטוב למאכל, ונחמד להשכיל, כדברי הכתוב (בראשית ג, ו), "ותרא האשה" וגו'. ונמצא, שהיה רואה מיד שיש מקום לטעות ח"ו, ולומר או שתי רשויות הם ח"ו, או כל שאר סברות הרעות שהיה משים לפניהם הנחש.

36. O sea, la Unidad.

Ves que Adán ha vivido todo esto. Comprende bien todo esto. Si el Santo, bendito sea, hubiera creado el mundo únicamente desde el lado del bien, sin ningún mal, la mente no podría concebir el mal y tampoco podría comprender la definición completa de la Unidad, como hemos explicado anteriormente. Pero como el mal fue creado anteriormente, la mente puede concebirlo y reconocer a través de la Unidad Verdadera. Adán, en efecto, ya veía el mal en la forma del árbol del conocimiento del bien y del mal; el Santo, bendito sea, se lo prohibió. A pesar de esto, su ojo lo engañó mostrándolo como agradable a los ojos, bueno al paladar y deseable para la adquisición de conocimientos, tal como está escrito (*Génesis* III-6): «Y la mujer vio...». De esto se deduce que vio inmediatamente que existía una posibilidad para equivocarse y decir que, Dios no lo quiera, había dos poderes, o caer a cualquiera de las cosas que le propusiera la serpiente.

ואמנם אדה"ר באמת חכם גדול היה, והיה לו לחקור בחכמתו על זה כראוי; וגם כבר היה יודע אמתתו של דבר מצד חכמתו, שכל מה שרואה מנגד מה שהודיע לו יתב' מן אמתת התיקון - אינו אלא שקר מדומה, מכלל הרע שברא הוא ית"ש להודיע אמתת יחודו, ולנסות בו את האדם עצמו לתת לו זכות. ואם היה עומד באמונתו, ולא היה מתפתה אחר יצה"ר, אלא אדרבה, היתה מתחזקת בלבו האמונה הזאת, אז היה נקרא שהשיג היחוד העליון, שהרי כבר ראה וציירה מחשבתו מה הוא הרע, וגם השיג בחכמתו שכל מה שהוא רע - אינו אלא נברא ממנו ית' לכבוד עצמו. והנה, היה די שיתחזק באמונה זו שלא לעבור את פי ה', וזה עד ליל שבת קודש, כאשר חכמים יגידו, שאז היה הקב"ה עושה ביום אחד מה שהוא עושה עתה בשיתא אלפי שנין; והיינו שהיה סוף סוף מראה לו בפועל שמה שהאמין מיחודו ית' הוא אמת, וזה, כי היה מבטל ברגע אחד כל הרע מן העולם.

Y ciertamente, el Adán primordial era muy inteligente y debió haberla empleado correctamente para analizar el asunto. Además, Él ya sabía que lo hacía apto para conocer la verdad y comprender que todo lo que veía se oponía a la verdad que Dios le había mostrado y no podía ser más que una mentira ilusoria producto del mal que había creado el Santo, bendito sea, para hacerle conocer la verdad de su Unidad y para probar al hombre mismo a fin de proporcionarle mérito. Si hubiera estado firme en su *emunah* y no se hubiese dejado seducir por la Mala Inclinación, si por el contrario su *emunah* se hubiera fortalecido en su corazón, entonces habría alcanzado la vida suprema. Él ya había visto y concebido el mal, y por medio de su sabiduría habría comprendido que el mal sólo fue creado por Dios para su gloria. Habría sido suficiente con que hubiera sido fuerte en su *emunah* para no volver a transgredir la palabra de Dios y esto, como dicen nuestros sabios, de bendita memoria, hasta la entrada del Santo *Shabbat*. El Santo, bendito sea, hubiera realizado en un solo día lo que ahora hace en 6.000 años. Y pensamos que finalmente le hubiera mostrado en la práctica que lo que Adán creía acerca de la Unidad de Dios era cierto, y que en un sólo momento habría eliminado todo el mal del mundo.

אבל אדם הראשון נתפתה בתחלה אחר התאוה והתשוקה שלו, ואז חזר וחשב סברות רעות כדי להקל לעצמו. והרי זה כעין מה שאמרו רז"ל (סנהדרין סג ע"ב), "לא עבדו ישראל עבודה זרה אלא להתיר להם עריות בפרהסיא"; ואמרו רז"ל (סנהדרין לח ע"א), "אדם הראשון מין היה". והנה, אז הוצרך להראות לו במופת מה שלא רצה להשיג מצד הידיעה, והיינו להראות לו מהו הרע באמת; ואיך, אף על פי שמניחים לו מקום כל כך גדול, סוף סוף צריך לבא הכל לממשלת הטוב היחידית; והוא דרך קושי העוה"ז שנגזר עליו, כדי שסוף סוף יבא לידי האמונה שלא רצה לעמוד בה מתחלה, אלא שיתברר לו במופת בפרט מה שהיה יכול להשיג מתחלה, ולהתברר לו הכל בבת אחת.

Pero el Adán primordial (אדם הראשון) se dejó tentar por su deseo y su pasión, y al mismo tiempo concibió falsos razonamientos para realizar sus deseos. Esto se parece a lo que nuestros sabios, de bendita memoria, han dicho (*Sanhedrín* 63b): «(Israel) practicó la idolatría únicamente para poder mantener relaciones prohibidas de un modo abierto». Y también han dicho (*Sanhedrín* 38a): «el Adán primordial fue un hereje». Por esta razón fue necesario demostrarle por medio de pruebas que no había querido percibir hondamente; es decir cosas de la naturaleza del mal, que éste había recibido lugar importante, que todo tiene que volver al final bajo la dominación única del bien. Por esta razón tomó la vía de las dificultades de este mundo, para llegar finalmente a la *emunah* que no supo aceptar en un principio. Actualmente ha de experimentar (la verdad) por medio de pruebas detalladas cuando hubiera podido comprenderla desde el principio, averiguándolo todo de una sola vez.

וכן הוא לבניו אחריו גם כן, כי לולי היו רוצים להשיג זה, ולקבוע ידיעה זאת בנפשותם מצד החכמה - היה די, כי אין צריך אלא שי־דעוהו, והרי ידעוהו, וכשנתברר - נתברר. אך כיון שלא זכו בני אדם במעשיהם, ואדרבה, הלכו אחרי התרמית המתראה לעיניהם בכל אותם הסברות הרעות שזכרנו למעלה, הרי הקב"ה צריך הוא לגלות להם מה שלא ידעו הם להשיג. ואין זה אלא שיעשה בדרך שהוא עושה בגלות הזה, שהסתיר פניו הסתר אחר הסתר, עד שנתגברה הרעה בעולם תכלית התגבורת הגדול; וכמו שאמר ז"ל (סוטה מט. וע"ש), "אין לך יום שאין ברכתו מרובה מחבירו". והנה בסוף הכל - פתאום יבא אל היכלו האדון היחיד ב"ה, ונגלה כבוד ה' וראו כל בשר יחדיו.

Lo mismo ocurre con sus descendientes, después de él. Si quisieran percibir este conocimiento y fijarlo en sus almas por medio de la sabiduría, sería suficiente. Lo único necesario es el conocimiento y ellos podrían poseerlo. Pero, como los hijos de Adán no son rectos en sus acciones, sino que, por el contrario, la ilusión domina su visión y provoca todo tipo de herejías como ya hemos mencionado, el Santo, bendito sea, se ve obligado a revelarles lo que no han sabido descubrir por sí mismos. Y esto tiene lugar durante este exilio, cuando disimula su faz más y más, hasta que el mal se fortalece increíblemente. Como dijeron nuestros sabios, de bendita memoria (*Sotah* 49a): «no hay día cuya bendición[37] no sea mayor que la del día anterior». Y he aquí que, al final, de un modo súbito, el Dios único, bendito sea, regresará a su santuario, la gloria de Dios será revelada y toda carne la contemplará.

ומה שעתה בעבור רוב הסתר הפנים נפסדו הדיעות ונתקלקלו כל המעשים, ומזה נמשך גם כן בבריות עצמם הקלקול והפסדות, כענין שאמרו (סוטה מח ע"א), "ניטל טעם הפירות" וכו', וכל שאר הדברים הרעים שספרו לנו רז"ל, ואשר רואים אנחנו בעינינו - הארץ והנה תהו ובהו, וכמאמרם ז"ל (סוטה מט ע"ב), "חוצפא יסגא ויוקר יאמיר" וכו', שכל זה הוא תגבורת הרע הגדול, הנה כאשר יגלה כבוד ה' - ישובו כל הדיעות לדרך הישרה, וכל המעשים יהיו מתוקנים כראש, ויהיו בני האדם מתדבקים בקונם, כמו שאמר הכתוב (יואל ג, א), "אשפוך את רוחי על כל בשר" וגו'; וכן (ירמיהו לא, לג), "ולא ילמדו עוד איש את רעהו וגו' לאמר דעו את ה', כי כלם ידעו אותי למקטנם ועד גדולם"; ותהיה התשוקה הכללית לכל העולם להתקדש בקדושתו ית', כענין שנאמר (ישעיהו ב, ג), "והלכו עמים רבים ואמרו לכו ונעלה אל הר ה' וגו' ויורנו מדרכיו ונלכה באורחתיו" וגו'.
ויולד מזה הצלחות הבריות כולם, כענין שנאמר (תהלים עב, טז), "יהי פסת בר בארץ בראש הרים"; (ישעיהו יא, ו), "וגר זאב עם כבש" וגו'

Y ahora el conocimiento se ha perdido y sus acciones se han degradado a causa de la intensidad del ocultamiento de su rostro, como ha

37. Eufemismo de «maldición».

sido dicho (*Sotah* 48a): «El sabor de sus frutos se perdió...», junto con otros hechos fastidiosos que nos han referido nuestros sabios, de bendita memoria y que podemos ver con nuestros propios ojos. La Tierra está desierta y desolada (תהו ובהו)[38], y como dicen nuestros sabios, de bendita memoria (*Sotah* 49b): «El descaro prevalecerá y la carestía crecerá...». Y todo esto representa un gran mal, pero he aquí que cuando se revele la gloria del Eterno, todas las mentes regresarán al camino recto (דרך הישרה), todos los actos se volverán perfectos como al principio y los hijos de Adán se apegarán a su Creador, como está escrito (*Joel* III-1): «Volcaré mi espíritu sobre todo lo viviente...»; y también (*Jeremías* XXXI-33): «Un hombre ya no enseñará a su prójimo diciendo 'conoce al Eterno', porque todos me conocerán, desde el más pequeño al más grande». Y el deseo universal será santificarse por medio de la santidad del Santo, bendito sea, como está dicho (*Isaías* II-3): «Y vendrán muchos pueblos que dirán: venid, subamos a la montaña del Eterno, que nos muestre sus senderos y seguiremos sus caminos». Y gracias a esto mejorarán todas sus creaciones, como está escrito (*Salmos* LXXII-16): «Habrá abundancia de trigo sobre las montañas», e (*Isaías* XI-6): «El lobo vivirá junto al cordero», etc.

סוף דבר, תראי שכאשר בחר הרצון העליון ללכת בדרך הזה, נתן מקום לכל מה שנתן שצריך לתחתונים לשלמותם האמיתי. כי בהיותו מסתיר פניו, הנה נותן מקום לחסרונות, ובתתו מקום לחסרונות - נותן מקום לעבודה כדי להשלימם. ולפי שההסתר עשוי רק כדי להגלות, הנה זה נותן מקום לתקן החסרונות ההם בכח הגילוי של השלמות. ובהיות שההסתר עשוי ליגלות על כל פנים אפילו מעצמו, הנה ניתן קץ לימי הבחירה, שסוף כל סוף כל העולם יהיה מתוקן בתיקון שלם, ומשם והלאה יהיה זמן קבלת השכר על העבודה, שקדמה כבר, כמאמרם ז"ל (עירובין כב ע"א), "היום לעשותם ומחר לקבל שכרם".

38. Véase Génesis (I-2).

Finalmente, cuando la Voluntad Suprema ha elegido este camino, concede espacio para que se lleve a cabo todo lo necesario para la verdadera perfección de las criaturas aquí abajo. Ocultando su rostro hizo posibles las carencias y, de este modo, dejando un lugar a las carencias, definió un trabajo que consiste en perfeccionarlas. Ya que la ocultación sólo fue para la revelación y dejó un lugar para corregir estas carencias por medio de la fuerza de la revelación de la perfección. Por otra parte, como de cualquier manera la ocultación ha de desembocar en la revelación, se fijó un fin a la cantidad de días de libre albedrío. Finalmente, el mundo entero alcanzará la perfección total. Entonces seguirá un período de recompensa por el trabajo que lo precedió. Nuestros sabios, de bendita memoria, dicen al respecto: «Hoy para realizarlos y mañana para recibir su recompensa» (*Eruvín* 22a).

מא) אמרה הנשמה - נקבץ איפוא כל אשר דברנו עד עתה בענין הזה, כי רב הוא:

41. Dijo el alma: reúne todo lo que has dicho hasta este momento, porque ya has dicho mucho.

מב) אמר השכל - הכלל קצר ונוח לקבלו. רצה הרצון העליון לגלות ולברר אמתת יחודו - שאין שום יכולת נגד יכלתו כלל ועיקר, ועל היסוד הזה בנה עולמו בכל חוקותיו. והכלל הוא, מה שהוא מסתיר פניו ונותן מקום לרע לימצא, עד שיחזור ויגלה טובו, והרע לא ימצא עוד, ונראה יחוד ממשלתו. ובין כך ובין כך ניתן מקום עבודה לאדם כל זמן שהחסרון נמצא, והשלמות עומד להתגלות; ואחר שנתגלה - הוא זמן קבלת השכר על העבודה שנעשית כבר.

42. Dijo el intelecto: el principio es breve y fácil de aceptar (לקבל). La Voluntad Suprema quiso revelar y manifestar la verdad de su Unicidad (אמתת יחודו) y que no puede haber ningún poder contrario a

Él. Sobre este fundamento (היסוד הזה) construyó su mundo y todas Sus leyes (חוקותיו). El principio es que el ocultamiento de su rostro es para dejar un lugar al mal antes de que se vuelva a revelar su bien y que el mal no pueda existir más y se pueda contemplar la unidad de su poder. Mientras tanto, mientras exista la imperfección y la perfección esté por revelarse, hay un lugar para el trabajo del hombre. Cuando se revele, será el momento de recibir el salario por el trabajo realizado.

מג) אמרה הנשמה - עדיין יש לי מקום מעט לשאלה, למה אנו צריכים לומר שהכל עומד על ענין היחוד הזה? הלא טובה הסברא הראשונה אשר שמעתי מפיך בתחלת דבריך, שרצה הקב"ה להטיב הטבה שלמה אל נבראיו, וראה שצריך לזה שיקבלוה בזכות ולא בצדקה, על כן שם השכר והעונש בעולם, כדי שיקבלו הטובה בשכ־רם, וכנגד זה שם רק הבחירה כדי שיהיה מקום לשכר ועונש.

43. Dijo el alma: sin embargo, todavía tengo lugar para una pregunta, ¿por qué hemos de decir que todo reposa sobre ese principio de Unidad? ¿No es suficiente afirmar la primera idea, enunciada al principio, de que Dios quiso prodigar un bien perfecto a sus criaturas? Vio que era apropiado que lo recibieran por mérito propio y no por caridad. Por esta razón instituyó el castigo y la recompensa en el mundo, para que el bien pudiera ser recibido como recompensa. Por esta razón instituyó el libre albedrío para que haya lugar para la recompensa y para el castigo.

מד) אמר השכל - אבל המעשה מוכיח שהיחוד הוא העומד להתג־לות. כי אנחנו רואים הבטחות הנביאים שהבאנום למעלה כבר, אשר הם מבטיחים שהקב"ה יגאל את ישראל על כל פנים, אפילו בלא זכות, ושיסיר יצה"ר מבני האדם ויכריחם לעבדו; והנה כל אלה הם נגד השכר ועונש ונגד הצחירה.

44. Dijo el intelecto: pero los hechos demuestran que la Unidad ha de revelarse. Porque nosotros ya vimos en las promesas de los profetas que Dios redimirá a Israel, sean cuales sean las circunstancias, incluso sin el menor mérito, y que eliminará la mala inclinación de los hombres y los obligará a servirle a Él. Y todo esto se opone a la idea de castigo y recompensa, y de libre albedrío.

ואם היתה הכונה באמת להעמיד ענין הבחירה והשכר ועונש, דהיינו שיהיה העולם תמיד בנוי מבני בחירה, להיות צדיקים או רשעים כרצונם, ותמיד יהיה טוב לצדיקים או רע לרשעים, היה צריך שזה יהיה תמיד, ולא יהיה לו הפסק; וזה היה - שהקב"ה היה רוצה להחזיק במדת המשפט, להעמיד כל בריותיו בה כל הימים. אבל זה ידענו שאינו כך, כמו שהוכחנו מן המקראות, וכמבואר לנו בדברי חז"ל, שסוף כל סוף תסור הבחירה מן האדם, ולא יהיה עוד רעות בעולם, וכבר אמרו (ברכות י ע"א), "יתמו חטאים מן הארץ כתיב".

Y si, en verdad, la intención fuera establecer el libre albedrío, el castigo y la recompensa a fin de que el mundo estuviera compuesto siempre de individuos con libertad de elección, para que a los justos todo les fuera bien, y a los malvados todo les fuera mal, entonces sería necesario que ese estado de cosas persistiera continuamente, sin interrupción. Y, ciertamente, así sería si Dios quisiera mantenerse en su atributo de justicia, midiendo a los hombres con esa vara todos sus días. Pero sabemos que esto no es así, tal como nos enseñan las Escrituras, y sabemos, gracias a las palabras de los sabios, de bendita memoria, que al final los hombres se quedarán sin libre albedrío y el mal cesará en el mundo, tal como enseñaron (*Berajoth* 10a): «Y las transgresiones desaparecerán de la faz de la Tierra».

אם כן, אין סוף הכונה על השכר ועונש, אלא על התיקון כללי. אלא שהרכיב הקב"ה שני הדברים כאחד, והיה זה מעומק עצתו לסבב

הכל אל התיקון השלם. ועוד נדבר מזה לפנים בס"ד בבואנו אל פרטי ההנהגה, כי הוא ענין עמוק ועיקרי מאד.

La intención esencial no es el castigo y la recompensa, sino la perfección total. Es sólo que el Santo, bendito sea, unió los dos sistemas como uno solo, en la profundidad de su voluntad, canalizando así todos los caminos en dirección a la perfección completa. Y hablaremos de esto más adelante, con la ayuda del Eterno, cuando analicemos la influencia divina detalladamente, ya que se trata de un importante y profundo asunto.

ואנחנו עד עתה דברנו בכלל, ומעתה צריך לבא אל הפרטים, כי הנה שמנו יסוד אחד שכל ענייני הבריאה וחוקותיה תלויים בדבר גילוי יחודו ית', ולדבר הזה מצאנו שני הזמנים, האחד - בהיותו נסתר ועתיד להתגלות, והשני - אחר שנתגלה; ובאלה שני הזמנים ראינו היות תלוי עבודת האדם וקיבול שכרו. מעתה, בכל אחד מן הזמנים האלה יש לנו להבחין כל פרט שנוכל להשיג בו, והיינו פרטי העלם יחודו לבד, ופרטי גילויו לבד. ועוד יש לנו להבין התקשר שני הזמנים האלה זה בזה, כי הרי כיון שצריך לעבור מזה לזה, צריך שיהיה להם מקום התחברותם, שהוא המעבר שבין שני הקצוות.

Hemos hablado hasta ahora de generalidades, y ahora vamos a referirnos a puntos más concretos. Hemos dicho que todos los aspectos y leyes de la creación están basados en la revelación final de la Unidad de Dios. Y en este sentido hemos establecido que hay dos períodos: el primero, en el que Él está oculto, aunque destinado a revelarse; el segundo, que sigue a la revelación. Y es en estos dos períodos donde vemos el servicio divino del hombre y la recepción de su salario. A partir de ahora distinguiremos todos los detalles que podamos con respecto a cada uno de estos dos períodos, es decir, los detalles de su revelación, en sí mismos, y los detalles de su ocultamiento en sí mismos. Ya que, en vista del hecho que uno lleva al otro, ha de haber forzosamente un punto de unión que marque la transición entre los dos extremos.

נתחיל עתה כסדר, וזה יצא ראשונה - להבין פרטי העלם היחוד, כי הוא הזמן הראשון, ומשפטי הנהגתו ית' בזמן הזה. וכאן יהיה לנו לבאר כל עניני העבודה בכל תולדותיה, וההכנה אשר באדם לעשו־תה, וכל שאר הבחינות שיש לנו להבחין בדבר הזה.

Procedamos por orden. Lo primero es comprender los detalles del ocultamiento de su Unidad, que es el primer período, y la naturaleza de su interacción con nosotros durante este lapso de tiempo. A esta altura deberemos explicar todos los aspectos del servicio divino y todas sus implicaciones, la preparación necesaria para su realización y todas las demás consideraciones que debemos recordar en esto.

אמר השכל - הקדמה אחת גדולה ועיקרית מאד צריך אני להודיע לך, קודם שנכנס לפנים בענין דרכיו אלה ית', ומשפטיו אשר אנחנו עוסקים בהם.

Dijo el intelecto: hay una cuestión fundamental que debo enunciar antes de entrar en el análisis de los caminos del Eterno y de sus modalidades de conducta.

מה) אמרה הנשמה - ומה היא?

45. Dijo el alma: ¿y cuál es?

מו) אמר השכל - הנה אנחנו רואים חוקים ומשפטים, אשר הוא ית"ש מתנהג בם עמנו, אנחנו נבראיו, מדות ודרכים צדיקים כאשר גזרה עומק חכמתו, עד שבעבור המדות האלה יחסנו לו תארים רבים ככל דברי הנביאים ע"ה, ואליו קראנו, רחום, חנון, גבור, וכל שאר הכינויים הרבים אשר נתיחסו לו.

46. Dijo el intelecto: he aquí que vemos que existen ordenanzas (סיקוח) y regulaciones (םיטפשמ) por medio de las cuales Él, bendito sea su nombre, interactúa con nosotros, sus creaciones. Son modos y medios justos que fueron decretados por su sabiduría profunda. Por ello le atribuimos muchas *middot*, como en las palabras de los profetas, en paz descansen, y lo llamamos misericordioso, clemente, fuerte y todas las demás cualidades que se le confieren.

אמנם כאן צריכים אנו להבין ולדעת אמונה ודאית שיש לנו להאמין בכל זה, כי לא יאותו כל התארים והכינויים האלה אליו ית' לפי עצמו כלל ועיקר, באשר אין כל הפעולות האלה פעולות שיפעל הוא ית' כאשר יפעל איש לפי טבעו וכחו, אלא כולם ענינים שנרצו מרצונו לעשותם לפי ערך הנבראים שרצה לברוא, ולפי כחם לבד.

Ciertamente, hemos de comprender y saber con certeza que ninguna de estas cualidades puede aplicarse a Él, ya que todos estos apodos no se pueden comparar con lo que realiza el hombre según su naturaleza y su fuerza. Sin embargo, en su voluntad de crear a sus criaturas, de guiarlas, de concederles su bien para concederles bendiciones, y permitirles cierta revelación de su gloria, que está por encima de toda bendición o alabanza, para que puedan deleitarse en su luz, Dios estableció, por decirlo de algún modo, un sistema de conducta justa, habiendo establecido formas de influencia y modos de comportamiento mediante los cuales actuar y dirigir a todas sus creaciones con destino a un objetivo selecto.

ודבר זה נתברר אצל החכמים במקומות רבים בביאור רחב. וכלל מה שצריכים אנו להאמין בזה הוא, כי הוא ית"ש מציאותו נודע לנו ודאי שהוא מוכרח מעצמו, אך מהותו אי אפשר לנו להשיגו כלל ועיקר; ולא עוד, אלא שכבר אסור לנו איסור עולם להכנס בחקירה זאת, וכבר אמרו חכמים (חגיגה יא ע"ב), "המסתכל בארבעה דברים

ראוי לו שלא בא לעולם"; וכן אמרו (חגיגה יג ע"א), "במופלא ממך אל תדרוש וכו' - אין לך עסק בנסתרות".

Y esto lo aclaran a los sabios en muchos lugares en un amplio comentario. Lo que hemos de creer es que la existencia del Bendito es evidente y necesaria, incluso si no somos capaces de concebir su esencia. Por otra parte, no está totalmente prohibido adentrarnos en este tipo de investigaciones, como han dicho nuestros sabios (*Jaguigah* 11b): «aquel que inquiere sobre cuatro cosas, mejor sería que no hubiera venido al mundo»; y también dijeron (*Jaguigah* 13a): «lo que te supera, no lo busques; no has de ocuparte de estos misterios».

וכללא הוא, כל מה שיכולה מחשבת בני האדם לתפוס ולצייר - אינו ודאי מהותו ית', כי הוא מרומם ונשגב מכל מחשבה ורעיון, ואין בו שום אחד מן הענינים מה שיש בנבראיו, לא מן הגדולים ולא מן השפלים, כי מה שהוא השלמות הגדול יותר בנבראיו - חסרון הוא לגביו ית', ולא נדמהו בחוקו כלל ועיקר..

Y he aquí el principio, todo lo que el pensamiento humano es capaz de captar o de representarse no es la esencia del Bendito, ya que es más sublime y elevado que cualquier pensamiento o concepto. Y no tiene ninguna de las cosas que hay en sus criaturas, sean éstas grandes o pequeñas. La mayor perfección en sus criaturas debe considerarse como una carencia en relación al Bendito, y no se parece en absoluto a su naturaleza.

כי כל מה שנמצא בנבראים - הטוב והרע החסרון והשלמות - הכל חדש הוא שהמציאו הוא ית"ש ברצונו, והם דברים רק לפי ערכנו ועניננו, לא לפי ערכו וענינו ית'. ועל זה מקרא מלא צווח ואומר (ישעיה מ, כה), "ואל מי תדמיוני ואשוה יאמר קדוש".

Porque todo lo que hay en las criaturas, lo bueno y lo malo, el defecto y la perfección, todo es nuevo y no existe sino por la voluntad del Bendito, y son cosas sólo de acuerdo con nuestro nivel y asuntos, no de acuerdo con el nivel del Bendito. A propósito de esto, el profeta nos enseña (*Isaías* XL-25): «¿Y a qué me haréis semejante para que me comparéis?, dice el Santo».

כללם של דברים, האדון הוא ודאי משולל מכל מה שאנחנו מוצאים בבריותיו, אם חסרון ואם שלמות, ורק הוא לבדו השלם בשלמות אמיתי, שאין שייך בו חסרון בשום פנים כלל ועיקר; והוא בלתי מושג אצלנו כלל, ואין שום אחד מענינינו שייכים בו.

Con todo, el Creador nada tiene que ver con todo lo que encontramos en sus criaturas, ya sean defectuosas o completas, y sólo Él es perfecto en la perfección total, a la que no pertenece ningún defecto en absoluto; y es totalmente inconcebible para nosotros, y ninguno de nuestros intereses se aplica a Él.

ואולם, ברצותו לברוא נבראים, ולנהג אותם, ולחלק להם מטובו להשפיע להם ברכות, ולתת להם איזה גילוי מכבודו המרומם על כל ברכה ותהלה, שיהנו מאורו, אז שם לו, כביכול, חק ומשפט של הנהגה ישרה, ככל ההנהגה הזאת אשר אנחנו רואים ושומעים, כי המציא לו, כביכול, מיני השפעה ומדות של הנהגה, לאחוז בהם ולנהג בהם לתכלית טוב ומובחר אל כל נבראיו .

Sin embargo, en su voluntad de crear criaturas, de dirigirlas de prodigar su bien y sus bendiciones, y de proporcionar una cierta revelación de su gloria, que está por encima de cualquier bendición o alabanza, a fin de que gocen de esta luz, se ha dado a sí mismo, por así decirlo, leyes y reglas de una dirección justa que constituyen la dirección que vemos y escuchamos. Se ha dotado por así decirlo, de varios tipos de influencia y *middot* para dirigir a todas sus criaturas hacia el mejor propósito.

ומעתה, המדות - מדותיו ודאי, והתארים - מתיחסים לו, כי הוא העושה את כל אלה, אף כי אינם דברים מוכרחים אליו כלל, אלא כולם נרצים ממנו, ומציאותם תלוי רק בחפצו ורצונו, כי בלא כל אלה היה יכול ודאי לעשות, ובזולת אלה, וגם עתה יכול לשנותם כרצונו.

En cuanto a sus cualidades, es verdad que se le pueden atribuir características. No obstante, no son necesarias, sino que sólo existen como fruto de su voluntad. Porque, en verdad, Él habría podido actuar sin ellas, e incluso ahora mismo podría alterarlas, si esa fuese su voluntad.

סוף דבר, שליטת רצונו שליטה גמורה היא, שאין לה שום מונע כלל ועיקר, ובכל עת ובכל שעה; וכבר ביארתי דבר זה למעלה כל צרכו. והנה כמו שאל מסתתר הוא מצד מציאותו ומהותו הפשוט, שאינו מושג ונודע כלל לשום בריה, כן נגלה כבודו ונודע הוא קצת מצד פעולותיו אלה. וכל מה שתשיג בו כל בריה שבעולם - לא יהיה אלא מצד פעולותיו, לא זולת.

Para concluir, la soberanía de su voluntad es absoluta, y no permite ningún freno en absoluto, en ningún momento. Ya hemos explicado esto antes. Y si bien Él es un Dios oculto en cuanto a su existencia y su esencia pura, completamente inconcebible e incognoscible para ninguna criatura, su gloria se revela y se conoce en cierto grado, por medio de sus actos.

ואמנם עוד צריך שתדעי; שאפילו פעולותיו אלה שהם מושגות לנו, אין מושגות לנו אלא תולדותיהם; פירוש, הנפעל ממנו ית', אמנם

לא דרך הפעולה - איך הוא ית' פועל אותה. כי כל מה שהוא בו ית' - אין השגה שתשיגהו, ואי אפשר להשיג אלא מה שהוא בנו, אנ־חנו נבראיו. ועל כן, אף על פי שניחס לו ית' המדות אשר ניחס, דרך משל, הידיעה, הזכירה, המחשבה, החמלה, הכעס, הרצון - לא נאמר מפני זה שדרך ידיעתו הוא כדרך ידיעתנו, ודרך זכירתו כדרך זכירתנו, ומחשבתו כמחשבתנו, וחמלתו כחמלתנו, וכעסו ככעסנו, ורצונו כרצוננו, וכן כולם; אלא אלו הפעולות הוא פועל בדרך הבל־תי מושג ונודע לנו כלל, אבל אלינו מגיעים באותו הענין ואותו חוק שהוא רוצה.

Sin embargo, has de saber también que todo lo que las criaturas puedan concebir de Él será únicamente a través de sus actos, y no por ninguna otra cosa. Debes saber también que incluso aquellos actos del Santo, bendito sea que percibimos, los percibimos únicamente por sus efectos, es decir, que percibimos solamente aquello que resulta afectado por Dios, y no la manera en que Él lo afecta. Porque todo lo que esté relacionado con Él, está más allá de toda percepción. Sólo podemos comprender lo que es como nosotros, sus criaturas. Por esta razón, si bien le atribuimos cualidades tales como el conocimiento, la memoria, el pensamiento, la compasión, el enojo, la voluntad, etc., no por esto debemos pensar que su manera de conocer, recordar, pensar, compadecer o enojarse, o querer algo es como la nuestra. Y así con todas las cualidades. Sus actos son realizados de un modo completamente inconcebible e incognoscible por parte de sus criaturas, pero nos llegan en la forma y en la medida en que Él lo desea.

ולא עוד, אלא שאפילו הפעולות של החסרונות אינו צריך לפעול אותם בחסרון ההוא, כמו שהיה צריך לעשותם האדם שהיה רוצה לעשותם, אלא הוא אמר ויהי, באופן אשר דרכו נסתרה ולא מושגת לנו כלל, ולנו מגיעות הפעולות בשיעור ההוא שמגיעות.

Y, además, sus actos de imperfección no necesitan ser realizados del modo imperfecto en que los realizaría el hombre, sino que «él dijo y fue creado», de un modo completamente oculto y por encima de nuestro entendimiento, y sus acciones nos llegan solamente en la medida en que nos llegan.

צא ולמד מקולו ית' באהל מועד, שאמרו חז"ל (תו"כ פרשת ויקרא, דיבורא דנדבה, פרשתא ב, י), "קול ה' בכח", ואף על פי כן משה שומע וכל ישראל לא שומעים".

Sal y aprende de la voz del Bendito en la tienda de reunión, que los sabios dijeron (en la porción de la *Torah* de *Levítico, Diborah Dendavah, Parashah* 2:10): «La voz del Señor está en el poder», y sin embargo Moisés escucha y todo Israel no oye.

וכל זה נמשך מהיותו ית"ש כל יכול, והוא יכול לעשות כל מה שהוא רוצה, שאין שום חוק שיעכבהו, ושום משפט וגבול שימנעהו. על כן לא נקיש לפעולותיו מפעולת הנבראים כלל, אחר שהם מוגבלים ומותחמים, והוא ית"ש כל יכול לגמרי. ו:

Todo esto viene de su omnipotencia, de su capacidad de hacer todo lo que desee, sin que ninguna fuerza lo detenga ni ninguna ley o límite lo circunscriba. Por esta razón, no podemos sacar conclusiones de sus actos para aplicarlos a los de sus criaturas, ya que éstas se encuentran sujetas y limitadas, mientras que Él es todopoderoso.

והנה עד הנה הקדמתי לך הקדמה, שהיא צריכה לכל מה שנעסוק בו בויכוחנו זה, עתה נבוא לענייננו.

Y hasta aquí la introducción que necesitas para todos los asuntos que analizaremos. Ahora, vayamos a nuestro asunto.

(מז) אמרה הנשמה - שמעתי, ומתישבים הדברים עלי, כי אי אפשר לשקוט בעניני הבריאה ומקריה, אם לא שנדע שיש לה עילה ומנהיג כך פשוט ומרומם, כל יכול, ובלא שום הכרח וכפיה, וזולת זה אין ישוב וביאור לרוב הספיקות ותמיהות הנופלות בה:

47. Dijo el alma: he escuchado con gran atención lo que has dicho y lo acepto en su totalidad. Ya que es imposible callar en lo que se refiere a la creación y sus accidentes, sin reconocer la existencia de una causa y una influencia tan elemental, exaltada, omnipotente y completamente no forzada. Sin esto es imposible resolver o clarificar la mayoría de las dudas y conjeturas que se desprenden del asunto.

מח) אמר השכל - הזמן הראשון שיש לנו לבאר עתה, הוא זמן התעלם יחודו ית' כיום הזה, הוא כלל זמן עבודת האדם, כמו שביארנו. והנה מחוק שלמותו, כבר אמרנו, היה ודאי יכול לעשות את כל מעשיו שלמים, ולא יהיה במעשיו אלא טובה גמורה ושלמה, בלי שום חסרון ורעה כלל.

48. Dijo el intelecto: el primer período que hemos de analizar es el del ocultamiento de su Unidad, que es el período actual, el período del servicio divino. Gracias a su perfección, Dios podría haber hecho perfectos todos sus actos, a fin de que poseyeran solamente un bien perfecto y completo, sin huella alguna de imperfección o de mal en absoluto.

מנם ברצותו להתנהג עם נבראיו בהנהגה הזאת שכבר זכרנו, הנה המציא סדר חדש ממש, שלא כדת השלמות העליון ב"ה, אלא מאי

דצריכא לברייתא לתת להם זכות ושכר טוב באחריתם, והוא דרך הטוב והרע, השכר והעונש; שלפי הדרך הזה, הנה הטוב והרע שקו־לים הם ובאים שניהם בעוה"ז, וכך מזומן הוא הטוב לטובים כמו הרע לרעים; ועל פי הדרך הזה נמצא הבריות מתקלקלות לפעמים, ונתקנות לפעמים, וניתנה הרשות לשטן להסטין, ולמשחית לחבל את אשר ירשיעון אלהים, ונמצאו אומות העולם ועובדי עבודה זרה, וכן כל שאר הרעות כולם אשר בעולם, שעליהם באו הבטחות הנביאים ע"ה להעבירם מן העולם לעתיד לבא, כענין שנאמר (ישעיהו ב, יח), "והאלילים כליל יחלוף"; (זכריה יג, ב), "ואת רוח הטומאה אעביר מן הארץ"; (ישעיהו כה, ח), "בלע המות לנצח"; (ישעיהו יא, ט; סה, כה), "לא ירעו ולא ישחיתו בכל הר קדשי" וגו'. ועל פי הדרך (ברכות לג ע"ב), "הכל בידי שמים חוץ מיראת שמים" - שאין הקב"ה רוצה לעכב כלום ביד בני האדם אם רוצים לקלקל מעשיהם.

Sin embargo, en su deseo de tratar a sus criaturas de acuerdo con el modo que hemos comentado, inventó un orden completamente nuevo, que no seguía la ley de la perfección suprema, sino solamente las necesidades de las criaturas, a fin de proporcionarles méritos y una buena recompensa. Y éste es el modo como funcionan el bien y el mal, el castigo y la recompensa, donde el bien y el mal se encuentran equilibrados y presentes en el mundo: el bien para los justos y el mal para los malvados. Dentro de esta construcción, a veces las creaciones asimilan perfección, y otras, imperfección, y las fuerzas del mal están autorizadas a ejercer su influencia, y el Satán tiene el poder para hacer todo el mal que Dios les confirió, y hay lugar para las naciones del mundo, los idólatras y todos los demás males de este mundo, a propósito de cuya eliminación final habló la profecía (*Isaías* II-18): «Y los ídolos desaparecerán por completo», (*Zacarías* XIII-2): «Y sacaré de la Tierra el espíritu de corrupción», (*Isaías* XXV-8): «La muerte desaparecerá para siempre», (*Isaías* XI-9, LXV-25): «Ellos no lastimarán ni harán mal en todo mi santo monte», y promesas similares, en la línea de (*Berajoth* 33b): «Todo está en las manos del cielo, excepto el temor del Cielo». Porque el Santo, bendito sea, no desea interponerse en el camino de los hombres, cuando estos deciden hacer el mal.

ומזה נולדו כל הקלקולים הגדולים אשר היו בעולם מני יום ברוא אלהים אדם, ואין מנוחה לצדיקים בעוה"ז, כי רעת האדם רבה עליו, והשטן מקטרג בכל עת ובכל שעה, והקב"ה מדקדק עם חסידיו כחוט השערה. זה כלל הדרך אשר חידש הרצון העליון לפי ענין התע־לם שליטתו ויחודו, ואין דרך זה תלוי אלא בהסתר פני טובו ית', כי לולי היה רוצה להתגלות באמתת ממשלתו, היה מעביר כל הרעות האלה, ולא היה מניח אלא הטוב והתיקון לבדו, וכמה שיעשה לע־תיד לבא.

Y éste es el origen de todas las grandes degeneraciones que ha sufrido el mundo desde el día en que Dios (אלהים) creó al hombre. Y en este mundo los justos no tienen descanso, puesto que las fuerzas del mal se intensifican más y más, y Dios es sumamente estricto con sus justos. Ésta es la naturaleza de la modalidad que la voluntad suprema originó, de acuerdo con el ocultamiento de su soberanía y su unidad. Y esta modalidad persiste en virtud del ocultamiento de la presencia del bien de Dios; ya que si Él deseara revelar su verdadero poder, eliminaría todos estos males y sólo dejaría que permanecieran el bien y la perfección, tal como hará, en verdad, en el tiempo por venir.

ודעי עוד. כי ודאי גם עתה אע"פ שהעלים טובו ומנע חק שלמותו מן הנבראים, אף על פי כן ודאי הוא שחוא משפיע להם, כי מאין להם הויה ומציאות וקיום אם לא מהשפעתו. אם כן ודאי משפיע הוא, אך השפעתו זאת שהוא משפיע עתה - לגבי מה שהיה ראוי להש־פיע אם כחק שלמותו היה רוצה להשפיע - אינה אלא כדמיון הצל לגבי אדם, או כרושם קטן הנשאר מן הכתב על הנייר אחר שסרו האותיות ממנו. ונקרא כלל מין ההשפעה הזאת - חשך ולא אור, לגבי ההשפעה השלמה שהיתה יכולה לבא אם כחק שלמותו היה משפיע.

Y has de saber también que, sin lugar a dudas, incluso ahora, aunque ocultó su bien y no les mostró a sus criaturas la totalidad de su perfección, es cierto que Él les es providencial. Porque, ¿de dónde obtendrían el ser, la existencia y la conservación, si no de su influencia? Si, así es, ciertamente Él ejerce su influencia; pero su influencia actual, comparada a lo que sería si Él la ejerciera en proporción a su perfección, es como una sombra en comparación con el hombre, o como la levísima impresión dejada sobre un pergamino después de haber sido quitadas las letras. La generalidad de esta influencia se suele denominar «oscuridad y no luz», en relación a la influencia perfecta que se obtendría si Él obrase según su poder supremo.

אמנם לגבי דידן על כל פנים זה כל חיינו, כי בהשפעה זאת אנחנו חיים וקיימים, לא זולתה. ונמצא, שכשנזכיר מין ההשפעה הזאת המחודשת בהסתר פני טובו ית', נקראהו בכלל אחד - כמו צל הכח העליון לבד, לא יותר; ובהתפרטו לפרטיו - נמצא בו כל החוקים והמשפטים אשר מבחינים אנחנו בהנהגה העליונה, כי כלם יחד דבר מועט עד מאד נחשבים הם לגבי הכח העליון אם היה פועל בשלמותו, וכמו שזכרתי.

Sin embargo, en lo que a nosotros se refiere, esto es toda nuestra vida. Porque vivimos y continuamos exclusivamente en virtud de esta influencia. Por eso, al hablar de esta influencia, que se originó en el ocultamiento de la presencia del bien del Bendito, vemos que es sólo la sombra de la fuerza del Todopoderoso y, de cualquier modo, si la analizamos en detalle, vemos que comprende todas las ordenanzas y leyes que distinguimos en el poder directivo supremo. Porque en conjunto son completamente insignificantes en relación al poder supremo si actuara en su totalidad, tal como expliqué.

ואמנם בהיות הכונה התכליתית רק גילוי היחוד, ולא העלמו, וכמו שביארנו לעיל, כי אין ההעלם הזה אלא אמצעי כדי לבא אל הסוף הזה של הגילוי; על כן, אף על פי שהסתיר פניו לחדש בו דבר הנה־גת הטוב ורע הזאת, שב על כל פנים והשקיף במדת טובו, ולפי חק ממשלתו, להשלים סיבוב כל ההנהגה הזאת בתיקון הכללי. וזה דבר פשוט, כי כבר שמעת איך קץ שם לחשך זה של הטוב ורע כל זמן השיתא אלפי שנין; וכבר גזר מראשית אחרית אשר תכלינה כל אלה, וישאר יחודו מגולה, וטובת העולם קבועה לנצח נצחים.

Con todo, como la intención esencial es la revelación de la unidad y no su ocultamiento, como ya dijimos, el ocultamiento es únicamente el medio para llegar a la revelación final; si bien Él ocultó su presencia a fin de dar origen a este orden de bien y de mal, emitió una proyección, por medio de la cualidad de su bien y dentro del marco de su soberanía, para conformar la resolución de todo este orden dentro de la perfección universal. Esto resulta evidente, porque ya has escuchado cómo pondrá fin a esta oscuridad de bien y mal que dura seis mil años, y que Él ya decretó el fin de este poder directivo desde el mismo comienzo, para que su Unidad permanezca revelada y su bien permanezca inamovible por la eternidad de las eternidades.

אם כן, כל יום ויום שעובר, נמצא העולם קרב יותר אל שלמותו; ולא עוד, אלא שהקב"ה מסיבות מתהפך בעומק עצתו, ומגלגל גל־גולים תמיד, להביא העולם אל השלמות הזה. והוא מה שאמר הכ־תוב (תהלים מ, ו), "רבות עשית אתה ה' אלהי נפלאותיך ומחשבו־תיך אלינו"; וכן אמר הנביא (ישעיהו כה, א), "עצות מרחוק אמונה אומן"; וכן נאמר (שמואל - ב יד, יד), "וחשב מחשבות לבלתי ידח ממנו נדח". כי ודאי אין הקב"ה רוצה לאחוז בדרך הטוב ורע כל כך זמן, ואחר כך לעזבה ולתפוס בדרך הממשלה והיחוד ברגע אחד, כאדם המתחרט ומתנחם; אלא מעומק עצתו ית' הוא לגלגל מסיבו־תיו מעומק חכמה כל כך, עד שמתוך הטוב ורע עצמו נגיע סוף סוף

לדבר זה, שיהיה הכל נשלם, ויהיה הוא ית"ש מגלה יחודו. ועוד ית־באר מזה לקמן בס"ד.

Por esta razón, cada día que pasa, el mundo se encuentra más cercano a su perfección. Además, el Santo, bendito sea, en la profundidad de su designio, crea contingencias y continuamente manipula los acontecimientos para llevar al mundo a esta perfección, tal como dice la Escritura (*Salmos* XL-6): «Muchas cosas has hecho, oh Eterno, Dios mío. Grandes son tus obras y tus pensamientos sobre nosotros»; (*Isaías* XXV-1): «Tus consejos desde antaño son fieles y verdaderos»; (2 *Samuel* XIV-14): «Dios trata de no apartar de Él al pecador». Porque ciertamente no es la intención del Santo, bendito sea, mantenerse tanto tiempo en la modalidad de bien y mal y luego, de repente, abandonarlo para iniciar la modalidad de soberanía y Unidad, como un hombre que se arrepiente de sus actos. Pero es a partir de la profundidad del designio del Eterno de manipular los acontecimientos desde tan profunda sabiduría como se podrá alcanzar dicho fin, la revelación de la Unidad de Dios, al abandonar el bien y el mal mismos. Pero ya hablaremos de esto más adelante, con la ayuda de Dios.

ונמצא שבאמת בשתי מדות אלה אוחז האדון ב"ה תמיד, ושתים אלה קבע בחוקו מוסדי ארץ, א' - מדת השכר ועונש, היא הנהגת הטוב והרע בשיקול אחד לזכות ולחובה, ונקראת הנהגה זאת, הנה־גת המשפט, שהקב"ה יושב ודן כל העולם כולו לפי מעשיהם הטובים והרעים.

Vemos, entonces, que el Señor, bendito sea, emplea constantemente estos dos órdenes, que Él estableció cuando fundó los cimientos de la Tierra. El primero, que es el poder directivo de castigo y recompensa, consiste en un estado equilibrado entre bien y mal, que tienden, respectivamente, al mérito y a la culpa. Este poder directivo se denomina «el poder directivo de la justicia», porque mediante él, el Santo, bendito sea, preside el juicio de todo el mundo de acuerdo a sus actos, tanto los buenos como los malos.

ואתיא תוך משפטו זה - מדת טובו אשר לפי חק שלמותו, לפי ענין ממשלתו, שבכחו הוא רוצה לתקן את כל נבראיו. והנה, לפי מדת השכר ועונש - הקב"ה, כביכול, משעבד מעשיו למעשי בני אדם, שאם הם טובים גם הוא יטיב להם, ואם הם רעים יוכרח, כביכול, להענישם; וכענין הכתוב (תהלים סח, לו), "תנו עוז לאלהים"; והפכו (דברים לב, יח), "צור ילדך תשי"; וכמאמרם ז"ל (איכה רבה א, לג), "בזמן שישראל עושים רצונו של מקום - מוסיפים כח בגבורה של מעלה, וכשאינן עושים רצונו של מקום - מתישין כח של מעלה", ח"ו, ולפי מדת ממשלתו ושליטתו אמר (זכריה ג, ט), "ומשתי את עון הארץ ההיא ביום אחד"; (ירמיהו נ, כ), "יבוקש את עון ישראל ואיננו ואת חטאת יהודה ולא תמצאנה".

Y su bien surge de este juicio de acuerdo con su perfección y su reino, por medio de los cuales Él quiere corregir a todas sus criaturas. De acuerdo con el poder directivo de castigo y recompensa, Dios hace que sus actos dependan, por decirlo de algún modo, de los de los hombres, y si estos son buenos, Él les dará un bien en recompensa, y si son malos se verá forzado, por decirlo de algún modo, a castigarlos. Éste es el sentido del versículo (*Salmos* LXVIII-35): «Atribuid fortaleza a Dios» y (*Deuteronomio* XXXII-18): «Del fuerte que te creó, te has olvidado», y como dijeron nuestros sabios. De bendita memoria (*Eijá Rabbah* 1:33): «Cuando Israel cumple con la voluntad de Dios, le da más fuerza al poder celestial, y cuando no cumple con la voluntad de Dios, debilita el poder del Lugar», Dios no lo quiera. Pero con respecto al poder directivo de su reino y soberanía, la Escritura afirma (*Zacarías* III-9): «Quitaré la iniquidad de esta Tierra en un solo día» y (*Jeremías* L-20): «En aquellos días y en aquel tiempo, dijo el Eterno, la maldad de Israel será buscada, y no aparecerá; y los pecados de Judá, y no se hallarán».

והנה לפי מדת הטוב ורע - משפטי ה' אמת לתת לאיש כדרכיו מדה כנגד מדה, והרבה דרכים למקום לשלם לאדם כפעלו, וכאורח איש ימציאנו, אכו לחסד אם לשבטו. אך לפי עצת טובו בחק שלמותו ית' - הצד השוה שבהן, להחזיר את הכל - לטוב שלם, לתיקון הגמור שיהיה באחרונה. ועל דבר זה נאמר (מלאכי ג, ו), "אני ה' לא שניתי". ובמדרשו של רשב"י אמרו (זוהר כי תצא רפא. וע"ש), "לא אשתני בכל אתר". ואמנם הנהגת השכר ועונש היא המגולית ונראית תמיד לעיני הכל, אך הגלגול שהוא מגלגל הכל לטובה עמוק עמוק הוא, ולא עבידא לאיגלויי כי אם לבסוף, אבל מתגלגל הוא והולך בכל עת ובכל שעה ודאי, ואינו פוסק.

Y he aquí que en la *middah* de bien y mal, «los juicios del Eterno son verdaderos», para recompensar al hombre de acuerdo con sus caminos, medida por medida. El Eterno tiene muchos medios de pagarle al hombre según sus actos, y «el proceder del hombre regresará a él», ya sea para bien o para mal. Pero en el consejo de su bien, de acuerdo con su perfección, el fin común de ambos, bien y mal, es regresar al bien perfecto, la perfección esencial y universal. Es en este sentido que ha sido dicho (*Malaquías* III-6): «Porque yo soy el Eterno, y no me he mudado». Y en el *midrash* de Rabí Shimon bar Iojai está escrito (Zohar, *Ki Tetzé*, 281, etc.): «No he cambiado en ningún lugar». Sin embargo, es el poder directivo de castigo y recompensa el que constantemente se revela y se hace manifiesto, el proceso por el cual todo se resuelve en un bien harto profundo y no destinado a hacerse evidente hasta el final, pero el proceso está continuamente en movimiento y no cesa.

ונמצא, שודאי כבש האדון ב"ה, כביכול, את חק שלמותו בבריאת הנבראים האלה, ובראם חסרים ולא שלמים, ושם להם דרך הנהגה ומין השפעה שאינה אלא חשך סתרו ית', שממנו בא מציאות שיקול הטוב ורע, ויש מציאות לחטאים ופגמיהם ולעונשים וקלקולים. ואף על פי כן שב והביט בטוב חוקו אל הנבראים האלה לתקנם התיקון הכללי והגמור העתיד לבא, שעליו מסבב את כל הגלגל דבר יום

ביומו, וממשיך דברי הטוב ורע עצמו, לגמור בתיקון שלם בכח יחוד שליטתו ית"ש.

Es evidente que el Señor, bendito sea, circunscribió su perfección, por decirlo de algún modo, cuando creó a sus criaturas, haciéndolas imperfectas e incompletas, y asignándoles un tipo de poder directivo y un modo de influencia que no es más que la oscuridad del ocultamiento del Bendito, de donde surge el equilibrio de bien y mal, que permite la existencia de las transgresiones y sus faltas, para el castigo y el defecto. Sin embargo, a pesar de esto, Dios, en su bondad, proyectó para sus criaturas una perfección esencial, completa y universal a la cual el mundo se acerca todos los días, y hacia la cual Él acerca a los que cometen el bien y el mal, para resultar en una perfección completa, en la unidad de la soberanía del Bendito.

(מט) אמרה הנשמה - תכלול מה שביארת עד כה:

49. Dijo el alma: hazme un resumen de lo que has explicado hasta ahora.

נ) אמר השכל - שתי מידות שם הקב"ה לנהג בם את עולמו, אחת - מידת המשפט, ואחת - מידת השליטה והממשלה היחידית. מידת המשפט היא מידת הטוב ורע, שבה תלויים כל עניני הטובות והרעות בכל תולדותיהם; ומקור המידה הוא הסתר פני טובו, והעלם שלמותו. מידת הממשלה היחידית היא מידת תיקון כל הנבראים בכחו יתברך, אף על פי שמצד עצמם לא היו ראויים לזה, והיא הסובבת והולכת בהעלם בכל דרכי המשפט עצמו, לסבב כל דבר אל השלמות לבד; ומקורה הוא חק טובו הפשוט ית', שאף על פי שנתעלם, לא זז מלהשקיף עלינו לטובה. מידת המשפט היא המתגלית ונראית, מידת הממשלה היא המתעלמת ומסתתרת לפנים.

50. Dijo el intelecto: el Santo, bendito sea, utilizó dos *middot* directivas en su conducción del mundo; uno, es la *middah* directiva de justicia (המשפט), y la otra es la *middah* directiva de la soberanía y el reino divino (השליטה והממשלה). La *middah* directiva de la justicia es el poder directivo del bien y del mal, en el que residen todos los aspectos de la buena y la mala suerte, con todos sus efectos. La fuente de este poder directivo es el ocultamiento de la presencia de su bondad y de su perfección. La *middah* directiva del reino divino es la del perfeccionamiento de todas las criaturas por medio del poder del Bendito, a pesar de que no son merecedoras de esta perfección por mérito propio. Este poder directivo opera de un modo secreto dentro de todas las obras de la justicia, a fin de que todo se transforme en pura perfección. Su fuente es el bien elemental del Bendito, el cual, a pesar de ser oculto, no deja de orientarnos hacia el bien. La *middah* directiva de la justicia es revelada y manifiesta; la *middah* del reino divino está oculta.

נא) אמרה הנשמה - עדיין אני צריכה ישוב קצת על ענין מידת הממשלה הזאת שזכרת, כי אינני מבינה היטב את פעולת שלמו־תו הפשוט ית', כי לפי הנראה אף היא אינה מחק השלמות, כי כבר אמרת שאין שלמות האמיתי מושג.

51. Dijo el alma: necesito que me aclares algunos puntos sobre la *middah* directiva del reino divino de la que has hablado, ya que no comprendo bien cómo opera la perfección elemental de Dios, puesto que no parece pertenecer al orden de la perfección, ya que has expresado que la verdadera perfección no es perceptible.

נב) אמר השכל - היטבת לדקדק. ועתה אעמידך על בורים של דב־רים. שלמותו ית' הפשוט אי אפשר להשיגו כלל ועיקר, הוא הוא השלמות האמיתי הבלתי נודע לנו כלל, והנה זה מרומם ונשגב מע־צמו מכל עניני הנבראים.

52. Dijo el intelecto: buena pregunta. Enseguida te aclararé estas cuestiones. La perfección elemental del Bendito está completamente por encima de nuestra comprensión. Se trata de la perfección verdadera, que nos es absolutamente desconocida. Y, gracias a su propia naturaleza, es exaltada y elevada por encima de todos los asuntos de las criaturas.

כי מיד שרצה לנהג בריותיו, קבע ורצה במדות האלה שהם כולם ענינים מתיחסים לנבראים, ולא לפי ערכו כלל; ונמצא, מהותו הפ־שוט מסולק מכל הענינים האלה לגמרי.

Porque en el mismo instante en que Él quiso guiar a sus criaturas, estableció y designó estos modos de conducta, que se adaptan totalmente al nivel de sus creaciones y de ningún modo lo representan, porque su esencia pura está ausente en ellos.

ולא עוד, אלא שאפילו בפעולותיו אלה עצמם לפי ערך הנבראים - מה שהיה יכול לעשות לא עשה; ואדרבה כבש, כביכול, את טובו לבלתי עשות מה שהיה ראוי לו לעשות לפי טוב חקו. וזה, כי אפילו ברצותו לנהג הנבראים ולהגלות להם רק לפי ערכם, ולא לפי ערכו, היה יכול על כל פנים ליגלות להם ולנהגם לפחות לפי ערכם זה, אך בשלמות בלא חסרונות, וכמו שיהיה סוף סוף לעתיד לבא.

Y, lo que es más, incluso en estos propios actos, que se adaptan al nivel de sus creaciones, Él no hizo todo lo que podría haber hecho, sino que, por el contrario, restringió su bien, por decirlo de algún modo, no haciendo lo que se hubiera esperado de Él, en virtud de su grandeza. Porque aun deseando guiar a sus criaturas y revelarse a ellas sólo en su nivel y no en el propio, de todos modos, hubiera podido revelarse a ellas y haberlas conducido, dentro del marco de su propio nivel, únicamente en perfección, sin defectos, como ocurrirá finalmente en el futuro venidero.

ומחק טובו וחסדו היה זה ליגלות להם בהטבה רבה ובהשפעה רווחת, ומחק שלמותו היה לעשות מעשיו שלמות בלא חסרונות; וכבש כל זה, ורצה לעשותם בחסרונות, וחסרי ההארה כמות שהם.

Y, en virtud de su bondad y su bien, esto significaría que Él se revelaría en gran bondad y generosidad, y, en virtud de su perfección, significaría que Él haría perfectos sus actos, sin defecto alguno. Pero Dios restringió todo esto y quiso que ellos fueran imperfectos y faltos de brillo, así como lo son actualmente.

ואמנם, לא רצה על כל פנים להניח עולמו כך, שיהיה תמיד הולך וסוער בשותפות הטוב והרע, אלא מטעם טובו הגדול היה לשים הנהגה אחת ועצה עמוקה לסבב כל הדברים מתוך הטוב ורע עצמו אל התיקון השלם השייך לימצא בהם; ומחק שלמותו הוא זה לעשות שעל כל פנים יהיו מעשיו מושלמים, ולא ישארו בחסרונם. אמנם אין זה מעשה שלמותו הפשוט לפי עצמו הבלתי מושג, כי פשיטותו אינו שייך בענייננו בשום פנים. אלא הוא הדבר אשר דברתי, כי על כל פנים מחק שלמותו הוא שאפילו שרוצה לפעול רק לפי הנבראים - אך יפעול עמהם בשלמות. וזה הוא מקור ההנהגה - עצה העמוקה שאמרתי, המסבבת וממשכת את הכל לתיקון הגמור.

Y ciertamente, no quiso dejar así a su mundo, fluctuando permanentemente entre el bien y el mal, sino que el consejo de su gran bondad fue establecer un orden y un designio profundo a fin de canalizar todas las cosas desde el poder directivo del bien y mal hacia la perfección universal de que son susceptibles. Y es naturaleza de su perfección asegurar al menos la perfección última de sus actos y su no permanencia en el estado de imperfección. No obstante, esto de ningún modo representa la perfección verdadera de sus actos en conformidad con su esencia imperceptible. Pues tal pureza no puede relacionarse con nosotros de ningún modo. Pero es como he dicho: que, de cualquier modo, si bien Él quiso actuar únicamente de acuerdo con el nivel de sus criaturas, la naturaleza de su perfección es actuar hacia la corrección total.

ואולם אהנו מעשיו ודאי בכבישת רחמיו, כביכול, שזכרנו, שלא יעשה כחק שלמותו להיות הבריות שלמים מתחילתם, אלא תחילתם חסר, וסופם יהיה שלם, מטעם טובו הגדול כמו שביארנו.

Y la raíz de este poder directivo es el profundo designio del que he hablado antes, que lo transforma todo en la perfección universal. Sin embargo, como ya dijimos, la contención de su misericordia provoca que sus actos no concuerden con su perfección de modo que sus criaturas serían ya perfectas desde un principio. Por el contrario, al comienzo son defectuosas, y su fin es llegar a la perfección por medio de su gran bondad, como ya hemos visto.

שאלמלא היה מניח לעולם רק מדת המשפט, לא היו הבריות יוצאים מדי דפים לעולם, כי תמיד היו נמצאים צדיקים ורשעים, טובות ורעות, ברכה וקללה. אך עתה, אף על פי שבתחילה כך הוא, לא יהיה כן בסופו. ועל כן נשארה מדת המשפט בגלוי ומדת התיקון הכללי בהסתר, כי מעשיה בסתר הם, עד סוף דבר שיתוקן כל המציאות כולו לעתיד לבא.

Porque si Él permitiera que prevaleciera para siempre la *middah* de la justicia, los hombres jamás saldrían de su necedad ya que siempre habría hombres justos y hombres malvados, bien y mal, bendición y maldición. Y aunque así son las cosas en un comienzo, no han de quedar así. Es por esta razón por lo que la *middah* de la justicia se manifiesta y la de la perfección universal permanece oculta, y sus obras están destinadas a permanecer ocultas hasta el logro de la perfección última de toda la existencia.

נג) אמרה הנשמה - עתה נתישבתי, כי ודאי דרך התיקון הכללי מחק טובו ית' הוא ודאי, אך על כל פנים ברצותו לפעול עמנו רק לפי ערכנו, ולא לפי ערכו.

53. Dijo el alma: ahora me queda claro que el camino de la perfección universal surge de la propia naturaleza de su bien, pero es su deseo actuar con nosotros sólo en conformidad con nuestro nivel, y no con el suyo.

נד) אמר השכל - עוד אודיעך בענין הזה דבר יותר פרטי, והוא - כי ודאי בכל מדה ומדה שהוא ית"ש מודד לנו, נבחין שני ענינים, הנראה והנסתר; דהיינו, הנראה הוא השכר והעונש, למי שנמדדה לו המדה ההיא לפי מה שהיא, הטובה היא אם רעה; והנסתר היא העצה העמוקה הנמצאת תמיד בכל מדותיו, להביא בהן את הבריות לתיקון הכללי.

54. Dijo el intelecto: ahora te explicaré algo más privado y es que en todas las interacciones del Bendito con nosotros podemos distinguir dos dimensiones: lo revelado y lo oculto. Lo revelado es el castigo y la recompensa. Lo oculto es el designio profundo inherente a todas la *middot* para llevar a las criaturas hacia la hacia la corrección total (תיקון הכללי).

כי כך היא המדה ודאי, שאין לך מעשה קטן או גדול שאין תוכיות כוונתו לתיקון השלם, וכענין שאמרו (ברכות ס, כגירסת ע"י), "כל מאי דעבדין מן שמיא - טב". והם הם דברי הנביא (ישעיהו יב, א), "ישוב אפך ותנחמני", כי יודיע דרכיו הקב"ה לעתיד לבא לעיני כל

ישראל איך אפילו התוכחות והיסורין לא היו אלא הזמנות לטובה, והכנה ממש לברכה.

Porque así es como ocurre: no hay acto, ni grande ni pequeño, cuyo fin no sea la corrección completa, y de hecho, ha sido dicho (*Berajoth* 60b): «Todo lo que hace el Cielo es para bien». Y también las palabras de (*Isaías* XII-1): «Pues aunque te enojaste conmigo, tu furor se apartó, y me has consolado». Porque en el futuro el Santo, bendito sea, hará conocer sus caminos a todo Israel, mostrando cómo incluso los castigos y las tribulaciones fueron precursores del bien y fueron un requisito para la bendición.

כי הקב"ה אינו רוצה אלא בתיקון בריאתו, ואינו דוחה הרשעים בשתי ידים; אלא אדרבה, מצרפם בכור להתקן, ולצאת מנוקים מכל סיג. והכוונה זאת אחת היא לו ית' בכל מעשיו שהוא [עושה] עמנו, להימין ולהשמאיל, וכמו שביארנו לעיל.

Porque el Santo, bendito sea, únicamente desea la corrección de su creación y no rechaza definitivamente al malvado. Por el contrario, Él los refina en el crisol de la perfección para limpiarlos de toda mugre. Y esta intención es característica de todos los actos que el Bendito realiza con nosotros, a diestra y siniestra, como vimos más arriba.

ואמנם צריך שתדעי כי כל מעשה ה' נורא הוא, ורחב ועמוק לאין תכלית, כענין שנאמר (תהלים צב, ו), "מה גדלו מעשיך ה'"; והקטן שבכל מעשיו יש בו כל כך מן החכמה הרבה והעמוקה, שאי אפשר לרדת לעמקה לעולם, והוא ענין הכתוב (תהלים שם), "מאד עמקו מחשבותיך".

Sin embargo, has de saber que todos y cada uno de los actos del Eterno son temibles, infinitamente amplios y profundos, como ha sido dicho

(*Salmos* XCII-6): «Qué grandes son tus obras, oh Eterno». La más ínfima de ellas contiene tanta sabiduría y tan vasta que su profundidad es insondable, como está escrito (*Ídem*): «Muy profundos son tus pensamientos».

והנה עתה אין מעשי ה' מובנים לנו כלל, אלא שטחיותם הוא הנראה, ותוכיותם האמיתי מסתתר, כי הרי התוך הזה שוה בכולם - שכולם רק טוב ולא רע כלל, וזה אינו נראה ומובן עתה ודאי. אך לעתיד לבא זה לפחות נראה ונשיג - איך היו כולם מסיבות תחבולותיו ית' עמוקות להטיב לנו באחריתנו. אבל לא נדמה מפני זה שנשיג סוף החכמה הרבה הנכללת במעשים ההם, כי כל מה שישיג אדם אפילו ממעשי הבורא אינו אלא כטפה מן הים הגדול.

Y he aquí que los actos del Eterno no los entendemos en absoluto. Su superficie es visible, pero el núcleo permanece oculto. Y este núcleo les es común a todos ellos, en que son todos buenos y libres de mal. Esto es algo que ahora no podemos ver ni comprender, pero que en un futuro veremos y percibiremos: que todos los actos proceden del profundo designio del Bendito de beneficiarnos al final. Pero no por esto hemos de pensar que alguna vez llegaremos al final de una gran sabiduría inherente a estos hechos. Porque lo que nosotros podemos percibir siquiera de los hechos del Creador no es más que una gota dentro del océano.

ועל כן נדע שבהיות שרצה האדון להשקיף בחק טובו שזכרנו על בריותיו, הנה כל המעשים המגיעים לנו עתה על פי דרך השכר והעונש, יש בתוכם מה שאין בברם ודאי - מה שמגלגל ומסבב בטובו תמיד להשלים תיקוננו. ויש בתוך הזה מה שיתגלה לעתיד לבא מיד, שנאמר (ישעיהו לה, ה), "אז תפקחנה עיני עורים", היא הכונה, המחשבה הנראית וניכרת מתוך המעשים עצמם, שמיד שיאורו עינינו באור הדעה נבינה מן המעשה עצמו אשר נעשה. אמנם, יש ויש ודאי מן החכמה העמוקה במעשים ההם, מה שאינו ניכר ומושג

מכחם של המעשים כלל; כי מרוממות החכמה העליונה הוא, שאינה ניכרת אפילו מפעולותיה.

Hemos de saber, pues, que el Creador, en su deseo de proyectar su bondad a sus creaciones, ha obrado de tal modo que todos los actos que nos llegan hoy, dentro del poder directivo de castigo y recompensa, contienen ciertamente aquello que no revelan en la superficie, aquello que constantemente los dirige, por medio de su bondad, hacia la realización de nuestra perfección. Y este núcleo interior habrá de revelarse en un futuro, como está escrito (*Isaías* XXXV-5): «Entonces los ojos de los ciegos se abrirán», donde se hace referencia a la sabiduría que se habrá de ver y reconocer a partir de los propios actos. Porque tan pronto como nuestros ojos se iluminen con la luz del conocimiento, podremos comprender la intención del acto. Sin embargo, hay algo dentro de estos actos que es sabiduría insondable, y que no puede de ningún modo reconocerse ni percibirse a partir de los propios actos, ya que pertenece a lo más sublime de la sabiduría suprema, que no puede reconocerse ni siquiera por medio de sus obras.

וזה וזה אינם אלא מעשי טובו ית' המשקיף עלינו לטובה, אך תמיד לפי ערכנו, ולא לפי ערכו, וכמו שביארנו; כי אין זה אלא מה שנמשך מחק שלמותו, אבל בעשותו מעשיו רק לפי מה שנוגע לנו.

Y esto y aquello, sin embargo, no son más que aspectos de la proyección del bien del Bendito sobre nosotros, pero siempre en nuestro nivel, no en el suyo, como hemos visto. Porque la profundidad de su sabiduría nace de la propia naturaleza de su perfección, mientras que la realización de sus actos es dictada únicamente en relación al significado que tienen para con nosotros.

נה) אמרה הנשמה - תכלול גם הענין הזה:

55. Dijo el alma: resume también este asunto.

נו) אמר השכל - זה הכלל, שלמותו ית' מצד עצמו אינו מושג כלל, אך ברצותו לעשות בחק טובו, לפחות באותם המעשים שהם לפי ערכנו, לא יותר, שם עצות וגלגולי הנהגה להביא כל הבריות אל של-מות ותיקון, וזה הנסתר שבכל מעשיו, צד השוה שבהן. ונסתרם זה - קצת מן הקצת ממנו מתגלה וניכר מתוך המעשים עצמם, כשרוצה הקב"ה לפקוח עינינו. אפס רובו עדיין ישאר מרומם ונשגב ולא מושג כלל, מרוב עומק חכמתו ית' הנפלאה.

56. Dijo el intelecto: en resumen, la perfección del Bendito en sí misma es absolutamente insondable, pero en su deseo de manifestar su bondad, al menos en lo referente a estos actos que están a nuestro nivel, ideó designios y sistemas de ordenanzas que resultarían en la consumación y perfección de toda la creación. Y éste es el elemento oculto de todos sus actos, el común denominador de todos ellos. Y en cuanto al elemento oculto, una cantidad mínima de ese elemento se revelará y reconocerá a partir de los propios actos cuando el Santo, bendito sea, desee abrirnos los ojos. Sin embargo, la mayor parte permanecerá tan sublime y exaltada y completamente imperceptible como ahora, debido a la extraordinaria profundidad de la sabiduría de Bendito.

והנה צריך שתדעי כי ההנהגה המתיחסת ממש לאדון ב"ה היא הנה-גת השלמות, כי הוא שלם, פועל והולך בשלמותו. ובהיות שכבר סידר ושם החוקים והסדרים למה שיגיע אל הנבראים לפי דרך הטוב ורע, הנה יחשבו תולדות החוקים והמדות ההם כדבר הבא מאליו, לפי מה שנחקק והוכן בכל מדה ומדה.

Y he aquí que has de saber que el poder directivo absoluto del Señor, bendito sea, es el poder directivo de perfección, que es perfecto y siempre actúa conforme a la perfección. Y al haber dispuesto y establecido las ordenanzas y el orden en relación a las creaciones sobre la base de bien y mal, los efectos de estas ordenanzas y *middot* deben considerarse como surgidos de Él con respecto a todo lo que se les ha implantado.

ואמנם, כל זמן שהנהגת הטוב ורע צריכה לשמש, מפעולת השל-מות עצמו ימשכו הפעולות הבאות מחוקי הטוב ורע.; וזה, כי על כל פנים מקור הכל הוא השלמות, ואפילו מה שנעשה לפי הטוב ורע, הוא סיבוב וגלגול שהולך אל נקודת השלמות, אלא שכל זמן העלם היחוד צריך שילכו הדברים כסדר הזה.

Y, ciertamente, todo el tiempo en que se utilice el poder directivo de bien y mal, a partir del acto de perfección mismo, los actos que surgen derivan de las leyes del bien y del mal porque, en un último análisis, la fuente de todo es la perfección e incluso lo que se hace según el bien y el mal es un ciclo que regresa al punto de perfección, pero mientras la Unidad permanezca oculta, todo deberá seguir este orden.

על כן מן השלמות עצמו ימשכו ממילא הפעולות ההמה, כיון שלפי הרצון והחכמה העליונה אותם הדברים צריכים לצאת ממקור הש-למות עצמו כל זמן העלם היחוד. וסוף כל סוף, פרי פעולת השלמות יהיה, החזיר כל הנהגה אליו לגמרי... והרי זה ענין שלישי להבחין בכל מדה ממדותיו ית', והוא, הימשך תולדות המדה ההיא מכח פעולת השלמות עצמו, והרי זה כמו דבר אמצעי בין השלמות ובין המדה לפי ענינה, והוא מתחלף בכל מדה לפי התחלף ענין המדה, כי לפי ענינה כך היא מתפעלת מן השלמות. ויש להבחין גם באמצעית הזאת ענינה העצמי ודרך העשותו, וכמו שנבאר להלן.

Por lo tanto, estos actos derivan inevitablemente de la propia perfección; porque emanan de la voluntad y la sabiduría supremas y de la fuente de perfección misma todo el tiempo en que la Unidad está oculta. Y, finalmente, el fruto de la acción de la perfección será la reversión de todo el poder directivo hacia Él. Y esto constituye una tercera dimensión que debemos distinguir en cada una de las manifestaciones del Bendito: la derivación de los resultados de esa manifestación a partir de la propia operación de perfección. Se trata de un estadio intermedio, por decirlo de algún modo, entre la perfección y la manifestación, de acuerdo con su naturaleza, y varía con cada manifestación según la naturaleza de la manifestación, siendo activado por la perfección de acuerdo con su carácter en particular. Y en esta etapa intermedia también es necesario distinguir su naturaleza intrínseca y la forma de hacerlo, como explicaremos a continuación.

ואמנם עוד יש לנו לדעת, שכל הענינים האלה כולם תלויים רק ברצונו ית', שאין להם לא מציאות ולא הויה וקיום כלל אלא ברצונו ית', השולט ביכלתו הבלתי בעלת תכלית, כי הוא אמר ויהי הוא צוה ויעמדו. ועל כן כח רצונו ית' נודע בכולם, שהוא לבדו המקיימם בכל עניניהם, בכל חלקיהם ופרטיהם, כמו שכל הנבראים עצמם הוא לבדו המקיימם בכל תכונותיהם וכל אשר בהם, שאין להם ולא לשום ענין שבהם מציאות זולתו.

Y, ciertamente, todavía hemos de saber que todos estos asuntos dependen únicamente de la voluntad del Bendito, que no tienen ni realidad, ni ser, ni existencia sino en la voluntad del Bendito, que controla su habilidad, porque Él dijo que fueran y se mantuvieran. Y, por lo tanto, todos conocían el poder de la voluntad del Bendito, el único que sustenta todos sus asuntos, en todas sus partes y todos sus detalles, así como todas las criaturas mismas se sostienen por sí solas en todas sus características y todo lo que hay en ellas, y no en ningún otro asunto o realidad de otro.

נז) אמרה הנשמה - זה פשוט אצלי ואין לי ספק בו.

57. Dijo el alma: esto resulta sencillo para mí y no tengo ninguna duda.

(נח) אמר השכל - אפרש לך יותר הקדמתי זאת, ותביני ענין עמוק; וכן תביני מאמרם ז"ל (ב"ר סח, ט), "הוא מקומו של עולם ואין העו־לם מקומו":

58. Dijo el intelecto: te explicaré más en este prólogo y comprenderás un asunto muy profundo, en la sabiduría de nuestros sabios, de bendita memoria (*Bereshit Rabbah* 68-9): «Él es el lugar del mundo; pero el mundo no es su lugar».

הנה, אין שום דבר מוכרח המציאות אלא מציאותו ית', וכל הנמ־צא זולת זה אין לו מציאות אלא בחפצו ית', ונמצא תלוי ועומד רק ברצונו ית'. ועל כן נקרא, שכל המציאות המצוי תלוי במאמרו ית', כענין מה שאמרו במים העליונים (ב"ר ד, ג; תענית י ע"א) וכענין זה אמרו ז"ל (חגיגה יב ע"ב), "הארץ על מה עומדת - על העמודים וכו', וסערה תלויה בזרועו של הקב"ה". וכן אמרו עוד (ילק"ש ח"א, תתקסד), "בשר ודם למטה ממשואו, אבל הקב"ה למעלה ממשואו, שנאמר (דברים לג, כז), ומתחת זרועות עולם". המשילוהו בזה כאילו הוא תומך כל המציאות בכל פרטיו, והוא עומד עליהם מלמ־עלה:

He aquí que no hay ninguna otra existencia necesaria excepto la del Bendito, ya que, todo lo que es distinto de Él no tiene existencia de no ser por la voluntad del Bendito y todo depende exclusivamente del Bendito. Y por lo tanto está escrito que toda la realidad depende de la palabra del Bendito, como se dijo a propósito de las aguas superiores (*Bereshit Rabbah* 4-3 y *Taanit* 10a). Y en este sentido nuestros sabios, de bendita memoria, dijeron (*Jaguigah* 12b): «¿Sobre qué descansa la Tierra? Sobre las columnas... y el torbellino descansa en los brazos del Eterno». Y (*Ialkut Shimoni* I-964): «La carne y la sangre están bajo su carga, pero el Eterno está por encima de la suya, como ha sido dicho (*Deuteronomio* XXXIII-27): "Y debajo de los brazos eternos"». Y toda la realidad se apoya en todos sus detalles, y Él se encuentra por encima de ellos, desde arriba.

וכלל והענין הוא הדבר אשר דברתי, שכיון שאין המציאות המחודש ממנו ית' מוכרח אליו כלל, אם כן הרי הוא נתמך רק על מה שרצונו הפשוט רוצה בו.

El resumen de todo lo que he hablado es: como la existencia se originó en el Bendito, no siendo en absoluto necesaria para Él, sólo se mantiene en virtud de que su voluntad pura así lo desea.

ותביני מאד שרק רצונו וגזירתו זאת הוא המקום לכל הנמצאים, וזולת זה לא היה מקום כלל. ועל כן הוא ית"ש קדום ודאי, אך אין בריאתו קדומה, ולאפוקי מהמינים שאומרים, כיון שהוא קדום צריך שגם העולם יהיה קדמון.

Y comprende bien que sólo esta voluntad y este decreto suyo son el lugar de todo lo que existe, sin lo cual no habría lugar en absoluto. Por lo tanto, el Bendito es ciertamente primordial, pero no la creación, contrariamente a la afirmación de los herejes que afirman que si Él es primordial, entonces el mundo también debe serlo.

כי עד שלא רצה וגזר בזה, לא היה מקום לנבראים לימצא; אדרבה, לפי מציאותו ית' אין להם ענין, כי אינם כדבר המוטבע בחוק טבעו של האדם, אלא הוא לבדו ית' יש לו לימצא בהכרח ולא זולתו, וזה

פשוט. אלא ברצותו בהם, וגזר גזירה זאת שימצאו הנמצאים, אז יש להם מקום, ולא בלא זה. ונמצא, שכשגזר בזה - הרי נתן מקום לכל הבנינים שבנה אחר כך.

Porque mientras Él no lo quiso y no lo decretó, no hubo lugar para la existencia de las criaturas. Por el contrario, en relación a la existencia del Bendito, ellas no tienen ningún interés, pues no son análogas a algo implantado en la naturaleza del hombre. Sólo Él debe existir por necesidad, y nada más que Él, y esto es claro. Sólo por su voluntad y su decreto de que existan ellas tienen un lugar, y no por ninguna otra causa. Después de todo, dio lugar a todas sus construcciones.

ועוד תביני, שאף על פי ועכשיו אנו יודעים שהקב"ה שמח על כל מעשיו, והם לכבוד אליו, כענין שנאמר (תהלים קד, לא), "יהי כבוד ה' לעולם ישמח ה' במעשיו", לא נחשוב מפני זה שבזמן שלא היו נמצאים אלה, אם כן היתה חסרה ממנו ית' שמחה או כבוד ח"ו. אלא כבר אמרנו, האדון ית"ש במציאותו הפשוט - אין מקום לנבראים עמו כלל, כי אינם שייכים בענינו.

Y también has de entender que si bien ahora sabemos que el Santo, bendito sea, se alegra en todas sus acciones y obtiene gloria de ellas, como ha sido dicho (*Salmos* CIV-31): «Sea la gloria al Eterno para siempre; alégrese el Eterno en sus obras», no por esto hemos de pensar que antes de que fueran creadas, el Bendito carecía de alegría o gloria, Dios no lo quiera. Sino que es como hemos dicho: en virtud de la existencia pura del Eterno no hay lugar en absoluto para las criaturas, ya que éstas no tienen relación con nada que le pertenezca.

אבל ברצותו בהם, אז מפני החפץ והרצון הזה נמצאים לו לשמחה, כביכול, ולכבוד. כי ודאי החפץ הזה הוא הנותן מציאות הנמצאים האלה, ונקרא שאינו מושלם, אם אין מציאותם נעשה.

Pero como Él los quiso, debido a este deseo y voluntad, se encuentran en Él la alegría, por así decirlo, y el honor. Porque es su voluntad la que les da la realidad a estos seres, y se considera que no está cumplida mientras no se concrete la existencia de ellas.

והרי זה כמקום העומד ליבנות עליו בנינים, שהוא חלל עד שלא נמלא מן הבנינים ההם. ולא הנבראים לבד, אלא אפילו כל דרכי ההנהגה והחוקים, מיני ההשפעה שזכרנו, שהם לפי ערכנו ולא לפי ערכו, אין להם ענין כלל אלא ברצותו במציאות הנמצאים. על כן רק על פי החפץ הזה חידשם כולם, ואינם מוכרחים בו; אבל גם הם בכלל הבנינים הממלאים את המקום הזה, כי אלו ואלו צריכים להשלמת החפץ הזה, וזה פשוט. והרי ביארנו מה שדי לנו בענין הזה.

En este caso, su voluntad se parece a un lugar en el que se va a construir, que se considera vacío hasta que aparecen los edificios. Y no sólo las criaturas, sino también todos los órdenes y ordenanzas y formas de la influencia que hemos mencionado, y que se adaptan a nuestro nivel y no al suyo, no tienen ningún significado en absoluto fuera de su voluntad. Por esta razón, Él las creó únicamente en virtud de esta voluntad, y no le son necesarias a Él en absoluto. Pero ellas también se cuentan entre los «edificios proyectados para el terreno de construcción», porque todas son necesarias para el cumplimiento de su voluntad. Esto está claro y lo que hemos visto es suficiente en este sentido.

נט) אמרה הנשמה - בענין הזה כבר ישבתני ישוב גמור. עתה, הייתי חפצה. להבין מציאות האדם, כי זה לדעתי מה שצריך להבין אל נכון, כי הרי עליו סובבים והולכים כל הדרושים, ומשא העבודה - עליו הוא.

59. Dijo el alma: en lo que se refiere a este asunto, ya poseo una idea completa. Ahora desearía alcanzar la comprensión de la idea de la existencia del hombre, que es un tema que, creo, ha de entenderse bien, porque después de todo, todo lo demás gira en torno a Él. Y es en el hombre donde recae el yugo del servicio a Él.

ס) אמר השכל - הנה צדקת בדבריך, האדם הוא הכונה התכליתית בכל מעשיו ית"ש. על כן, רק מי שיבין את ואת על בוריו,ידע תוכיות כל הקודם אליו, כי מגמת הכל הוא רק לבא אל התכלית הזה.

60. Dijo el intelecto: he aquí que tus palabras son justas. El hombre es el fin de todos los actos del Bendito. Por lo tanto, sólo el que comprende esto puede comprender la esencia de todo lo que lo precede, ya que todo está dirigido hacia ese propósito.

סא) אמרה הנשמה - אף כאן יהיה לנו לדרוש הרבה מאד.

61. Dijo el alma: también aquí tendremos que indagar mucho.

סב) אמר השכל - על שלשה דברים צריכים אנו לדבר, על מציאותו של האדם, על מעשיו, ועל פרי מעשיו.

62. Dijo el intelecto: hemos de hablar de tres puntos: la existencia del hombre, sus actos y los frutos de sus actos.

סג) אמרה הנשמה - אם כן, הדרוש הוא רחב ביותר.

63. Dijo el alma: siendo así, es un tema muy amplio.

סד) אמר השכל - אבל ריש מילין נאמר, ואידך פירושא נניח לחכם ויחכם עוד.

64. Por esta razón sólo citaremos las ideas principales, y dejaremos su elaboración a los sabios.

סה) אמרה הנשמה - דבר דבריך.

65. Dijo el alma: habla tus palabras.

סו) אמר השכל - כאן צריכים לבא אל ענין תחיית המתים, שאנו מאמינים בו ודאי בלי שום ספק.

66. Dijo el intelecto: ahora hemos de meditar sobre la idea de la resurrección de los muertos, en la que ciertamente creemos, sin ningún lugar a dudas.

סז) אמרה הנשמה - הלא זה אחד מן הדברים שכבר העירותיך לבארם, כי חפצה אני לעמוד על תוכן ענינם.

67. Dijo el alma: éste es precisamente uno de los asuntos que te pedí que me aclararas, porque desearía entenderlo correctamente.

סח) אמר השכל - הנה ענין תחיית המתים בקיצור ובכלל פשוט הוא. כי כאשר ברא הקב"ה את האדם גוף ונשמה לעבוד ולמשא, שניהם כאחד, את כל עבודת הקודש, התורה והמצוה אשר נתן להם, הנה ראוי הוא שגם בקבלה השכר הנצחי יחדיו יהיו, כי לא יתכן שיהיה הגוף עמל ולא לו, והרי אין הקב"ה מקפח שכר כל בריה (ב"ק לח ע"א). אבל מה שצריך להתבונן הוא על פרטי החיבור הזה של

גוף ונשמה, בהתחברם, בהפרדם, ובשובם להתחבר חיבור גמור; כי הן כל אלה יפעל אל עם כל האדם, והוא לא דבר ריק הוא ודאי. על כן אלה הפרטים הם שצריכים ביאור, וביאור רחב ומספיק.

68. Dijo el intelecto: he aquí que el concepto de la resurrección de los muertos, en pocas palabras, es muy sencillo. Porque dado que el Santo, bendito sea, creó al hombre con cuerpo y alma, juntos, para que aceptaran sobre sí mismos todo el trabajo sagrado, la *Torah* y la *mitzvah* que se les dieron, también corresponde que estén juntos al recibir la recompensa eterna; siendo, como es, inconcebible que los trabajos del cuerpo no le originen beneficio, y el Santo, bendito sea, no retiene la recompensa de ninguna criatura (*Baba Kama* 38b). Pero lo que sí requiere una detallada reflexión son los detalles de esta unión de cuerpo y alma, en su conjunción, su separación y su posterior reunificación completa. Porque así es como obran con todos los hombres, y ciertamente no es asunto insignificante. Por eso, todos estos detalles requieren de una explicación amplia y suficiente.

סט) אמרה הנשמה - ודאי דבר זת צריך ביאור, מה זאת עשה אלהים גוף ונשמה בשתי יצירות, ולא יצירה אחת, שיהיה האדם מציאות אחת, בלא שיהיה מורכב כמו שהוא עתה; כי ודאי לא יבצר ממנו ית' מזימה לעשותו חי בעצמו, בלא חילוק זה של גוף ונשמה. ואמנם אחשוב, כי כשנדע זה, יהיה פתח פתוח לפנינו ליכנס לשאר הפרטים.

69. Dijo el alma: ciertamente requiere de una aclaración. ¿Por qué Dios creó cuerpo y alma, en dos creaciones y no en una, de forma que el hombre fuera una única realidad, y no un compuesto, como es? Obviamente podría haberlo creado como un ser vivo aparte, sin esta cualidad de cuerpo y alma. Y me parece que conociendo esto hallaré una puerta abierta a los demás detalles.

ע) אמר השכל - הכונה העליונה, הלא שמעת כבר, היותה אך להי־טיב אל האדם, לזכות במעשיו במה שיתקן עצמו וישלים בריאתו. והרי כאן ענין החסרון והשלמות שזכרנו למעלה. כי האלהים עשה הגוף הזה חומר עב וחשוך, בלתי ראוי לאור באור קדושתו ית' מפני מוגו השפל, כי אין לבא אל שער המלך ולבקר בהיכלו אלא שלמי ההכנה, קל וחומר ממלכותא דארעא.

70. Dijo el intelecto: la intencionalidad divina, como ya dije, es únicamente el bien del hombre: que se haga merecedor de la recompensa por medio de sus actos al perfeccionarse, completando su creación. Esto se sintetiza en la idea de defecto y perfección que mencionamos antes. Porque Dios hizo de este cuerpo una materia espesa y oscura, indigna por su baja naturaleza para brillar en la luz de la santidad del Bendito. Porque únicamente los cercanos a la perfección son dignos de acercarse a las puertas del Rey y permanecer en su santuario.

וזה החשך אשר מוטבע הוא בחוקו של הגוף הזה, הוא השם בקר־בו את כל התאוות הרעות השולטות בו, ועושה אותו עלול לכל המ־קרים הרעים המוצאים אותו. וזאת שנית - עשה הנשמה הטהורה, החצובה מתחת כסא הכבוד, והורידה ונפחה בתוך הגוף הזה לטהרו ולקדשו.

Y es esa oscuridad que está incrustada en este cuerpo la que le infunde todos los malos deseos que lo descarrían y lo hacen vulnerable a todos los males que lo acosan. Y, por oposición a esto, Él hizo un alma pura, tallada bajo el mismísimo trono de gloria, y que baja y se infunde a ese cuerpo, para purificarlo y santificarlo.

וזה מה שצריך להבין, כי אין סוף הכונה בביאת הנשמה בגוף לש־תחיה אותו בחיי ההבל האלה, אבל עיקר ביאה זו הוא לזכך אותו זיכוך ממש, להעלותו משפל מדרגתו החמרית וחשכה אל המדרגה

העליונה, להיות כמלאכי השרת. ודבר זה מצאנו כבר במשה רבנו ע"ה, שזכה וזיכך את חמריותו, עד ששב למדרגת מלאך ממש, וכבר ראו כל ישראל כי קרן עור פני משה.

Y esto es lo que debemos comprender: la finalidad de la infusión de esta alma en este cuerpo no es que lo anime en esta vida de vanidades, sino que su objetivo central consiste en refinarlo completamente, extraerlo de las profundidades del abismo oscuro y profundo para elevarlo al más alto nivel, el de los ángeles guardianes. Esto es, efectivamente, lo que ocurrió con Moisés, nuestro maestro, de bendita memoria, que refinó tanto su severidad que regresó al nivel de los ángeles, y fue por eso por lo que todo Israel vio que su rostro brillaba.

יחנוך ואליהו נתעלו לשמים בגופם ממש, אחר אשר זככו את חמ־ריותם זיכוך גדול. אך הדרך אשר בו תוכל הנשמה לזכך את גופה, הלא הוא במעשה המצוות וקיום התורה, כי נר מצוה ותורה אור. וכל מה שהיא מרבה לקנות תורה ומצוות - מרבה זיכוך לגוף ההוא, וזכות לעצמה - שהיא מקיימת רצון קונה.

Y Enoc y Elías ascendieron al cielo en sus propios cuerpos después de su gran refinamiento en la Tierra. Pero la forma en que alma puede purificar el cuerpo es a través del cumplimiento de las *mitzvot* y la observación de la *Torah* porque «la *mitzvah* es una vela y la *Torah* es luz». Y cuantas más *mitzvot* y más *Torah* adquiera el alma, mayor será el refinamiento del cuerpo, y mayor el mérito por haber cumplido con la voluntad del Creador.

עא) אמרה הנשמה - מצאנו תועלת שלמות לגוף, וזכות לנשמה, אבל לא תועלת שלמות לנשמה.

71. Dijo el alma: encontramos aquí el beneficio de la perfección para el cuerpo y el mérito para el alma, pero no el beneficio de la perfección para el alma.

עב) אמר השכל - עוד נדבר מזה בס"ד. נשלים עתה ענינגו. הנה זה הזיכון הוא עיקר הפעולה אשר לנשמה בעולם הזה, ואחר זה יש לה ענינים אחרים, ואין כאן מקום ביאורם. ועל ענין זה אמרו (זוהר ח"א, מדרש הנעלם, קטו ע"א), "ר' חייא אמר, תא חזי - עד שהגוף עומד בעולם הזה, הוא חסר מן התשלום לאחר שהוא צדיק והלך בדרכי יושר ומת ביושרו - נקרא שרה בתשלומו", עכ"ל. והנה זה כל פרי צדקתה - עילוי כבודו של מקום ב"ה, המתעלה בשלמות בריותיו, שהכל ברא לכבודו, וזה כל אשר יולד מן המעשה הטוב כלפי מעלה, אשר על כן נקבע לו שכר מלמעלה, כי כנחת רוח שעשה לפניו ית', כן יעשה לו.

72. Dijo el intelecto: ya hablaremos de todo esto más adelante, con la ayuda de Dios. Ahora completemos nuestro asunto. Este refinamiento es la actividad primaria del alma en este mundo, tras la cual entra en otras etapas que se analizan en otra parte. Sobre este asunto ha sido dicho (Zohar, *Midrash haNeelam* I-115a): «Rabbí Jía enseñó: 'Ven y ve, mientras el cuerpo reside en este mundo, está incompleto. Si es justo, y marcha por caminos de rectitud y ha muerto de forma íntegra, es denominado Sarah en su perfección'».[39] Y he aquí que éste es todo el fruto de toda su rectitud: la exaltación de la gloria del lugar por medio de la perfección de sus criaturas, porque el Bendito lo creó todo para su gloria. Y en esto se traducen los actos de bondad en relación al Cielo y por lo cual se recibe recompensa de las alturas. Porque, así como esos actos producen placer al Bendito, así hará Él.

---

39. Véase nuestra edición, Tomo IV, pág. 214, Barcelona 2008.

אך החטא גורם - חטאו של אדם הראשון לעבור כוס המיתה על כל הברואים, ואין מקוה. על כן לא תעצור כח הנשמה לעשות הזיכוך הזה קודם המיתה, וזהו ענין הצדיקים שמתו בעטיו של נחש, כמא־מרם ז"ל (בבא בתרא יז ע"א), שלא יכלו להשתלם אפילו ברוב מע־שיהם בלא זה. אבל אחר ששב העפר אל הארץ כשהיה, וזוהמא שהטיל נחש בחוה פסקה ממנו לגמרי, אז כשישוב ויבנה - תרד בו הנשמה בכל תוקף מעשיה הטובים וזיו אור העליון שנהנית ממנו בגן עדן כפי מעשיה, ותאיר בו בגופה אור גדול, שבו יזדכך לגמ־רי, ושב ורפא לו מכל הרעות אשר נעשה עלול להם בראשונה. וע־נין זה נתפרש במדרש הנעלם, פרשת וירא, וזה לשונו, "אמרו רז"ל - הנשמה,בעודה במעלתה ניזונת באור של מעלה, ומתלבשת בו, וכשתכנס לגוף לעתיד לבא - באותו אור ממש יכנס" וכו', ע"ש. ועוד שם (קטז ע"א), הקב"ה מעייל האי גופא תחות ארעא עד דמתרקב כוליה, ונפקא מיניה כל זוהמא בישא", ע"ש.

Pero por culpa de la transgresión, la transgresión del hombre primordial, fue preciso beber de la copa de la muerte, no una sola persona, sino la creación entera. No hubo alternativa. Y es por este motivo por lo que el alma no puede llevar a cabo este refinamiento antes de la muerte. Esto explica el fenómeno de los justos que murieron «por el consejo de la serpiente», tal como lo afirmaron los sabios, de bendita memoria (*Baba Batra* 17a), ya que no es posible alcanzar la perfección sin pasar por la muerte ni siquiera con abundancia de buenas acciones. Pero después de que el cuerpo regrese a la tierra, de la que salió, y se purgue completamente del veneno con el que la serpiente afectó a Eva, entonces, cuando sea reconstituido, el alma descenderá a él con toda la fuerza de sus actos de bondad y el esplendor del brillo celestial en que se bañó en el Edén con toda la fuerza de sus acciones, y entonces iluminará al cuerpo con una luz muy poderosa que lo purificará por completo y lo curará de todo el mal al que fue vulnerable en el principio. Esto está explicado en el *Midrash HaNeelam, parashah Vaierá*, con estas palabras: «Dijeron nuestros sabios, de bendita memoria: 'El alma, mientras se encuentra en el Edén, se nutre de la luz Celestial y se viste de ella; y cuando, en un tiempo por venir, penetre en el cuerpo, será con esa misma luz con la que efectuará el reingreso». Y (*Ídem* 116a): «El Santo, bendito sea, deposita este cuerpo en la tierra hasta que se descompone y se purga de todos sus venenos».

והנה בידינו עתה ענין עבודת האדם וענין קיבול שכרו, הם הם שני הזמנים הכוללים כל מציאותו. כי עתה בעולם הזה הנה הגוף גס וחשוך בעל החסרונות, ויש לנשמה להגביר עליו ההארה והקדושה לזככו ולזהירו. וכשנשלם הזיכוך הזה - הוא זמן קבלת השכר, כי יחדיו יהיו לקבל שכר טוב כל הימים:

Y he aquí, entonces, que el servicio divino del hombre y la recepción de su recompensa se centran en dos tiempos, que componen toda la existencia. Porque ahora, en este mundo, el cuerpo es burdo, oscuro y defectuoso, y el alma debe llenarlo de luz y santidad con el objetivo de refinarlo e iluminarlo. Y la finalización de este proceso anticipa el período en que se recibe la recompensa, cuando ambos se presenten juntos para recibir la recompensa del bien eterno.

ואמנם, מה שצריך להבין עתה הוא שיעור כחה של הנשמה שניתן לה לעמוד בתוך הגוף הזה. וזה, כי אם היה כחה רב ואורה גדול מאד - ודאי היתה נותנת הארה גדולה כל כך לגוף שהיה מתעלה במציאותו, וחסרונותיו היו נשלמים רגע אחד, ויצר הרע - הוא העיקר בחסרונות שרצה בם האדון ב"ה לצורך הבחירה והשכר ועונש - הנה לא היה שולט באדם כלל, כמו שאינו שולט במלאכים מפני רוב הארתם ושלמות ידיעתם וחשיבותם.

Y, en verdad, lo que hemos de comprender ahora es el grado de poder que se otorga al alma cuando se encuentra dentro del cuerpo.

Porque si su poder fuera muy grande y su iluminación extremadamente intensa, infundiría al cuerpo tanto brillo que el cuerpo sufriría una transfiguración sublime, y sus defectos dejarían lugar a la perfección en un solo instante, y la mala inclinación, que es la herramienta básica de imperfección que creó el Señor, bendito sea, con el propósito del libre albedrío y el castigo y recompensa, no tendría dominio alguno sobre el hombre, así como no tiene ningún poder sobre los ángeles, en virtud de su gran iluminación, la perfección de su conocimiento y su importancia.

תדעי לך שהרי לעתיד לבא נאמר (ישעיהו יא, ט), "לא ירעו ולא ישחיתו בכל הר קדשי כי מלאה הארץ דעה"; ובאותו הזמן נאמר (יחזקאל לו, כו), "והסירותי את לב האבן מבשרכם" וגו', לגודל מעלת הנשמה שתגדל בזמן ההוא. ואמנם מצד אחר, הנת אם היתה הנשמה במציאותה העצמי שפלה ולא גדולה, לא היתה יכולה לעמוד בכל כך יקר וגדולה אשר יעשה לה לעתיד לבא, להיות יותר ממלאכי השרת:

Has de saber que esto es así, porque a propósito del futuro por venir ha sido dicho (*Isaías* XI-9): «Ellos no lastimarán ni herirán en toda mi santa montaña, porque la Tierra estará llena del conocimiento, etc.». Y, a propósito del mismo asunto, (*Ezequiel* XXXVI-26): «Y quitaré el corazón de piedra de vuestra carne». Todo esto a la luz de la grandeza del alma, que será todavía mayor en ese tiempo. Y ciertamente, por el otro lado, si el alma, en su esencia, fuera baja y sin grandeza, no podría mantener la intensidad de todo lo grande y sublime que existirá en el futuro por venir, donde esos atributos serán mayores que los de los ángeles.

אבל הענין הוא, שהנשמה במציאותה ושרשה גדולה היא מאד מאד, אבל כדי שתבא בגוף הזה - הנה הקב"ה ממעט אורה וכחה,

ומשאיר לה רק אותו השיעור הראוי לגוף בעולם הזה. והנה היא באותה שעה כירח זאת שנאמר לה (חולין ס ע"ב), "לכי ומעטי את עצמך", ולעתיד לבא (ישעיהו ל, כו), "והיה אור הלבנה כאור החמה".

Pero lo cierto es que el alma, en su esencia y en su origen, es sin límites; pero, para poder entrar en el cuerpo, el Santo, bendito sea, disminuye su luz y su poder, hasta que alcanza un nivel adecuado para el cuerpo de este mundo. En ese momento se la puede comparar a la Luna, a la que se le dijo (*Julin* 60b): «Ve y empequeñécete»; mientras que en relación al tiempo futuro, está escrito (*Isaías* XXX-26): «Y la luz de la Luna será como la luz del Sol».

והנה בידה טובה - להתעלות מעילוי לעילוי עד תקפה העליון, לפי שלמות מעשיה. והנה לפי מיעוט הכח אשר ניתן לה בעולם הזה, היא עומדת סוגרת ומסוגרת בתוך הגוף העכור הזה כל ימי צבאה, להתנסות ולהבחן בנסיונות היצה"ר, שעל כן הושם באדם, וכמאמרם ז"ל (זוהר ח"א, קו ע"ב), "לא נברא יצה"ר אלא לנסות בו את בני האדם".

El alma puede, según la perfección de sus acciones, ascender más y más, hasta alcanzar su altura suprema. Pero, a causa de la inferioridad que se le asigna en este mundo, permanece encerrada y confinada en el interior de este cuerpo, durante todos los días que se le concedieron en este mundo, para ser probada y examinada mediante las pruebas de la mala inclinación. Por eso se le dio al hombre una mala inclinación, tal como afirmaron los sabios, de bendita memoria, (Zohar I, 106b): «No se creó la mala inclinación más que con el propósito de probar al hombre».

ולפי כשרון מעשיה - כך זוכה לעצמה עילוי, להתעלות ממדרגה למדרגה. והנה בזמן הגמול אז מוצאות כל הנשמות פעולתם אתם, ומתעלות במעלתם על פי מעשיהם, ובמעלתם זאת ישובו ויזכו את

גופותיהם בזמן התחיה, ויתענגו על רוב שלום לנצח נצחים, וכמו שביארנו לעיל:

Y, de acuerdo con talento de sus actos, el alma gana impulso para ascender de un nivel a otro. Y así, en el momento de la recompensa, todas las almas cargan con sus acciones y se elevan de estado en conformidad con ellas. Y es en este plano donde regresan y refinan sus cuerpos durante la resurrección, luego de lo cual se deleitará por los siglos de los siglos, tal como ya explicamos.

נפקא לן מינה - ששורש גדול צריך שיהיה לנשמה מצד עצמה, ומקורה צריך שיהיה נכבד עד מאד, עד שתהיה ראויה לכל היקר אשר יהיה לה לעתיד לבא. אבל משפילים אותה, להגביה אותה ולהטיבה באחריתה, בשום עליה האדון ב"ה את חקו לאמר, לכי ומעטי את עצמך, ליכנס בגוף העכור הזת, ולהיות בו כל ימי חיי הבלו. ושם שם לה חק ומשפט - כל התורה הזאת לעבדה ולשמרה, אלה הדברים השייכים לה בהיותה בגוף הזה. ואמנם, מפני שכבר תש כחה וחלש אורה הרב במיעוטה זה, נשאר הגוף עכור כאשר הוא היום הזה, ואף על פי שהיא בתוכו.

Resumiendo, el alma en sí ha de estar arraigada en la grandeza y surgir de una fuente extraordinariamente noble hasta que sea digna de toda la gloria que se le reserva para un futuro venidero. Pero está degradada en su estatura para su elevación y bien últimos, por lo que el Señor, bendito sea, le ordena «Ve y empequeñécete», para que pueda entrar en este cuerpo indeseable y se quede allí todos los días de esta vida de vanidades. Y allí, Él prescribió para ella toda esta *Torah*, para que la cumpla y la guarde. Éstas son las cosas que le pertenecen mientras se encuentra en el interior del cuerpo. Sin embargo, dado que su poder se ha debilitado y su luz se ha atenuado debido a esta disminución, el cuerpo sigue siendo indeseable, como lo es hoy, si bien el alma está dentro de él.

אך לפי צדקת מעשיה נידונת לעתיד לבא, בהתעלות בעילוי מעלו־תיה, אשר בבואה שנית בגוף באור חדש ההוא, הנה תעשה בו מה שאינה יכולה לעשות עתה, והוא, שתזככהו הזיכוך הגמור, להחזירו עצם נכבד ובהיר, וכמו שביארנו. כי מה שבתחלה, כדי לבא בגוף, היתה צריכה למעט אורה, הנה בביאה שניה זאת, אדרבה, יש לה לבא בכל אור, כדי שתעשה הזיכוך שלם כראוי:

Sin embargo, de acuerdo con la rectitud de sus acciones, el alma será juzgada en un futuro venidero, ascendiendo en su escala de grados, de modo que cuando regresa al cuerpo por segunda vez, con su nueva luz, lo afectará de un modo en que no puede afectarlo actualmente: un refinamiento total, una transformación en un ser glorioso y resplandeciente. Porque mientras que, al principio, para poder entrar en el cuerpo, tuvo que disminuir su luz, en la segunda entrada, por el contrario, habrá de llegar con toda su luz, para que pueda completar la purificación correctamente.

והרי עתה תועלת לנשמה עצמה בהשלימה את הגוף - להתעלות היא מעילוי לעילוי, ולהוסיף כח על כח ויקר על יקר. ולא זו בלבד, אלא אפילו בזמן היותה בעולם הזה בתוך הגוף - יש לה עילוי ויתרון כפי מעשיה, כי אינו דומה נשמת אדם שעסק בתורה ובמצוות והשיגה ידיעה בכבוד קונה, לנשמה חסרה מכל אשה.

Después de todo, la propia alma se beneficia del perfeccionamiento del cuerpo. Se eleva más y más, y agrega cada vez más fuerza y más gloria. Y, lo que es más, incluso encontrándose en este mundo, dentro del cuerpo, obtiene un ascenso y un ennoblecimiento que están de acuerdo con sus acciones. Porque no hay comparación entre el alma de un hombre que se ha ocupado de la *Torah* y las *mitzvot*, y ha obtenido conocimientos de la gloria de su Creador, y el alma en la que falta todo esto.

אבל אין עילויה מגיע שתוכל לשנות הגוף, שיהיה זיכוכו נראה לעי־
נים, כי אם במתי מספר, השרידים אשר בחר ה' בם, כמשה רבנו
ע"ה, חנוך ואליהו. אך זולתם, אף על פי שיגיע לה יתרון ממעשיה,
לא יגיע כל כך שיראה גם בגוף. אבל לא ימנע טוב מבעליו לעתיד
לבא, איש כפי מעשיו:

Pero su ascenso no llega al punto en que puede cambiar el cuerpo y que su purificación se vea a simple vista, excepto en el caso de unos pocos, los elegidos del Eterno, tales como Moisés, nuestro maestro, sea con él la paz, Enoc y Elías. Sin embargo, con respecto a los demás, si bien se ennoblecen por medio de sus actos, este ennoblecimiento no alcanza el grado suficiente como para que se vea a simple vista en el cuerpo. No obstante «no se privará del bien a sus dueños» en el futuro por venir, cada cual de acuerdo con sus actos.

(עג) אמרה הנשמה - קבץ הכלל מכל מה שאמרת:

73. Dijo el alma: haz un resumen de lo que has dicho.

(עד) אמר השכל - זה הכלל, הגוף - בריאתו חשוכה ובעלת חס־
רונות, ויש לו זיכוך על ידי הנשמה. הנשמה - מקורה גדול, אבל
ממעטת עצמה בבואה בגוף, שלא תרבה לו הזיכוך בבת אחת, ולא
תשנהו מבריאתו; אבל מעט מעט תפעול בו את הצריך במעשים
הטובים. ואחר כך תתעלה בעילוים לפי מעשיה, ויגדל כחה לפי עי־
לויה, ותרבה הזיכוך בגוף לפי גודל כחה, עד שיהיה ראוי לעמוד
עמה יחדיו לחזות בנועם ה' ולבקר בהיכלו, לעד ולעולמי עולמים:

74. Dijo el intelecto: ésta es la idea general, el cuerpo de las criaturas es oscuro y defectuoso, pero puede refinarse a través del alma. El alma proviene de una gran fuente, pero al entrar en el cuerpo se contrae para que la purificación no lo sature inmediatamente alteran-

do así la función para la cual fue creado. Sin embargo, poco a poco, a través de buenos actos, el alma corrige el cuerpo que asciende en conformidad con sus actos, y su poder aumenta en proporción a su ascenso y refina al cuerpo en proporción al aumento de su poder hasta el momento en el que el cuerpo es apto de presentarse junto con el alma para gozar y presenciar la bondad del Eterno y visitar su templo, por los siglos de los siglos.

(עה) אמרה הנשמה - הרי הבנתי מה שדי לי עתה בענין התחיה הזאת והגמול העתיד. עתה צריכים אנו להשלים הענינים שהתחלנו בם:

75. Dijo el alma: he comprendido lo suficiente en lo referente a la resurrección de los muertos y la recompensa futura. Ahora necesitamos completar los asuntos con los que comenzamos.

(עו) אמר השכל - אחר שידענו מציאות האדם וענינו בין בנשמתו בין בגופו, בחילוף העתים וסדר הזמנים שהוחק לו, הנה צריכים אנו להבין איך שמתנהג עמו הקב"ה בכל הזמנים האלה, בין לענין גופו, בין לענין נשמתו:

76. Dijo el intelecto: después de conocer la esencia del hombre en cuanto al alma y en cuanto al cuerpo, a propósito de los distintos tiempos, así como el orden de los tiempos establecidos para él, hemos de comprender cómo el Santo, bendito sea, se relaciona con el hombre en todos estos asuntos ya sea por el bien de su cuerpo, ya sea por el bien de su alma.

(עז) אמרה הנשמה - הסדר הגון ודאי, כי כל דבר צריך שיהיה מיושב על אפניו במקומו ושעתו. עתה השלם נא את דבריך:

77. Dijo el alma: el orden es correcto, porque todas las cosas han de comprenderse en sus distintos aspectos y en su lugar y circunstancia. Ahora por favor completa tus palabras.

(עח) אמר השכל - ראי, יש העצמים הגשמיים והעצמים הרוחניים. והנך רואה כמה הפרש יש בין אלה לאלה, כי הגשמיות הוא פחיתות ודאי לגבי הרוחניות, אשר ענינה נכבד ומעולה. והנך רואה כמה מן ההארה יש ברוחניים וכמה מן החשך והחסרון יש בגשמיים.

78. Dijo el intelecto: mira, existen las entidades físicas y las entidades espirituales. Puedes ver cuánta diferencia hay entre los dos, porque las físicas son inferiores con respecto a las espirituales, cuya naturaleza es honorable y excelente. Y puedes ver cuánta iluminación hay en lo espiritual y cuánta oscuridad y defecto hay en lo físico.

הרי לנו בכאן שני מיני בריאות, בריאה בהארה רבה והשפעה מרווחת, ובריאה בהארה מועטת והשפעה ממועטת. ושתי מדות אלו, מדת הבריאה בהארה ומדת הבריאה בלא ההארה, מדת ההארה מתולדות חק טובו היא, ומדת הבריאה בלא הארה - מתולדות העלם טובו.

Después de todo, tenemos dos tipos de criaturas, unas criaturas de gran iluminación y amplia proyección, y unas criaturas de escasa iluminación y de proyección limitada. Y estas dos *middot*, la *middah* de la creación con iluminación y la *middah* de la creación sin iluminación tienen origen una de ellas en su bien y otra de la ausencia de su bien.

ותראי, כי הרוחניים - כל עסקם בדברי קדושה; אך הגשמיים - ענייניהם עניני חול ודברים שפלים ונבזים. ונמצא, שכל כלל עמל האדם תחת השמש אינו אלא הבל הבלים, ומותר האדם מן הבהמה אין

לאכול ולשתות, ואת הארץ יסחרו, הן כל אלה דברים פחותים ונק־
לים ודאי.

Y mira, porque lo espiritual se basa todo en las palabras de santidad, mientras que lo material es profano, corresponde a asuntos bajos y despreciables. Todos los trabajos del hombre bajo el Sol no son más que vanidad de vanidades y la superioridad del hombre sobre los animales es poca. Comer, beber y trabajar la tierra, todas estas cosas son simples y baladís.

כללו של דבר, כל דברי הגשמיות והטבע הלז הם חשך ולא אור, מה שהאדון ב"ה מסתיר פניו מן העולם ואינו מאיר בו הארת קדושתו, אדרבא, מנחם בתוהו לא דרך, בדרכים שפלים אלה. אך עניני הרו־חניים - זה הדרך ישכון אור פניו ית', שהוא מאיר להם בקדושתו, וזה פשוט. ותדעי עתה, כי שתים אלה הם מוסדות הנהגתו ית' ושר־שה עם כל ברואיו - מדת הסתר פנים, שהוא מתעלם ומסתתר ואינו מגלה הדר כבודו, ומדת הארת הפנים:

En general, todas las cosas materiales y de la naturaleza son oscuridad y no luz. Vienen de que el Señor, bendito sea, esconde su rostro del mundo y no ilumina en él con la iluminación de su santidad, sino que, por el contrario, los hombres se hallan en medio del vacío y de la degradación. Pero el camino de los asuntos espirituales está iluminado con la luz del rostro del Bendito, que brilla en toda su santidad. Esto es obvio. Has de saber, pues, ahora, que estos son los dos fundamentos y la raíz de la conducción del Bendito con todas sus criaturas: la *middah* del ocultamiento de su rostro, que ignora y esconde y no revela el honor de su gloria, y la *middah* de la iluminación de su rostro.

ומה שהוא בהנהגה - הוא בבריאה כי הנבראים הגסים העכורים לא נבראו אלא בהסתר פנים, כי לא האיר להם פני קדשו, והרוחניים הנכבדים ברואים בהארת פנים. ועל פי יסודות אלה נעשה החיבור

הזה של הגוף והנשמה; שהגוף, עניניו בכל דרכיהם, בהסתר הפנים נמשכים ובאים; והנשמה וכל עניניה - בהארת הפנים. והנה האדם הוא עצמו המתקן והנתקן, כי את עצמו הוא מתקן בעבודתו, והוא ענין (סנהדרין צט ע"ב), "ועשיתם אותם" - ועשיתם אתם כתיב, שד־רשו חז"ל, ובידו הוא להגביר בעצמו את הגופניות ודרכיו, או הרו־חניות ודרכיו. כי אם ילך אחר מראה עיניו ודרכי לבו הגופניים, הנה נשמתו, תחת מה שהיה ראוי לה להיות להועיל לגוף הזה, שתהיה מזככת אותו כמו שביארנו, אדרבא, גורמת הפסד ונזק גדול לעצמה, שהיא משתקעת בחשך. ולהפך מזה, אם יתגבר על יצרו ויסור מדרכי ההבל, ללכת בדרכי התורה והמצוה - תגבר הנשמה על הגוף ותז־ככהו:

Y del mismo modo que ocurre con la conducción ocurre también con la creación, porque las criaturas toscas y turbias no fueron creadas pues no las iluminó con santo rostro y las criaturas espirituales y honorables proceden de la luz de su rostro. Y sobre estos fundamentos se hace la conexión de cuerpo y alma; porque el cuerpo, sus asuntos en todas sus formas, vienen del ocultamiento de su rostro. Y el alma y todos sus asuntos de la iluminación de su rostro. Y aquí el hombre es él mismo el corrector y el corregido. Porque se corrige a sí mismo por medio de su servicio. Y es el asunto de (*Sanhedrín* 99b) «y tú los hiciste»,[40] que es como decir «y los haréis», como dijeron los sabios, de bendita memoria. Y en su mano está dar importancia a lo material o a lo espiritual. Porque si sigue lo que ven sus ojos y los caminos de su corazón físico, entonces su alma, en lugar de cumplir con su misión de refinar este cuerpo, padecerá una gran pérdida y deterioro instalándose en la oscuridad. Por el contrario, si supera la mala inclinación y sigue los caminos del corazón para caminar por los caminos de la *Torah* y la *mitzvah*, el alma vencerá al cuerpo y será redimido.

---

40. Véase Deuteronomio XXIX-8.

ועתה תראי סיבובו של עולם, ומה בין דרין קדמאין לדרין בתראין, כי באמת, השם אל לבו הענין אשר נתן אלקים לענות בו, יתמה מאד על החפץ לראותו בני האדם רצוא ושוב, יום ולילה לא ישבותו, איש לדרכו נלאים ועייפים. ולמה הם עמלים - על אכילה ושתיה, על הבל הבלים שאינו כלום, על עולם של תוהו שבין לילה היה, היום כאן ומחר בקבר.

Y ahora verás el progreso del mundo, la diferencia entre las generaciones anteriores y las actuales, porque el que vea esto se maravillará ante los hombres que corren y regresan día y noche sin descanso cada cual por su propio camino, cansados y extenuados. ¿Y por qué se afanan? Por comer y beber. Por vanidad de vanidades que no son nada, por un mundo de caos que está en la noche, hoy aquí y mañana en la tumba.

אבל מי שיטיב לראות, יראה ויבין כי לא על דבר זה נברא האדם, אלא היה ראוי שלא יהיה עסקו אלא בהשגת כבוד קונו, כי לכך נוצר, וניתן בו דעת וחכמה רבה, ולא להרבות בסחורה, או כל שאר דברים של מה בכך. אבל האדם הוא שקלקל מעשיו, וגרם לעצמו באלה היום. ובכל דור ודור העולם חסר והולך בענין הזה.

Pero el que observe bien, verá y comprenderá que el hombre no fue creado para esto, y es mejor que se dedique en cuerpo y alma a la contemplación de la gloria del Creador pues para eso fue creado y para eso recibió tanta inteligencia y tantos conocimientos y no para dedicarse al comercio o cualquier otro asunto trivial. Pero es el hombre quien ha corrompido sus acciones y ha provocado él mismo el estado en el que se encuentra hoy. Y en todas las generaciones el mundo sufre una regresión y sigue adelante en este asunto.

כי הראשונים היו קרובים יותר אל החכמה, ומתעלים אל השכל, והאחרונים רחוקים יותר מן השכל, ונשקעים בדברי הגופניות והטבע

הלז, בסחורה ובכל מלאכת מחשבת, אשר לא ימצא האדם אחריו מאומה, וכמו שביארנו לעיל. ושרי כל זה הוא מה שאמרנו, כי הגוף בראו האדון היחיד ית' בהסתר פנים, ולא בהארת הפנים, על כן היה מציאותו חשוך ועכור; מה שאין כן הנשמה, שהיא אדרבא ברואה בהארת פנים ובהשקפה לטובה, על כן היא קיימת ונצחית, ובריאתה זכה. ואמנם, אם מגביר האדם את גופו ומשליטו, הנה האדון ית"ש במדה שהוא מודד כן ימדוד לו - להנהיגו רק בהסתר פנים. ומכאן נמצא שיהיה רחוק מאור החיים, מן החכמה והדעת, ומשוקע בזבל זוהמת החומריות והבלי העולם הזה:

Porque los *Rishonim*[41] estaban más cerca de los sabios y accedieron al intelecto, y estas últimas generaciones están más lejos del intelecto dedicándose a la materia y a la naturaleza, al comercio y a los trabajos, no dejando detrás de ellos nada como vimos anteriormente. Y todo eso es lo que hemos dicho: porque el cuerpo fue creado por el Señor único en el ocultamiento de su rostro, y no en la iluminación de su rostro, por eso su realidad es oscura y turbia. Lo cual no ocurrió con el alma, que fue creada en la luz de su rostro y en el bien y por esta razón es esencialmente eterna y pura. Y, ciertamente, si una persona le da preponderancia al cuerpo, entonces, medida por medida, el Señor Creador se relaciona con él únicamente en el ocultamiento de su rostro y se hallará lejos de la luz de la vida, de la sabiduría y de conocimiento, y sumido en la inmundicia y las vanidades materiales de este mundo.

ותראי שזה הוא מה שקרה לאדם מתחלה, ולזרעו אחריו כיום הזה; כי בהיות שהלכו אחרי עיניהם, והשליטו הגוף ולא הנשמה, על כן גם הקב"ה הלך עמהם בהסתר פנים. ולאדם אמר מתחלה, "בזיעת

---

41. Los primeros sabios considerados autoridad en materia halájica, que vivieron ente los siglos XI y XV. Tradicionalmente se considera que el período de los *Rishonim* termina con la publicación del *Shulján Aruj*. Algunos de los *Rishonim* más célebres fueron Maimónides, Nahmánides, Rashi o Yehudá Haleví.

אפיך תאכל לחם" (בראשית ג, ט), ומן היום ההוא והלאה "כל עמל אדם לפיהו, וגם הנפש לא תמלא" (קהלת ו, ז). והרי החכמה הלכה תדיר ונסתלקה מבני האדם:

Y esto es lo que le sucedió a Adán desde el principio, y a su descendencia después de él hasta este día; ya que se descarriaron por haber seguido sus ojos y dando preponderancia al cuerpo y no al alma, el Santo, bendito sea, respondió con el ocultamiento de su rostro. Le dijo a Adán (*Génesis* III-9): «Ganarás el pan con el sudor de tus narices». Y a partir de aquel día (*Eclesiastés* VI-7): «Todo el trabajo del hombre es para su boca, sin embargo su apetito no se sacia». Y después de esto, poco a poco, la sabiduría se ha ido alejando del hombre.

וזה כלל גדול, בגבול אשר הוגבל בו שכלו - כך הם מחשבותיו של אדם ותאוותיו. הלא תראי - הנער הקטן לא יכיר מה היא החכמה, ולא יתאוה אליה כלל, אלא אדרבא, כל תינוק בורח מבית הספר, ולא יחשוב שיש טוב כי אם ההבלים אשר הוא מתעסק בהם; ובר־בות דעתו ונרחב גבולו, ישוב להתאוות דברים מתוקנים יותר, ועל דרך זה לפי כל עילויו. כך הוא לכללות המין האנושי - כשהיהשכלם מושפע מהארה רבה, לא היו מוצאים קורת רוח אלא מן החכמה, וממה שהוא טוב באמת; וכשאין שכלם מושפע, אינם מכירים לדבר טוב אלא הבלי הארץ הלזו. והנה זה רע אשר נעשה מאחר חטאו של אדם, שהוסרה השפעה וההארה מן המין האנושי, ונשא־רו טבועים אך בדברי החומריות הגס. אלא שתיקן הקב"ה לישראל במתן תורה, אבל הם קלקלו להם בעגל ושאר פשעיהם לכל חטא־תם, ונשאר העולם באפלה בדרכי הטבע המדומים:

Y ésta es una gran regla: los límites de sus pensamientos y de sus deseos se hallan dentro de los límites de su mente. ¿No lo ves? Un niño pequeño no sabe qué es la sabiduría y no la desea en absoluto. Al contrario, todos los niños se escapan de la escuela y no creen que haya nada mejor que las vanidades de las que se ocupan. Pero cuando crezca en su mente y se expandan sus horizontes, el niño comenzará a querer cosas más complejas, acordes a su progreso. Lo mismo ocurre con la generalidad de los humanos, cuando su intelecto recibe abundancia e iluminación, sólo encuentra placer en la sabiduría y en lo que es realmente bueno. Pero cuando su intelecto no es estimulado, sólo aprecia las vanidades de este mundo. Y ese es el mal resultante de la transgresión de Adán, esa influencia e iluminación han sido eliminadas de la raza humana y han permanecido ocultas, y el hombre se encuentra en la cruda materialidad. Pero el Santo, bendito sea, lo corrigió al entregar la *Torah* a Israel, pero lo echaron a perder con el becerro y el resto de sus crímenes y todas sus transgresiones y el mundo permanece en la oscuridad en las formas imaginarias de la naturaleza.

לא כן בהיות האדם משליט את נשמתו, כי אז גם הקב"ה יאיר פניו אליו, ויעלהו לעילוי גדול להיות כאחד מן השרפים, כי גדולים צדי־קים יותר ממלאכי השרת, וכמו שהיה לדור דעה על הר סיני, וכמו שיהיה לעתיד לבא בזמן שנאמר (יואל ג, א), "אשפוך את רוחי על כל בשר" וגו':

No es así cuando el hombre controla su alma, porque entonces el Santo, bendito sea, también hará brillar su rostro sobre él, y se elevará a una gran elevación para ser como uno de los serafines, porque más grandes son los justos que los ángeles del ministerio. Y es lo que le ocurrió a la generación del conocimiento sobre el monte Sinaí, y como será en el futuro en el momento en que se dice (*Joel* III-1): «Derramaré mi espíritu sobre toda carne, etc.».

והנה גם בטוב הזה יש מדריגות שזכו להם ישראל והעולם בדורות שונים, פעם יותר ופעם פחות; לגון, דורו של משה, דורו של דוד, דורו של שלמה, וכיוצא בזה כל הדורות שזכו לטובה, הנה היה הכל הארת פניו ית' אליהם כפי עילוי נשמתם, שהעלוה בכח מעשיהם:

Y he aquí que, también, en esta bondad hay distintos grados que Israel y el mundo han disfrutado en diferentes generaciones, a veces más y a veces menos. Recordemos la generación de Moisés, la generación de David, la generación de Salomón, etc. Y así con todas las generaciones que se beneficiaron, allí estaba toda la iluminación del rostro del Bendito para ellos como la elevación de sus almas, que ascendieron por el poder de sus acciones.

וראי, שכאשר נבין פרטי מציאות הגוף והנשמה, ומצביהם בהסתר הפנים ובהארת הפנים, כמו שנבראו בכל חילוקי פרטיהם שבענין זה, נבין ממילא כללי סדרי הנהגתו ית' שנהג ושהוא מנהג את עו־למו, עתים לטובה ועתים לרעה ח"ו; ונראה כמה חכמה גדולה אנו מוצאים בהנהגה הזאת; ונראה גם כן כמה עיקר גדול הוא האדם, שבו - בענינו יבמעשיו - תלוי כל העולם, וכל מה שנעשה בו מראש ועד סוף:

Y mira que cuando comprendamos los detalles de la realidad del cuerpo y el alma, y sus estados de ocultación e iluminación, cómo fueron creados en todos los detalles de este asunto, entenderemos las reglas con las que el Bendito gobernó y sigue gobernando su mundo, a veces para bien y otras veces, Dios no lo quiera, para mal. Y verás, además, cuánta sabiduría encontramos en este liderazgo, así como la posición esencial del hombre, alrededor del cual gira todo el mundo y todo lo que se hace en él de principio a fin.

(עט) אמרה הנשמה - ודאי אלה הדברים מתישבים מאד על הלב, לראות חכמה רבה בהנהגותיו ית"ש, ואיך נקשרים הדברים זה בזה - בריאת האדם וכל מקריו, בריאת העולם וכל אשר בו:

79. Dijo el alma: seguramente estas cosas sientan muy bien al corazón, y contribuyen a discernir la gran sabiduría con la que el Bendito

gobierna, y cómo las cosas están conectadas entre sí: la creación del hombre y todo lo que le ocurre, la creación del mundo y todo lo que hay en él.

(פ) אמר השכל - עוד אומר לך בענין זה, כי כשנרד לפרטי עניניהם של הנשמה והגוף, נבין היטיב איך כולם תלויים בשרש הזה של שתי מדות אלה שזכרנו, כי כל אחד מהם נידון בכל ענייניו על פי מקורו, ויהיה זה טעם מספיק לכל הענינים האלה.

80. Dijo el intelecto: además, sobre este asunto te digo que, cuando nos adentremos en los detalles de los asuntos del alma y del cuerpo, entenderemos bien cómo todo el mundo depende de esta raíz, de estas dos *middot* que hemos recordado, donde cada una de ellas es gobernada por su fuente, que es suficiente razón para todas ellas.

ולא עוד, אלא שהיתה הגזירה מחכמתו ית"ש להראות דרכי המדות האלה בגוף ונשמה האלה הבאים על ידיהם. ונמצא, שמלבד שהגוף בא בהסתר פנים, הוא ועניניו, עוד הוא עצמו בתכונתו וחלקיו ציור מן ההנהגה של הסתר פנים כולה; והנשמה גם היא ציור מן ההנהגה של הארת הפנים כולה. הוא דבר פרטי לדיוקנו של האדם שנאמר בו (בראשית א, כו), "בצלמנו כדמותנו" - שמראה בתבניתו כל סדרי המדות שלו ית':

Y no más, pues la sabiduría del Bendito decretó que las obras de estas *middot* se revelarían a través del cuerpo y del alma que se originaron en ellas. Vemos, pues, que el cuerpo y sus asuntos son resultado del ocultamiento del rostro, que son, en su conjunto y en sus partes, un modelo de todo el orden de ocultamiento del rostro. Y por otra parte el alma es un modelo de todo el orden de brillo del rostro. Se trata de una dimensión específica de la forma del hombre, sobre el que se ha dicho (*Génesis* I-26): «A su imagen y según su semejanza», ya que él refleja todos los órdenes de las *middot* del Bendito.

ותראי שאין מציאות הגוף אלא חשוך, כי אפילו שיגיע לזכות היותר גדול שאפשר לימצא בו, על כל פנים צריך שייבדל מן הנשמה, ואינו נבדל אלא בהפרש הזה - שהנשמה היא עצם נכבד מאיר ובא מהארת פניו ית', והגוף אינו כן, אלא דבר מצד עצמו חשוך, הבא מהסתר פניו ית', אלא שיפול בו הזיכוך עד המקום שיוכל להגיע, והוא עד קצה האחרון שיהיה הפרש מעט בינו ובין הנשמה. אך על כל פנים הנשמה תהיה נשמה - דבר שאין שייך בו הפסד כלל; והגוף, אדרבא - דבר הנפסד לפי טבעו, אלא שהגיע להזדכך בזיכוך שהגיע:

Y verás que no hay realidad del cuerpo sino oscuridad, porque incluso si alcanza el mayor mérito que se puede encontrar en él, sigue distinguiéndose del alma y esta distinción consiste únicamente en una diferencia: el alma es de esencia gloriosa, brillante, y su brillo proviene del rostro del Bendito, mientras que el cuerpo no lo es, es una cosa oscura en sí misma que resulta del ocultamiento del rostro del Bendito. Sin embargo, puede ser purificado hasta el cierto punto, incluso hasta un último grado en que no haya más que una leve diferencia entre él y el alma. Pero en cualquier caso el alma seguirá siendo un alma, carente de defecto, y el cuerpo, por el contrario, por naturaleza, tiene defecto, aunque pueda alcanzar la purificación si la busca.

ותראי עוד, שהגוף הנה יש בו חילוקי אברים וחלקים, כל אחד לתשמישו, שהרי העין רואה ולא שומעת, והאוזן שומעת ולא רואה; מה שאין כן הנשמה, שכל הכחות יש בה, אבל בלא חילוק אברים אלה כאברי הגוף, אלא כולה בכל חלק, וזה ידוע. עתה תראי איך זה נמשך היטב מן ההקדמה אשר שמנו, שהגוף נברא בהסתר הפנים והנשמה בהארת הפנים.

Y también verás que el cuerpo se divide en órganos y partes, cada uno para su propia función: el ojo ve, pero no escucha; el oído escucha, pero no ve. No ocurre lo mismo con el alma. Si bien ésta abarca todas las funciones, lo hace sin la división de órganos del cuerpo, como es sabido. Ahora verás que esto se deduce de la introducción que hemos hecho, que el cuerpo fue creado por la ocultación del rostro y el alma por la iluminación del rostro.

ותראי הקדמה גדולה ועיקרית מאד, הלא שמעת כבר כי השל־מות הוא אחד, כי אין שייך בשלמות ממש חסר או יתר. אבל כשאין הקב"ה רוצה לפעול בשלמותו, אז הרבה דרכים למקום להשכיר או להעניש, איש לפי מעשיו, וכמו שביארנו לעיל. ובהיות גזירת הח־כמה העליונה להראות בבריאה עצמה שברא הדרך והסדר איך שברא אותה, כמו שביארנו, על כן בהסתר הפנים - כמו שדרכיו רבים כך רצה לעשות בריאתו זאת בעלת חלקים רבים ואיברים שו־נים, שיהיו מקבילים ממש לכל חלקי חוקותיו ית'. הוא הענין שזכר־תי לך, שעל זה אומר, "נעשה אדם בצלמנו כדמותנו", כי בכל המדות המעולות אשר נבחנים בכבודו ית', בהיותו פועל לפי ערך נבראיו, כך נמצא חלקים בדמות האדם הזה; דרך משל, עין - תחת עין השגח־תו המשגיח אל כל יושבי הארץ לדון את כל מעשיהם, כענין שנאמר (בראשית יח, כא), "ארדה נא ואראה" - ללמדך שאין לו לדיין אלא מה שעיניו רואות (סנהדרין ו ע"ב).

Pero cuando el Santo, bendito sea, no quiere actuar en toda su perfección, tiene muchas maneras de recompensar o de castigar a cada hombre conforme a sus actos, como hemos visto arriba. Y siendo el decreto de la Sabiduría Suprema mostrar en la creación misma el modo y el orden en que la creó, por eso, en el ocultamiento del rostro confirió a su creación muchas partes y diferentes órganos, que corresponden exactamente con todas las partes de las ordenanzas (ויתוקו) del Bendito. Es el concepto que te recordaba, a propósito del cual ha sido dicho «hagamos al hombre a nuestra imagen, según nuestra semejanza», porque de todas las excelentes *middot* con que distinguimos al Bendito en su actuación según el valor de sus criaturas, se encuentran partes en la figura de este hombre. Por ejemplo, el ojo. Bajo la mirada de su ojo vigilante que supervisa a todos los habitantes de la tierra para juzgar todos sus actos, según ha sido dicho (*Génesis* XVIII-21): «Descenderé y veré». «Esto nos enseña que el juez ha de guiarse completamente por la evidencia que ven sus ojos» (*Sanhedrín* 6b).

אזנים לאדם - כנגד מה שהקב"ה יושב ומקשיב תפלותיהם של בני האדם וכל תהלותיהם, וכן נאמר (שמות ב, כד), "וישמע אלקים את נאקתם"; וחז"ל אמרו (אבות ב, א), "דע מה למעלה ממך - עין רואה ואוזן שומעת". פה באדם - כי פי ה' דבר בחזון לנביאיו, ומשמיע הוד קולו למלאכיו גבורי כח עושי דברו.

Los oídos del hombre corresponden a cuando el Santo, bendito sea, se sienta y escucha las oraciones de los hombres y todas sus alabanzas, según ha sido dicho (*Éxodo* II-24): «Y oyó Dios el gemido de ellos». Y nuestros sabios dijeron (*Avoth* II-1): «Conoce lo que está encima de ti: un ojo ve y un oído oye». La boca del hombre corresponde a la boca del Eterno, que habla en visión a sus profetas, y la majestad de su voz habla a sus poderosos ángeles, hacedores de su palabra.

וכן כל כיוצא בזה, כל שאר חלקי הגוף כולם מתבארים היטיב, מקבילות תמונותיהם וענינם למדותיו ית', אשר הכין לפעול את נבראיו. ועשוי גופו של אדם ימין ושמאל, בהכפל דבריו לכאן ולכאן, שתי עינים, שתי אזנים, שתי ידיס, שתי רגלים, כמו שגם מדתו ית' כפולה היא - אם לחסד אם לשבטו, להימין לזכות או להשמאיל לחובה. הלא זה הדרך אשר אחז בו הרצון העליון אחרי העלימו את שלמותו המשוה את הכל לטובה. ואמנם, כמו שחלקי הגוף הזה נבחנים ונבדלים כך לפי תשמישם, כך כל מקרי האדם בהסתר הפנים הנה הם

מסיבות מתהפכים בתחבולותיו לפעלם, ככל מה שאנו רואים בילדי הזמן, דבר יום ביומו:

Y del mismo modo, todas las demás partes del cuerpo pueden entenderse como partes correspondientes en forma y en función a las *middot* del Bendito, a las que recurre para llevar a cabo sus creaciones. E hizo en el cuerpo del hombre derecha e izquierda, duplicando las cosas aquí y allá, dos ojos, dos orejas, dos manos, dos pies, del mismo modo que las *middot* del Bendito son dobles, ya sea para la gracia o para castigo: a la derecha, el mérito; a la izquierda, la culpabilidad. Y del mismo modo que las partes del cuerpo se distinguen y diferencian según sus funciones, así todos los casos del hombre dentro de la ocultación del rostro aquí son razones del gobierno del mundo, hasta donde vemos en las creaciones de tiempo, día tras día.

אבל השלמות, כבר אמרתי, אחת היא, לשלוט על כל החסר להשלימו, והוא אינו מתפרד בעצמו, אלא בהשואה אחת משלים כל מי שצריך שלמות. וכן הדבר הזה בנשמה הנבראת בהארת פני שלמותו זה ית'. ותראי כי הלא הכונה זאת היא - להגביר הנשמה על הגוף ולזככו, כדי שגם האל ית' ימוד לה כפעלה, להיות גם הוא מגלה שלמותו, לתקן כל מעוות וכל חסרון אשר בעולם, וכמו שביארנו לעיל.

Pero la perfección, ya lo he dicho, es una, se impone sobre todo lo imperfecto para perfeccionarlo y en sí no se separa sino que efectúa la perfección indiscriminadamente en todo lo que la precisa. Y lo mismo con el alma creada en la iluminación del rostro de la perfección del Bendito. Y verás que con esto el Creador pretende aumentar la influencia del alma sobre el cuerpo y purificarlo, para que también el Dios bendito pueda medirla como un acto, para que también revele su integridad a fin de corregir las distorsiones y los defectos del mundo, como ya hemos explicado.

והגוף מוכן לפורענות עת אשר שלט באדם, כי כן יסתיר הקב"ה פני שלמותו, וישאר העולם והאדם תחת דתי הגלגל המתהפך בכל מסי־בותיו, כדין כל בני חלוף שהזמנים משתנים עליהם לכל פינות שהוא פונה. על כן יש בגוף כל מה שראוי לימצא בסדר הגלגל החוזר בעו־לם, בהתעלם שלמות הטוב, כדי לעורר עליו את כל אלה, אם אך לו המלוכה באדם, אשר ימשול בו. ויש בנשמה מה שראוי לשלמות, להשלים כל חסרון, כדי לעורר עליה כיוצא בה אם יזכה האדם את ארחו, ונתון כתר מלכות בראשה, להיות היא לבדה המושלת בחכ־מתה וחק טעמה, כי טוב הוא.

Y el cuerpo está sometido a la calamidad durante todo el tiempo que domina al hombre, porque el Santo, bendito sea, ocultará el rostro de su perfección, y el mundo y el hombre quedarán bajo la rueda de la vida que gira constantemente, a la manera de todas las criaturas temporales, sujetas a lo que la fortuna del paso del tiempo les tenga reservado. Por esta razón, el cuerpo tiene todo lo que merece ser encontrado en el orden de la rueda de la vida que gira en el mundo, ignorando la totalidad del bien. Todo esto le sucederá al cuerpo si es el que domina. Y en la perfección del alma se halla aquello que puede ejercer la perfección allí donde se necesite, a fin de ejercer sobre sí misma una influencia positiva correspondiente si el hombre endereza su camino, y se le dio la corona del reino, en la cabeza, para que ella sola gobierne en su sabiduría porque Él es bueno.

ואמנם דבר זה ביארוהו יפה במדרשו של רשב"י (ברעיא מהימנא, בזוהר פרשת פנחס, דף רנז ע"ב), ז"ל, "ואית למנדע דאיהו אתקרי חכם בכל מיני חכמות", כי מלבד מה שפירשו בו יודעי האמת לפי דרכיהם הקדושים, הנה מפשוטו של המאמר למדנו מה שביארתי לך כבר למעלה, שיש להקב"ה כינויים רבים, לא לפי עצמו אלא לפי בריותיו, והוא מה שאמרו (שם), "על שם בריין דהוו עתידין ליב־ראות".

Y de hecho, ha sido explicado de modo hermoso en el *midrash* de Rashbi, de bendita memoria[42] (en *Raia Mehemna*, en el Zohar *parashat Pinjás*, página 257b):[43] «Debes saber que es llamado sabio en todo tipo de sabiduría», porque aparte de lo que los conocedores de la verdad interpretaron según sus santos caminos, incluso a partir de una lectura superficial de esta enseñanza, hemos aprendido lo que ya te he explicado anteriormente. Que el Santo, bendito sea, tiene muchos apodos y estos se relacionan con Él no en términos de su propia naturaleza, sino en términos de la naturaleza de sus creaciones, como ha sido dicho «por los nombres de las criaturas destinadas a ser creadas».

ואמנם אמרו "על שם בריין" הוא פשוט, כי לא נאמר שהוא דבר שנתחדש בו ח"ו, כי אין חידוש ושינוי בו, אלא גם מתחלה היה בכחו לעשות זה, אבל אלה המדות תמיד אינם אלא [מה] ששייך לבריותיו, לא מה ששייך לפי עצמו. ואמר, "כגוונא דא ברא נשמתא", והוא היות מציאות הנשמה מראה על שלמותו ית' שבו נבראת; "אוף הכי מארי עלמא וכו', אלא כל שמהן לו כגוונא דספיראן וכו', ומה רבון עלמין לית ליה שם ידיע וכו', אוף הכי לית לה לנשמתא" וכו', ע"ש. וצריך שתהיי מדקדקת היטב על הדבר הזה כדי להבין מציאות הגוף והנשמה על בוריו, וכל התלוי בזה. הנה האדון היחיד ית"ש לפי שלמותו אי אפשר לכנות לו שום שם וכינוי, לפי שאין אנו משיגים שלמותו, ואי אפשר לכנות מה שאין משיגים, כי השם הוא גדר בעל השם, ומה שאין יודעים ידיעה שלמה - אי אפשר לגדור אותו. ואמנם אנחנו משיגים בכבודו ית' מדות פרטיות, כגון, הרחמנות, הממשלה, הכח, המשפט, החמלה, הכעס, התוקף, וכיוצא בזה, כל המדות שאנחנו משיגים בו - מצד פעולותיו הם, אותם המדות שהנביאים משיגים בו מן הקודם אל המאוחר, לפי שהוא ית' נותן להם השגה זאת.

42. Rabí Shimon bar Iojai. Se trata del Zohar.

43. Véase nuestra edición, vol. XXV, pág. 261, Barcelona, 2019.

«Por los nombres de las criaturas», ciertamente no supone la manifestación de algo nuevo en Él, ya que su esencia no sufre novedades o cambios. Esto ha de entenderse como que siempre estuvo en su poder el producir estas cualidades ya que éstas siempre significan lo que se aplica a sus criaturas y no lo que se aplica a su esencia. Y dijo: «De este modo creó el alma», y es la realidad del alma la que muestra la integridad del Bendito en la que fue creada, así también el amor al mundo, y se le confieren todos los nombres de acuerdo con las cualidades que Él manifiesta, etc. Así como el señor del mundo no tiene un nombre conocido, etc., tampoco lo tiene el alma. Y hemos de analizar esta idea con gran cuidado para entender correctamente la esencia del cuerpo y del alma y todo lo que se relaciona con ella. Y he aquí que al Uno, bendito sea su nombre, no se le puede atribuir ningún nombre o apodo pues no podemos alcanzar su totalidad y es imposible nombrar aquello que no puede limitar pues el nombre es como una valla para la cosa y no es posible definir aquello que no se conoce en su totalidad. Y de hecho lo que percibimos en la gloria del Creador son *middot* concretas, tales como, misericordia, gobierno, poder, juicio, piedad, enfado, fuerza, etc. Todas estas *middot* que percibimos en Él, a través de sus acciones, son las mismas que perciben los profetas en Él de un modo activo, ya que el Creador les ha concedido esta percepción.

ולפי ההשגה הזאת שהשגנו בכבודו, אנו מכנים אותו ית' בכינויים האלה, רחמן, מושל, אמיץ, שופט, וכיוצא. והנה, אף על פי שהוא ית' בשלמותו הוא בלתי בעל גבול ושיעור כלל, אבל אלה המדות שרצה בם, הנה רצה בם בגבול ושיעור שרצה; ועל כן למדה אחת נקרא רחמנות, ולאחת - ממשלה, ולמדה אחת - כח, ולמדה אחת - אהבה, וכן כולם.

Y en la medida en que percibimos su gloria, le adjudicamos apodos como «misericordioso», «soberano», «omnipotente», «juez», etc., aunque Él en su totalidad carece de límites y no tiene ninguna regla en absoluto; sin embargo, a estas *middot* quiso crearles límites concretos. Así, una *middah* se denomina «compasión», otra «gobierno», otra «poder», otra «amor», y así sucesivamente.

ואין במדת רחמנות אלא רחמנות, ולא בממשלה זולת הממשלה, וגם אין ברחמנות אלא אותו השיעור שהוא ית' רוצה בו, ולא בממשלה אלא השיעור שרוצה בה, וכן כולם. ולא מפני זה נאמר שהוא ית' לפי שלמותו יש בו כחות אלה בשיעורים אלה, אלא כל זה תלוי ברצונו ית', וכמו שבארנו, שהוא אדון לשנות כל זה; ואדרבה, בשלמותו אין לנו לשער שום שיעור כלל.

Así en la compasión únicamente hay compasión, y en el gobierno únicamente hay gobierno. Y únicamente hay ese grado de compasión y ese grado de gobierno que decretó el Creador, bendito sea, y lo mismo sucede con las demás cualidades. Y no por ello debe afirmarse que el Creador posee únicamente estos atributos en estas proporciones, ya que todo se ajusta a su voluntad como ya ha sido explicado. Él puede modificar todo esto. Sin embargo, su propia perfección no se ve afectada por ninguna limitación.

אמנם לפי שהוא רוצה לתפוס באלה המדות, ולפעול בדרך זה, על כן ניחס אליו כינויים אלה. ולא נבין באמרנו שהקב"ה רחמן, לומר שעצמותו ית' לפי עצמו הוא כן, כמו שהיינו אומרים על אדם שיש תכונה זו בנפשו להיות רחמן - שכך מוטבע במזגו, שיהיה מושג ונתפס ממנו ענינו אפילו באיזה צד ח"ו, כי זה אין לנו לחשוב כלל, כי אי אפשר לדעת מענינו ית' מה שהוא לפי עצמו באמת כלל ועיקר. אבל כשנקראהו רחמן, נבין שהוא רוצה במדה אחת, שהיא מדת רחמנות, מדה שאינה לפי עצמו, אבל היא לפי ערך הנבראים, ומשוערת בשיעורים. אבל לפי שהוא רוצה בזה, והוא תופס בזה הדרך, נקראהו על שם זה - רחמן. אבל עצמותו השלם ופשוט הוא ודאי חוץ מכל אלה

הענינים. וזאת היא האמונה שאנו חייבים להאמין בו ית' ודאי, וכמו שביארנו זה למעלה כבר.

Pero ya que el deseó adoptar estas *middot*, y actuar a través de ellas, se le conceden los apodos correspondientes. Y no entendamos que cuando digamos que el Santo, bendito sea, es misericordioso, lo es en esencia, como podríamos decir de una persona que tiene esta cualidad en su alma y es misericordiosa. No creamos que podemos percibir de alguna manera la esencia del Creador, Dios no lo quiera. Ni siquiera tenemos derecho a suponerlo, pero cuando es llamado misericordioso, entenderemos que Él desea esa *middah* llamada misericordia, que no coincide con su esencia, sino con la de sus creaciones por lo cual está limitada. Y dado que Él desea esta *middah* y actúa a través de ella, lo llamamos «misericordioso» pero su esencia pura está lejos de todo esto. Tal debe ser la naturaleza de nuestra fe en el Bendito, como hemos visto más arriba.

עתה נבין זה הענין עצמו בגוף ונשמה. כי הגוף הוא בעל חלקים ואיברים פרטיים, בתשמישים פרטיים מוגבלים; אבל הנשמה, הלא לפי עצמה היא ענין אחד, חוץ מכל עניני הגוף לגמרי, וכל דרכיה הם דרכים אחרים, שונים מדרכי הגוף בכל מכל כל, אפילו בעניני ההר־גשים עצמם אבל לפי שהיא העושה כל מעשי הגוף בהיותה בתו־כו, היא השומעת באזני הגוף, היא הרואה בעיני הגוף, וכן כל כיוצא בזה, על כן נקראה, רואה, שומעת, וכל שאר הכינויים; אבל לא שיש אלה הדרכים לה כלל.

Y del mismo modo ahora entenderemos este asunto del cuerpo y del alma. Porque el cuerpo tiene partes y órganos específicos, cada uno de los cuales tiene asignada una función específica y limitada, pero el alma sin embargo es una, y es aparte de todos los aspectos del cuerpo en conjunto, pues su naturaleza es distinta, incluso en los asuntos de las emociones en sí. Pero dado que ella realiza todas las acciones del cuerpo estando en él, ella escucha en los oídos del cuerpo, ve en los ojos del cuerpo, etc. y todos los similares en él, por eso se dice que, ve, y todos sus caminos son otros caminos. Sin embargo, no ha de entenderse que posea todos estos atributos ya que es diferente de todas las formas del cuerpo.

כי אף על פי שהנשמה היא לבדה הרואה, ולא הגוף שהוא דומם, ונמצאת שהיא הרואה את הדברים כמו שבני אדם בשלמותו רואים באמת; לא שזה הוא דרך ראייתה כלל, כי לה דרך אחרת משונה לגמרי מכל דרך תשמישי הגוף, והוא דרך שלא יוכל האדם בהיותו בגופו לשערה.

Ya que si bien sólo el alma ve y no el cuerpo, que es inanimado, de este modo es el agente por medio del cual el hombre ve las cosas como las ve, y no hemos de creer que éste es su modo natural de ver verdaderamente. Ya que su modo es totalmente diferente de todos los modos de realización de las funciones del cuerpo y el hombre no lo puede conocer mientras se halla en el cuerpo.

אבל לפי שהיא האוחזת בחוק העין ההוא לראות לפי החוק החקוק בו, על כן נאמר שהיא הרואה, וכן כל שאר התשמישים. אך כללא הוא שהנשמה היא מין נברא אחד רחוק בענינו מכל דרכי הגוף לגמרי, אבל הוא נברא בחוקו לעשות כל מה שמושרש באיברי הגוף לפי טבעם. והנה היא תופסת בחוקות האלת, ועושת בגוף כל המעשים האלה, על כן מתיחסים כולם אליה.

Pero ya que adopta la modalidad del ojo, se dice que el alma ve y lo mismo ocurre con las demás funciones. Sintetizando, el alma es una creación única separada en su esencia de las funciones del cuerpo, pero creada de tal manera que es capaz de realizar todas las funciones de los órganos que componen el cuerpo de acuerdo con su naturaleza. Y he aquí que ella se apodera de estos mecanismos, y realiza en el cuerpo todos estos actos, por eso todos se refieren a ella.

והרי זה ממש כענין השלמות שלו ית' לגבי המדות הפרטיות אשר רצה בם, כי אין לשלמות שום ענין מן המדות האלה כלל, אבל אלה הם מדות פרטיות אשר רצה בם, מוגבלות ומשוערות בשיעור שרצה בהם. אבל לפי שהוא ית' - השלם בשלמותו - הוא הפועל לפי המ־דות האלה, על כן נקראהו באלה השמות וכינויים, וניחס אלה הפעו־לות והתארים אליו, אף על פי שהוא לפי שלמותו פשוט באמת בכל הענינים האלה, ואין לו יחס מצד עצמו עם שום אחד מן הדרכים האלה ואלה הפעולות כלל.

Después de todo, es realmente la misma relación que existe entre el Creador con respecto a las *middot* específicas que Él quiso. Porque la perfección no tiene ningún interés en estas *middot*, pero estas son *middot* específicas que Él deseó, y que sujetó y limitó de acuerdo a su voluntad. Pero siendo el Bendito perfecto en su totalidad, actúa por medio de estas *middot*, y nos referimos a Él con los nombres y apodos que le corresponden. Sin embargo, dada su perfección, Él está lejos de todo esto ya que en términos de su esencia Él no tiene ninguna relación con ninguna de estas formas y estas acciones.

פא) אמרה הנשמה - זאת היא הקבלה מבוארת בין לגוף בין לנש־מה, והוא שער גדול שנפתח להבין כל עניני האדם בכל זמניו.

81. Dijo el alma: este paralelismo entre cuerpo y alma es muy comprensible, y es una gran puerta que se abre para comprender todos los asuntos humanos en todos sus tiempos.

פב) אמר השכל - עתה צריכים אנו לבא אל הדרגת זמני הנשמה והגוף, ומצביהם השונים האלה. אבל עוד הקדמה אחת צריך להקדים מתחלה, והוא, כי זה פשוט שהרבה חוקים ודרכים הרבה צריכים כדי להשלים לכל עניני האדם, ולכל עניני הבריאה בכל זמניהם; וכבר נאמר (תהלים מ, ו), "רבות עשית אתה ה' אלקי נפלאותיך ומחשבותיך" וגו', ונאמר (תהילים צב, ו), "מה גדלו מעשיך ה'", (תהלים קד, כד), "מה רבו מעשיך ה'" וגו'. אך על כל פנים צריך שיהיו הפרטים נכנסים ובאים תחת הכללים, והכללים לא יהיו כל כך, אבל פרטיהם הם שיהיו רבים, ויספיק לכל הצריך בכל הבריאה הזאת.

82. Dijo el intelecto: ahora debemos ir a la gradación de los distintos tiempos del alma y del cuerpo, y sus diversos estados. Pero antes es necesaria una introducción más, y ello, porque es obvio que se necesitan muchas leyes y muchos caminos para completar todos los asuntos del hombre y todos los asuntos de la creación en todo momento. Y ya se ha dicho (*Salmos* XL-5): «Aumentado has tú, oh Eterno Dios mío, tus maravillas; y tus pensamientos, etc.». Y ha sido dicho (*Salmos* XCII-6): «¡Cuán grandes son tus obras, oh Eterno!» y (*Salmos* CIV-24) «Cuán grandes son las obras del Eterno, etc.». Pero, en cualquier caso, debería haber detalles que entran y salen de las reglas, que no son muy numerosas, al contrario de lo que sucede con las específicas, que sí son muy numerosas, y bastarán para todo lo que es necesario en toda esta creación.

פג) אמרה הנשמה – זה פשוט ודאי, אין פרטים שאין עליהם כללים, ומה שהפרטים מיגעים הדעת לקבצם, הכללים נוחים הם אליו לקבל אותם. על כן, אחר כללים צריך לרדוף, ולא אחר פרטים.

83. Dijo el alma: es sencillamente obvio. No hay detalles sobre los que no imperen reglas más generales, y mientras la mente se cansa de éstos, las reglas le resultan más convenientes. Por esta razón, deben atenderse las reglas, y no los detalles.

פד) אמר השכל - וכך אמרו חז"ל (ספרי האזינו לב, ב, וע"ש), "לעולם יהיו דברי תורה בידך כללים ולא פרטים". נחזור לענייננו.. הנה ראית כבר היות שתי מדות לו ית' - הסתר פנים והארת הפנים, הן המה שורש וסיבה לגוף ולנשמה. ולנו להבין שתי המדות האלה כל אחת בפני עצמה, בכל פרטיהם הרבים הנכללים תחת כלליהם, למען דעת עניני הנשמה והגוף, כל אחד בפני עצמו בכל פרטיהם כמו כן. ואחרי אשר זאת מצאנו וידענוה, יש לנו לדעת עוד ששתי מדות הללו באות כאחת להנהיג לעולם כולו וליושביו, ואין לך דבר שאין לו מקום לשתי המדות הללו - ההסתר באתגליא, וההארה באתכסיא, וכמו שביארנו לעיל. אחרי כן נלך להבין ולהשכיל התו־לדות היוצאות מחיבורי שתי המדות האלה, בהיות גוברת האחת או האחרת. הרי לנו שלש ידיעות, ידיעת שתי המדות זו לעצמה וזו לע־צמה, ידיעת חיבורם לפעול תמיד גם יחד; ידיעת התולדות הנולדות מן החיבור הזה למיניהם, לפי התגבר בהם ההסתר או ההארה.

84. Dijo el intelecto: y así dijeron los sabios, de bendita memoria, (*Sifrei, haAzinu* XXXII-2): «Las palabras de la *Torah* siempre estarán en tus manos, (en forma de) reglas y no detalles». Regresemos a nuestro asunto. Ya has visto que aquí hay dos dimensiones: ocultar e iluminar el rostro, que son la raíz y la causa del cuerpo y el alma respectivamente. Hemos de entender ambas modalidades, cada una por sí misma, en sus diversos detalles, derivados de sus principios regentes si queremos comprender los estados de cuerpo y alma, cada uno por sí mismo y en todos los detalles. Y después de haber encontrado esto y conocerlo, tenemos que saber además que estas dos modalidades vienen como una para gobernar al mundo entero y a sus habitantes, Y no hay nada que no tenga lugar para estas dos virtudes, el ocultamiento en modo manifiesto y la iluminación en modo oculto, como hemos visto anteriormente. Luego pasaremos a comprender la historia que surge de las conexiones de estas dos modalidades, cuando una prevalece sobre la otra. En una palabra, tenemos tres conocimientos: el conocimiento de las dos modalidades cada una por sí misma, el conocimiento de la conexión en virtud de la

cual actúan siempre juntas; y el conocimiento de las consecuencias nacidas de esta conexión, según prime el ocultamiento o la iluminación.

פה) אמרה הנשמה - מתבוננת אני אחר שאמרת שרצה הקב"ה להראות סדרי בריאתו ודרכיה בבריאה עצמה, שעל פי דרך זה הנה שתי המדות שבם האדם מתנהג, שבם נברא, נראות בו עצמו בשני החלקים שמהם הוא מורכב ובנוי, והיינו, הגוף והנשמה; וזה הוא ענין הידיעה הראשונה שזכרת. וגם השניה יש לנו ההקבלה מבוארת באדם, כי הנשמה הלא היא מתחברת לגוף ומתפשטת בכל חלקיו, לעשות כל פועל על ידי שניהם שוים כאחד. אך לשלישית אשאלה ממך, היש לה הקבלה? כי לא מצאתיה אנכי.

85. Dijo el alma: estoy considerando lo que has dicho acerca de que el Santo, bendito sea, quería hacer manifiestas las órdenes y *middot* de su creación, y las dos modalidades en que se comporta el hombre, de acuerdo a las cuales fue creado, que se reflejan en el propio hombre, en las dos partes que lo constituyen, cuerpo y alma. Y éste es el asunto del primer conocimiento que mencionaste. Y el segundo también tiene un paralelo explicado en el hombre, porque el alma está conectada al cuerpo y se esparce en todas sus partes, haciendo que en cada acto participen ambos. Pero a propósito de la tercera cosa te pregunto: ¿tiene un paralelismo? Porque yo no lo veo.

פו) אמר השכל - גם לזאת תמצא הקבלה, אם תדקדק דקדוק עמוק על הבנין הזה של האדם. כי הנה מלבד הדמות של הגוף בתבניתו, ומלבד הנשמה שבו בצורה אשר לה, הנה יש דבר אחד נמצא מהתחברות שניהם - הוא זיו הפנים. ותראי שזהו המשתנה החי מן המת. ולא זו בלבד, כי אפילו השתנות ישוב הנשמה בגוף מתראה בו. הלא תראי, החולה פניו רעות; ולא עוד, אלא שמחשבת הלב נראית בו, הלא תראי, פנים שוחקות, פנים זועפות, פנים מסבירות - כולם עדיהם המה של המחשבות הנסתרות בקירוב הלב.

86. Dijo el intelecto: también aquí hallarás un paralelismo si observas con cuidado la construcción humana. Porque aquí, además de la figura del cuerpo y además la forma del alma, hay una cosa que resulta de la conexión de ambos: es el resplandor del rostro. Y fíjate que ésta es la diferencia entre los muertos y los vivos. Y no sólo eso, porque incluso un cambio en el alma también se refleja en el rostro. El enfermo hace mala cara; incluso el pensamiento del corazón se ve reflejado en él. Un rostro sonriente, un rostro enfadado o un rostro amigable nos revelan los pensamientos ocultos en lo más íntimo del corazón.

ואין הזיו הזה נמצא לא לנשמה בפני עצמה, כי הרי זיו של גוף הוא ולא לגוף בפני עצמו, כי אין לגוף זיו זה בלא הנשמה; אבל הוא הדבר הנולד מחיבור הנשמה והגוף ביחד. ולא דבר ריק הוא הענין הזה, כי בהיות הנביאים מדמים צורה ליוצרה, כמו שביארנו, בהתראות להם הכבוד העליון במדותיו, וממשל משלים, הוא בהראותו את מדותיו לעיניהם כבחור גבור למלחמה, או כזקן מלא רחמים לישיבה, וכמאמרם ז"ל (חגיגה יד ע"א)

Y esto no se encuentra sólo en el alma, ya que se manifiesta en el cuerpo, ni sólo en el cuerpo, ya que éste sin el alma carece de expresión, sino que nace de la unión de ambos. Y no es una cuestión nimia, pues los profetas comparan una forma a su Creador, como ya hemos explicado. Por esta razón, cuando la Gloria Suprema aparece por medio de sus *middot*, y las presenta como alegorías, les está mostrando sus *middot* como un joven valiente que parte para la guerra o como un anciano lleno de compasión, según dijeron nuestros sabios, de bendita memoria (*Jaguigah* 14a): «He aquí que el ojo del profeta imagina y su corazón concibe».

הנה עין הנביא ידמה, ולבבו לו כן יחשוב, להבין במראה נבואתו את הסתר פניו ואת הארת טובו, ואת הנולד מחיבוריהם, כמראה

אדם עליו מלמעלה, אשר לו גוף ונשמה ופנים מאירות מחיבור שניהם כאחד, אם מסבירות, אם שוחקות, ואם זועפות, לדעת כל אשר יעשה ה' אלהים דבר בעולמו, להימין או להשמאיל.

Y de este modo el ojo del profeta capta en su visión profética el ocultamiento del rostro, la iluminación del rostro y más allá de sus obras la consecuencia de su unión, que se le aparecen como la imagen de un hombre, que tiene un cuerpo y un alma, y la iluminación de su rostros que resulta de la unión de estos dos, sea cordial, sonriente o enfadada, sabe todo lo que el Eterno Dios hará en su mundo, a la derecha o la izquierda.[44]

פז) אמרה הנשמה - די לי עתה בזה לענין ההקבלה. נשוב לידיעת ההנהגה עצמה בהדרגותיה.

87. Dijo el alma: esto me basta en cuanto a los paralelismos. Volvamos al conocimiento de la conducción en sus diferentes etapas.

פח) אמר השכל - הנה זה יוצא ראשונה בתולדות חיבורי שתי המדות האלה כאחד, המצב השלם שראוי להיות לאדם בזמן השלמות האחרון אשר יהיה לו. והדבר מבואר מעצמו, שהמדרגה התכליתית, אשר היא תהיה סוף כל עילוי האדם, היא הנקבעת ראשונה, כי מאז התאצל הנשמה ממקורה צריך שיהיה בחקה השלמות היותר גדול שתוכל להגיע אליו בסוף הכל, אלא שיאמרו לה מלמעלה, לכי ומעטי את עצמך, עד אשר תשוב אל מקומה הראשון בהתעלותה על פי מעשיה. אך לא שבריאתה ממועטת בתחלתה, ויהיה עילויה מרובה אחריה, כי אין כל חדש תחת השמש, אבל הסדר הוא הפך מזה, כי בכחה הגדול מאז תתאצל,

44. Para bien o para mal.

אחר - ימעטו לה, עד אשר תשוב לאיתנה. ועל כל פנים - סוף המעשה תחלת המחשבה. על כן שלמות האדם הוא הנקבע רא־שונה, ואחריו - מיעוטו, לשוב במעלות אשר ירד בו, להתעלות אל שלמותו כאשר הוחק לו מתחלה.

88. Dijo el intelecto: he aquí que lo que aparece por primera vez a propósito de las consecuencias de la unión de estas dos *middot* es el estado completo que el hombre alcanzará en el tiempo de la perfección final tendrá la que está destinado. Y esto es evidente por sí mismo, que la etapa final, el final de toda ascensión humana, es lo que se dijo al principio. Porque como el alma ha sido extraída de su fuente, debe haber en su naturaleza lo que posibilita el logro de la mayor perfección que puede alcanzar al final de todo. Pero le dirán desde arriba, «ve y humíllate», hasta que regrese a su estado original elevándose a través de sus acciones. Pero no es que su creación al principio sea pequeña, y que después haya mucha elevación para ella, ya que no hay nada nuevo bajo el Sol.[45] Justamente ocurre lo contrario. Porque en su gran poder va disminuyendo para regresar finalmente a su estado original. Y, en cualquier caso, el final del proceso es lo primero que se considera. Por lo tanto, la integridad humana es lo que se determina primero, Y después de ella, su disminución, para volver a los grados en los que había descendido. Para ascender a su totalidad establecida desde el principio.

ונמצא שמצב השלמות אשר לאדם הוא שנבחן ראשונה, והוא דרך וזמן שתהיה הנשמה היא לבדה שולטת ומושלת לגמרי, בלא שיהיה שום שליטה לגוף כלל, וכאילו אינו, כי כולו משועבד וכפוף לגמרי תחת ממשלת הנשמה בטהרתה, עד שאיני אפילו עולה בשם, יען רק המציאות יש לו, אך לא שליטה

45. Véase *Eclesiastés* I-9.

Y resulta que el estado de perfección que tiene una persona es lo que se examina primero; y es una forma y un momento en que el alma predomina sin tener ningún control el cuerpo en absoluto, como si no existiese. Porque está totalmente esclavizado y completamente sujeto al gobierno del alma en su pureza, hasta el punto que carece de un nombre, y sólo tiene realidad, pero no control.

וזה פשוט, כי שליטת הגוף אינו אלא חשכה ואופל לנשמה, כי הרי אין ענין הגופניות אלא הסתר הארה, ומשהו ממנו - מעכב, כי אי אפשר לשליטה אפילו קטנה לגוף, שלא יחסר כנגדה איזה אור וכח מן הנשמה. על כן, הזמן שתהיה הנשמת בכל גבורתה, שלא תחסר כל בה ממה שראוי לה לשלמותה, הוא הזמן ודאי שאין לגוף שום שליטה, על כן אין לנשמה שום מונע.

Y esto es evidente, ya que el control del cuerpo no es más que oscuridad y opacidad para el alma. Porque el asunto de la corporalidad no es más que el ocultamiento de la luz, y algo de ella ejerce una influencia negativa, porque es imposible controlar incluso una pequeña parte del cuerpo sin que haya una disminución de luz y poder en el alma. Por esta razón, cuando el alma esté en toda su fuerza, cuando no le falte nada de lo que merece por su perfección, será el momento en el que cuerpo ya no ejercerá ningún tipo de dominio, razón por la cual el alma no tendrá límites.

אך לא תאמר שלא יהיה לו מציאות, כי כבר אמרנו שהגמול צריך שיהיה el לשניהם, אבל שליטה לא יהיה לו, ויהיה כולו כרוך אחר הנשמה, בלתי מתפרד ממנה, כי לא יעשה דבר לבדו, ולא יהיה ברצונו מה שלא יהיה ברצונה, עד שכמעט לא יהיה נבחן לדבר בפני עצמו, אלא כמו מובלע בין כחות הנשמה הטהורים.

Sin embargo, no digas que en ese momento no va a tener una realidad, porque ya hemos dicho que la recompensa debe ser para los dos. Pero (el cuerpo) no tendrá el control y estará completamente involucrado en el alma, y será inseparable de ella, porque no hará nada solo, y será prácticamente imposible distinguirlo como un ente en sí mismo pues, por así decirlo, estará asimilado entre los poderes puros del alma.

מצב פחות מזה, הוא בהיות הגוף נבחן בשליטתה קצת, כי על כן יגיע כנגד זה חסרון אל הנשמה, לבלתי היותה שלמה בכל הדר תפארתה; אך השליטה כל שהוא לא תוליד אלא חסרון כל שהוא, אבל אם תרבה השליטה אז ירבה החסרון.

Una situación inferior es cuando se examina un poco el cuerpo bajo su control, y el alma experimenta el defecto correspondiente al no hacer efectivo todo el esplendor de su perfección. Pero cualquier control no dará lugar a nada más que una desventaja, y si aumenta el control, también aumenta la desventaja.

ואמנם, אם נדבר בכלל אחד לבד, נאמר שיש בזה שלשה זמנים, זמן שליטת הנשמה לגמרי, וזמן שליטת הגוף קצת, וזמן שליטת הגוף לגמרי. אך אם נלך בדרך ההדרגה, להבין עוד מצבי הגוף הזה בשליטתו - חמש מדריגות נוכל למנות בו על דרך הכלל. ואלה הם.

Sintetizando, si lo enunciamos en una sola regla general, diremos que hay tres situaciones: el momento de controlar el alma por completo, el momento de controlar un poco el cuerpo, y el momento del control total del cuerpo. Pero si transitamos el camino, paso a paso, de comprender los estados de control del cuerpo, podemos considerar cinco pasos en él, que por regla general, son éstos:

מדרגה א', הלא היא שיהיה לגוף מציאות, אך לא שליטה כלל ועי־
קר, עד שלא יהיה שום רמז בעולם מעניני הגופניות, כאשר יש עתה.
ונמצא, שבמצב הזה לא ימצא האדם בעצמו שום דבר מאותם שיש
לו עתה בהיות גופניותו שולט בו, וזה המצב השלם יותר שבכל המ־
צבים.

Primer paso: es un hecho que el cuerpo tiene una realidad. Pero no tiene control en absoluto, de modo que no ejercerá una influencia la corporalidad. Y resulta que en ese estado el hombre está absolutamente libre de todas esas cualidades que posee ahora cuando el cuerpo lo domina. Y ésta es la situación más completa de todas las situaciones.

מדרגה ב', שיהיה לגוף שליטה כל שהיא, וימצא אדם בעצמו כמו
זכר ממה שהיה לו בזמן היות לו הגוף, ואין זה זכר של פרטי דב־
רים, אלא זכר כללי מדברים רבים שהיו בו. משל למי שעברו עליו
צרות רבות, ועמל ויגע בכמה הרפתקי, ואחר נשאר תשות בו ועי־
פות בכלל.

Segundo paso: donde el cuerpo tiene algún tipo de control, de modo que hay en el hombre un recuerdo de lo que tenía en el momento en que tuvo un cuerpo. No se trata, sin embargo, de un recuerdo concreto, sino de una reminiscencia general de lo mucho que experimentó. Es un estado semejante al del hombre que pasó por muchos problemas y trabajó y se fatigó y al final le quedó una sensación general de debilidad y de fatiga.

כי כן מציאות שליטת הגוף מוליד חסרון אחד כללי, בלתי מובחן מה
הוא בפרט, אלא כאיש אשר איזה יגון בלבבו, שאין שמחתו שלמה,
אף על פי שאין טעם פרטי ליגון ההוא. כך לא תמצא כח הנשמה בע־
צמה להתפשט בכל כחותיה, אלא תרגיש כמו איזה כובד מועט לה,
ואין פרטי המניעה נודעים.

Del mismo modo, la realidad del control del cuerpo da lugar a una desventaja general, indistinguible de lo que es en particular, como el hombre que lleva una pena en su corazón, cuyo gozo no es completo, aunque no existan motivos para esa pena. Del mismo modo, el alma no tiene en este paso la fuerza suficiente para difundirse en todos sus poderes, mas siente una cierta pesadez cuya naturaleza exacta desconoce.

מדרגה ג', בהיות הגוף שולט בפרט, אך לא בכל פרטיו, אלא בקצת מפרטיו. שימצא האדם בעצמו איזת דברים מדברי הגוף, דברים היותר קלים, אך על כל פנים גופניים. ואמנם פשוט הוא, שבכל המ־צבים האלה אין תולדות גדולות לענינים האלה של הגוף, וכמו שאכ־תוב בס"ד.

Tercer paso: el cuerpo controla al individuo, no todos sus aspectos, pero sí algunos de ellos. De este modo, el hombre encuentra por sí mismo algunos elementos de las cosas del cuerpo, que aunque son pocos, son corpóreos. Es, sin embargo, obvio, que con todas estas situaciones no hay una gran ramificación de esta corporalidad, como explicaré al final del discurso.

מדרגה ד', שיהיה הגוף שולט בכל פרטיו, וימצא האדם בעצמו כל הענינים הגופניים. אבל כמו שהנשמה עתה היא בעוה"ז כגר בארץ, והיא צריכה ללכת בדרכי הגוף, כך הגוף יהיה הוא כגר בארץ, והנ־שמה היא השולטת, ויצטרך הגוף ללכת בדרכיה, כענין (שמות רבה, מז, ה), "אזלת בקרתא הלך בנימוסא". הא למה זה דומה ? למשה רבינו ע"ה, כשהלך לקבל תורה לישראל, הנה לא אבד גופו ולא נשתנה, אבל לפי שהיה גופו כמו אורח במקום הנשמות, שנה את טעמו לעשות כמעשי הנשמות, וכמו שפירשו ז"ל (בבא מציעא פו ע"א), "לעולם אל ישנה אדם ממנהג המדינה" וכו', ע"ש. ונמצא, שהשתנותו באותו הזמן אינו נמשך מחמת עצמו אלא מחמת מקומו, ואינו שינוי גמור.

Cuarto paso: deja que el cuerpo controle todos sus detalles y deja que el hombre encuentre por sí mismo todos los asuntos corporales. Pero como el alma es como una extranjera, y debe seguir los dictámenes del cuerpo, así también el cuerpo será como un extranjero y el alma tendrá el control y el cuerpo tendrá que someterse a ella como está dicho (*Shemot Rabbah* XLVII-5); «Cuando vayas a una ciudad respeta sus costumbres». ¿A qué se parece la cosa? A Moshé Rabbeinu, cuando fue a recibir la *Torah* para Israel. Aquí su cuerpo no se perdió ni cambió, sino que como su cuerpo era como un invitado en lugar de almas, cambió su comportamiento para hacer como las almas, y según dijeron nuestros sabios, de bendita memoria (*Baba Metzia* 86a): «Un hombre nunca ha de apartarse de las costumbres del país, etc». Y si resulta que su cambio es circunstancial, que no es por sí mismo sino por adaptación a su lugar, el cambio no es un cambio completo.

והנה עדיין אין תולדות נמשכות מעניני הגוף האלה, כי על כן עדיין הרי הוא כגר, וכמו שביארנו, שהוא צריך ללכת בדרכי הנשמה; אלא שבמדרגה הזאת הרביעית - כל עניני הגוף נבחנים ונודעים, אלא שאינם במקומם, וצריכים לבטל ענינם מפני הנשמה. ומן המדרגה הזאת ולמעלה אין נבחן אפילו כל פרטי הגוף, כל שכן שאין להם תולדה, שצריכים ללכת בדרכי הנשמה.

Y, sin embargo, no hay una historia continua de estos aspectos del cuerpo, porque todavía está vivo, y tiene que hacer lo que le dice el alma. Pero en este cuarto paso, todos los aspectos del cuerpo se pueden distinguir y conocer. Pero no se encuentran en su lugar de origen y no pueden actuar como lo harían, por respeto al alma. A partir de este paso, hacia arriba, todos los aspectos del cuerpo dejan de distinguirse y no tienen ramificaciones ya que se están adaptando a los caminos del alma.

מדרגה ה', היא שיהיה הגוף שולט בכל בחינותיו, ויהיה כאיש שורר בביתו, שכל עניניו בתקפם ובכל תולדותיהם. וגם זאת המדרגה נחל־קת לשתים, ואף על פי כן הכל מדרגה אחת.

Quinto paso: el cuerpo ejerce el control en todos los aspectos y será como un hombre que es el dueño de su casa, y todos los aspectos se manifiestan en todo su poder y con todas sus ramificaciones. Este paso se divide en dos, pero sigue siendo un solo paso.

וזה, כי עניני הגוף, אפילו בבחינת גוף, יכולים להיות בשתי דרכים, או דרך חול ומעשי בהמה, כמעשי רוב בני האדם, או דרך קדושה ועבודה, כענין (משלי ג, ו), "בכל דרכיך דעהו", בהיות הכל בכו־נה מיושרת כראוי וכמו שיהיה לעתיד לבא בזמן שנאמר (יחזקאל לו, כו), "ונתתי לכם לב בשר", כמו שהיה ראוי להיות לאדם אלמ־לא חטא. אבל שניהם כאחד הם על כל פנים עניני גופניות, כי לאכול צריך, לשתות צריך, ואי אפשר בלאו הכי, יהיה אכילה ושתיה של חולין או של קדושה. זה וזה ענין גופני הוא.

Y esto debido a que los asuntos del cuerpo, incluso como cuerpo, pueden manifestarse de dos modos: de un modo profano o como los animales, como ocurre con la mayoría de los seres humanos, o a la manera de la santidad y el servicio, como ha sido dicho (*Proverbios* III-6): «Reconócelo en todos tus caminos», en los que todas las acciones humanas proceden de la intención correcta, como sucederá en el futuro. Como ha sido dicho (*Ezequiel* XXVI-26): «Os daré un corazón de carne», como le habría pasado a Adán si no hubiese transgredido. Pero los dos son aspectos del cuerpo ya que necesita comer y beber y no puede evitarlo. Ya sea comiendo o bebiendo de lo profano o de la santidad, ambos son modos materiales.

ואמנם, כאשר ידענו היות כל הדברים האלה נולדים מהסתר פניו
ית' או מהארת פניו, על כן נאמר שהקב"ה מחליף הנהגותיו לפי
מה שצריך לברייתא לחמש מדרגות אלה. כי למדרגה השפלה
שהיא החמישית, התחתונה מכולם, הנה ירבה להנהיג בהסתר פניו,
ומעט בהארת פניו ינהג בעולמו; וברביעית - ימעיט ההסתר ויר־
בה ההארה; ובשלישית - ימעיט ההסתר מיעוט אחר מיעוט, ותרבה
ההארה ריבוי יתר; וכן על דרך זה, עד התעלות למדרגה הראשונה,
שההארה תתגבר מאד, וההסתר במשהו, עד שמפני זה לא ישאר
שליטה כי אם לנשמה בלבד, ולא לגוף כלל.

De hecho, dado que sabemos que todas estas cosas nacen del ocultamiento de su rostro o de la iluminación de su rostro, decimos que Dios reemplaza sus liderazgos según lo que sea necesario para su creación en estos cinco pasos. Porque en el paso más bajo, el quinto, a menudo liderará su mundo desde el ocultamiento de su rostro, y poco desde la iluminación de su rostro; y en el cuarto disminuye el ocultamiento e incrementa la iluminación, y en el tercero disminuye lentamente el ocultamiento e incrementa la iluminación cada vez más, etc. hasta llegar al primero, donde la iluminación es tan poderosa y el ocultamiento tan poco que de ella no queda ningún control en absoluto, sino sólo para el alma, y no para el cuerpo.

פט) אמרה הנשמה - למה הוצרכת לחלק חילוק זה לחמש מדר־
גות:

89. Dijo el alma: ¿por qué es necesaria esta división en cinco pasos?

(צ) אמר השכל - לפי שכך הוא לפי ההדרגה, וזה דבר נראה לעי־
נים, כי כל הדברים האלה יכולים להיות, והם בהדרגת זה אחר זה,
מציאות בלא שליטה; שליטה בכלל; שליטת קצת מן הפרטים, שלי־
טת כל הפרטים, ועדיין כמי שהוא אורח חוץ למקומו; שליטת כל

הפרטים במקומם, כאיש שורר בביתו. אלה הם חמשה דברים נמ־שכים והולכים לפי טבע הענין, אין שייך בזה ראיה ומנין. אמנם מה שצריך לך עתה, הוא החילוק שהזכרתי לך בתחלה, דהיינו, שליטת הנשמה לבדה לגמרי; שליטת קצת של הגוף; שליטת כל הגוף, שזה מה שצריך להבין ההנהגה בשלמותה. וחמש המדרגות שאמרתי, יהיו לך למשמרת, כי כבר ידעתי - ימצאו דברים בדברי החכמים ז"ל שלהבינם על בורים תצטרך להשתמש מן ההקדמה הזאת, אבל אין כאן מקום לענין זה.

90. Dijo el intelecto: es una cosa evidente que las cosas suceden de acuerdo a estos grados, que se dan uno tras otro: existencia sin control, control en general, control parcial, control total como un huésped fuera de su casa; control de todos los detalles en su lugar, como un hombre que es dueño en su casa. Estos cinco pasos se suceden de acuerdo a la naturaleza del asunto, y no están sujetos a ningún tipo de pruebas o razones. Aunque lo que necesitas ahora es conocer la división que te he mencionado al principio, es decir, el control total por parte del alma; el control parcial del cuerpo y el control total del cuerpo, que son necesarios para la comprensión de la totalidad de los cinco pasos mencionados, que deberás recordar, ya que encontrarás muchas cosas en las palabras de los sabios de bendita memoria que para entender acerca de las personas ignorantes tendrás que usar en esta introducción, aunque éste no es lugar para ese asunto.

צא) אמרה הנשמה - אם כן, נדבר משלשה מצבים אלו.

91. Dijo el alma: en tal caso, hablemos de estas tres situaciones.

צב) אמר השכל - חכמינו ז"ל הורונו שהעולם מתקיים שיתא אלפי שנין, ואחר כך אלף השביעי הוא חרוב, ואחר כך הקב"ה מחדש עו־למו (סנהדרין צז ע"ב). ועוד מצאנו שאמרו (שם צב ע"א) על אלף

השביעי, "צדיקים מה עושים? הקב"ה עושה להם כנפים ושטים על פני המים, שנאמר (ישעיהו מ, לא), וקוי ה' יחליפו כח".

92. Dijo el intelecto: nuestros sabios, de bendita memoria, enseñaron que el mundo existirá durante seis mil años, y después, en el año siete mil, será destruido y el Santo, bendito sea, renovará el mundo (*Sanhedrín* 97b). Y también encontramos que se preguntaron (*Ibíd.* 92a) a propósito del séptimo milenio, ¿qué harán los justos? El Santo, bendito sea, les dará alas y flotarán sobre la superficie del agua, como ha sido dicho (*Isaías* XL-31), «el Eterno les haga recobrar su fuerza».

מפשוטן של דברים אנחנו למדים ששלשה זמנים יש, והם, שיתא אלפי שנין; אלף השביעי; וחידוש העולם. שיתא אלפי שנין העולם עומד כמו שהוא עתה; אלף השביעי עדיין לא נתחדש העולם, והצדיקים הם כמו שחיו בתחיית המתים, אלא שהקב"ה עושה להם כנפים וכו'; וחידוש העולם - שהקב"ה יחדש את העולם חידוש גמור. ואמנם, העולם כמות שהוא עתה, הנה אנחנו רואים שהגוף יש לו כל השליטה כאיש שורר בביתו, כי זה מקומו ולא אחר; אך באלף השביעי הנה הצדיקים מתעלים מן הארץ, ונשאר הגוף חוץ ממכון שבתו, ואינו אלא כאיש נודד ממקומו, וכאורח נטה ללון.

A primera vista, aprendemos que hay tres tiempos, que son los seis mil años, el año siete mil y la renovación del mundo. Durante seis mil años, el mundo permanece como está ahora; en el séptimo milenio, el mundo aún no ha renovado, y los justos son como los que vivieron en la resurrección. Pero el Santo, bendito sea, les hace alas, etc.; y en la renovación del mundo, el Santo, bendito sea, renovará el mundo en una renovación completa. En efecto, en el mundo tal como es ahora, vemos que el cuerpo tiene todo el control como un hombre prevalece en su casa, porque éste es su lugar y no otro. Pero en el séptimo milenio, los justos se levantarán de la Tierra, y el cuerpo permanecerá fuera de su esfera natural, como un hombre desplazado de su lugar, y como un huésped invitado a pasar la noche.

על כן לא תשאר לו שליטה אלא כמשה רבנו ע"ה בעלותו ההרה, שכיון שנתעלה מן הארץ לא הלך עוד בדרך יושבי הארץ. וכן לאלף השביעי קראוהו חז"ל (סנהדרין צז ע"א), "יום שכולו שבת מנוחה לחי העולמים", כי שובתים בו מכל המלאכות הגופניות שהם החול, אך הגוף לא סר עדיין ממציאותו, כי לא ניתן חידוש עדיין לבריאה. אבל מחידוש העולם והלאה, שהוא (עירובין כב) "למחר לקבל שכרם", הנה אין צריך עוד לשליטת הגוף כלל, כי אינו צריך אלא לצורך העבודה בזמנה, אבל יהיה מציאותו טפל לנשמה, להתעדן בטוב העליון לנצח נצחים.

Por lo tanto, no tendrá ningún control que no sea como Moisés, nuestro maestro, que en paz descanse, cuando ascendió al monte. Desde que se elevó de la Tierra, ya no se comportaba como los habitantes de la Tierra. Y por ello nuestros sabios, de bendita memoria, se refirieron al año siete mil como (*Sanhedrín* 97a) «un día que será todo *shabbat*, descanso eterno de los mundos», ya que el cuerpo descansa de todas sus funciones corporales, representadas por los demás días de la semana, pues la creación aún no se ha renovado. Pero después de esta renovación del mundo que es (*Eruvin* 22) «recibir su salario mañana», el dominio del cuerpo ya no es necesario, ya que este dominio únicamente es necesario para la realización del servicio divino a su tiempo, pero su esencia cuidará del alma, para ser refinada para siempre en el bien supremo.

צג) אמרה הנשמה - אבל האלף השביעי וחידוש העולם, הלא הם דברים נעלמים מידיעתנו, ואיך נדבר מהם?

93. Dijo el alma: pero el séptimo milenio y la renovación del mundo, ¿no son cosas que escapan a nuestro conocimiento? ¿Cómo podremos hablar de ellas?

צד) אמר השכל - אדרבא, לאנדבר מהם. אבל המציאות של הזמנים האלה ועניינם בכלל ידענו ודאי, וזה הוא מה שאנו אומרים מענין הגוף והנשמה. אך פרטי הזמנים האלה ודאי אי אפשר לנו להשיגם ולדעת אותם כלל. רק הזמן של שיתא אלפי שנה האלה הוא הנודע לנו ומושג בפרטיו, ועל זה יסוב עניננו ודבורינו בדרך פרטי. ושתי הזמנים האחרים נדעם רק בכלל, שהם הזמנים שהגוף אובד שליטתון והנשמה מתעלה לאיתנה הראשון.

94. Dijo el intelecto: más bien, no hablaremos de ellas. Pero la realidad de estos estados y su propósito en general los conocemos con certeza. Y a ellos nos referimos al hablar del cuerpo y del alma. Pero los detalles de estos estados, ciertamente, no nos es posible obtenerlos y conocerlos. Sólo el tiempo de estos seis mil años nos es conocido y comprensible en sus detalles, y es en torno a esto a lo que girarán nuestro interés y nuestro discurso. Los otros dos estados sólo los conocemos de un modo general, como los estados en que el cuerpo pierde el control y el alma recupera su fuerza primera.

צה) אמרה הנשמה - אם כן, נדבר ממה שהורשינו ויכולים אנו להשיג.

95. Dijo el alma: si es así, hablemos de lo que se nos ha permitido y podemos concebir.

צו) אמר השכל - עתה יש לנו להבין המצב הראשון אשר לאדם, שהוא בהיותו בעוה"ז, הלא זה זמן עבודתו. ואמנם, מה העבודה בכלל - כבר ביארנוה, שהיא לחעביר כל החסרון שנמצא בבריאתו, הוא הרע הזה אשר מצוי הוא עתה ועומד להתבטל. ואמנם, על

האדם המשא הזה להשתדל על ביטולו ממנו בראשונה, ואחריו - מכל הבריאה כולה לפי מה שנוגע לו, וכאמרם ז"ל (סנהדרין לז. וע"ש), חייב אדם לומר בשבילי נברא העולם. וענין זה ביארוהך ז"ל במדרש (ילקוט שמעוני הושע סוף סי' תקל"ב) על פסוק (הושע יך, ב) "כי כשלת בעונך", זה לשונם, "אמר ר' סימאי, משל לצור גבוה שהיה עומד על פרשת דרכים ובני האדם נתקלים בו. אמר המלך יסתתהו קמעא קמעא עד שתבא השעה ואני מעבירו מן העולם" כו', ע"ש אמנם, מה שצריך לבאר עתה, הוא פרטי העבודה הזאת, ובאיזה דרך נעשה התיקון הזה לאדם ולעולם.

96. Dijo el intelecto: ahora tenemos que comprender la primera situación del hombre que está en este mundo, en este tiempo de su servicio. Ciertamente, la naturaleza de dicho servicio ya fue ha sido explicada: la eliminación de todo el defecto que hay en su creación, el mal que ahora está presente y está a punto de ser abolido. Sin embargo, el hombre debe, en primer lugar, erradicar el mal de sí mismo y después del resto de la creación, en la medida de los posible. Como dijeron nuestros sabios, de bendita memoria, (*Sanhedrín* 37a): «el hombre debe decir "el mundo fue creado para mí"». Y esto lo explicaron nuestros sabios, de bendita memoria, en el *midrash* (*Ialkut Shimoni*) sobre el versículo (*Oseas* XIV-2) «quita toda iniquidad». «Dijo Rabí Simai: es una parábola de una piedra alta que está en una encrucijada y la gente se topa con ella. El rey dijo: que la piquen poco a poco hasta que llegue el momento de sacarla del mundo, etc.». Lo que debe explicarse ahora son los detalles de este trabajo y cómo se alcanza esta perfección para el hombre y para el mundo.

ואולם מה שיצטרך לבאר תחלה הוא ענין מציאות הרע הזה, שהוא הגורם לכל משא העבודה הזאת, ולדעת כל גבולותיו, מה ענינו ותו־לדותיו, במה כחו גדול, ובמה מסתתים אותו, כמאמרם ז"ל, ובמה יעבור מן העולם. ותראי כי זהו מציאות מחודש לגמרי, שרצה וחי־דש אותו האדון ב"ה לנסות בו בני האדם, לתת להם מקום לעבודה;

ולא היה רמז וזכר מן המציאות הזה, ולא קרוב לו, קודם שחידשו האדון ב"ה כלל ועיקר, כי האדון ב"ה הנה הוא תכלית הטוב והשל-מות.

Lo que hay que aclarar en primer lugar, sin embargo, es la cuestión de la realidad del mal, que es la causa de toda esta carga de trabajo y conocer todos sus límites, su naturaleza y sus ramificaciones, la fuente de su gran poder, y en qué está sustentado, según la explicación de los sabios, y cómo eliminarlo del mundo. Y verás que ésta es una realidad completamente nueva, que el Señor, bendito sea, quiso y renovó para probar a los seres humanos y, para darles la posibilidad de trabajar; y no había ni rastro ni recuerdo de esta realidad, ni nada que se acercara a ella, antes de que el Señor, bendito sea, la hubiera creado, porque el Señor, bendito sea, es la esencia de la bondad y la perfección.

והנה כל מה שהוא טוב, אף על פי שהוא מחודש, נקרא שמתיחס אליו ית', ומתקרב קצת לענינו ב"ה; אך הרע הזה, אדרבא, הנה הוא דבר ההפכי לו ית' ממש, אשר לא היה לענין זה, ולא קרוב לו, שם וזכר כלל קודם שחידשו האדון ב"ה, כמו שביארנו. אבל מכח יכלתו הבל-תי - בעלת - תכלית הוא זה - שיכול להמציא אף מה שהוא הפך לו ממש, שאין בחוקו ית' ענין ממנו נלל, להודיע ולהודע שאין ליכלתו ית' שום גבול כלל ועיקר. והוא מה שאמר הכתוב (ישעיהו מה, ז), "יוצר אור וכו' ובורא רע, אני ה' עושה כל אלה". ואמנם, הוא ית' שהמ-ציאו - לא המציאו אלא לשיתבטל, וכמאמרם ז"ל שהבאתי למעלה, ולא המציאו אלא באותו הגבול, באותו הטבע והחוק שרצה, כי על כל פנים אין הכונה אלא ללקוט מן הרע עצמו פרי טוב לצדיקים, לתת להם שכר טוב בעולם.

Y he aquí que todo lo que es bueno, aunque se renueve, se considera atribuible al Creador y acerca un poco más a su naturaleza, pero este mal, por el contrario, se opone totalmente a su naturaleza dado que ni Él ni nada parecido a Él tuvo nunca un nombre o un recuerdo antes de que el Creador los creara, como ya hemos visto. Pero en virtud de su capacidad omnipotente es Él quien puede crear algo incluso absolutamente opuesto a su naturaleza para enseñarnos que su poder carece de límites, según ha sido escrito (*Isaías* XLV-7): «Que formo la luz y crío las tinieblas, que hago la paz y crío el mal. Yo, el Eterno, que hago todo esto». Sin embargo, el Bendito únicamente creó el mal para que fuera anulado, como hemos visto en la cita de los sabios. Y lo creó como Él quiso dentro de estos límites en la misma naturaleza, ya que, en última instancia, la intención es arrancar del mal buenos frutos para los justos, a fin de darles una buena recompensa en el mundo.

צז) אמרה הנשמה - ודאי דבר זה צריך לבא עד תכונתו, כי רואה אני שתהיה ידיעה זו כוללת ידיעות רבות.

97. Dijo el alma: esto debería entenderse muy bien, porque veo que este conocimiento incluirá muchas ideas.

צח) אמר השכל - צריך אני להציע לך תחלה הצעה אחת כללית ועיקרית מאד.

98. Dijo el intelecto: primero tengo que ofrecerte una introducción muy general e importante.

צט) אמרה הנשמה - אמור.

99. Dijo el alma: explica.

ק) אמר השכל - צריך שתדעי שכל המתהוה או המתקיים בנמ־צאות - אינו לא מתהוה ולא מתקיים אלא בהשפעה נשפעת ממנו ית', וכפי מציאות ההשפעה כך הוא מציאות הנולד ממנה. וענין זה

ביארו היטב הרב הגדול הרמב"ם ז"ל בספר המורה שלו, בחלק ב' בפרקים רבים, ואחד מהם, בפ' י' ממנו.

100. Dijo el intelecto: has de saber que todo lo que posee ser o existencia, los posee únicamente en virtud del Santo, bendito sea. La influencia depende de la existencia que la genera. Y este asunto fue bien expuesto por el gran maestro Maimónides, de bendita memoria, en su *Guía de los perplejos*, en muchos capítulos de la Parte 2, entre ellos el décimo.[46]

והנה דוגמא לזה הוא השפעת הכוכבים, שידענו שהולידה כל עניני העולם התחתון הזה, וכמאמרם ז"ל (בראשית רבה י, ו), "אין לך כל עשב ועשב מלמטה שאין לו מזל ברקיע שמכה בו ואומר לו גדל"; וכמו שהביא הוא ז"ל בפירושו. ואמנם, אלה משפיעים לפי החוק שהטביע בם האל ית', ומשפיעים רק מה שמקבלים ממנו ית'; אך האל ית' הוא מקור כל השפע הנשפע. ופירש הוא ז"ל בפרק יב על זה, "מקור מים חיים את ה'" שהזכיר הנביא ירמיה (יז, יג), וכן (תהלים לו, י), "כי עמך מקור חיים" שאמר דוד המלך ע"ה, שרצה לומר, שפע המציאות. וכלל הענין יאמר ז"ל, כאשר התבאר לנו שהוא בלתי גוף, והתקיים שהכל פעליו, נאמר שהעולם משפע הבורא נתחדש, ושהוא משפיע עליו כל מה שיתחדש בו, וכן נאמר שהוא משפיע מחכמתו, יעו"ש.

Y aquí un ejemplo de esto es la influencia de las estrellas, que sabíamos que dan origen a todos los asuntos de este inframundo, y como nos han enseñado los sabios, de bendita memoria (*Bereshit Rabbah* X-6): "No hay una brizna de hierba que no tenga una estrella en el cielo que la golpee y le diga que crezca", como (Maimónides) menciona en su comentario. Por otra parte, ejercen su influencia en función

46. Véase nuestra edición, *Guía de perplejos o descarriados*, pág. 149 y ss., Ediciones Obelisco, Barcelona, 2010.

de la naturaleza que el Santo, bendito sea, les ha dado y no influencian más que según lo que reciben de Él, ya que el Santo, bendito sea, es la fuente de toda influencia. En el capítulo 12, su comentario se apoya en los versículos (*Jeremías* XVII-13) «fuente profunda de aguas vivas es el Eterno», y también (*Salmos* XXXVI-9) «porque contigo está el manantial de la vida», es decir la abundancia de existencia. La idea general, según Maimónides, es que cuando queda claro que carece de cuerpo y que está establecido que todo es obra suya, podemos afirmar que el mundo fue creado por la influencia del Creador y que sigue influyendo sobre aquello que había creado, y por ello se dice que influye por su sabiduría.

ואמנם שמעת כבר, שכל הפעולות שהאדון ב"ה פועל עמנו - לא אחת בהם שיהיה דבר מענינו יתברך, לפי מהותו הפשוט יתברך, המרומם על כל ברכה ותהלה, כי הוא לפי עצמו נשגב מכל מה ששייך בבריותיו ודאי. אבל כולם ענינים שחידשם הוא ית' ברצונו וחפצו, והם מיני השפעה שרצה וחידש להיות משפיע והולך על הסדר שגזר בחכמתו הנפלאה, כולם דברים השייכים למציאות הנמצאים שרצה להמציא.

Y, de hecho, ya has escuchado que todas las acciones que el Santo, bendito sea, está haciendo con nosotros, ninguna de ellas pertenece a su esencia simple y bendita, que está por encima de toda alabanza, y está por encima de todas sus criaturas. Todas han sido creadas por su voluntad y son el resultado de distintos flujos deseados y creados a fin de ejercer su influencia según el orden decretado por su extraordinaria sabiduría. Todas están relacionadas con la existencia de las criaturas que tuvo a bien crear.

ונמצא, שהסיבה והמסובב שניהם כאחד מחודשים מרצונו ית'; פירוש, מיני ההשפעה ודרכיה הם הסיבה, והנבראים הם המסובב.

ואמנם חידש האדון ב"ה מיני ודרכי השפעה, כמינים של נמצאות שרצה שיהיו, כי כל מין אחד של השפעה יוליד מין אחד של נמצאים. וזה פשוט, כי שפע החכמה הוא שפע אחד, ושפע הגבורה הוא שפע אחר, ושפע העושר הוא שפע אחר, וכן כולם.

Se desprende de esto que, tanto la causa como el efecto, han sido ambos creados por la Voluntad Divina, es decir, que los diversos flujos de su influencia y sus caminos son la causa, y las criaturas, el efecto. Sin embargo, el Santo, bendito sea, creó diferentes tipos de influencias correspondientes a las distintas especies de criaturas que ha deseado, ya que cada flujo de influencia genera una especie de criatura. Esto es obvio, ya que el flujo de la sabiduría es un flujo; el del rigor, otro; el de la riqueza otro, y así con todos.

קא) אמרה הנשמה - וכי אין הקב"ה יכול לברוא כל הנמצאות בהשפעה אחת?

101. Dijo el alma: ¿acaso el Santo, bendito sea, no podía crearlo todo con una única influencia?

קב) אמר השכל - שפע - רצה לומר, מה שמגיע מן הבורא ית' אל נבראיו לעשות בם ענין מה. ואנחנו לא נבחינהו מצד הפועל, כי כבר לא נדע איך הקב"ה פועל; לא נבחינהו אלא מצד הנפעל. וכשיגיע מן הבורא ית' אל נברא כח וגבורה - תהיה ההשפעה ההיא השפעת גבורה, כי היה הרצון העליון בהשפעה ההיא - שתולד ממנה הגבורה; וכשתגיע חכמה - תהיה ההשפעה השפעת חכמה, וזה פשוט.

102. Dijo el intelecto: plenitud, es decir, lo que les llega a las criaturas del Creador cuando éste hace algo para ellas. Lo que nosotros distinguimos no es en virtud del Hacedor, ya que no sabemos cómo actúa el Santo, bendito sea, sino en virtud de lo que ya ha hecho. Cuando lo que llega del Creador a la criatura es el rigor, la influencia por medio

de la cual llega es la influencia del rigor. Cuando llega sabiduría, la influencia por medio de la cual llega es la influencia de la sabiduría, y esto es obvio.

נדבר על נדון דידן, על הטובות והרעות, אנחנו רואים היוולד הטוב והרע בעולם, איך את חושבת שהם נשפעים.

Pero volviendo al tema que nos interesa, que es el del bien y del mal, vemos que en el mundo hay bien y mal. ¿Cuáles son los canales de su influencia?

קג) אמרה הנשמה - וכי אינו דבר נראה לעינים? מה שהוא טוב הוא שפע של הטבה, ומה שהוא רע הוא שפע של הרעה.

102. Dijo el alma: ¿Acaso no salta a la vista? Lo que es bueno procede de la influencia del bien y lo que es malo de la influencia del mal.

קד) אמר השכל - שתים אומר לך, א' שאין הקב"ה משפיע רעה, ח"ו, כי הוא מקור טוב, וממקור טוב לא יצא רע.

104. Dijo el intelecto: dos cosas te diré: en primer lugar, que no hay una influencia del mal, Dios no lo quiera. El Santo, bendito sea, es el principio del bien y, como principio del bien, el mal no puede proceder de Él.

קה) אמרה הנשמה - ואם כן, הרע איך בא? והרי כתיב (ישעיהו מה, ז), "עושה שלום ובורא רע".

105. Dijo el alma: si es así, ¿de dónde sale el mal? Acaso no ha sido escrito (*Isaías* XLV-7): «que hago la paz y creo el mal»?

קו) אמר השכל - "בורא רע" כתיב, ולא "עושה רע", לפי שהוא ברא הרע במציאות, שאם לא היה בורא אותו לא היה נמצא, אך אינו עושה אותו בקום ועשה.

106. Dijo el intelecto: está escrito «creo el mal» y no «hago el mal». Él ha creado la existencia del mal, y si no lo hubiera creado, éste no hubiera existido, pero en ningún caso lo ha hecho de forma activa.

קז) אמרה הנשמה - ואם כן, איך נעשה?

107. Dijo el alma: si así es, ¿cómo lo hizo?

(קח) אמר השכל - קראי כתיבי (תהלים ל, ח) "ה' ברצונך העמ־דת להררי עז הסתרת פניך הייתי נבהל", (תהלים קד, כט), "תסתיר פניך יבהלון"; ומשה רבנו ע"ה כבר אמר (דברים לא, יז), "והסתרתי פני מהם והיה לאכול" וגו'. וזה, כי הטוב - הקב"ה עושה אותו ממש בשפעו הטוב, אבל הרע אינו אלא העדר שפעו וביטולו, אם מעט ואם הרבה. כי השפע הטוב בא בכל תיקון המצטרך לטובת הנשפע, ואם יבטל ויעדר השפע לגמרי - וה יהיה ביטול לנשפע, ביטול גמור, אך אם השפע לא יבטל לגמרי, אך מתנאי שלמותו יתבטלו ויעדרו - יהיה החסרון בנשפע, ולא ביטול גמור.

108. Dijo el intelecto: ha sido escrito (*Salmos* XXX-7) «Porque tú, oh Eterno, por tu benevolencia has asentado mi monte con fortaleza. Escondiste tu rostro, fui conturbado», (*Salmos* CIV-8) «Escondes tu rostro, se turban», y Moisés, nuestro maestro dijo (*Deuteronomio* XXXI-7): «Y esconderé de ellos mi rostro y serán consumidos». La idea es que el Santo, bendito sea, hace el bien directamente por medio de la influencia de su bien, pero el mal no es más que la ausencia o la anulación de su influencia, en mayor o menor grado. La influencia del bien viene para arreglar todo lo que es necesario para

beneficiar a su objeto, y su anulación o su ausencia completas resultarían en la anulación total del objeto. Sin embargo, si la influencia sólo es anulada parcialmente, si se suspenden únicamente algunos aspectos de su perfección, el objeto reflejará esa perfección, pero no será anulada completamente.

דרך משל, שפע המציאות והחיים בבואו שלם בכל ההכנות הטובות, הנה יהיה הנשפע חי ובריא; ואם יבטל לגמרי - ימות הנשפע ההוא. אך אם לא יבטל לגמרי, אבל הכנותיו יעדרו ותנאי שלמותו, הנה לא ימות הנשפע ההוא, אבל יחלה ויחיה חיי צער, וזה פשוט. ונמצא, שלא נוכל לומר שהטוב והרע הם שתי השפעות, כמו שחשבת, אבל הם תולדות ההשפעה או העדרה, בכל או במקצת.

A modo de ejemplo, cuando la influencia de la existencia y de la vida llega de manera perfecta, según todas las buenas disposiciones, proporcionará al objeto vida y buena salud. Si es anulada por completo, el objeto muere. Pero si sólo es anulada parcialmente, si sólo se anulan algunos de sus aspectos y características de la perfección, el objeto no muere, aunque conocerá una vida de enfermedades y sufrimientos. Esto es evidente. Por esta razón, no podemos hablar del bien y del mal como de dos influencias, como tú pensabas, son por el contrario el resultado de la manifestación de la influencia o de su ausencia de una manera total o parcial.

קט) אמרה הנשמה - הרי טעם ראשון. והשני שיעדת לומר לי - מה הוא.

109. Dijo el alma: éste es el primer punto. ¿qué hay del otro? ¿Cuál es?

קי) אמר השכל - כאשר נדקדק במציאות הדברים, נמצא שאין הר־
עות אלא הפסדי הטובות עצמם. ואלו נקח כל מיני הטובות שיש
במציאות, ונבין גדרם, וכל הרעות ונבין גדרם גם כן, נראה שאין
מציאות הרעות אלא הפסדי אותם הטובות עצמם. על כן אין שייך
פה לומר שתי השפעות הם, אלא השפעה והעדרה וביטולה בכל או
במקצת, כמו שביארנו.

110. Dijo el intelecto: analizándolo de cerca, veremos que los males no son sino la pérdida de los bienes correspondientes. Si consideramos todas las variedades de bien del mundo y las separamos de las definiciones y, por otro lado, todas las variedades del mal, veremos que no son sino la negación de los propios bienes. Por esta razón, no podemos hablar de dos tipos de influencia, sino de la presencia o la ausencia, completa o parcial, de la influencia, como hemos explicado.

קיא) אמרה הנשמה - ואם כן, העולם הזה שאנו רואים שהוא מור־
כב ודאי, שיש בו טובות ורעות, נצטרך לומר שנברא בשני דרכים,
בהשפעה וביטול ההשפעה.

111. Dijo el alma: en tal caso, deberíamos decir que este mundo, que vemos compuesto de bien y de mal, fue creado de dos maneras: la de la influencia y la de la anulación de esta influencia.

קיב) אמר השכל - וכי דבר תימה הוא זה? זה פשוט, ואי אפשר לח־
לוק, כי כל מה שהוא טוב - מהשפעתו ית' הוא נולד, וכל מה שהוא
רע - מהעדר שפע וביטולו נולד ודאי. ואם אנו רואים טובות ורעות,
נדע ודאי ששתים הנה עשה האלקים, השפיע וסילק שפעו, ונבראו
שתי הבריאות שזכרנו.

112. Dijo el intelecto: ¿Te extraña? Es obvio e indiscutible, porque todo lo que es bueno nace de la influencia del Bendito, y todo lo que

es malo nace de la ausencia de plenitud y su abolición, ciertamente. Y si vemos el bien y el mal, seguramente sabremos que Dios (האלקים) ha hecho las dos cosas, ha expresado y retirado su influencia, y así se crearon las dos cosas que recordamos.

קיג) אמרה הנשמה - אך זה אינני מבינה. עד שנאמר שמההשפעה נבראו בריות - הנה טוב, אך מהעדר השפעה איך יבראו בריות? הנה מהעדר לא יולד מציאות. ואם כן לא נמלט מאחת משתים, או שצ־ריך לומר שהקב"ה ברא הרע בקום עשה ממש, או שלא היה אפשר לו בריאה ומציאות.

113. Dijo el alma: pero no entiendo. Que se diga que a partir de la influencia se crearon las criaturas, de acuerdo: pero a partir de la ausencia de influencia, ¿cómo se crearían las criaturas? De la no existencia no puede proceder la existencia. De este modo, de las dos cosas, una. O hemos de decir que el Santo, bendito sea, creó el mal o bien que su creación y su existencia son imposibles.

קיד) אמר השכל - כשאנו אומרים שהקב"ה ברא העולם הזה, ודאי נבין בתחילה בריאת הכלל, ואחר כך הפרטים, פירוש, בתחילה הטבע עצמו, ואחר כך אישיו. והנה כשרצה האדון ב"ה לחדש הטבע בטוב ורע, הנה ודאי הוא שבאה השפעה ממנו לחדש מציאות הטבע, וזהו הטוב; וזאת ההשפעת עצמה - קצת ממנה נעדרה, היינו, ההכנות הטובות שהיו בה, ותנאי השלמות שלה שהיו עושים הטבע בתכונתו טוב. והנה מציאות ההעדר הזה הוא שחידש בטבע הפסדי המציאות הטוב, שהם הם כלל הרע.

114. Dijo el intelecto: cuando decimos que el Santo, bendito sea, creó este mundo, hemos de comprender que primero hubo una creación general y, en un segundo tiempo, sus aplicaciones. En otros términos, primero creó la naturaleza como tal y después sus particulari-

dades. Es cierto que cuando el Creador quiso originar la naturaleza con bien y mal, hubo ciertamente una influencia suya que dio origen a la naturaleza, o sea, el bien. De esta influencia una pequeña parte fue ocultada, a saber, las posibilidades buenas que se hallaban en ella, y las condiciones de perfectibilidad que le dan a la naturaleza el carácter de bien. Y es esa ocultación la que originó en la naturaleza la correspondiente falta de bien, que es el principio del mal.

וזה, כי הטבע ודאי מתקלקל ממה שאין השפע מתמיד לו. ואחר שחודשו שני הענינים האלה בטבע הכללי, נבנו האישים בפרט, אלה על פי הענינים הטובים ואלה על פי הענינים הרעים. ואמנם גם מציאות האישים נעשה ודאי בהשפעה, כי כבר שמנו המוסד בראשונה שאין שום דבר נעשה אלא בהשפעה. ואולם ההשפעה הזאת היא ההשפעה באה אחר ההשפעה שזכרנו, שחידשה במציאות הכללי ההויה וההפסד, ועל כן יש בחוקה לקחת מן הכלל של הטבע לצורך בנין האישים מה שיצטרך להרכבתם מן הטוב ומן הרע המחודש כבר: ואולם תראה כי אין אני אומר שנתבטלה ההשפעה לגמרי, כי אז היו מתבטלים ודאי כל הנמצאות, וזה הוא ההעדר שאמרתי שאינו יכול לעשות מציאות, אבל הענין הוא שנתבטלה רק במקצת, שהרי הכנותיה ותיקוניה הם שנתבטלו.

Ya que la naturaleza padece los efectos originados por la ausencia de esa influencia. Sin embargo, la existencia de particularidades es debida a la influencia, como dijimos al principio, pues nada puede existir sin esta influencia. Pero esta influencia se rigió por la antes mencionada, la influencia que produjo como un todo la existencia y el defecto en la naturaleza. Se deduce, pues, que se podía tomar de la naturaleza en general, del bien y el mal que habían sido originados, aquello necesario para la composición de sus constituyentes individuales. Sin embargo, observarás que no hablo de la anulación total de la influencia, ya que esto provocaría la eliminación completa de los objetos. Esta influencia sólo fue anulada de un modo parcial, porque, si fuera así, todas las criaturas también lo hubieran sido, ya que la ausencia no puede producir la existencia. Esta influencia sólo fue anulada de un modo parcial en sus posibilidades y sus realizaciones.

וזהו הענין כמו שיגיע לאיש שיחלה ולא ימות, כן מציאות הטבע הכללי הוא שמתקלקל בסור ההשפעה קצת, ולא לגמרי, ומתחדשות הרעות שאינם אלא קלקולים במציאותו של הטבע השלם. והרי המונח שלנו קיים לעד - שאין הקב"ה עושה אלא הטוב, והרע אינו עושה, אלא מהעדר שפעו הוא נולד.

La cosa se puede comparar a una enfermedad que lleva a la muerte. Del mismo modo, la existencia de la naturaleza, en tanto que tal, ha sufrido una pérdida parcial de la influencia, y de aquí proviene el mal que no es más que la degradación de su influencia en la naturaleza. Pero nuestro axioma sigue siendo válido: el Santo, bendito sea, no hace más que el bien y no hace el mal, que procede de la ocultación de su *Shefa*.

קטו) אמרה הנשמה - סוף דבר הבנתי מציאות הרע איך מתהוה. עתה צריכים אנו להשלים ענין זה, לדעת כל גבולותיו.

115. Dijo el alma: finalmente hemos comprendido cómo aparece la existencia del mal. Ahora hemos de completar el asunto explorando todos sus límites.

קטז) אמר השכל - אמנם צריך שתדעי הקדמה אחת גדולה, והיא, אף על פי שבחוקו ית' היה ודאי קדום לעשות כל המעשים האלה, כי לא ישתנה בו שום דבר בשום זמן, אף על פי כן לא יקרא זה שהיו הדברים האלה בכח, שצריכים לצאת אל הפועל, כי זה הוא אחד מן השבושים שנכשלו בו מאמיני קדמות העולם. אמנם הכלל הוא,

כי כל מה שהוא בעניני האדון ב"ה קודם בריאת העולם - אי אפשר להשיגו כלל, ואין שייך שם שום אחד מן הגדרים הנזכרים מעתה, ואין להזכיר לא כח ולא פועל, שיתחייב מזה המצא כל היחס הנמ־צא בין הכח והפועל.

116. Dijo el intelecto: ciertamente, debes conocer una introducción esencial, ya que, si bien ya existía en la naturaleza del Eterno la realización de todos estos actos, pues nada cambia en Él en ningún momento, no podemos decir que estas cosas hayan existido en potencia, y que tuvieron que salir en acto. Éste es uno de los errores que hicieron tropezar a muchos que creían en la eternidad del universo. En efecto, todo lo que se refiere al Eterno antes de la creación del mundo es imposible de concebir y ninguna de las definiciones que utilizamos se puede aplicar. Aquí no podemos hablar de potencia o acto, lo que, por otra parte, nos sometería a leyes relativas a la potencia y al acto.

אמנם בשעה שרצה לברוא העולם, הוא עצמו חידש מציאות הכח והפועל, והוא עצמו עשה העולם וכל בריותיו בתחלה בכח ואחר כך בפועל, לחדש מציאות זה של כח ופועל. שבמאמרו הראשון לב־רוא העולם היה העולם בכח, ואחר יצא אל הפועל ועל זה רמזו רז"ל (ר"ה לב.), "בראשית נמי מאמר הוא", ונשתנה משאר המאמרות להיות כאן כלול העולם בכח, טרם צאתו לפועל. ואמנם בחדשו את הטבע בכח, אז נעשו כל הענינים האלה שזכרנו בהשפעה, ואחר כך יצא הכל לפועל כמו שהוכן בכח, וכמו שביארנו.

Sin embargo, cuando quiso crear el mundo, Él mismo dio origen a los fenómenos de potencia y acto, e hizo el universo y todas sus criaturas primero en potencia y después en acto, creando así el principio de la potencia y el acto. Ya que desde la primera frase de la creación el mundo ya existía en potencia y más tarde fue actualizado. Y a esto aludieron nuestros sabios, de bendita memoria, (*Rosh haShannah*

32 a) diciendo «*Bereshit* también es una palabra».[47] Esta palabra es distinta de las demás palabras ya que en aquel momento el mundo existía en potencia pero no en acto. Y fue cuando el mundo fue creado en potencia cuando se crearon todos los elementos relativos a la influencia y, en una segunda fase, se crearon en acto, de acuerdo con su actualización, como ya hemos explicado.

ואודיעך עוד ענין עמוק בדבר זה, והוא כלל מציאות העולם בכל זמניו. כי שורש הכל הוא שהאדון ב"ה חפץ ורצה להשפיע מטובו אל הנמצאים שרצה להמציא, וחידש על כן מציאות הארה והשפעה ממנו ית', ראויה לערך הנמצאים האלה שרצה להמציא. אמנם מה שחפץ האדון ב"ה בהשפעה, הוא שתהיה השפעה של קדושה ממש ממנו ית', שהוא עצם הקדושה ומקורה, ויהיו תולדות ההשפעה הזאת רק ענינים של קדושה, וכמו שהוא גם עתה במלאכים, שאין להם שום ענין אחר כי אם עניני קדושה גמורה; כן אין התכלית המכוון בחידוש ההשפעה הזאת כי אם שיושפע מקדושתו ית"ש אל נמצאיו, להיות נהנים מזיו קדושתו, לא זולת.

Voy a revelarte otra cuestión profunda relacionada con este asunto referente al principio de la existencia del mundo en todas sus épocas. Al principio de todo, el Santo, bendito sea, quiso conceder su bien a los seres que decidió hacer existir. De ahí la irradiación del Bendito, su influencia adaptada al grado de los seres que quiso crear. Lo que el Señor deseó de su influencia es que fuera verdaderamente una influencia de santidad surgida del Bendito y que los productos de esta influencia no fueran sino atributos de santidad cómo ocurre con los ángeles, que no tienen otra naturaleza que la santidad perfecta. Y es que el único objetivo de esta nueva influencia es que una parte de la

---

47. Si consideramos las denominadas 10 alocuciones, nos encontramos con que en realidad son 9. Los sabios del Talmud consideran a *Bereshit* como una alocución más.

santidad de Dios, bendito sea su nombre, fuera dispensada a sus criaturas a fin de que gozaran del esplendor de su santidad.

אבל לפי שרצה במציאות העולם השפל הזה, על כן גזר שתהיה השפעתו גם היא נשפלת במעלתה, להוליד דברים שפלים וגשמיים אלה, שירידה היא לה ודאי, שלא על התכלית הזה חודשה. ונמצא, שמה שאנו רואים שהוא עתה משפיע דברים גשמיים ושפלים, נדע שזהו מיעוט והשפלה להשפעה עצמה, שצריכה להתלבש בדרכים אלה שהם פחיתות לגבה, להיותה השפעת האל ית', מקור השלימות והקדושה. אך כך עלה במחשבה לפניו ית' - להלביש השפעתו בדרכים החשוכים האלה, עד עת מועד שתתפשט מכל אלה הלבושים, ותשאר בבירורה ותוכן ענינה, שלא תהיה הבריאה וכל עניניה אלא קודש לה'.

Pero ya que Él quiso una existencia este mundo inferior, asimismo quiso que su influencia fuera de un tipo inferior, a fin de poder dar origen a estos seres terrestres inferiores. Hay que saber qué se trata aquí de una reducción y una degradación de esta influencia, que nosotros presenciamos como una disminución y una degradación de esta influencia. Pues ésta está forzada a revestirse con formas que son para ella una degradación, ya que es la influencia del Bendito, principio de la perfección y de la santidad. Sin embargo, el pensamiento del Bendito fue revestir influencia en esas formas oscuras hasta que llegue el momento en que se liberen de estás vestiduras y aparezca en su forma clara y pura, y entonces la creación en todo su conjunto será consagrada por completo al Eterno.

והנה כל זמן עבודת האדם ההשפעה מתלבשת בלבושים אלה, וככלות זמן העבודה - תתפשט גם היא מן הלבושים. ואמנם מסיבות גדולות וגלגולים גדולים שם האדון ב"ה לדבר הזה להגיע אל תכליתו. ונמצא, ששורש התחלפות זמני העולם הוא דרך השפעתו ית',

שהוא הולך ומשנה השפעתו מעילוי לעילוי, עד שתגיע לעצם ענינה, להיות כל המתחדש בנמצאים רק קודש קדשים, כמו שביארנו.

Pero, todo el tiempo que dure el servicio divino del hombre, esta influencia se revestirá con estas formas. Cuando éste se acabe, las vestiduras serán retiradas. El Señor, bendito sea, produjo numerosos mecanismos y grandes ciclos para alcanzar su objetivo. De este modo, la influencia está en el origen de las diversas épocas del mundo y su influencia va ascendiendo hasta llegar a su naturaleza verdadera, cuando todo lo que se refiere a lo existente será completamente santo, como ya hemos explicado.

כללו של דבר, חידש האדון ב"ה השפעה ממנו אל הנמצאים שתוכיות ענינה אינו אלא המשך הקדושה ממנו יתברך אל הנמצאים; ועוד חידש דרכים להשפעה, שפלים ופחותים לגבי מעלת קדושתה; וחידש בהשפעה עצמה הביטולים וקלקול הסדרים שזכרתי. ותלוי כל זה בענין גילוי היחוד שזכרנו למעלה, שמצד הסתר הפנים מתחדשים כל הדברים האלה בחוק השפעתו, ומצד הגילוי אחרי כן מתפשטים כל הלבושים האלה ממנה. ועוד נדבר מכל זה לפנים בס"ד.

En resumen, el Santo, bendito sea, originó una influencia cuyo contenido es una prolongación de su santidad. Asimismo, ha creado para esta influencia diversas formas bajas e inferiores con respecto a su santidad. Y también originó, dentro de esta influencia, las anulaciones y pérdidas que he mencionado. Y todo esto depende de la revelación de la unidad que hemos mencionado más arriba. Efectivamente, a partir del ocultamiento del rostro nacerán todas estas nociones dentro del orden de su influencia y, sin embargo, con la revelación subsecuente será desprovista de todos estos vestidos. Seguiremos hablando de esto más adelante, con la ayuda de Dios.

מה שצריך לנו במקום הזה, הוא לדעת שבהשפעה עצמה חידושי דברים חידשה הגזירה העליונה, והם העיקר במה שנמצא אחר כך בעולם, כי רק אחר כל ההכנות האלה עשה עולם השפל הזה, בנוי על פי כל הענינים האלה, ומורכב מכל הדברים, להתגלגל מענין לע־נין, כאשר גזר עליו החפץ העליון.

Lo que, por ahora, debemos saber es que, en el nivel de la influencia misma, han sido decretadas cosas nuevas que más tarde serán esenciales en la existencia del mundo de aquí abajo. Este último está fundamentado en estas bases y compuesto de todos estos elementos a fin de permitir su desarrollo en conformidad con la Voluntad Suprema.

קיז) אמרה הנשמה - באמת הקדמה זאת עיקרית היא, לדעת כל הכנות הרבות הנמצאים לצורך מציאות העולם הזה, שאין תכונתו נשלמת אלא אחר כל ההכנות האלה. נשלים עתה ענייננו.

117. Dijo el alma: verdaderamente esta introducción es fundamental para conocer todas las disposiciones relativas a la existencia de este mundo, porque no estuvo completo hasta que se cumplieron todas ellas. Completemos ahora nuestro asunto.

קיח) אמר השכל - כבר אמרנו שהרע הזה שנברא, לא נברא אלא בגבול שרצה בו החפץ העליון. ואמנם אף על פי שחידש האדון ב"ה הביטול להויות, לא חידשו אלא להויות בלתי שלמות. אך להויות השלמות לא יהיה ביטול, אלא קיומם יהיה נצחי. ותראי שעל כן עתה יש ביטול להויות העולם, ולעתיד לבא לא יהיה עוד. ואין זה אלא שעתה הבריאה לא שלמה היא, על כן גזר עליה הביטול. אך לעתיד לבא יחודשו שמים החדשים וארץ החדשה שתהיה בריאתם שלמה, על כן לא יהיה להם ביטול.

118. Dijo el intelecto: ya hemos dicho que este mal que fue creado, no fue creado sino dentro de los límites que la Voluntad Suprema deseaba. Y, de hecho, aunque el Santo, bendito sea, ha creado la posibilidad de destrucción de lo existente, sólo lo hizo con respecto a lo imperfecto. Por el contrario, lo perfecto no será anulado, sino que existirá eternamente. Esto explica por qué asistimos actualmente a la anulación de los entes del mundo, lo cual no se repetirá en el mundo venidero. La razón es que actualmente la creación es imperfecta y por ello decretó la anulación. Sin embargo, en el mundo venidero habrá un nuevo Cielo y una nueva Tierra cuya creación será perfecta y, por tanto, sin pérdida.

ונמצא, שההשפעה הראשונה שהמציאה מציאות הטבע הכללי, וביטול סידורה שהמציא קלקולי הטבע, לא היתה השפעה שתוליד דברים שלמים, כשמים וארץ החדשים שלעתיד לבא, כי להם לא יהיה ביטול, וכמו שביארנו, אבל היתה השפעה שלא היה בחוקה להוליד אלא דברים בלתי שלמים, על כן הוחק לה הביטול שהוחק לצורך המצא הקלקולים בטבע. וההשפעה שהמציאה האישים של הטבע, מורכבים מן הטוב והרע, הנה היא השפעה שמבדלת הרעות לבדם, שלא יבטלו הנמצאות, אלא מוגבלים יהיו בכח גזירתו של מקום, ותלויים במאמר שלא להתגבר ולבטל את הנמצאות, כי אם להמצא באותו השיעור ותחום שצריך לתכונת הנמצאות האלה, ולהתגבר בזמן אחר שמצטרך בתגבורת יותר גדול, ובזמן אחר להמעט, הכל יפה בעתו כאשר גזר החפץ העליון. כי מעתה יש בנמצאות מן החסרונות והקלקולים ודאי, אך אינם כל כך שיבטלום מהויה, ואמנם הם בשיעור שסוף סוף יתגברו, עד שיבטלום, כי כל הוה נפסד; ונמצא מציאותם משוער בשעור מדוקדק מאד, כאשר ידעה החכמה העליונה.

Y encontramos que la primera influencia, que creó la naturaleza en general así como su anulación, que creó también los defectos de la naturaleza, no era el tipo de influencia capaz de crear cosas perfectas como el Cielo y la Tierra nuevos del mundo venidero, ya que estos no serán destruidos, como ya hemos explicado. Esta influencia contenía las posibilidades de cosas imperfectas y por esta razón estaba dotada de la posibilidad de anulación, lo cual es propio de las degradaciones en la naturaleza. Y la segunda influencia que produjo a los individuos en el seno de la naturaleza, compuestos de bien y de mal, esta influencia tenía que distinguirse de los males individualmente para evitar que destruyeran la creación. Su fuerza se encuentra contenida en los límites de un decreto divino y su mandato los restringe para que su fuerza no aumente y destruyan toda la creación. Sólo pueden existir en la medida y en los límites que tienen asignados. Y se los ajusta para que crezcan en fuerza en los momentos en que se necesita esa intensificación según los dictados de la necesidad del momento, en conformidad con el decreto de la Voluntad Suprema. El resultado es que hay ciertamente imperfecciones y defectos en la naturaleza, pero no son tan grandes como para eliminar la creación. Los males son afinados para que ulteriormente se intensifiquen en el grado en que sus objetos serán aniquilados –pues todo lo que existe es destructible– y su existencia pende de un hilo muy fino dentro de la tela que es la Sabiduría Suprema.

ותראי כי המחשבה העליונה שחידשה ההשפעה הראשונה שזכרנו, הנה היתה מכוונת לחדש הביטול, כי על כן לא חידשתה שלמה מעיקרא, כי אם למען יהיה ביטול ורעה בעולם, כמו שביארנו כבר, לא מבלתי יכולת וחסרון כח חלילה, ומה שעתיד ליעשות באחרונה בארץ ושמים החדשים שזכרנו, היה יכול ליעשות מתחלה, אלא שעל כן נעשים בלתי שלמים כדי שיפול בהם הביטול. אך בהשפעה השנית שרצה לתת הויה לנמצאות, הנה באמת היתה כוונת המחשבה העליונה להציל ההויות מן הביטול, ולרחקו מהם עד עת מועד, וכמו שביארנו, כי על כן לא ביטלה הביטול מן העולם, אבל הגבילה הרעות ושמה אותם בתחום שרצתה לצורך תכונת העולם, כמו שביארנו, עד שתבוא השעה ויעביר כל הרעות מן המציאות, וישארו כל הנמצאות שלמים ונצחים.

Y he aquí que el pensamiento supremo que se originó en la primera influencia que recordamos, originó la anulación. Por esta razón esta influencia no fue creada perfecta desde el principio para que hubiera negación y mal en el mundo y no, Dios no lo permita, a causa de una falta de capacidad o de fuerza por su parte. Y lo que está destinado a la Tierra y los Cielos nuevos podría haberse hecho desde el principio. Podría haber sido hecho desde el principio, pero fueron creados incompletos para que la cancelación pudiera recaer sobre ellos. Pero en la segunda influencia quiso dar existencia a las creaciones individuales. La intención era salvarlas de la destrucción y mantenerlas alejadas hasta el momento indicado, como hemos explicado. La destrucción no se anuló, pero los males fueron colocados dentro de los límites necesarios para el funcionamiento del mundo, como ya ha sido dicho. Y esto hasta el momento en que todo el mal se elimine y todas las creaciones sean pacíficas y eternas.

ואולם תזכרי עתה את אשר זכרתי לך למעלה כבר, איך מוסדות כל הנהגתו ית' הם שתי מדות - הסתר הפנים והארת הפנים, שתולדותיהם הם השלמות והחסרונות, ומינה - הטוב והרע.

Pero recuerda ahora lo que te expliqué más arriba, que toda la dirección divina se apoya sobre dos *middot*: el ocultamiento del rostro y su iluminación, cuyos resultados son la perfección y el defecto y, a partir de ellos, el bien y el mal.

ואמנם מציאות הרע אינו נולד אלא מעוצם הסתר הפנים, תכלית הסתתרו ית'; כי ברצות החפץ העליון לברוא אדם בעל נשמה וגוף, לפי התכונה שאנו רואים ביום הזה בנשמה ובגוף - השוה את מדותיו לתפוס ולפעול תמיד בשתי המדות, מדת הסתר הפנים ומדת הארת הפנים, להיות אוחז בזה וגם מזה אל תנח ידו, לקיים כל תכונותיו של האדם לטובה, החלשות והחזקות, הנכבדות והשפלות, כל מה שצריך לקיומו לפי התכלית המכוון בו.

Sin embargo, la existencia del mal procede del ocultamiento total de los rostros según el propósito del Bendito. Porque cuando la Voluntad Divina quiso crear al hombre con alma y cuerpo, como lo vemos actualmente, hizo que sus cualidades operan conjuntamente, aplicando una sin dejar de aplicar la otra, para establecer todas las modalidades del hombre para el bien, las fuertes y las débiles, las nobles y las innobles, todo lo que necesita para su influencia en función del propósito que le ha sido asignado.

אמנם כאן צריכה את להקדמה אחת, והיא, שלא מפני שיהיה נברא אחד חסר השלמות נאמר שהוא דבר רע ממש, כי יכול להיות חסרון, שאף על פי שאינו השלמות והטוב הגמור - איננו רע. הלא תראי, המלאכים גם הם חסרים ודאי, כי אינם בתכלית השלמות, כי אין תכלית שלמות אלא לאדון ב"ה, וביניהם גם כן כמה מעלות ומדריגות יש, שהמדרגה השניה פחותה מן הראשונה וחסרה ממנה, ואף על פי כן אינם בחסרון כל כך גדול שיוליד בהם מה שהוא רע ממש, שהרי אין ביניהם לא קנאה לא שנאה, אין בהם יצר הרע, אין בהם לא שינה ולא עייפות ולא חולי ולא מיתה. אך בני האדם הם פחותים מן המלאכים וחסרים מהם, והחסרון בהם גבר כל כך שיש בהם מה שהוא רע, כי יש בהם יצר הרע, חולאים ומיתה. בעלי החיים יש בהם חסרון יותר, שאין להם לא שכל ולא דיבור, והם מזוהמים ומטונפים.

Aunque aquí necesitarás una introducción. No es porque una criatura en particular carezca de perfección que se la llama «malvada», puede haber un defecto o una falta de perfección y de bien absolutos, sin que por ello se trate de un mal. Verás que, a los ángeles, por ejemplo, les falta la perfección completa, que es algo que sólo tiene el Señor, bendito sea. Y están ordenados según distintos rangos y niveles y el segundo rango es inferior al primero, y otro puede ser carente en relación al segundo. Sin embargo, los ángeles no tienen una imperfección capaz de engendrar en ellos un mal absoluto. Ya que en ellos no existen la envidia o el odio, ni la Mala Inclinación, ni el sueño, ni el cansancio, ni la enfermedad, ni la muerte. Pero los seres humanos son inferiores a los ángeles, e imperfectos comparados con ellos, y la desventaja respecto a ellos es tan grande que tienen el mal, porque tienen la Mala Inclinación, la enfermedad y la muerte. Los animales son aún más imperfectos ya que carecen de intelecto y de habla, y son sucios y mugrientos.

ויש המזיקים ומלאכי חבלה ורוחות הטומאה שהם רע ממש, והם ההפך ממש לטוב ולשלמות, אותם שהשם העליון ב"ה מתעלם מהם העלם גמור, כטעם (ב"ר ג, ו, תנחומא תזריע ט, ע"ש), "אין הקב"ה מיחד שמו על הרעה". ואמנם שלשלת החסרונות הוא שמוציא הרע, כי בהשתלשל הענין הזה, ונוסף חסרון על חסרון סוף סוף יוליד מה שהוא רע ממש. והנה קודם שחידש האדון ב"ה מציאות ההנהגה שחידש לצורך הנמצאים, לא היה ענין לשום חסרון כלל, וכשחידש מציאות הלזה, נמצא שנתחדש מציאות סדר אחד שבהשתלשלו יוליד רע, כי כיון שיש מציאות לחסרון - סופו יהיה הרע ממש:

Y también están los demonios (מזיקים),[48] los ángeles destructores y los espíritus impuros que son el mal en sí mismos, el opuesto del bien y de la perfección. La presencia divina se les oculta por completo, según ha sido escrito (*Bereshit Rabbah* III-6, *Tanjuma Tazria*, 9): «El Santo, bendito sea, no asocia su nombre con el mal». Sin embargo, es el encadenamiento de las imperfecciones lo que finalmente hace surgir el verdadero mal. Porque cuando este encadenamiento se extiende, y a la imperfección se le añade más imperfección, se produce el mal absoluto. Y he aquí que antes de que el Señor, bendito sea, decretara la forma en que debían conducirse sus criaturas para sus fines, no había lugar para la imperfección, pero al hacerlo es como si produjera un

48. De *Mazik* (מיזק), «espíritu maligno».

orden que acabaría produciendo el mal; dada la existencia de la imperfección, el mal sería producido finalmente.

אמנם מן הענינים העיקריים שחידש הוא ית', הנה הוא ענין המידה והשיעור, כי בפשיטותו אין שייך שום מידה ושום שיעור, ומאז רצה בחוק ההדרגה - את הכל תיכן במידה, והסדיר כל הנמצאות בהדרגה, זה תחת זה, מן הראשון שבהם ועד האחרון שבהם, ובכל מדרגה ומדרגה מדד במידתו, כמה חסרון יהא בה וכמה ישאר בה מן הטוב והתיקון. וכפי המידה הנמדדת כך הם התולדות הנולדות במדריגה ההיא, וכל משפטיהם וכל חוקותיהם, הכל כאשר לכל, איש על מקומו.

Sin embargo, una de las principales cosas creadas por el Santo, bendito sea, es la noción de límite y medida, ya que en su simplicidad no hay límites ni medidas. Pero como quiso que hubiera un orden de grados, lo creó todo con medida y todas las criaturas fueron dispuestas según un grado, una debajo de la otra, de la primera a la última. Y en cada grado midió cuánta imperfección había y cuánta perfección, y según esta medición determinó la naturaleza de cada grado en particular, con todas sus modalidades, según sus leyes y sus constituciones correspondientes, considerándolo todo y el hombre en su lugar.

ונמצא, שבהיותו הוא ית' תופס בשתי המדות כאחת, בהסתר הפנים והארת הפנים שזכרנו, יולידו מזה הנשמה והגוף, שדברי הגוף יהיו פחותים משל נשמה, ויהיו בו החסרונות שאין יש בנשמה; אך לא מפני זה יהיה בו רע. אמנם ברצותו ית' לחדש מציאות הרע, שהוא ההפך לשלמותו ית' ממש, כמו שביארנו, הנה אז הסתיר פניו הסתר היותר גדול שאפשר לחשוב, עד שבהיותו רק מסתיר פניו ולא מאיר אותם כלל, יולד מזה הווית ההפסדים ממש, וברא משחית לחבל. ונמצא כלל הרע, אשר הוא ית' השיב אחור ימינו מהנהגת עולמו, וינהגהו בכבדות, תוקף חשך סתרו, ושם בטבע הלז כל הפסדי הטוב,

הלא המה כל מדות בית דין, להביא במשפט על כל נעלם ורשעים. ואמנם זעמו של הקב"ה רגע, וחימה אין לו אלא בכדי שיעשו הנח־שים השרפים המקודשים ומזומנים לגיהנם, להכות את הרשע כדי רשעתו במספר.

De este modo, el hecho de que el Bendito utilice al mismo tiempo las dos medidas de ocultamiento e iluminación de su rostro que acabamos de mencionar permite el engendramiento del alma y del cuerpo, siendo este último inferior con respecto al alma. Contiene imperfecciones que no están en el alma. Pero como el Bendito quiso dar origen a la entidad del mal que se define como lo inverso a la perfección, ocultó su presencia en el mayor grado posible hasta que estuvo totalmente oculta y, entonces, aparecieron los seres absolutamente malvados y destructivos. El principio del mal, por lo tanto, procede del alejamiento del Bendito del gobierno directo del mundo, conduciéndolo desde lejos, en la intensidad de la oscuridad de su presencia, invirtiendo en esta naturaleza todas las faltas de bien e implicando asimismo todas las leyes del tribunal celeste utilizadas en el juicio de todo lo oculto y los malvados. Sin embargo, la cólera del Santo, bendito sea, no dura más que un instante. Únicamente se enfada en el grado necesario que permita a las serpientes ardientes destinadas al Guehinom golpear al pecador en proporción al mal que haya causado.

ואחר שב ושם פניו, כביכול, להמצאת האישים שימצאו ויתהוו, לא שיתבטלו, אף על פי שעלולים יהיו לביטול. והנה אחז צדיק דרכו לתיקוני ולא לעוותי, ושב והאיר פניו על העולם העומד ליברא. ואל־מלי האיר לו בהארה רבה, היה נולד מזה המצא הנמצאות בתכלית תיקונם, דהיינו בקיומם הנצחי. ואמנם לא כן עשה, אלא המציא נמ־צאות הווים ומתקיימים, אך לא נצחיים. אמנם כבר שם דרך להנה־גתו ית' להיות מגלגל במסיבותיו את כל אשר ברא לכבודו להשתלם בשלמותו, למען אשר יאיר לעולמו אור גדול רב ועצום, ותהיה תול־דתו הקיום הנצחי והשלם. ואדרבא, הרע הזה אשר ברא - יעביר מן

הארץ. ולא עוד, אלא שיודוהו הנמצאות כולם כי יטיב להם גם אשר פעל ועשה בימים הראשונים, הלא זה הענין (ישעיהו יב, א), "אודך ה' כי אנפת בי", שהודיענו הנביא ישעיה בנבואתו, וכבר דברתי מזה למעלה.

Y después volvió y orientó su rostro, por así decirlo, para permitir la existencia de las personas que serían formadas, y no anuladas, aunque podrían ser abolidas. De este modo, Dios el Justo marca el camino para corregir y no destruir y hace irradiar de nuevo su rostro sobre el mundo que tenía que ser creado. Si su irradiación hubiera sido muy grande, las criaturas habrían sido creadas en su máxima perfección, en una existencia eterna. Pero, ciertamente, no obro de ese modo y creó criaturas que existen pero que no son eternas. Sin embargo, Él estableció, como parte de su poder directivo, que todo lo que creó para su gloria se perfeccionara en su perfección, para que una luz grande y poderosa iluminara el mundo y generara la existencia perfecta y eterna. Entonces, el mal creado será retirado de la Tierra y, lo que es más, todas las criaturas reconocerán que les ha prodigado el bien incluso en los momentos difíciles y esto es lo que nos enseña (*Isaías* XII-1): «Cantaré a ti, oh Eterno, aunque te enojaste contra mí». Esto ya lo he desarrollado más arriba.[49]

קיט) אמרה הנשמה - תקבץ נא בקיצור את אשר הארכת עד כה.

119. Dijo el alma: resume brevemente lo que has expuesto hasta ahora.

---

49. *Véase* párrafo 54.

קכ) אמר השכל - זה הכלל - ברצות האדון ב"ה לחדש מציאות הטבע הכללי בטוב ורע, שיהיו אישיו מורכבים משניהם, השפיע ממנו ית' השפעה מולידה מציאות הטוב אשר בטבעו ונחקק בטבע הטוב ההוא. וחזר והעדיר שלמות ההשפעה ההיא בהסתירו את פני טובו הסתר גמור, ונחקקו בטבע כל ההפסדים.

120. Dijo el intelecto: ésta es la regla: en el deseo del Santo, bendito sea, de dar origen a una creación de la naturaleza general para bien o para mal, a fin de que sus criaturas estuvieran compuestas de ambos, produjo una influencia responsable del bien en la naturaleza y el bien quedó sellado en ella.

אחר כך שב והשפיע בהארת פניו להמציא נמצאות - אישי הטבע מורכבים מטוב ורע בהרכבה אחת, נמצאים בתכונה שהם עתה - הווים אך עלולים ליפסד, שאינם נצחיים. וסוף סוף יאיר פניו הארה רבה, ויעביר הביטול מן הטבע, וישארו האישים שלמים ונצחיים.

Después, se volvió y eliminó la perfección de esta influencia ocultando la presencia de su bien y de ello resultó que todos los defectos de la naturaleza quedaron sellados en ella. Después, se volvió de nuevo y por medio de la iluminación de su rostro creó a las criaturas, que constituyen la naturaleza, compuestas de bien y de mal, en la forma que tienen actualmente. Existen, pero pueden desaparecer ya que no son eternas. Finalmente, cuando su rostro brille con una luz muy potente, que retirará todo el mal de la creación, sus criaturas se volverán perfectas y eternas.

ועתה אבאר לך מציאותו של האדם לפי ענין זה של המצא הרע שז־כרנו.

Y ahora te explicaré la realidad del hombre según este asunto de la existencia del mal que hemos mencionado.

קכא) אמרה הנשמה - דבר, כי שומעת אנכי:

121. Dijo el alma: habla, te escucho.

קכב) אמר השכל - בתחלה אקדים לך הקדמה אחת, צריכה לעניניו.

122. Dijo el intelecto: antes es necesaria una introducción a este asunto.

קכג) אמרה הנשמה - אמור.

123. Dijo el alma: habla.

קכד) אמר השכל - מציאות האדם בנוי הוא בחכמה עמוקה לאין תכלית. כי האדון ב"ה ברא נבראים רבים וגדולים, גבוה מעל גבוה וגבוהים עליהם, כולם צריכים למשמרתם, שאין שום דבר לבטלה; והכל עומד על הפנה היסודית, שהוא מה שהאדון ב"ה רוצה בעבודת האדם - שיתקן הוא כל החסרונות שבבריאה, ויעלה עצמו עילוי אחר עילוי, עד שידבק בקדושתו ית'. והנה שם כל עניני הריחוק ממנו ית' וכל תולדותיהם, וכל עניני התקרב עליו וכל תולדותיהם, וכולם דברים עמוקים ועצומים מאד, והכל עומדים להתגלגל במסיבות גדולות להגיע אל השלמות הכללי.

123. Dijo el intelecto: la existencia del hombre descansa en una sabiduría profunda e infinita. El Santo, bendito sea, hizo grandes creaciones, una mayor que la otra, en un orden jerárquico y todas ellas son indispensables, ya que nada ha sido creado en vano. Todo esto se basa en un mismo cimiento fundamental: lo que el Santo, bendito sea, espera del servicio del hombre es que corrija todas las imperfecciones de

la creación y se eleve de grado en grado hasta llegar a adherirse a la santidad del Bendito. Y el Santo, bendito sea, puso en el universo todos estos agentes que promueven el alejamiento del hombre del Bendito, con sus ramificaciones así como todos los agentes que promueven la unión del hombre con el Bendito, con todas sus ramificaciones. Todas estas cosas son terriblemente complejas y han de desarrollarse a fin de expresarse en el marco de los acontecimientos que conducirán a la perfección universal.

ואמנם רצה הרצון העליון שתהיה יד האדם מגעת לכל הענינים הרבים האלה - שכולם מתנועעים מתנועותיו ומעשיו של האדם. והרי אלה כונניות גדולות כאורלוגין הזה שאופניו פוגשות זו בזו, ואופן קטן מנועע אופנים גדולים ורבים - כך קשר האדון ב"ה כל בריאותיו קשרים גדולים, והכל קשר באדם, להיות הוא מנועע במעשיו, וכל השאר מתנועעים ממנו. והנה כסה הכל במכסה העור ובשר הגשמי הזה, שאין נראה אלא השטח הגופני הזה; אך באמת דברים בגו - כונניות גדולות שברא הקב"ה בעולמו לצורך הענין הזה כולו למעשיו ועבודתו, לעילויו ולתוספת קדושתו או לירידתו ופחיתותו ח"ו, וכל מצביו הרבים; וזה רק על ידי הנשמה בכל חלקיה ושרשיה אשר כלל בגופו. והוא מה שאמר דוד המלך ע"ה (תהלים מ, ו), "רבות עשית אתה ה' אלהי, נפלאתיך ומחשבתיך אלינו" וגו'; ואומר (תהלים קלט, יד), "אודך על כי נוראות נפלאתי, נפלאים מעשיך ונפשי יודעת מאד". כי אין הגוף משיג הדברים הרבים האלה כמו הנפש, מפני שאין הדבר נראה בגופניות, אלא ברוחניות.

Y, de hecho, la Voluntad Suprema quiso que el hombre participara en todos estos asuntos para que todos ellos se adaptaran a los movimientos que dependen de las acciones del hombre. Esto se podría comparar con el mecanismo de un reloj cuyas ruedas se unen de manera tal que una pequeña rueda pone en movimiento otras mayores. De este modo, el Santo, bendito sea, unió a todas sus criaturas con lazos seguros y las ha unido todas al hombre a fin de que por medio de sus actos él las mueva y se muevan todas por su intermedio. Y ha ocultado todo esto detrás de un velo de piel y de carne de manera que únicamente quede visible el plano corporal. Pero, en verdad, detrás de este velo hay un gran mecanismo establecido por el Santo, bendito sea, para las necesidades del servicio, de la elevación y el aumento de la santidad o, Dios no lo quiera, su disminución, así como para todos sus demás estados. Pero todo esto se sitúa en el alma, en su raíz y en sus partes, que ha incluido en el cuerpo. Es lo que dijo el rey David (*Salmos* XL-5): «Aumentado has tú, oh Eterno Dios mío, tus maravillas; y tus pensamientos». Y (*Salmos* CXXXIX-14): «Te alabaré; porque me formaste de una manera formidable y maravillosa; y esto mi alma conoce en gran manera». Y el cuerpo, al contrario del alma, no es capaz de percibir esta complejidad que no se puede percibir a nivel corporal sino únicamente en un plano espiritual.

והנה מן הדברים הנכללים בכונניות האלה הוא הרע בכל פרטיו, כמו שביארנו, וכל אלה דברים המצטרכים למצב הראשון הזה של האדם שהוא בעוה"ז. ותלויים כל אלה בענין גילוי יחודו ית', שכבר פירשתי ענינו למעלה, שהוא לגלות האור מתוך החשך, ומן הסתר הפנים הנעשה בראשונה עם כל תולדותיו יתגלה היחוד באחרונה.

Y entre las cosas incluidas en este mecanismo está el mal en todas sus facetas, como ya hemos explicado, así como todo lo que es necesario para la primera etapa del hombre en este mundo. Y todo esto depende de la noción de la revelación de la unidad del Bendito, de la que ya te he hablado, que consiste en la revelación de la luz a partir de las oscuridad. A partir del ocultamiento original del rostro en todas sus ramificaciones, habrá al final una revelación de la unidad.

ותביני, כי הנה רצה הרצון העליון שיתברר אמתת יחודו בפועל, כמו שביארנו כבר, וזה על ידי כל הסבובים שהוא ית' מסבב בעולמו,

כדברי הכתובים שזכרנו למעלה - (ישעיהו מג, י), "למען תדעו ותא־מינו לי ותבינו כי אני הוא אל" וגו'; (דברים לב, לט), "ראו עתה כי אני אני הוא" וגו'. כי בתחלה הוא רוצה לברר דבר זה בפועל, ומסבב כל סיבוב חגלגל אל הנקודה הזאת.

La voluntad suprema quiso que la verdad de su unidad fuera revelada concretamente, como ya hemos explicado, por medio de todos los ciclos que el Bendito desarrolla en su mundo. Los versículos que acabamos de citar así lo indican (*Isaías* XLIII-19): «Para que me conozcáis y creáis, y entendáis que yo mismo soy Dios». Y (*Deuteronomio* XXXII-39): «Ved ahora que yo, yo soy, y no hay dioses conmigo». Al principio quiso manifestar esto en la práctica y puso en movimiento todo el ciclo.

ואמנם כשיהיה נשלם הענין הזה, פירוש, שכבר נתברר דבר זה בפועל, משם והלאה יהיה הדבקות וההשגה שישיגו הנמצאים להת־קשר בו ית' ולהתענג בשלמות יחודו שכבר נתגלה, ליהנות מזיו שכינתו, ולהשיג בשלמותו זה תמיד דברים עמוקים מהראשונים, עד אין סוף ועד אין תכלית.

Cuando esto se haya alcanzado, o sea, cuando todo esto se haya manifestado en la realidad, a partir de ese momento habrá unificación y realización, y sus criaturas alcanzarán la unión con Él y el gozo de la perfección de su Unidad que habrá sido revelada. Todos ellos se alegrarán en el esplendor de su presencia y por medio de esta perfección alcanzarán nociones cada vez más profundas sin límite y sin razón.

נמצא בכאן שני סוגים בפעולותיו ית', א' - מה שיעשה אחר שכבר נתברר יחודו והאמינוהו בני האדם בפועל, והוא כלל השכר והגמול אשר מהותו ופרטיו לא מושגים הם עתה מן הגוף, רק זה נדע ודאי שהמין בכלל הוא, להיות נהנים מזיו קדושתו ית', כמאמרם ז"ל (בר־

כות יז ע"א), "צדיקים יושבים ועטרותיהם בראשיהם ונהנים מזיו השכינה".

Hay, pues, dos tipos de acciones divinas con respecto al Bendito. La primera consiste en lo que hará después de haber revelado su Unidad y ésta sea comprobada por todos los mortales. En este nivel se encuentra el principio de la recompensa y el castigo, cuya esencia y detalles no pueden ser percibidos actualmente por el cuerpo. Sin embargo, sólo conocemos de manera cierta el carácter general de esta recompensa que es el regocijo que produce el esplendor de su santidad, tal como han afirmado los sabios, de bendita memoria (*Berajoth* 17a): «Los justos están sentados con coronas sobre sus cabezas y se regocijan en el esplendor de la *Shekinah*».

ואין ספק לנו שיהיו שם פרטים רבים של מיני הנאות, ק"ו מן העולם הזה שהוא כצל עובר, וקבע בו האדון ב"ה כמה מיני הנאות טובות ליהנות מהם בני אדם, אך כללם אינם אלא הנאות החושים, כל שכן עולם שכולו טוב, שאף על פי שהמין הוא אחד, שהרי אין שם טובה אלא טובה רוחנית של השכלה ודבקות, אך הפרטים יהיו רבים. והוא מה שאמרתי לך מענין השפעתו ית', שלא חודשה אלא להוליד עניינים רוחנים של קדושה.

Y no hay ninguna duda de que habrá numerosos aspectos distintos de placeres, *a fortiori* de lo que vemos en este mundo, que no es sino una sombra pasajera, en el cual el Santo, bendito sea, ha puesto numerosos tipos de placeres para el beneficio de los hombres, si bien en su generalidad se trata únicamente de placeres de los sentidos. Y mucho más será en ese mundo en el que todo es bien, aunque allí sólo gozarán de un tipo de placer espiritual hecho de comprensión e unión con el Bendito. Sin embargo, las facetas del bien serán muy numerosas. Esto fue lo que te dije a propósito de la influencia, que sólo se originó con el fin de engendrar los estados de santidad espiritual.

והסוג הב' - הוא מה שהאדון ב"ה עושה כל זמן שעדיין הולך האמת הזה ומתגלה, שלא נשלם עדיין גילויו, הלא זה מתחלת הבריא,ה עד הגאולה העתידה שתהיה במהרה בימינו, שאז נאמר (זכריה יד, ט), "והיה ה' למלך על כל הארץ ביום ההוא יהיה ה' אחד ושמו אחד".

El segundo tipo es lo que realiza el Señor, bendito sea mientras se revela esta verdad y sea completamente desvelada, es decir, desde el principio de la creación hasta redención final, ¡que venga pronto en nuestros días!, a propósito de la cual ha sido escrito (*Zacarías* XIV-9) «Y el Eterno será rey sobre toda la Tierra. En aquel día, el Eterno será uno, y su nombre uno».

ואמנם כל הכונניות האלה שזכרנו למעלה, כולם תלויים על מדת הסוג השני הזה, שהוא לגלות יחודו ית', וזה על ידי הסתר הפנים שיקדים לגילוים, כחו שביארנו למעלה. ובכלל הכונניות הוא ענין הרע שזכרנו. ואמנם הרע מצד עצמו לבדו אינו אלא קלקולים והפ־סדים והשחתה, אך עם שאר הכונניות, אדרבא, ממנו נמשך תועלת לאדם עצמו, כי בו תלוי כל הזכות ומציאות העבודה, וזה - בעמ־דו לא לנצח אלא להנצח, פירוש, שאין המצאו אלא להיותו נסתת מן האדם כאבן העומדת על פרשת דרכים שהביאו במשלם במדרש שזכרנו למעלה.

Sin embargo, todo el mecanismo que acabamos de mencionar se relaciona con la segunda categoría cuyo objetivo es revelar la Unidad por medio del ocultamiento del rostro anterior a la revelación del rostro, como hemos explicado más arriba. Y en el interior de este mecanismo se encuentra la idea del mal. Ahora bien, aunque el mal en sí mismo no es más que defecto, pérdida y destrucción, al estar situado en el seno de un sistema mayor, junto con los otros mecanismos, adquiere una dimensión positiva para el hombre. Con el mal está relacionada la noción de mérito, así como las posibilidades del servicio divino. Y esto es porque su finalidad no es vencer, sino ser vencido. Es decir, el mal solamente existe para que el hombre lo domine como la piedra del ejemplo del *Midrash* que hemos recordado más arriba.

ותראי כי הרע נברא להבטל, ויש לדון בו בשני דרכים, מצד המצאו ומצד הבטלו, פירוש, מצד ההתחלה ומצד הסוף. מצד ההתחלה הוא רע ודאי, אך מצד הסוף - גם זו לטובה. כי הנה אפילו בזמן שמתחזק וגובר עדיין - גם מזה נמשך טוב, כי זהו החשך שממנו יהיה ניכר האור של השלמות העליון בזמן שיתגלה לעתיד לבא. ועוד, שהרי זה בירור אמתת היחוד בכל גדרו, כמו שביארנו לעיל, ומצד זה, יותר שמחשיך והולך - יותר יתגלה אמתת היחוד בבטלו את הרע הזה. ועוד, שהוא גורם ריוח לאדם עצמו המתנסה בו, כמשל הזונה עם בן המלך שדרשו חז"ל (ברכות לב ע"א). ועוד, שהרי נמצאת עבודה ומעשה ממש לאדם, שהוא מתקן הבריאה בידיו, ומעביר החסרונות שבה, ונעשה שותף כביכול להקב"ה בעולמו.

Y verás que el mal fue creado para ser anulado, y se lo puede considerar de dos maneras, desde el punto de vista de su existencia y desde el punto de vista de su aniquilación, es decir, en términos de su comienzo o de su fin. En términos de su comienzo, es malo, pero en su fin «también esto es para bien».[50] Pero en el momento en el que se amplifica, actúa como precursor del bien. Pues es a partir de esa oscuridad que será reconocida la luz de la Perfección Suprema cuando se revele en el futuro por venir. Además, ésta es la manera como se aclara la verdad de su unidad en toda su dimensión, como ya hemos explicado. Y a partir de este ángulo, cuanto más oscura sea, mayor será la revelación de la verdad de su unidad cuando se aniquile el mal. Además, le proporciona un beneficio al hombre al que somete a prueba, como en la parábola de la prostituta y el hijo del rey (*Berajoth* 32a) y además le da al hombre la oportunidad de servir y actuar mejorando

50. Expresión talmúdica tomada del tratado de *Taanit* (21a).

la creación por medio de sus obras. Eliminando del mundo las imperfecciones se convierte en algo así como un socio del Santo, bendito sea, en su mundo.

ועוד, הנסיון שהוא גורם לצדיקים, פירוש, לא בבחינת הפיתוי לעבירה שכבר זכרנוהו, אלא עיקר הנסיון הנולד מהסתיר האדן את פניו הוא - כי הלא ה' אמר על ידי כל נביאיו כי הוא המשגיח על כל נבראיו, ועיניו על כל דרכי איש לתת לאיש כדרכיו וכפרי מעלליו, אל אמונה ואין עול, והנה אחר אשר השמיענו כזאת, הנה הוא מסבב עולמו במסיבות עמוקות ועצות מרחוק, המראים לכאורה ח"ו הפך זאת, כי פעם יראה כאלו הכל ביד המקרה, הכל כאשר לכל, ופעם כי נבנו עושי רשעה, ולא מצאו כל אנשי חיל עובדי ה' שכר טרחם ועמלם, כמה צועקים ואינם נענים, וכל שאר הענינים אשר הניח ה' לנסות בם את לבות בני אדם; והוא מה שאמר דוד המלך ע"ה (תהלים עג, ב - ג), "ואני כמעט נטיו רגלי וגו' כי קנאתי בהוללים" וגו'.

Y, además, es la fuente de las pruebas de los justos, no tanto por la tentación de transgredir, de la que ya hemos hablado, sino esencialmente de la prueba que constituye el ocultamiento del rostro del Santo, bendito sea, pues Dios ha dicho por intermedio de todos sus profetas que es Él el que supervisa a todas sus criaturas y que son sus ojos los que observan los caminos de los hombres a fin de retribuir a cada cual de acuerdo con sus actos y sus comportamientos, pues es un Dios fiel, sin yugo. Y después de decirnos todo esto, conduce su mundo a través de complejos acontecimientos y un designio profundo que parecen probar lo contrario. Todo parece, a veces, entregado al más fortuito azar y es como si los que hacen el mal progresaran mientras que los hombres de valor, los sirvientes de Dios, no ven la justa recompensa a sus esfuerzos y labores. ¡Ay, cuántos imploran y no se les hace caso...! Lo mismo ocurre con todos los otros casos en los que Dios prueba el corazón de los hombres. Es lo que dijo el rey David (*Salmos* LXXIII-2 y 3): «En cuanto a mí, casi se apartaron mis pies... Porque me enojé contra los locos, etc.».

כי זה הוא הנסיון - לראות היעמדו בני אדם באמונתם, ולא תמוש מלבבם היתד התקועה לאמר, ודאי אל אמונה ואין עול, אף על פי שאין אנו מבינים דרכיו. ועל זה נאמר (חבקוק ב, ד), "וצדיק באמונתו יחיה", וכמו שביארנו למעלה כבר. והנה זה ריוח גדול מאד מהתעלם השלמות העליון, ומקום הניח לרע להחשיך פני העולם לנסיון גדול כזה. כי עתה צא וחשוב כמה יהיו חביבים לפניו ית' הצדיקים אשר יעמדו בנסיון כזה, וכמה שכר גדול ינתן להם חלף עבודתם לעתיד לבא. והרי זה מכלל כבודו ית' - שאפילו החושך הגדול של הסתר פני טובו אינו אלא לכבודו, והוא הגורם שכר טוב כפול ומכופל לצדיקים.

Y en esto consiste precisamente la prueba: ¿guardarán su fe los hombres y permanecerán firmes sus corazones para decir «es ciertamente un Dios fiel, sin yugo, incluso si no comprendemos sus caminos»? A propósito de esto ha sido escrito (*Habacuc* II-4): «Y el justo vivirá por su fe», como ya hemos dicho más arriba. Por ello, hay un importante beneficio en la ocultación de la Perfección Suprema, por lo que dejó un lugar al mal a fin de oscurecer el rostro del mundo para una prueba tan grande como ésta. Considera ahora cómo el Santo, bendito sea, amará a aquellos que superan semejante prueba y cuán grande será la recompensa de su esfuerzo en el futuro por venir. También esto forma parte de la gloria divina, incluso esta profunda oscuridad y el ocultamiento de su rostro forman parte de la gloria de Dios, ya que genera una recompensa buena y cuantiosa para los justos.

ואמנם אין אחרית זה לרע עצמו לגמור הכל רק בטובה, אלא על פי הכונניות הגדולות שזכרנו, שהם הם גלגולי דברים המסבבים את הכל לטובה. ואמנם מציאות הרע בלי הכונניות האלה, כבר זכרנו

איך איננו אלא רע ומר, השחתה והפסד. ואמנם בהתיצב עליו אלה הכוננויות, הנה מיד יוכל גם הוא לימנות בצרכיו של האדם ותקוני בנינו, כי אף על פי שבחוקו מצד עצמו אין בו כי אם לעשות רע, אך בהשתתפו עם כל הכוננויות שהכין האדון ב"ה לתקן הדברים, הנה אינו עומד אלא לינצח, כמו שביארנו. וצריך שיהיה באדם היצר וכל. התאוות הרעות, לא לימשך אחריהם אלא לכפות אותם ולהעבירם.

Y, ciertamente, el mal no puede tener el bien por finalidad, si no se integra en el mecanismo mayor del cual ya hemos hablado, es decir, en los encadenamientos de causa y efecto que hacen que todo se transforme en bien. Pero el mal, cuando se encuentra fuera de estos mecanismos, es esencialmente amargo, es pérdida y destrucción. Sin embargo, en el seno de estos mecanismos, se lo puede considerar como una necesidad del hombre y como uno de los componentes esenciales de su formación. Pues, aunque su naturaleza sea una fuerza para la realización del mal, cuando se asocia con todos estos mecanismos que estableció el Santo, bendito sea, para el logro de la perfección, únicamente ha sido creado para ser vencido, como ya hemos explicado. El hombre ha de poseer una Mala Inclinación y deseos malvados no para someterse a ellos, sino para darles la vuelta y librarse de ellos.

ואמנם עם כל זה אינו אובד טבעו הרע, אלא שגם זאת טובה היא שיהיה הרע בכלל בנינו של אדם, כמו שביארנו, ואינו מפסידו ומ־ קלקלו מפני שיתוף ההכנות הטובות שנעשו כבר בחוקו של האדם, וכמו שביארנו. ואמנם סוף כל סוף, כשיולד הפרי האמיתי שצריך להולד מן הכונניות האלה, שלתכליתו נעשו, יהיה הפרי הזה העברת הרע עצמו מן הבריאה, והשלמת החסרונות.

Y, ciertamente, con todo esto, su mala naturaleza no desaparece, sino que sirve para el bien, ya que así el mal forma parte del hombre, como ya hemos explicado. Y este mal, por sí mismo, no produce pérdidas ni destrucción a las buenas disposiciones que preexisten en la naturaleza del hombre, como hemos explicado. Y al final, cuando sea generado el verdadero fruto de estos mecanismos, que son su objetivo, se revelará como la desaparición del propio mal de la creación y el perfeccionamiento de toda imperfección.

ונמצא, שבהיות האדון ב"ה מכונן את עולמו, כמו שביארנו, הנה היה מכונן והולך כל מה שצריך למצבו של אדם הראשון הזה זמן העבודה, ואז חידש הרע בכל חוקו וכחותיו לפי עצמו, שכבר יש בו כל כך כחות וחלקים כמו שהם חלקי העבודה והתיקון הנוגע לאדם. אחר כך השלים מעשהו לעשות כל הכונניות שזכרנו, המכוונים לכל מה שצריך להעברת הרע הזה, ולהעלות האדם בעילוייו, וכל שאר צרכי שלמותו וטובתו.

Y encontramos que cuando el Santo, bendito sea, estableció su mundo, como ya hemos explicado, dispuso todo lo necesario para esta primera etapa del hombre, la del servicio divino. Entonces hizo aparecer el mal, con su naturaleza y sus propias fuerzas, cuyos detalles y partes corresponden a las diversas modalidades del servicio y del perfeccionamiento relacionado con el hombre. Después de esto perfeccionó su obra creando todos los mecanismos que hemos mencionado, diseñados para hacer todo lo necesario para hacer desaparecer el mal y para elevar al hombre hacia sus niveles superiores y cumplir con todas las otras necesidades de su perfección y de su bien.

ואז לא ניתן מקום לרע לעשות ככל חוקו, אלא אדרבא, להתפעל מכל מה שהכין האדון ב"ה להעביר רעתו. ועל פי כל הדברים האלה נברא אחר כך העולם השפל הזה, והאדם אשר בו. ונמצא, שמעתה כל מדת הטוב, שהוא כלל כל הכונניות העליונות שזכרנו, ואף מדת הרע עצמה, שניהם נכנסים לטובה בבנינו של האדם; אך גמר המ־לאכה הוא כשיצא הפרי מכל הסיבוב הזה, שהוא התיקון הכללי.

El lugar dejado al mal no le permite actuar según toda su medida mas lo somete a lo que el Santo, bendito sea, ha preparado para eliminarlo. El mundo inferior y el hombre que en él se encuentra fueron creados en función de todos estos elementos. Ahora comprendemos que toda la medida del bien, que es el principio de todos los mecanismos celestes que hemos mencionado, así como la medida del mal, ambos son instrumentos benéficos para la construcción del hombre. La realización final será el fruto de todo este proceso, cuando se haya alcanzado el resultado, tendrá lugar la corrección universal.

ואמנם עד שלא נגמרה המלאכה הזאת, אף על פי שהרע עומד גם הוא לטובתו של אדם - להנצח ממנו, יכול להיות גם לרעתו ח"ו, אם לא ינצחנו, כי אז הרע יהיה גובר, והתיקון לא. אך אחר גמר המלא-כה שיבוטל הרע, אז שלות כל הבריאה תהיה נצחית, שלא תפסק כלל ועיקר.

Pero mientras este proceso no haya sido completado, aunque el mal fue diseñado para el bien del hombre, para ser vencido por él, también puede ser para su mal, Dios no lo quiera, si es que el hombre no puede dominarlo. Entonces es el mal y no la corrección lo que prevalece. Pero al final del proceso, cuando el mal sea destruido, la creación alcanzará un estado de quietud eterna que nunca cesará.

קכה) אמרה הנשמה - עד הנה דיברנו מן הרע בכלל. צריך לפרט יותר הענין, לדעת דרכיו בפרט.

125. Dijo el alma: hasta ahora hemos hablado del mal de una manera general. Hay que precisar más en este asunto para conocer sus caminos en detalle.

קכו) אמר השכל - מציאות הרע הזה נכלל בשני ענינים, א' - הוא השפלות ופחיתות, והב' - ההפסדים של ההויות. ונדבר על ראשון ראשון. הענין הראשון אמרנו שהוא השפלות והפחיתות, וזה - כי הנה גם המלאכים עצמם הולכים ונשפלים במעלתם זה תחת זה, אך עם כל זה כולם ברורים, כולם נכבדים ויקרים. ואין הפחיתות אלא בגוף הזה אשר לאדם, וממנו ולמטה, שנמשכים הדברים בדרך גופניות וחומריות, סוף דבר - עפר מן האדמה. ואמנם עם כל זה תביני עוד, שאם היה האדם במעלה ההגונה לו, לא היה עדיין זה לגביו שפלות ובזיון, כי מי שהוא במדרגה ההגונה לחוקו הוא במקום שראוי לו, ואינו פחיתות כל כך, אפילו שהמדרגה בעצמה תהיה שפלה.

126: Dijo el intelecto: la esencia del mal contiene dos principios: por una parte, su bajeza y su vileza, y, por otra parte, la degradación de las criaturas. Vamos a hablar de ambas. La primera esencia, la de la bajeza y la vileza, afecta incluso a los ángeles que se clasifican según un orden descendente. A pesar de esto, todos ellos siguen siendo seres elevados, importantes y de gran valor. La bajeza sólo se aplica al cuerpo del hombre y a lo que se encuentra debajo de él, o sea el desarrollo del plano corporal y material que se extiende hasta el polvo de la tierra. Sin embargo, hemos de comprender que si el hombre estuviera en el nivel adecuado para él, no conocería ni bajeza ni vergüenza, y estaría en su lugar. No hay, pues, disminución, aunque se trate de un nivel bajo.

אך עיקר השפלות ופחיתות הוא למי שהיה יכול להיות עליון יותר, וראוי היה לו להיות עליון יותר, והוא שפל ופחות. והנה עדיין אני דובר בכלל, נבא עתה בפרט, ונבחין מציאות האדם בחשיבותו ופחיתותו וכל מדרגותיו. ותראי שיש בענין זה חכמה עמוקה, כי האלהים עשה את האדם מתחלף במצביו הרבה מאד, כדי שיפול בו כל מה שצריך ליפול מן העבודת ומן השכר בכל הזמנים, ונבאר ענין זה היטב.

La bajeza y la vileza deben, en verdad, atribuirse al hecho de hallarse en un nivel inferior pudiendo estar en uno superior, que era posible alcanzar. Hasta ahora hablaba en términos generales, vayamos a los detalles para comprender al hombre en su nobleza, su pequeñez y todos los grados. Encontrarás en todo esto una profunda sabiduría ya que si Dios creó una gran variedad de condiciones para que el hombre experimentara todo lo necesario con respecto al servicio divino y a la recompensa. Vamos a desarrollar esta idea.

הנה האדם עושה מעשיו, ולמעשים האלה יש תולדות, כי מפני הכונניות שזכרנו נמצא שכל תנועה קטנה שבאדם מנועעת דברים רבים וגדולים - כלל כל הנבראים העליונים והתחתונים, הגשמים והרוחנים, וכל הכחות הנבדלים, והשפעותיו ית' בהם, וכמו שביארנו. ועם כל זה, לא כל בני האדם שוים, ולא כל המעשים שוים, כי גבולות גדולים שם האדון ב"ה לכל נבראיו בשיעור מדודקדק עד אין תכלית.

He aquí que el hombre hace sus acciones, y estas acciones tienen consecuencias. A la luz de los mecanismos que hemos mencionado podemos comprobar que el movimiento más insignificante del hombre puede alcanzar al conjunto de las criaturas superiores o inferiores, tanto materiales como espirituales, los poderes operativos e incluso las influencias divinas, como ya hemos explicado. Y, además, no todos los hombres son iguales desde este punto de vista, ni todos sus actos son iguales, ya que el Santo, bendito sea, estableció medidas muy precisas a cada una de sus criaturas.

וימצאו שני בני אדם, על שלחן אחד ידברו, יאכלו וישתו, ותולדות מעשי האחד יתעלו עד רום שמי השמים, ותולדות מעשי האחר לא יתעלו, ולא קרוב להם. ואביא לך ראיה ברורה, יונתן בן עוזיאל יושב ולומד - כל עוף הפורח עליו נשרף (סוכה כח ע"א), ואחרים לאלפים ולרבבות יושבים ולומדים, ולא יהיה להם כן; וזה מצד הפועל.

Podemos encontrarnos con dos hombres que están conversando a la misma mesa, comiendo y bebiendo, y el alcance de los actos de uno de ellos se eleva hasta la altura de los cielos en sus ramificaciones, mientras que los de otro no ascienden ni se acercan a los del primero. Una prueba: Jonatán ben Uziel se sentaba a estudiar y todos los pájaros que volaban por encima de su cabeza se quemaban (*Sukkah* 28b). Miles y miles de personas se sientan a estudiar y no les ocurre nada así. Esto desde el punto de vista del que actúa.

ומצד הנפעל, קדשים יוכיחו, שאכילתם מצוה רבה, ואכילת חולין - לא כן, וזה וזה אוכלים אותם בדרך אחד; ולא עוד, אלא כהן האוכלם עושה מצוה, וזר האוכלם חייב מיתה. וגדולה מזו - המצוות עצמם, אמרו חז"ל (עבודה זרה, ג ע"א) "גדול המצווה ועושה ממי שאינו מצווה ועושה", והמצווה ועושה נמצא מתקן כל הבריאה כולה, ושאינו מצווה לא תשיג ידו לעשות כן; והרי שניהם עושים מעשה אחד ולכונה אחת.

Desde el punto de vista del objeto podemos aportar una prueba con la comida santificada, donde el acto de comer constituye un importante precepto, mientras que tomar comida no santificada no es ningún precepto, aunque en ambos casos comamos. Además, el sacerdote que consume comida que ha sido santificada está cumpliendo un precepto, pero aquel que no es sacerdote y la consume está incurriendo en pena de muerte. Más aún con las propias *mitzvot*. Dijeron nuestros sabios, de bendita memoria, que (*Avodah Zara* 3 a) «aquel que está obligado y las cumple tiene más mérito que aquel que no está obligado y las cumple». El primero corrige toda la creación mientras que el segundo no puede hacerlo. Y ambos realizan el mismo acto con la misma intención.

אך הענין הוא, שתנאי הפועל והנפעל בכל המתלוים להם הם הם המשנים ומחליפים תולדות המעשים. יונתן בן עוזיאל לפי שהוא איש קדוש ונורא מאד, ונשמתו מעוטרת בעטרי קדושה והארה רבה, על כן כל מעשה אשר יעשה יעלה ויגיע לרומו של עולם, וינועע כל אופני הקודש; ואדם אחר שאינו כל כך קדוש, ואינו מעוטר באלה העטרות, לא יתעלו מעשיו לעילוי זה. וכאן ההדרגה רבה, לפי הכנת האדם, ולפי הכנת המעשים עצמם, והזמן, וכל שאר המתלוים.

Pero la verdad es que las condiciones que afectan al agente y al objeto y todo lo que depende de ellos son las que cambian y alteran los resultados de esos actos. Como Jonatán ben Uziel era una persona de una santidad extraordinaria, con el alma coronada con una luz brillantísima, todos sus actos ascendían hasta alcanzar las mismísimas alturas celestiales moviendo todos los santos *ofanim*.[51] Los actos de otro hombre que no fuera tan santo y no poseyera esas coronas no hubieran podido alcanzar una altura semejante. Hay una gran variación de grados que dependen de las disposiciones de los hombres, de las acciones, del tiempo y de otros factores.

הלא זאת ההכנה הכללית שנתן הקב"ה לעמו ישראל בתחלה, להיותם מקיימים ועושים כל התורה והמצוה, כי זולת זה לא היו יכו־לים לעשות במעשיהם מעשה התיקון הגדול שהם עושים לכלל כל הבריאה, כמו שנבאר. ועם כל זה, בהם עצמם יש ההדרגה שזכרנו, כי לא ידמה מעשה אחד מעמי הארץ למעשה אחד מן בעלי התורה; ולא מעשה בעל התורה עצמו שאינו כל כך מקודש במעשיו למע־

51. El término hebreo *ofanim* podría traducirse como «ruedas». A menudo, se usa para referirse a las del carro que el profeta Ezequiel observa en sus visiones (*Ezequiel* I-16), también llamadas *galgalim* («esferas» o «torbellinos»). Sin embargo, aquí parece adoptar el uso que leemos en Enoc 61:10, donde los *ofanim* son seres celestiales que no duermen nunca y guardan el trono de Dios junto a querubines y serafines.

שה המקודש ממנו; ולא מעשה המקודש למעשה המקודש יותר, מן השרידים אשר ה' קורא; וכן על דרך זה עד משה רבנו ע"ה.

Éstas son las condiciones generales con las que el Santo, bendito sea, dotó al pueblo de Israel, al principio, para que cumplieran y realizaran toda la *Torah* y todas las *mitzvot.* Ya que sin esto no estarían en situación de realizar con sus actos la gran corrección de la creación, como vamos a explicar. Sin embargo, esta variación que hemos mencionado se da incluso en ellos ya que no se pueden comparar los actos de alguien que estudia *Torah* pero no es santo con aquellos de otro que estudia *Torah* y además es un gran santo. O entre alguien santo y otro más santo como son algunos de los elegidos, hasta llegar al rango ocupado por Moisés, nuestro maestro, que en paz descanse.

והנה בענין זה צריך שתדעי בכללות המין האנושי, שכולו תולדות אדם הראשון - שיש בו חילוקים רבים, וזמנים נשתנו עליו. כי קודם חטא אדם הראשון, הנה אדם היה מעוטר ומוכתר בעטרות קדושה ויקר רב מאד, עד שבקשו מלאכי השרת לומר לפניו קדוש, כמא־מרם ז"ל במדרש (ב"ר פח, ו), והיה בו מן הידיעה ומן הקדושה וכל שבח מעלה שיעור גדול, להיותו יציר כפיו של הקב"ה. והנה כי כן - מעשיו היו מרעישים כל העולמות ודאי, כי לפי ערכו היה ערכם רם ונשא ודאי מכל המעשים שנעשו אחר כך תחת השמש.

Y he aquí debo explicarte algo relacionado con la especie humana en general, las generaciones de Adán, en el que existen numerosas diferencias y una gran variedad de épocas. Ya que Adán *haRishon*, antes de transgredir, estaba coronado con grandes coronas de santidad hasta el punto de que los ángeles quisieron cantar «santo» delante de él, como enseñan nuestros sabios, de bendita memoria, en el *Midrash* (*Bereshit Rabbah* 88:6). Poseía conocimiento, santidad y otras nobles cualidades en muy alto grado siendo, como era, obra de las manos del Santo, bendito sea. Y por eso sus acciones sacudieron todos los mundos pues, así como era él, sus acciones alcanzaron planos mucho más elevados que cualquier acción que hubiera tenido lugar debajo del Sol.

ועם כל זה, עוד היה עתיד להתעלות אל עילוי יותר אם היה עומד במצותו. וזה פשוט, כי מה שעתיד להיות אחר התחיה - היה יכול להיות מתחלה, גם בלא מיתה. ותראי, שאף על פי שהיה מעולה מאד מאד ממה שהוא המין האנושי עכשיו, עם כל זה הרי היה עלול ליפסד - לחטוא ולמות, כמו שהיה מעשה. ואם היה עומד במצותו, כבר היה נשלם בשלמות גמור, והיה נעשה נצחי ובלתי עלול לשום רע. ואמנם כשחטא, לא די שלא הרויח מה שהיה יכול להרויח, אלא שאבד מה שהיה בידו, ואז חזר להיות אדם שפל ונבזה כמו שהוא עתה; הוא מה שהכתוב אומר (תהלים מט, יג), "ואדם ביקר בל ילין נמשל כבהמות נדמו".

Sin embargo, él podría haber ascendido a alturas todavía mayores si se hubiera mantenido en la *mitzvah*. Ya que es evidente que lo que está destinado a ocurrir después de la resurrección de los muertos podría haber tenido lugar desde el principio, sin necesidad de pasar por la muerte. Pero no hemos de olvidar que, aunque estuviera mucho más elevado de lo que la raza humana lo está actualmente, era susceptible de degradación, pecado y muerte, como efectivamente ocurrió. Pero si hubiera cumplido con la *mitzvah*, habría alcanzado la perfección total, la existencia eterna y no hubiera estado sujeto nunca más a ningún mal. Sin embargo, con la transgresión, no sólo no obtuvo lo que podía haber obtenido, sino que ademas perdió lo que ya tenía y se convirtió en el hombre inferior y degradado que es ahora. Como ha sido escrito (*Salmos* XLIX-12): «Mas el hombre no permanecerá en honra; es semejante a las bestias».

והרי לנו בכאן שלשה חילוקים למציאותו של האדם, א' - מציאותו קודם חטאו, ב' - מציאותו אחר חטאו, ג' - מציאותו מה שהיה יכול

להיות אם לא היה חוטא, והוא המציאות שיהיה לעתיד לבא. והנה מציאותו קודם חטאו הוא מצב אמצעי בין מה שנהיה אחר כך ובין מה שהיה יכול להיות.

Y tenemos, pues, tres niveles en la existencia del hombre: su nivel anterior a la transgresión; su nivel después de la transgresión, y lo que hubiera podido ser su nivel si no hubiera transgredido y que sería como el que será en el mundo venidero. La existencia antes de la transgresión es un estado intermedio entre lo que fue después y lo que podría haber sido si no hubiera transgredido.

ונמצא שעל כל פנים לא נברא בשלמותו, אלא השפלה קדומה היתה לו מעת הבראו, שנולד במצב פחות ממה שראוי להיות אדם, והשפלה מוכנת לו באפשרות אם יחטא ואשם, וכמו שהיה. והנה הן כל אלה ענינים הכינם הבורא ית"ש, שחידשם ובראם לצורך הנהגת העולם הזה.

De esto se deduce que no fue creado perfecto, sino que sufrió una degradación preliminar a manos de Dios, ya que fue creado en un estado inferior al que le habría convenido y fue sujeto a una nueva degradación que se manifestaría en caso transgredir, y fue exactamente lo que ocurrió. Todo esto fue preparado por el Santo, bendito sea, para la dirección de este mundo.

ונבחין פה עוד הבחנות אחרות בענין הזה, לעמוד על בורים של דברים. חז"ל אמרו (תנחומא, אחרי מות, ב), "תפוח עקבו של אדם הראשון היה מכהה גלגל חמה", ומנו ששה דברים שחסר אדם הראשון בחטאו (במדבר רבה, יג, יא), ובהם, הקומה והזיו.

Ahora procederemos a señalar otros aspectos relativos a este asunto, a fin de comprenderlo en profundidad. Nuestros sabios, de bendita memoria, dijeron (*Midrash Tanjuma*, Ajarei Mot, 2): «La redondez del talón de Adán *haRishon* hacía oscurecer la esfera del Sol». Además, enumeraron seis cosas que Adán perdió a causa de su transgresión (*Bamidbar Rabbah* 13:11), entre ellas, la altura y el brillo.

וענין זה הוא, כי הבורא ית"ש עושה כל המעשים בדקדוק גדול עד מאד, וכל תנאי הדברים משוערים לפי הדבר הנשלם בהם; ובענייננו - אפילו תבנית האדם וצורתו וצורת ענינו, עשויים הם למידת חשי־בותו וערכו. וכבר ראינו מקרא כתוב (בראשית א, כו), "נעשה אדם בצלמנו כדמותנו", שמפני שרצה אותו מעולה מכל הנבראים, רצה שגם דמותו יהיה כן. ולא דמותו לבד ותבנית גופו, אלא כל מקריו ועניניו בדרכיהם יהיו עשויים לערך חשיבותו.

La idea es que el Creador realiza todas las cosas con la máxima precisión, y todos los aspectos de las cosas se establecen en función de la perfección que hay en ellas. Y en nuestro contexto, incluso la constitución y la forma del hombre, así como la forma de todo lo que se relaciona con él, son determinadas por su importancia y su nivel. Ya hemos visto el versículo (*Génesis* I-26) «hagamos al hombre a nuestra imagen según nuestra semejanza». Porque Él quiso que fuera superior a todas las criaturas, también quiso que su apariencia fuera verdadera. Y no únicamente su apariencia y su constitución, sino todos sus accidentes y todo lo que está relacionado con él tenían que ser conformes a su estado superior.

הלא תראי כמה מן הנקיון והסידור הנאה הושם במעשה בני האדם, מה שלא היה כלל במעשה הבהמות; וזה מפני עומק החכמה הרבה הנמצא בכל מעשי הבורא ית"ש, לעשות את הכל על הצד היותר טוב ומשובח שיוכל להיות, הכל בהקבלה ובהתקשרות ענינים אל ענינים וביחס נאות. תראי, האדם לא יכול להיות בזמן אחד אלא במקום אחד, וצריך משך זמן להתנועע ממקום למקום; המלאכים

לפי שהם נכבדים מן הגוף הזה - אינם כן, אבל התיחסה לפם הע־פיפה לקלותם. החושים של אדם אינם מרגישים אלא באותו השי־עור וגבול המחוקק להם; הרוחנים אינם כן כלל. כללו של דבר, עצם מהות הנושאים ומקריהם בכל עניניהם מתיחסים הם תמיד.

Considera la limpieza y la disciplina que hay en la obra humana que no existe entre los animales. El responsable de esto es la gran sabiduría que caracteriza todos los actos del Creador, que lo hace todo de la mejor manera posible por medio del establecimiento de asociaciones y relaciones adecuadas entre los diversos asuntos. Observemos que el hombre, en un momento preciso, sólo se puede encontrar en un único lugar y que tarda un tiempo en desplazarse de un lugar a otro. Sin embargo, los ángeles, dada su agilidad al carecer de un cuerpo, no está limitados como el hombre, sino que les ha sido concedida la capacidad de volar. Los sentidos del hombre únicamente funcionan dentro de la medida y los límites que lo circunscriben, pero no ocurre así con los seres espirituales. Resumiendo, los accidentes de un objeto y el objeto en sí, en todos sus aspectos, siempre están relacionados.

ונמצא, ששתי הבחנות יש לנו להבחין בענין האדם וכל שאר הב־ריות, הא' - מציאות הענינים המכוונים במציאותם ובמקריהם, פי־רוש, התולדות הנולדות מהויתם ומפעולותיהם; והב' - הדרך שלהם, פירוש, צורתם וצורת פעולותיהם, כי מה שיניע הגוף יוכל להניע גם חנשמה והמלאך, אך זה לפי דרכו וזה לפי דרכו. והרי אלה שתים מידות - פעולות גדולות בפעולותיו ית', א' - קביעות מה שיולד מפ־עולות הנבראים, וזה כלל כל חוקות הנהגתו וסדרי כונניותיו שזכרנו; והב' - הקביעות איך יולידו הנבראים ההם התולדות ההם, וגם לזה יש סדרים גדולים הנאותים וצריכים להשלמת הענין הזה.

De eso se desprende que hay dos distinciones en relación al hombre y todas las demás creaciones. Uno: en lo referente a sus existencias y sus accidentes, o sea los resultados de sus existencias y sus actos.

Dos: sus vías, o sea, su forma y la forma de la realización de sus actos. Porque aquello que mueve al cuerpo también puede mover al alma o al ángel, aunque por vías diferentes. Estas dos categorías son fundamentales en las actividades del Creador. Primero, el establecimiento de lo que ha de resultar de las acciones de las criaturas, se trata del principio de las leyes de la dirección y los órdenes de sus mecanismos. Segundo, el establecimiento de la manera en que estas creaciones producen estos resultados. Y aquí también los grandes órdenes apropiados y necesarios para sus realizaciones.

ונמצא שבתחלה קודם חטאו של אדם היה הוא במעלה גדולה, ראשונה - בעיקר מציאותו, פירוש, בתולדות מעשיו, שהיו מגיעים לרום העולם, כמו שכתבנו; והשנית - בצורתו ובצורת מעשיו בתבנית גופו ממש, כי כבר היה זוך גופו כמציאות המלאכים ממש, עד שהיה מקום הגון לדירתו - הגן עדן, שהוא גם עכשיו מדור למלאכים ולרוחות. ועל זה רמזו רז"ל (ב"ר, כ, יב), באמרם, "בתורתו של רבי מאיר מצאו כתוב, כתנות אור". ודבר זה נתפרש הרבה כבר אצל חכמינו, שהכוונה במאמר הזה להודיע זוך ערך גופו של אדם הראשון לפני חטאו, שאחר החטא נתעבה ונעשה גס וכבד כיום הזה. וכבר ראינו דוגמא לזה בעולם, חנוך ואליהו, שגופם ממש נזדכך ונתעלה להיות כמלאכים העליונים. ופשיטא הוא שגם התנועעו ופעולותיו היו בדרך יותר דק ורוחני ודאי, כפעולות חנוך ואליהו כיום הזה.

Esto permite comprender cómo, antes de transgredir, Adán poseía un nivel muy alto. En primer lugar, desde el punto de vista existencial, es decir en términos de los resultados de sus actos, que alcanzaban las alturas del mundo, y, en segundo lugar, desde el punto de vista de su forma y de la forma de sus actos, en la estructura misma de su cuerpo. La pureza de este último lo hacía comparable a los ángeles y lo hacía apto para vivir en el jardín del Edén que es donde ahora habitan los ángeles y los espíritus. Nuestros sabios, de bendita memoria, hicieron alusión a esto diciendo (*Bereshit Rabbah* 20:12): «Está escrito en la *Torah* de Rabí Meir "vestiduras de luz"». Esto ha sido ampliamente comentado por nuestros sabios en el sentido que viene a enseñarnos cuál era el estado de pureza del cuerpo de Adán antes de su transgresión. Sin embargo, después de ésta, se volvió grosero y burdo, como lo es en la actualidad. Tenemos un paralelismo de la condición del Adán primordial con Enoc y Elías, cuyos cuerpos estaban tan purificados y exaltados que se podían elevar al nivel de los ángeles celestiales. Los movimientos y los actos de Adán eran también de un nivel más sutil y espiritual, como más adelante serían los de Enoc y Elías.

ותראי, כי גן עדן - מה שהיה הוא שיהיה - ודאי מקום דק ורוחני, ששם חונות הרוחות גם עתה; והתורה העידה על אדם שהיה שם, והיה אוכל ונהנה מן הפירות הצומחים שם. ואמנם כיון שהמקום אנו רואים שהוא עכשיו מדור לנשמות, צריך שהפירות שהיו שם לא היו דברים גשמיים וגסים, כמו שהם הפירות של העולם הזה, אלא יותר דקים מאד מאד, וכערך האויר לגבי העפר לפחות; והאכילה לא יתכן לגוף עב וגס כאשר הוא היום הזה, אלא לגוף דק וכמעט רוחני, וכגופם של אליהו וחנוך, כמו שביארנו. אמנם הוא הדבר אשר דברתי, שלפי ערך התולדות הצריכים להולד מן המעשים, כך הם דרכי המעשים ההם להעשות, וכל דברי הבריאה מתיחסים ומשתוים כל נושא עם כל תנאיו המעשים, התולדות, המקום, והפועל אותם, וזה ברור.

Y observa que el *Gan Eden* ha permanecido igual, un lugar sutil y espiritual, en el que residen los espíritus. La *Torah* atestigua que Adán vivía allí y gozaba de los frutos que crecían allí. Pero como para nosotros ese lugar es ahora la morada de los espíritus, deducimos que esos frutos no eran frutos materiales o espesos como son los frutos de nuestro mundo, sino muchísimo más sutiles como lo es el aire con respecto al polvo. Y el acto de comerlos, además, no podía ser llevado a cabo por un cuerpo espeso y grosero como el que hoy tenemos, sino por un cuerpo sutil, casi espiritual, como el de Elías o el de Enoc. De acuerdo con lo que te he dicho, los caminos y los actos están en relación con el modo en que se realizan, y hay una correspondencia exacta entre la naturaleza y las condiciones de todos los actos en términos de actos, resultados, lugar y agente, y esto está claro.

ותראי, כי הגופניות של אדם הראשון קודם חטאו היה בערך הרוח־ניות אשר לו עתה; צא וחשוב הרוחניות שלו איך היה, והתולדות של המעשים ההם עד היכן היה מגיע. ודי לומר מה שאמרו ז"ל במא־מר שזכרתי למעלה (ב"ר, ח, י), "בקשו מלאכי השרת לומר לפניו קדוש".

Observa que el grado de corporalidad de Adán antes de la transgresión era de un grado comparable a su espiritualidad actual. Imagínate, pues, lo que debería ser su espiritualidad de entonces, y lo que deben haber sido los productos de sus actos. Basta con recordar, como te he dicho anteriormente, lo que afirmaron nuestros sabios, de bendita memoria (*Bereshit Rabbah* 8:10): «pide a los ángeles que le canten (al hombre) santo».

ומינה נדון למה שהיה ראוי להיות אלמלא לא חטא, שהיה מתעלה בעילוי הגדול שהיה מזומן לו. כי כמו שאנחנו רואים שהגופניות שלו של אז הוא כרוחניות של עתה, נוכל להקיש מזה שהגופניות שלו אם היה מתעלה, היה יכול להיות כערך הרוחניות של אז, כי כן הדברים מתעלים מעילוי לעילוי.

A partir de esto podemos deducir lo que hubiera podido ser si no hubiera transgredido, ya que habría logrado un gran ascenso que le estaba destinado. De este modo venos que la corporalidad de Adán corresponde a la espiritualidad actual y que, si ésta hubiera ascendido, podría haber llegado a ser igual que su espiritualidad original. Ya que así son las cosas: progresar de un grado a otro.

ואמנם זה כלל ענין שני העצים - עץ החיים ועץ הדעת; שודאי אין מקרא יוצא מידי פשוטו, והעצים - עצים היו, והפירות - פירות, והאכילה - אכילה, אך פירות דקים ואכילה דקה, מה שאין מחשבתנו מציירת, שאינה מציירת אלא דברים גופניים. אמנם הלא גם בפירות הגשמיים יש הסגולות שמשתמשים בהם לרפואות ולדברים אחרים, ויש בסגולות הטבעיים דברים נפלאים. גם העצים האלה היה בפרים סגולה שחקק בו הבורא ית"ש, כי עץ החיים היה בפריו סגולה להכניס בלב הידיעה הנכונה והדביקות והאהבה אליו ית', והידיעה בדרכיו הקדושים, והיה שולל מן הנפש התאוות הגופניות; ועץ הדעת להיפך, היה פריו מכניס בלב התאוות הגופניות והחומריות וכל החטאים.

Y éste es el principio de los dos árboles; el árbol de la vida y el árbol del conocimiento. Sin embargo, el texto no se separa de su sentido literal: los árboles eran árboles, los frutos eran frutos, comerlos era comerlos. Sin embargo, se trataba de frutos sutiles, así como su consumo, algo que nuestra mente no es capaz de concebir, ya que únicamente es capaz de concebir formas corporales. Sin embargo, podemos ver que los frutos físicos poseen propiedades medicinales y otras, y que ciertas propiedades de estos frutos obran maravillas. Del mismo modo, los frutos de estos árboles también poseían ciertas propiedades que les había conferido el Santo, bendito sea. Los frutos del árbol de la vida poseían la propiedad de introducir en el corazón del hombre el conocimiento correcto, la unión y el amor del Creador, así como el conocimiento de sus vías sacando el alma las pasiones corporales. Por el contrario, el fruto del árbol del conocimiento poseía la capacidad de introducir en el corazón del hombre los deseos corporales y materiales, así como las transgresiones.

ואם היה אדם הראשון אוכל מעץ החיים ולא מעץ הדעת, היה מת־
דבק והולך בקדושת קונו, ומתענג על הוד קדושתו לנצח נצחים באין
מפריד. וכשאכל מעץ הדעת - נשקע בתאוות הגופניות, ואהב החו־
מריות. הנה כי כן, מדה כנגד מדה, אבד יקר רוחניותו, ונשאר גשמי
במספר הימים שנגזר עליו, עד שישבע פרי חטאו, ושב ורפא לו.
הכלל הגדול (מכות כג ע"א), "כיון שלקה הרי הוא כאחיך", אז ישוב
לאיתנו הראשון, וגם ישתלם מציאותו מה שלא נעשה.

Si Adán hubiera comido del árbol de la vida en lugar del árbol del conocimiento, habría entrado en una dinámica de acercamiento a la santidad de su creador y habría gozado de la gloria de su santidad eternamente, sin conocer la separación. Pero al consumir del árbol del conocimiento cayó presa de los deseos del cuerpo y amó la materialidad. He aquí por lo que, medida por medida, perdió la gloria de su espiritualidad para permanecer durante los días que le han sido concedidos, hasta que expire su transgresión, se arrepienta y sea curado según el principio (*Makkot* 23a) «una vez que lo han golpeado es como su hermano». Entonces regresará a su estado primigenio y completará todo lo necesario para alcanzar la existencia perfecta que no había tenido.

והנה כל זה הוא החלק הראשון של הרע; והשני הוא - ההפסדים
וההשחתה, כמו שביארנו. ותדעי שאין ההפסדים נופלים אלא בצו־
רה השפלה הזאת החומרית, ובכל צורה מעולה מזאת אינם נופלים.

Y todo esto en lo que se refiere a la primera categoría de mal. El segundo tipo de mal se refiere a la pérdida y a la destrucción, como ya hemos explicado. Has de saber que la pérdida se aplica únicamente a esta forma degradada y terrestre, no existiendo en formas superiores.

ובאדם הראשון עצמו בהיותו בצורה המתוקנת ומעולה יותר, כמו
שביארנו, לא היה שום חולי ושום נזק נופל בו. ואמנם כל זה הוכן

מתחילה ודאי, ובבריאת הרע עצמו נעשה כל אלה בחק הטבע הכ־
ללי, כמו שביארנו, אף כי כבר שמעת היות באדם השפלה קדומה
מעת הבראו, אם כן כבר נעשתה זאת לו ודאי.

Cuando Adán poseía la forma más perfecta y más elevada, era inmune a la enfermedad o al daño. Sin embargo, todo esto fue dispuesto desde el principio y estaba contenido en la creación misma del mal como una ley de la naturaleza. Y a la luz de la degradación original de Adán en su creación, esto nos resulta obvio.

ונמצא, שחידש מתחלה האדון ב"ה ההשפעה הצריכה להוית האדם
במציאותו השלם והמעולה, והרי זה מציאות עליון בכח אל האדם;
ואחר כך רצה להשפיל מציאותו, שלא יהיה בעילוי הראוי לו, אבל
פחות מזה, כדי שישאר לו מקום להשלים עצמו בהתעלותו אל
המדרגה העליונה ההיא הראויה לו. והנה ההשפעה היא הנשפ־
לת תחלה, ותש כחה ונשפל ערכה וחוקה, שלא תהיה עוד מולי־
דה האדם בעילויו זה, אלא בהשפלתו וחסרונו. והעיקר הוא שתהיה
ההשפעה הזאת נמנעת מלהוליד תולדתה בעילוי ושלמות, לא מפני
שלא יהיה בחוקה אלא כח קטן ומועט, כי זה לא היה נקרא השפ־
לה, אך שתהיה המניעה חוץ ממנה, דהיינו - אף על פי שמחוקה היה
ראוי להוולד ממנה התולדה השלמה, יעדר דבר זה ממנה מחמת
הרע המחודש, שגורם לה ההשפלה הזאת. והרי זה כענין הכתובים
(דברים, לב, יח), "צור ילדך תשי", (במדבר, יד, טז), "מבלתי יכולת
ה'", הנדרשים אצל חז"ל (עי' ברכות לב ע"א), כביכול, תשש כחו
כנקבה. ובהשפל ההשפעה בתשות כחה, אז נמצא מקום לרע ממש,
וכמו שביארנו.

De esto se deduce, pues, que el Señor, bendito sea, creó en primer lugar la influencia necesaria que corresponde al hombre en su estado perfecto y elevado y que es en potencia el nivel supremo de su existencia. Después, decidió bajar esta influencia para que no fuera su grado verdadero a un nivel inferior a fin de que tuviera la oportunidad de perfeccionarse elevándose de nuevo hasta ese nivel supremo. Lo que se degradó primero fue la influencia, su intensidad se debilitó, su valor y su naturaleza disminuyeron al generar al hombre, no en su estado superior, sino en la bajeza y en el defecto. Lo que hay que señalar es que este límite impuesto a la influencia no era inherente a su naturaleza pues entonces no nos hallaríamos antes una disminución, sino que procedería de un impedimento externo. O sea que, a pesar de su naturaleza, debería producir la creación de seres perfectos. Pero no puede hacerlo debido al mal que se ha originado y que es el causante de esta degradación. A esto aluden los versículos (*Deuteronomio* XXXII-18) «has debilitado la roca de tu nacimiento» y (*Números* XIV-16) «porque el Eterno no pudo» que nuestros sabios, de bendita memoria, interpretaron (*Berajoth* 32a) como «su fuerza se debilitó como la de una mujer, si se puede hablar así». Y cuando esta influencia se degrada por el debilitamiento de su fuerza, se expresa el mal, como ya hemos explicado.

ואבא עתה אל ענין שהזכרתיו לך בתחלה, והוא, שלא חקק האדון ב"ה ביטול והפסד לבריות שלמות, כי אם לבריות בלתי שלמות, שעל כן כשישתלמו הבריות לעתיד לבא לא יהיה עוד להם ביטול כלל. ומה שאני צריך לבאר לך עתה הוא, מה הוא החסרון הזה של השלמות המוליד הביטול. ותראי פה חכמה עמוקה בענין הנהגתו ית', וגודל יקרם של ישראל.

Y ahora llegamos al punto al que he aludido al principio: el Santo, bendito sea, no decretó la anulación y el deterioro en la naturaleza de sus criaturas perfectas, sino en la naturaleza de las imperfectas para que cuando se perfeccionen en el tiempo por venir, no estén sujetas a ningún tipo de anulación. Lo que ahora debo explicarte es la naturaleza de esa falta de perfección que produce la negación. Descubrirás aquí la profunda sabiduría de la dirección divina, así como la preciosa grandeza de Israel.

קכז) אמרה הנשמה - כבר אין כל תאותי אלא לדעת הדברים בשל-
מות על בורים, דבר דבר ותולדותיו. על כן אשמח מאד בידיעה זאת
שתודיעני.

127. Dijo el alma: mi único deseo es conocer perfectamente estas cuestiones, cada una de ellas a fondo, y me alegro muchísimo de que me las expliques.

קכח) אמר השכל - חלקי הבריאה הזאת, מי שמביט עליהם לפי
ראות עיניו, בתחלה לא יראם אלא ענינים מפוזרים ומפורדים, פי-
רוש, בלתי מתקשרים כולם אל תכלית אחת, אלא כל אחד ענין בפני
עצמו, לתכלית מיוחד, נשלם בעצמו, בלתי שיצטרך לחבירו, כי כל
כך מינים בדומם, כל כך בצומחים, כל כך בבעלי חיים, אין ביניהם
קשר ויחס שיצטרכו להעזר זה מזה, ושיתקבצו לתכלית אחת, אלא
כל אחד נברא למה שנברא, ועניניו משלימים לתכלית המכוון בו,
לא יותר. עם כל זה, ההדרגה המסודרת נראית בכל הטבע ודאי, וכל
מי שיקח בידו להתבונן מציאות הנמצאים, ימצאם הכל בהדרגה,
כשיתחיל משמי השמים וירד עד הארץ מתחת, ויתבונן בכל המינים,
ימצאם כולם זה תחת זה בהדרגה מסודרת אל נכון.

128. Dijo el intelecto: aquel que observa de un modo superficial las partes que conforman esta creación las hallará dispersas y desconectadas, es decir, sin unificar con un único fin dado que cada una se le aparecerá como una unidad en sí misma, coherente e independiente. Entre los minerales, los vegetales y los animales, las variedades son numerosas y no hay ningún objetivo en común que las lleven hacia una finalidad única. Cada una de ellas ha sido creada para su propio fin, que se basta a sí mismo. Sin embargo, la jerarquía que ordena la naturaleza es visible y se revela a cualquiera que reflexiona sobre ello. Empezando por los cielos de los cielos y descendiendo hasta los abismos de la Tierra, meditando sobre todas las especies, se

encontrará que todas ellas están establecidas escalonadas una debajo de la otra.

אך מי שיעמיק בחכמה, ימצא היות כל הנמצאות כולם מתקשרים קשר גמור זה בזה, שכולם צריכים להשלים הענין שאליו כיוונה החכמה העליונה בבריאה, וכולם מתקבצים לתכלית אחת, שתנאיו רבים וסדרם עמוק מאד, והם הם כל חלקי הבריאה הרבים האלה. הנה על כן יתיחסו כולם אלה לאלה בסדר שרצתה המחשבה העליונה, ומכולם יצא הפרי הטוב הראוי לצאת מן הבריאה.

Sin embargo, profundizando en la sabiduría nos encontramos con que todas estas creaciones están vinculadas entre sí y son necesarias para cumplir el designio determinado por la sabiduría suprema de la creación y fueron reunidas con un objetivo que comprende muchas condiciones y una profundidad de órdenes que forman la parte constitutiva de la creación. Por esta razón están todas vinculadas entre sí en el orden deseado por el pensamiento supremo, y juntas producen el buen fruto que es el resultado digno de la creación.

ודבר זה כבר אמרתי עמוק הוא, כי כאן. החכמה מתרחבת והולכת עד אין תכלית, לדעת פקודת כל הנמצאות, ומה הגיע אליהם בכונה הכללית הזאת שזכרנו. ורז"ל אמרו (אבות סוף פ"ו), "כל מה שברא הקב"ה בעולמו - לא בראו אלא לכבודו".

Ya te he dicho que se trata de un tema muy profundo, ya que en este lugar el saber ha de propagarse para conocer la función de cada criatura y el modo en que participa de la finalidad universal que hemos mencionado. Nuestros sabios, de bendita memoria, han dicho (*Avoth*, 6): «Todo cuanto creó el Santo, bendito sea, en su mundo, lo ha creado para su gloria».

ואמנם צריך להבין ענין הכבוד הזה, שגם הוא מחודש אצלו ית' ככל שאר התארים, וכמו שביארתי לך למעלה. וכשנבין התואר הזה, נבין פקודת כל הנבראים האלה בהשלמת הכבוד הזה, איך כולם צרי־כים להשלמתו, ואיך כולם מתקבצים אל התכלית הזה. ועתה די לנו לדעת רק בכלל אחד ההקדמה הזאת - שודאי כל דברי הבריאה מתקשרים הם, ומתקבצים אל תכלית האחד.

Y, ciertamente, hemos de entender la idea de «gloria», ya que también ella fue creada como los demás atributos de Dios, como ya ha sido explicado. La comprensión de este atributo permite comprender la finalidad de todas las criaturas que participan en esta gloria. Por el momento, el conocimiento de este principio es suficiente, a saber que todas las cosas de la creación están efectivamente interconectadas y unidas para un único propósito.

ונדע על כן, כי אין שלמות ענינם במה שהם נמצאים איש לדר־כו מקצהו, אלא במה שהם מתקשרים זה בזה, ומתאחדים לתכלית האחד שזכרנו; כי זה לבדו הוא ודאי שלמות ענינם, כיון שזה הוא המצטרך יותר לתכלית שבעבורו נבראו, שהוא התכלית הכללי שז־כרנו.

También hemos de saber que su perfección no se alcanza de forma individual, sino a la vez por todos los que están unidos en el mismo fin que hemos mencionado. Y sólo aquí se encuentra su perfección ya que es algo necesario para el objetivo para el cual fueron creados, el fin último que hemos mencionado.

ובאמת תראי, שגם במעשים אין רע נמצא בעולם אלא בחלקי הדב־רים טרם התחברם להשלמת הדבר, אך אין דבר מושלם שיהיה רע. וזה, כיון שידענו שכל מה שהקב"ה עושה הוא אך טוב מאד, הנה מה שנראה חסר בצד אחד באחד מתנאי הדברים, נשלם החסרון ההוא

בתנאי אחר שמשלים בעדו, ולא היה החסרון ההוא אלא מפני שלא נשלם הדבר ההוא בכל תנאיו, וכיון שישתלם - ודאי הוא טוב.

Y, ciertamente, verás que también en sus acciones el mal no se encuentra más que en elementos aislados, antes de ser reunidos en el conjunto que tiende hacia la perfección final.[52] Y nada que está completo puede ser malo, ya que sabemos lo que el Santo, bendito sea, ha creado es muy bueno.[53] Si alguna cosa nos parece defectuosa en algún aspecto, en alguna de sus condiciones, compensando esta falta con otros detalles, la cosa deviene perfecta. El defecto original únicamente consistía en que todas las condiciones aún no estaban reunidas. Una vez la cosa es completada, se convierte en bien.

ודבר זה מתאמת מן המעשה עצמו שהוא כך, והמעשה הכללי שהוא סיבוב העולם - יתברר הדבר שגם הוא כך בסוף הכל, בזמן שתתקיים הבטחת (ישעיהו יב, א), "אודך ה' כי אנפת בי", כי אז יהיו נגמרים כל חלקי המעשה, והנה יהיה המעשה אך טוב באמת.

Y esta cosa puede ser constatada en cada acto mismo, y la historia del universo identificada con el ciclo del mundo, también lo confirmará en el momento en el que se realice la promesa (*Isaías* XII-1): «Te doy gracias, oh Eterno, porque estabas enojado conmigo». Porque entonces todos los detalles de esta obra serán completados y podrán ser reconocidos como buenos de verdad.

והנה על כן נאמר שבתחלה הכין האדון ב"ה את הטבע כמו שביארנו, כל מין ומין שבה לפי מציאות המינים, כל אחד בפני

52. *Véase* párrafo 124.
53. Véase *Génesis* I-31.

עצמה בהדרגת מציאותם, ובענין זה נהיה הביטול וההפסד, שהוא ההפסד הנמצא בכל מין ומין לפי מציאותו. אך ענין התקשרם והקבצם לתכלית הכללי, אדרבא הוא תיקון לענין זה, כי בזה הוא שיוצאים מתחת ידי הרע וניצולים ממנו. והוא הענין שזכרנו כבר, שכל מה שברא הקב"ה בעולמו - לא בראו אלא לכבודו.

Por esta razón dijimos al principio que el Señor, bendito sea, ha ordenado la naturaleza del modo en el que lo hemos explicado, cada especie por separado dispuesta a lo largo de su nivel de existencia. Y es entonces cuando podemos hablar de anulación y de pérdida, una pérdida que afecta a cada especie en su nivel de existencia. Sin embargo, la corrección proviene de su interconexión y conjunción para alcanzar un fin universal y de este modo salen y se liberan del poder del mal. Es lo que ya hemos dicho: «Todo cuanto creó el Santo, bendito sea, en su mundo, lo ha creado para su gloria».

והכבוד הוא - שיהיה הוא ית"ש שמח בכל מעשיו, ויהיה לו מקום, כביכול, להנאות את כל מעשיו בטובו. וההנהגה בכל המעשים אינה אלא להביא הכל אל התיקון הגמור, שלא יהיה עוד מציאות לרע כלל. אך אין פרי זה יוצא אלא בקיבוץ כל המעשים כולם. ונמצא כי במיני הטבע מצד עצמם, לא מצד התקשרם, נהיה הביטול וכל ההשפלה וההפסד, אך בהתקשרותם נשרש תיקונם והצלתם מן הרעות.

Esta gloria reside en el hecho de que el Bendito se alegra en sus obras y permite que todas sus obras se alegren en su bien. Y el propósito último de todas sus acciones es que todo acceda a la perfección absoluta para que el mal no tenga ningún tipo de existencia. Pero a este resultado no se llega más que con la conjunción de todas sus obras. Concluyendo, la anulación, la degradación y el deterioro únicamente aparecen en las especies naturales cuando se diferencian sin considerar los vínculos que las unen mientras que en el nivel en el que se encuentran unidas se halla la raíz de su corrección y su liberación de los males.

קכט) אמרה הנשמה - אלה הם דברים ברורים ומיושבים על הלב. אבל עדיין צריך אתה לבאר ענין יקרם של ישראל שיעדת לפרש, שאינני רואה עדיין לו ענין בכאן.

129. Dijo el alma: son palabras clarificadoras que penetran en el corazón, pero aún ha de explicar cuál es la importancia de Israel de la que habías hablado, ya que por ahora no logro relacionarlo con lo que precede.

קל) אמר השכל - ביארתי הענינים המתחלפים בהשפעה הגורמים התחלף התולדות שהם המקרים המתילדים בעולם; אמנם הסיבה הראשונה לכל זה, והטעם להתחלף הענינים בהשפעה, זה הוא הענין התלוי בישראל שהזכרתי לך, ועתה אפרש. הנה הקב"ה עם ישראל הוא כאב אל בנו, וכאיש אל אשת נעוריו אשר כל תשוקתו ית' אלי-נו, וכענין שנאמר (שיר השירים ז, יא), "אני לדודי ועלי תשוקתו", וכתיב (תהלים מ, ו), "נפלאותיך ומחשבותיך אלינו", וכן נאמר (ויק-רא כו, ט), "ופניתי אליכם וגו' והרביתי אתכם".

130. Dijo el intelecto: ya he explicado las variaciones de la influencia, que conducen a las correspondientes variaciones que afectan al universo. Sin embargo, la causa primera que se encuentra detrás de todo esto y la razón de estas variaciones están relacionadas con Israel, como ya te he dicho, y ahora te explicaré por qué. Mira, el Santo, bendito sea, es como un padre para con Israel, o como un hombre con la mujer de su juventud: todo su deseo es para nosotros, según ha sido escrito (*Cantar de los cantares* VII-10) «Yo soy de mi amado, y conmigo tiene su contentamiento». Y (*Salmos* XL-5): «Tus maravillas; y tus pen-

samientos para con nosotros». Y (*Levítico* XXVI-9): «Me volveré a vosotros y os multiplicaré».

והיינו, כי הקב"ה תאב, כביכול, להשתעשע בברואיו ושמח בם, כענין שנאמר (תהלים קד, לא), "ישמח ה' במעשיו". ובהיותו באמת פונה אליהם, הנה מאהבתו אותם, ומשמחתו ששמח בם, כביכול, חושב מחשבות, ואינו פוסק להיטיב להם ולהרבות אותם, ומחדש להם טובו תמיד, השפעה אחר השפעה, בכל אופן היותר נאות לתיקונם וטובתם, כאשר יחשב האב הפונה באהבתו אל בנו. והנה העיקר בכל זה הוא ישראל, כי להם תאותו, כדברי הכתוב שזכרנו, "אני לדודי ועלי תשוקתו", וכל שאר הבריאה תלויה רק בהם, כי כאשר יפנה אליהם באהבה, הנה לא יהיה אלא מחדש תמיד טובות אחר טובות לכל העולם, טובות אמיתיות ושלמות.

Es decir, que el Santo, bendito sea, desea, por decirlo de algún modo, unirse a sus criaturas y alegrarse con ellas, como está escrito (*Salmos* CIV-31): «Alégrese el Eterno en sus obras». Y cuando se vuelve verdaderamente hacia ellas, porque las ama y éstas le producen alegría, por decirlo de algún modo, no deja nunca de beneficiarlas y multiplicarlas. Y renueva constantemente su bondad hacia ellas, influyendo sobre ellas siempre, según el modo más apropiado para su perfeccionamiento y su bien, como lo concebiría un padre lleno de amor hacia su hijo. Y he aquí que el factor esencial de todo esto es Israel, dado que su deseo es para ellos, como está expresado en el versículo que hemos citado «Yo soy de mi amado, y conmigo tiene su contentamiento». Y todo el resto de la creación depende de ellos ya que cuando se dirige a ellos con amor, renueva constantemente sus bondades para con el mundo entero, bondades verdaderas y completas.

אמנם קשה העבירה, לעשות שיהיה הקב"ה פונה ח"ו מישראל, וכבעל הכועס על אשתו או האב על בנו. ועל הזמן ההוא לאמר (בראשית ו, ו), "ויתעצב אל לבו", כי אינו שמח על העולם ובריותיו ח"ו,

ואז כל השפעה נעדרת, וסרה ההצלחה ח"ו. ונמצא, כי בריאת הרע אינה נולדת אלא מהסתר הפנים, שהאדון ב"ה לא פנה באהבה לגבי התחתונים ולא שמח בם, והרי זו סבה לכל העדר ההשפעה שזכרנו.

Ciertamente, la transgresión es grave ya que empuja al Santo, bendito sea, Dios no lo quiera, a alejarse de Israel como un marido enojado con su esposa o un padre con su hijo. A propósito de esta situación, ha sido dicho (*Génesis* VI-6): «Y le pesó en su corazón». Ya que en tales circunstancias no goza con el mundo y con sus criaturas. Entonces, la influencia es retenida y el éxito apartado. De este modo se ve que el mal procede únicamente del ocultamiento de su rostro, pues el Santo, bendito sea, no se dirige con amor hacia sus criaturas terrestres y no se alegra con ellas, y aquí se halla la causa del alejamiento de la influencia que hemos mencionado.

ותראי, כי באמת צפה הקב"ה מעשיהם של צדיקים ומעשיהם של רשעים. וענין זה לימדוהו אותנו רז"ל במדרש, שאמרו (ב"ר ב, ה), "מתחלת בריאתו של עולם צפה הקב"ה מעשיהן של צדיקים ומעשיהן של רשעים"; וכן אמרו (ב"ה, ח, ד), "מה עשה הקב"ה - הפליג דרכם של רשעים מכנגד פניו, ושיתף בו רחמיו ובראו".

Y mira, en realidad el Santo, bendito sea, previó los actos de los justos y los de los impíos. Esto nos fue enseñado por nuestros sabios, de bendita memoria, en el *Midrash* (*Bereshit Rabbah* 2,5): «En el momento de la creación del mundo, el Santo, bendito sea, previó los actos de los justos y los de los malvados». Y también dijeron (*Ídem.* 8:4): «¿Qué hizo el Santo, bendito sea? Alejó los actos de los malvados de su rostro, unió su misericordia (a su justicia) y creó el mundo».

והיינו כי כל בריאת העולם מתחלה היתה בדרך צפיית עתידות, כי היה צופה מה שהיה עתיד להיות, והיה מתקן סדרים לצורך כל הע־

תיד. והנה בצפיית מעשה הצדיקים היתה השמחה לו ית', ונולד מזה כל סידור ההשפעה הטובה, ובצפיית מעשה הרשעים - כל העדר ההשפעה והקלקול. ומשם והלאה נשאר חק ההנהגה בדרך זה, כי נועשי הצדיקים יולידו השמחה לו ית', וזה מקור לכל הטובות, ומעשי הרשעים, כביכול, יעציבו את הלב, וזה מקור כל הרעות.

Es decir, que toda la creación del mundo, desde el inicio, se llevó a cabo a través de la visión del futuro, pues previó lo que ocurriría y arregló los órdenes según las necesidades del futuro. Viendo las acciones de los justos, el Eterno sintió alegría y generó el orden de la influencia del bien, y viendo las acciones de los malvados fue el alejamiento de la influencia y la destrucción. A partir de entonces, el orden de la dirección de Dios se quedó así, los actos de los justos proporcionan alegría al Bendito y traen todos los beneficios, mientras que los actos de los malvados lo contrarían, por decirlo de algún modo, y provocan todos los males.

ותראי כי לולי היה האדון ב"ה צופה והולך במעשי הרשעים, לא היה לעולם קיום כלל, אלא הניח מעשה הרשעים, שכבר הם אינם לנצח, אלא אדרבא כלים ומתבטלים, ותפס במעשה הצדיקים, כי הם העומדים להתקיים לנצח נצחים, ובכחם ברא עולמו וקיימו; וגם חקק בו להיות הטוב מתגבר והולך, עד שיעבור הרע ובטל מן העולם לגמרי.

Y fíjate que si el Santo, bendito sea, se hubiera concentrado en los actos de los malvados, el mundo no habría subsistido. Se apartó de sus actos ya que estos no están destinados a ser eternos, ya que han de desaparecer y ser anulados, y tomó los actos de los justos que están destinados a permanecer eternamente. Creó el mundo con la fuerza de estos actos y con ella lo mantiene. Además, ha decretado que el bien se refuerce hasta que el mal desaparezca y sea anulado del mundo completamente.

ונמצא באמת, שכל סדרי ההנהגה העליונה וכל תולדותיה מיוסדים רק על ישראל, בפנות טובו ית' להם באהבה או בפנות מהם ח"ו; ונמצאו הם לבדם העיקר בכל הבריאה כולה, וכל השאר תלויים בם. ולא אאריך עתה בזה. מה שצריך לענינגו הוא מה שזכרתי בתחלה, כי בפנותו ית"ש באהבה אל התחתונים, תלויים כל תיקוני ההשפעה, וההפך בפנותו מהם.

En realidad, todos los órdenes del gobierno supremo y todas sus ramificaciones dependen únicamente de Israel, dependiendo de si el Creador dirige su bien hacia ellos o, Dios no lo quiera, si se aleja de ellos. No voy a extenderme ahora sobre este asunto. Lo que es necesario saber ahora es lo que dije al principio, que el hecho de que Dios se gire con amor hacia las criaturas terrestres se encuentra al origen de todas las correcciones de su influencia y lo contrario ocurre cuando se aleja de ellas.

ועד הנה השלמנו כל המצטרך לדעת בענין בריאת הרע. עתה נבאר את אשר סידר האדון ית"ש לתיקונו ולהעבירו מן הבריאה, להיות כל הנמצאות מתוקנים עד תכלית התיקון השלם שיהיה לעתיד לבא.

Hasta aquí todo lo necesario al asunto de la creación del mal. Ahora vamos a explicar lo que el Santo, bendito sea, dispuso para su corrección y para eliminarlo de la creación, a fin de que todas las criaturas alcancen la perfección última en el futuro por venir.

ואמנם, מה שצריך לדעת תחלה הוא, שאף על פי שחידש הרצון העליון את הקלקולים, כמו שביארנו כבר, לא היתה הכוונה להשאירם, אלא אדרבא להעבירם ולהביא אחריהם התיקון השלם, ועל כן גזר שלא יהיה הקלקול ביטול גמור שלא ישאיר זכר מן המתבטל, אבל עשה שיהיו קלקולים שיכולים ליתקן, כי תתקיים הוית הנב-

ראים אפילו בתוך הקלקולים, עד שתחשוב לאיתנה, כחולה המתר־
פא.

Y ciertamente, lo que hemos de saber en primer lugar es que, aunque la voluntad suprema haya producido pérdidas, como hemos explicado, su intención no era que éstas permanecieran, sino que se extirparan y fueran reemplazadas por la perfección absoluta. Por esta razón, decretó que estas pérdidas no supusieran una eliminación total donde no quedara ningún recuerdo de lo que se eliminó, e hizo que los defectos fueran corregidos y que la esencia de la creación perdurara a pesar de las destrucciones y pudiera recobrar su fuerza original del mismo modo que un enfermo logra la cura.

ותראי אמתת הדבר הזה בכל דברי העולם, כי לא הושמו הקלקולים לאבד הטוב, אלא לעוות, ואחר יסתלקו וישוב הטוב לאיתנו.

Puedes comprobar la veracidad de todo esto en los acontecimientos del mundo, la falta no se instituyó para que destruyera el bien sino sólo para que lo desgastara. Pero después de esto el defecto será eliminado y el bien recuperará su fuerza original.

ראי, אפילו המיתה שהיא הביטול היותר גדול שבעולם - אינה בי־
טול גמור, כי הרי יש תחית המתים, שאף על פי שהגוף שב לעפר, הנה הלוז שבו מתקיים כידוע (עי' ויק"ר יח, א), לבנות ממנו הגוף ההוא עצמו; כל שכן מה שהוא פחות ממיתה, שאינו ביטול גמור ודאי, אלא מתקלקל ויכול ליתקן.

Incluso la muerte, que es la anulación (ביטול) más grande en este mundo, no es una anulación total, ya que hay resurrección de los muertos. De este modo, aunque el cuerpo regrese al polvo, permanece el huesecito llamado *Luz* (לוז) a partir del cual se reconstruye el cuerpo (*Vayikra Rabbah* 18,1). Por esta razón, aquello que es menos que la muerte no podría constituir una anulación completa, sino sólo una degradación que se puede corregir.

וישראל בגלות הורידם עד עפר, שנאמר בהם (איכה ג, ו), "במח־שכים הושיבני כמתי עולם", ועם כל זה קרא כתיב (ויקרא כו, מד), "ואף גם זאת בהיותם בארץ אויביהם לא מאסתים ולא געלתים לכ־לותם" וגו'; וכתיב (מלאכי ג, ו), "כי אני ה' לא שניתי, ואתם בני יעקב לא כליתם". והיינו, כי אין הקב"ה נחם על מעשיו הטובים שי־מאסם, ואף על פי שמניח להם קלקול, אינו שעזבם ודחם בשתי ידים ח"ו, אלא מניח להם לסבול, מה שהוא יודע היותו סוף לטובתם; על כן הוא מקיים מציאותם, אבל מניחם הוא להצטרף בכור הנ־סיונות של הצרות הרבות והרעות.

E Israel en el exilio descendió hasta el polvo, según ha sido escrito (*Lamentaciones* III-6): «Me asentó en oscuridades, como los muertos para siempre». Pero también ha sido escrito (*Levítico* XXVI-44): «Y aun con todo esto, estando ellos en tierra de sus enemigos, yo no los desecharé, ni los abominaré para consumirlos, invalidando mi pacto con ellos». Y también (*Malaquías* III-6): «Porque yo soy el Eterno, no me he mudado; y así vosotros, hijos de Jacob, no habéis sido consumidos». Esto significa que el Santo, bendito sea, no se arrepiente de sus actos de bondad (מעשיו הטובים) para aborrecerlos. Incluso si la expone a un defecto, no los abandona ni los desecha, Dios no lo quiera, con sus dos manos. Sin embargo, los deja sufrir dentro de los límites que él conoce, para su bien. Ésta es la razón por la cual él los mantiene en su existencia y deja que se purifiquen en el crisol de muchas y amargas aflicciones.

אחר ישובו ויפרחו כגפן, ויצמחו מחדש כארץ תוציא צמחה וכגנה זרועיה תצמיח והזרעונים עצמם ראיה לדבר, שהם מתקלקלים תחת

הארץ, אך לא מתבטלים, אלא על כן מעפר יחזרו ויצמחו. נמצא, שלא המציא האדון ב"ה למעשיו ביטול ממש שאין לו תיקון, אלא קלקול שיכול ליתקן. והנה כמו שביארנו, שלהמצאת הביטול הזה לא ייחד האדון ב"ה שם שלמותו עליו, שאינו מיחד שמו על הרעה, כן אדרבא ממעשי שלמותו הוא לקיים כל דבר טוב, אפילו בתוך ההפסדים בשעת קלקלתו, ולא זז מרחף עליהם כדי לקיים הטוב, שלא יתבטל ביטול גמור.

Después, florecerán de nuevo como la viña y surgirán retoños nuevos, así como la tierra hace brotar sus frutos y el jardín sus granos. Estos mismos granos son la prueba ya que se descomponen bajo la tierra sin acabar de destruirse, sino que vuelven a brotar del polvo. De este modo, el Santo, bendito sea, no creó la anulación total e irremediable, sino únicamente un deterioro que puede ser corregido. Esto corresponde a lo que hemos explicado, que es que el Santo, bendito sea, no asocia su nombre a la anulación, o sea al mal, ya que es su naturaleza realizar el bien incluso en medio de la deficiencia, en el momento del deterioro, y no deja de sobrevolar por encima de lo existente para conceder el bien, para que no sea anulado por completo.

וראי ענין זה באדם מבואר באר היטב, וכמו שביארנו לעיל ההקבלה שיש בעניני האדם ועניני ההנהגה העליונה. אדם כי ימות, הנה נשמתו תעזבהו, וישוב העפר אל הארץ כשהיה. והרמז והענין אחד הוא, כי האדם בנוי מחושך הגופניות, הלא הוא גוף החשוך המחודש בהסתר פניו ית"ש, וכמו שביארנו, ומרוחניות המחיה אותו ומזככו, תולדת הארת פניו ית' להשלים חסרון נבראיו, כמו שביארנו גם כן. ובהיות האדון ב"ה מתהלך עם האדם כסדר הזה - גם האדם חי בעולמו. אך כאשר יניח ידו האדון ב"ה מהאיר פניו אליו, ויניח החושך אשר בטבעו לבדו, כן תסתלק הנשמה מן הגוף ההוא, וישאר הגוף מת כאבן דומם; ואולם גם יבטל ויפסד, כי סילק האדון ב"ה פניו ממנו, וכתיב (תהלים קד, סט), "תסתיר פניך יבהלון תוסף רוחם יגוען ואל עפרם ישובון".

Esto se aprecia claramente en el caso del hombre, como ya hemos explicado estableciendo un paralelismo entre el hombre y el poder directivo supremo. Cuando el hombre muere, su alma lo abandona y el polvo regresa a la tierra de la que ha salido. La alegoría corresponde perfectamente al asunto: el hombre está hecho de oscuridad material, su cuerpo oscuro se originó por medio del ocultamiento de su rostro, como ya hemos dicho, y la espiritualidad que lo anima y lo purifica es el resultado de la iluminación de su rostro que corrige los defectos de las criaturas. Mientras que el Santo, bendito sea, siga este poder directivo, el hombre vivirá en este mundo. Pero en cuanto deje de iluminar su rostro, y únicamente le quede al hombre la oscuridad de la naturaleza, el alma abandona el cuerpo que ha muerto y se puede comparar a una piedra sin vida. Además, estará sometido a la destrucción ya que el Santo, bendito sea, ha retirado de él su rostro como enseña el versículo (*Salmos* CIV-29): «Escondes tu rostro, se turban; les quitas el espíritu, dejan de ser, y se tornan en su polvo».

ואמנם כאשר לא לגמרי יסתיר האדון ב"ה את פני טובו לעולם, כי איזה שביב מאורו יגיה חשכת הסתר הפנים לקיומו של עולם, לכן לא יבטל גם הגוף הזה ביטול גמור ולא תעזבהו הנשמה לגמרי, אלא קיימו מה שקיבלו רבותינו הקדושים - המצא עם העצמות שבקבר איזה חלק חיות הנקרא בלשונם, הבלא דגרמי, המקיים המתים לצורך התחיה, שלא יהיו הקמים בתחיה בריאות חדשות, אלא אותם שכבר מתו עצמם, וקרא כתיב (ישעיהו נח, יא), "והשביע בצחצחות נפשך ועצמותיך יחליץ".

Pero gracias a que el Santo, bendito sea, no se oculta nunca completamente, ya que una chispa de su luz permanece en la oscuridad del ocultamiento de su rostro para que el mundo se mantenga, este cuerpo tampoco se disolverá completamente sino que tendrá lugar lo que nuestros padres que los huesos en la tumba conservan una cierta vitalidad llamada «luz vaporosa de los huesos» que conserva a los muertos hasta la resurrección, para que los que resuciten no sean nuevas criaturas, sino aquellos mismos que murieron, como ha sido escrito (*Isaías* LVIII-11): «Y el Eterno saciará tu alma y engordará tus huesos».

קלא) אמרה הנשמה - כל אלה דברים המתישבים על הלב הם ודאי, כי לא יהיה האדון ב"ה מואס יגיע כפיו, אבל את הטוב יקיים, ויסיר מעליו הרע בגלגולי מסיבותיו.

131. Dijo el alma: todas estas palabras, que son satisfactorias para el corazón, son también ciertas, pues el Santo, bendito sea, no rechazará la obra de sus manos, sino que la sustentará y la librará del mal en el transcurso de estos acontecimientos.

קלב) אמר השכל - עתה נתחיל בסדר תיקונו של העולם, ונאמר, כי הנה כבר שמעת שבשעה שחידש הבורא ית"ש את ההשפעה לצורך הטבע הזה מתחילה, שעדיין היה עתיד לחדש הביטול להשפעה ההיא, הנה הכוונה באמת בחידוש ההשפעה לא היתה לשתתקיים, אלא לשתתבטל, וכבר פירשנו דבר זה למעלה. אמנם ברצותו לחדש מציאות השפעה מתוקנת לשתתקיים, ותוליד התולדות המצטרכות בעולם, הנה הכוונה היתה באמת להרחיק ממנה הרע שכבר נתחדש לענינה, והרי כאן הכוונה הפך ממש מן הכוונה הראשונה, כמו שביארנו. וזה הראש וראשון למציאות תיקון הבריאה - להיות הכוונה נהפכת אל עשיית הטוב וקיומו, והצלתו מן הרע.

132. Dijo el intelecto: vamos ahora a comenzar con el análisis del poder directivo de la corrección del mundo (תיקונו של העולם). Ya has escuchado que en el momento en el que el Santo, bendito sea, produjo la influencia para esta naturaleza, al principio, incluso antes de establecer su anulación, la verdadera intención no era que esta influencia subsistiera, sino que fuera anulada. Y esto ya ha sido explicado. Sin embargo, al ser su voluntad crear una influencia perfecta y engendrar generaciones necesarias para el mundo, su verdadera intención era ale-

jar el mal que ya se había originado y, en esto, esta intención se oponía diametralmente a la primera. Y éste es el primer principio de la corrección de la creación, o sea, la inversión de la intención en vistas a la realización del bien y su mantenimiento, liberándolo del mal.

והנה המציא האדון ב"ה כל מידות השפעתו ומדרגותיה, מדרגה ומדרגה בתיקונה, שהכוונה בה תהיה רק להוליד הטוב, וריחק ממנה הרע, שהוא הביטול, שכבר נתחדש מציאותו ליפול בענין המדרגה ההיא. ובדרך זה הכין כל מדרגות השפעתו בהדרגתם. ובכל אחת מהנה הוצרך לעשות כל זה, פירוש, בראשונה - להפוך הכוונה בה רק אל תיקון הטוב להולדת הנמצאות כמו שביארנו, שנית - להרחיק ממנו הביטול שכבר חודש לה שלא ישוב ויבטלה. אמנם הרע גם כן לא רצה האדון לבטלו, אלא להרחיקו, אך שיהיה קיים ועומד כל זמן הצריך לבריות. וגם קיום הרע עצמו לא יהיה אלא מכחו ית', כי הוא לבדו עושה את הטוב ואת הרע ודאי, אך אין זה אלא הענין היותר שפל המתיחס להשפעתו והשגחתו ית'.

Y he aquí que cuando el Señor, bendito sea, dio origen a todas las medidas de su influencia y sus diferentes niveles, cada uno de ellos con su perfección correspondiente, la intención era producir el bien y alejar el mal para el mantenimiento del mundo, nivel a nivel, ató a cada nivel un aspecto de la realización del mal, o sea la anulación que ya se había originado para que operara en relación a ese nivel. De este modo, preparó todos los niveles de su influencia y en cada uno de ellos ocurre lo mismo. Es decir, en primer lugar, convertir la intención hacia el perfeccionamiento del bien sólo para la creación de las criaturas; en segundo lugar, detener la anulación que ya había sido creada para que no siguiera actuando. En verdad, el Señor no quería anular el mal, sino sólo alejarlo para que únicamente existiera cuando fuera necesario para las criaturas. Ésta es la razón por la cual la subsistencia del mal también procede de la fuerza de Dios, ya que Él es único creador del bien y del mal. Y he aquí el nivel más bajo de la influencia de la providencia del Bendito.

ונמצא שודאי סידר האדון ב"ה כל הדרגת השפעותיו למה שצריך לקיום העולם, מדרגה אחר מדרגה, ואחר כל אלה יחס לו גם כן עשיית הרע וכל חלקיו ועניניו. והנה יש ברע הזה מה שמקביל לכל חלקי ההשפעה הטובה, כי לכל חלק השפעה טובה - ככה חודש הביטול, ומכל חלק השפעה טובה רוחק הביטול המיוחד לה, אך לא נתבטל.

Y he aquí que el Señor, bendito sea, ha ordenado todos los niveles de su influencia de acuerdo con lo que es necesario para el mantenimiento del mundo, un nivel después de otro. Luego ató a cada nivel un aspecto de la realización del mal. Ahora bien, hay un paralelismo entre este mal y la buena influencia, ya que para cada nivel de esta última hay una cierta anulación que, aunque lejana, no ha desaparecido completamente.

אמנם כל הביטולים המיוחדים לכל חלקי השפעה טובה אינם אלא מיני סוג אחד, שהוא הרע הכללי, וכל הסוג כולו לא ייוחס להשפעתו ית' אלא בערך היותר שפל שבכל הענינים הנכללים בזה.

Ciertamente, todas las anulaciones que afectan a cada nivel de la buena influencia son de un solo tipo, la síntesis del mal. Y este tipo únicamente tiene relación con el valor más débil de lo que se halla bajo su influencia.

ועל כן מאז נתקנה דרך משל המדרגה העליונה שבהשפעה, הנה ביטולה כבר נודע, ורוחק ממנה; ולא נתבטל, אך מציאותו תלוי להתקיים ולהתנהג רק במדרגה התחתונה המיוחסת להשפעה. ובמדרגה השנית שנתקנת, גם ביטולה נודע כבר, ומציאותו תלוי עד התחתונה כמו שביארנו, אך מצד הדרגת ההשפעות, הרי כבר נתקרב ענינו להתהוות, יותר ממה שהיה בראשונה, ובשלישית יותר מהשנית, וכן כולם, עד המדרגה האחרונה.

Por esta razón, a modo de ejemplo, cuando el nivel superior de la influencia ha sido corregido, la posibilidad de anulación es apartada y aislada. De hecho, esta posibilidad no desaparece completamente, sino que opera únicamente en el nivel más bajo que le sigue y que es atribuible a su influencia. Cuando este segundo grado ha sido corregido, se aísla su anulación y ésta se hace existente a través de todos los órdenes hasta alcanzar el grado inferior, como ya hemos explicado. Sin embargo, desde el punto de vista de los niveles de la influencia, el mal tiene más posibilidades de materializarse que en los niveles sucesivos que al principio, en el tercer nivel más que en el segundo y así sucesivamente hasta llegar al último nivel.

על כן נאמר, שמיד שירצה האדון ב"ה לתקן ההשפעה בשלמות, לקח לסדר סדרי הטוב וסדרי הרע; וסדרי הטוב הולכים ונתקנים במדרגותיהם, אך הרע הנה הוא תלוי ועומד מתחילת הסתדר ההשפעה, עד הגיעה אל מדרגה האחרונה, שבה תלויים כל סידורי עניניו בפרטיהם; כי הכוונה היא להשפיל מציאות הרע, שלא יהיה ענינו אלא הפחות שבכל הענינים שבבריאה. והשפלה זאת מכלל התיקונים הגדולים אשר לעולם, היא, שתהיה מרובה מידה טובה ממידת הפורענות הרבה.

De este modo, podemos decir que el Señor, bendito sea, en su deseo de conferir su influencia con perfección, organizó los poderes del bien y del mal. Los del bien se han ido perfeccionando nivel a nivel, y los del mal permanecieron en suspensión desde el principio, hasta que alcance el último grado, donde reside el mal en todos sus detalles. Pues la intención es rebajar la existencia del mal hasta que se convierta en la cosa más baja de toda la creación. Esta degradación del mal constituye una de las correcciones principales del universo que hace que el bien supere en gran medida a la calamidad.

ועל כן מתחילת הסתדר הסדרים הבדיל האדון ב"ה סדרי. הטוב לצד אחד להסתדר וליתקן, וסדרי הרע להתגלגל בהשפלתם ממדרגה למדרגה. כי לפי מה שהיה סדר מסדרי הטוב נתקן, כך סדר הרע נשפל לעומת זה, עד שבהשתלם סדרי הטוב ליתקן, נמצא הרע נשפל לגמרי, והעולם מתוקן כראוי.

Y ésta es la razón por la cual, al principio del establecimiento mismo de los órdenes, el Señor, bendito sea, separó los órdenes del bien para ser establecidos y perfeccionados de los órdenes del mal, que ha de degradarse de un grado a otro, ya que cuando uno de los órdenes del bien es corregido, en esa misma medida se degradará uno de los órdenes del mal, y cuando la corrección de los órdenes del bien haya finalizado, el mal se habrá reducido completamente y el mundo será corregido, por así decirlo.

וזה פתח גדול להבין ענין "אמלאה החרבה" (יחזקאל כו, ב), המוזכר אצל רבותינו (מגילה ו ע"א), כי זה כלל ענין עבודת האדם, כי עשה האלקים את הטוב ואת הרע, והשפלת הרע אינה תלויה אלא בהגברת הטוב, וההפך להפך ח"ו. והקב"ה הודיענו המעשים המצטרכים להגביר הטוב בסדריו, שממילא נמשך השפלת הרע וכל סדריו, ונמצא העולם מתתקן בתיקון שלם.

Y esto nos abre a una profunda comprensión del versículo (*Ezequiel* XXVI-2): «Seré llena y ella, desierta», mencionado por nuestros sabios, de bendita memoria (*Meguilah* 6a). Porque de eso trata el trabajo del hombre. En efecto, Dios (האלקים) creó el bien y el mal, y el descenso del mal depende completamente del ascenso del bien y viceversa. Y el Santo, bendito sea, nos hizo conocer todos los actos que son necesarios para reforzar el bien en todos sus aspectos lo cual engendra inevitablemente la degradación del mal y permite al mundo alcanzar la corrección total.

קלג) אמרה הנשמה - כל אלה דברים מחוורים לי. וזה סדר נאה להבין מידותיו של האדון ב"ה המיוסדים בעומק חכמתו, שלא יהיו דברי העולם ומקריו דברים נופלים על צד ההזדמן. אבל הכל מתוקן בחכמה עמוקה לתכלית שלם.

133. Dijo el alma: todas estas palabras me satisfacen. Y es un orden muy apropiado para la comprensión de la conducta del Señor, bendito sea, que reposa en lo más profundo de su sabiduría, y revela cómo se desarrolla el mundo y todo lo que allí ocurre, que no es arbitrario y fortuito, sino que, por el contrario, todo está orquestado con una sabiduría muy profunda yendo hacia un objetivo perfecto.

קלד) אמר השכל - נשלים סדר עריכת משפטי הנהגתו ית', ונאמר, כי הנה אחר שכבר קבע הרצון העליון גבולו של הרע, וחקק עניניו מה שיהיו ולא יוסיפו, שב וקבע הנהגה ישרה כמו שהעולם צריך אחר היות מציאות הלע זה בבריאתו.

134. Dijo el intelecto: vamos a completar el análisis de las leyes de la dirección divina explicando que cuando la Voluntad Suprema fijó los límites del mal, su naturaleza y sus restricciones, estableció una dirección beneficiosa adaptada al mundo en el que se había creado el mal.

ואמנם כלל מה שרצה הרצון העליון במציאות הרע הזה, הוא שיתקיים זמן מה כאשר הגביל לו, ושאחר כך יתבטל; ומתחילתו של עולם כבר הוא מנהל אותו לקראת סופו הטוב - שיהיה הרע מתבטל ממנו. והרי זו הנהגה אחת שכבר הזכרנוה למעלה בענין גילוי יחודו ית'.

Sin embargo, la Voluntad Suprema quiere que el mal sólo exista durante el período que le es asignado, para que más adelante pueda ser anulado. Desde el principio del mundo éste está dirigido según su finalidad positiva, que consiste en la anulación del mal. Esto ya lo hemos mencionado antes, al referirnos a la revelación de la Unidad del Bendito.

ואמנם לכל הזמן שהוא ית' רוצה בקיומו צריכה הנהגה אחרת, כי הרי אין המצאו לבטלה, אלא לצורך עבודת האדם. ועל כן צריך כאן הנהגה הראויה למעשה העבודה הזאת בכל תנאיה.

Y, ciertamente, todo el tiempo que el Bendito desee su existencia (la del mal), es necesario otro poder directivo apropiado, ya que esta existencia no es vana sino útil al trabajo del hombre. Por esta razón es necesario un poder directivo adecuado para tal trabajo en todos sus detalles.

והנה תדעי ודאי שאין המעשים הטובים תועלת לו ית' כלל, ולא המעשים הרעים חסרון, וכבר נאמר (איוב לה, ו ז), "אם חטאת מה תפעל בו וגו' אם צדקת מה תתן לו" וגו'.

Y aquí sabrás con certeza que las buenas obras no benefician para nada al Bendito, ni las malas acciones son una desventaja (para él), y ha sido dicho (*Job* V-7): «Si tú has pecado, ¿qué harás contra eso?, etc. Y si eres justo, ¿qué le das?».

אלא שהוא ית' המציא מין הנהגה אחת במשפטים ודרכים מיוחדים, שידע היותם הגונים לתכלית הזה, שמצדם יהיה מציאות זכות וחובה לאדם, שעל פי הדרכים האלה יוכל להקרא תועלת מה שיקיימו בני האדם את המצוות, וחסרון - שיעברו עליהם; לא תועלת וחסרון לעצמו ית', אלא למה שהוא רוצה לפעול בנו. והוא ענין,

"כשישראל עושים רצונו של מקום מוסיפים כח בגבורה של מעלה" וכו', שפירשו רז"ל (ילק"ש האזינו סוף סי' תתקמה.

Y esto es lo que el Bendito creó, una especie de dirección con sus leyes y sus caminos propios, sabiendo que corresponden a este fin. En función de ellas aparece la existencia del mérito y de la deuda para el hombre. De este modo, podemos hablar del beneficio del cumplimiento por parte del hombre de las *mitzvot*, y de la pérdida que hay en la transgresión de las mismas. Pero no se trata de una ganancia o una pérdida para el Bendito, sino de lo que Él quiere obrar con nosotros. De este modo debe entenderse la enseñanza de nuestros sabios, de bendita memoria (*Ialkut Shimoni*, *Haazinu,* final del párrafo 945): «Cuando Israel cumple con la voluntad del Lugar,[54] añade poder a la fuerza de arriba».

,סינותחתה ישעמ יפ לע אלא לועפל לוכי וניאש יפל אל ,תאז סג ףאו
,סיבוטה סישעמה וארקי ןכ לעו .לועפל הצור וניאש יפל אלא ,הלילח
שדיחש המ אוה הזש אצמנו .ו"ח ךפהה סיערה סישעמהו ,'תי ודובכ
תואיצמ ונייה ,הדובעה ךרוצלש תאזה הגהנהב ה"ב ןודאה הליחתב
־מה איבהל ולכויש ןורסחהו ,סיבוטה סישעמה איבהל ולכויש תלעותה
.ונראיבש ומכו ,'תי ונוצרב קר יולתו ,שדוחמ אוה הז לכ יכ ,סיערה סישע

Y, aun así, no es que no pueda actuar sino en función de las obras de las criaturas terrestres, sino que Él no desea actuar de otro modo. Y éste es el motivo por el cual las buenas acciones son denominadas «su gloria» y las malas lo contrario, Dios no lo quiera. Vemos, pues, lo que el Santo, bendito sea, creó al principio de esta dirección que se refiere al trabajo: el beneficio que pueden producir las buenas acciones y el perjuicio que pueden causar las malas. Todo esto ha sido

54. Un nombre de Dios.

creado y únicamente depende de la voluntad del Bendito, como ya hemos explicado.

וזה נקרא הנהגת הטוב והרע, כי כלל הטוב הוא כל הסדרים המתו־קנים, וכל התועלת שיוצא מן המעשים הטובים; והרע הפך זה - כל החסרון היוצא מן העבירות.

Esta conducción es la dirección del bien y del mal, ya que el principio del bien consiste en todos los órdenes y todos los beneficios que proceden de los actos de bondad. Por el contrario, el mal procede de todas las pérdidas inducidas por las transgresiones.

אחר כך קבע עניני שכר ועונש, ומדרגות האדם בהתאם למעשיו, ודרכי התיקון ע"י תשובה ויסורים.

Luego determinó cuestiones de recompensa y castigo, es decir, el bien que se le concederá a aquel que realice una *mitzvah*, y el castigo que recibirá el que la transgreda.

ואחרי זה צריך לסדר עניני השכר ועונש, דהיינו, מה הטוב שינתן לעושי המצוה, והעונש לעוברים עליה וזה השכר ועונש צריך שיהיה משני מינים, דהיינו, משכר ועונש של זה העולם, ומהגמול האמיתי של העולם הבא. וצריך לחדש סידורי מצב בני האדם, מצב הטובים ומצב הרעים, בקרבתם וריחוקם אליו ית' בהדרגה מדוקדקת לפי ענין מעשיהם; ותיקון המקולקלים, שהוא כלל התשובה, או קבלת היסורין בעולם הזה או בעולם הבא.

Y la recompensa y el castigo deben incluir dos categorías, a saber: la recompensa y el castigo en este mundo, y el verdadero salario en el mundo venidero. Y es preciso crear un orden jerárquico de los hombres, es decir, el *status* del bien y del mal, que está en relación con su distancia con respecto al Dios, bendito sea, en un orden estricto y asociado con sus actos. Debe permitirse además la corrección de los defectos, que viene de la *teshuvah*, y los sufrimientos en este mundo y en el mundo venidero.

נמצאת כל זאת הנהגה המצטרכת לכל זמן המצא הרע. וכבר את רואה כמה חכמה עמוקה יצטרך להעמיד כל הדברים האלה על בורים.

Todo lo expuesto conforma esta dirección, necesaria mientras dure el tiempo de existencia del mal. Y verás cuánta y cuán profunda es la sabiduría necesaria para una organización perfecta de todas estas cosas.

וכל זה מלבד ההנהגה העמוקה המסבבת כלל המציאות כולו אל התיקון השלם, המגלגלת הדברים לשיבטל הרע ביטול גמור מן הבריאה, ומה שמצטרך לו מן ההנהגה. וזאת היא הנהגה מיוסדת על התעלם השלמות העליון, ועל שובו להגלות. ושיעור הנהגה הזאת הם שיעורי הסיבוב של הגלגל הזה, פירוש, הילוך כל הענין הסובב והולך מהתעלם השלמות העליון ועד הגלותו, וכמו שביארנו במקומו בס"ד. הנה אלה שתי הנהגות שצריכים אנו לבאר באר היטב, אם לא פרטיהם, כי אין להם תכלית, אך כלליהם לפחות, עד מקום שידינו מגעת.

Y a todo esto se añade la dirección profunda que lleva a la existencia entera hacia la perfección completa y hacia la erradicación total del mal de la creación y todo lo que le es necesario a esta dirección. Esta dirección descansa en el ocultamiento de la perfección suprema hasta su revelación. La medida de esta dirección es la de este ciclo, es decir, todo el ciclo que se desarrolla desde el ocultamiento de la perfección suprema hasta su revelación, tal como hemos explicado. Estas dos direcciones es lo que hemos de explicar ahora, no en todos sus detalles, ya que estos son infinitos, sino en sus principios generales, en la medida de lo posible.

קלה) אמרה הנשמה - אלה הם שני שרשים גדולים מאד מאד, וחכמה רבה וידיעות עמוקות מוכרח הוא ודאי שיהיה נכלל בהם.

135. Dijo el alma: estos son dos grandes principios que sin duda alguna contienen una gran sabiduría y profundos conocimientos.

קלו) אמר השכל - עתה נבאר בתחלה הנהגת השכר ועונש, שהיא המתגלית יותר לעינינו.

136. Dijo el intelecto: explicaremos en primer lugar la idea de recompensa y castigo, que es la más visible ante vuestros ojos.

קלז) אמרה הנשמה - דבר, כי שומעת אנכי.

137. Dijo el alma: habla, que te escucho.

קלח) אמר השכל - אומר לך בלפרטיהם אחד אחד, למען תהיה המסילה סלולה לפניך.

138. Dijo el intelecto: te diré en primer lugar algo a propósito de los dos principios, que en realidad son tres, referentes a esta dirección, y después analizaremos los detalles de cada uno de ellos de forma individual, a fin de que el camino te sea totalmente claro.

הנה בהיות הקב"ה פועל בנו הפעולות שהוא פועל בסדרים המיוחדים והדרכים שרצה, צריך שנבחין שני מיני חוקים שחקק בענין זה. המין האחד - כל שתלוי בפעולותיו ית', והוא כלל כל דרכי ומשפטי השפיעו; והשני - - כל מה שתלוי בהתפעלות שלנו בקבלתנו, והוא כלל כל דרכי ומשפטי קבלנו ממנו ית'.

He aquí que cuando se observan las acciones que el Santo, bendito sea, realiza para con nosotros según los poderes directivos y los caminos particulares que Él desea, hay que discernir dos tipos de leyes. El primero tiene que ver con todo lo relacionado con sus actos y abarca todos sus caminos y las leyes de su influencia. El segundo incluye todo lo relacionado con los efectos producidos sobre nosotros cuando recibimos esta influencia. Son los caminos y las leyes de nuestra recepción del Bendito.

ואמנם החק הראשון, שהוא חק השפיעו, יתחלק גם הוא לשנים; וזה, כי הנה קרא כתיב (דברים ח. ה), "כאשר ייסר איש את בנו ה' אלקיך מיסרך", והיינו כי אין המוסר שהקב"ה מייסר את ישראל מוסר נקם ומכת אויב, אלא מאהבה שהוא אוהב אותם כאב את בנו, שכן כתיב (משלי יג, כד), "חושך שבטו שונא בנו ואוהבו שחרו מוסר", הרי שהמוסר נולד מן האהבה ממש, ונמצאת תוכחת מגולה נולדת מאהבה מסותרת. ושתי תולדות טובות יוצאות מן השורש הזה, א - שהמוסר עצמו, אפילו בזמן שהוא נעשה, לא יעשה באכזריות חימה, אלא במיתוק גדול, מפני האהבה המסותרת שאינה מנחת לכעס למשול ולהתאכזר.

Y, ciertamente, la primera categoría, que es la de su influencia, puede ser dividida a su vez en dos. Ha sido escrito (*Deuteronomio* VIII-5): «Como castiga el hombre a su hijo, así el Eterno te castiga». Es decir, que el castigo del Santo, bendito sea, no se origina en la venganza o en los golpes del enemigo, sino que procede del amor que nos tiene que es como el de un padre hacia sus hijos, como está escrito (*Proverbios*

XIII-24): «El que detiene el castigo, a su hijo aborrece; mas el que lo ama, madruga a castigarlo». El castigo, pues, procede del verdadero amor; es visible, pero procede de un amor que está oculto. De este fundamento se desprenden dos buenas consecuencias. En primer lugar, que el castigo, incluso en el momento en el que se suministra, no se hace cruelmente con ira, sino con una gran suavidad debido al amor oculto que no permite que la cólera domine a la crueldad.

והשנית - שכיון שאפילו בשעה שהקב"ה מביא במשפט יצוריו, הנה כוונתו המסותרת אינה אלא לרחם ולהטיב, לפעמים אם יראה שאין כח בנשפטים לסבול המשפט - יפנה אליהם ברחמים, ויניח ידו מן המשפט לגמרי, והוא ענין (ע"ז ג ע"ב), "עומד מכסא דין ויושב על כסא רחמים". והרי לנו עתה להבין כל השלוש אלה בביאור פר־טיהם, והתנאים המשלימים ענינם.

En segundo lugar, implica que cuando el Santo, bendito sea, lleva a juicio a sus criaturas, su intención oculta es ser misericordioso y hacer el bien. Si alguna vez viera que aquellos que son juzgados no tienen la fuerza suficiente como para soportar el juicio, actuará para con ellos con piedad retirando completamente su mano del juicio, según ha sido dicho (*Avodah Zara* 3b): «Se levanta del trono del juicio y se sienta en el de la misericordia». Ahora ya podemos comprender estos tres principios en todos sus detalles y las modalidades que complementan el asunto.

ואמנם צריך אני בתחילה להציע לפניך הקדמה אחת מצטרכת לכלל מה שנבאר אחרי זה, והיא הקדמה ברורה מאד לרגילים בחכמות ומופתיהם.

Sin embargo, debo primero presentarte una introducción imprescindible para todo aquello que vamos a explicar, que resultará obvia y evidente a aquellos que están acostumbrados a los conocimientos y sus demostraciones.

קלט) אמרה הנשמה - אמור:

139. Dijo el alma: habla.

(קמ) אמר השכל - הרב הגדול הרמב"ם זללה"ה נתעורר על תואר "ילד" הנמצאים בכתובים, נעתק לדברים אשר אין הלידה בהם מיוחדת. ואמר ז"ל (מורה נבוכים, שער א, פרק ז), "ילד - הושא־לה זאת המלה להמצאת הדברים הטבעיים - "בטרם הרים יולדו" (תהלים צ, ב), והושאלה עוד לחידושי המחשבות, ומה שיחייבהו מן הדיעות והסכמות, כמו (תהלים ז, טו), "וילד שקר", וממנו נאמר (ישעיהו ב, ו) ,ובילדי נכרים ישפיקו"', עכ"ל.

140. Dijo el intelecto: el gran maestro, el Rambam,[55] de bendita memoria, señala que el término «engendrar» (ילד) se utiliza a veces en las Escrituras en sentido figurado, y no guarda relación con el engendramiento de seres humanos y dice (*Guía de perplejos* I-7): «En sentido figurado, el término "engendrar" significa la venida a la existencia de objetos naturales, por ejemplo (*Salmos* XC-2): "Antes de que los montes fueran engendrados". También se emplea para aquello que tiene que ver con la creación de pensamientos, opiniones o conclusiones como en (*Salmos* VII-14): "Y dio a luz mentira". O en (*Isaías* II-6) "y en hijos ajenos descansan"».

---

55. Maimónides.

והועתק התואר הזה אל המחשבה, הוא וכל המתדמים לו; והיינו כי כמו שלדבר המתחדש נשאל תואר הלידה, כן הדבר העומד בכח לצאת אל הפועל נשאיל ההריון, וכדברי הכתוב עצמו (תהילים ז, טו), "הרה עמל וילד שקר"; כי למי שהועתק הפועל האחד, יועתקו גם כן כל שאר פרטיו. ואמנם ידענו שכל הסכמת עצה הנגזרת בטעם נכון, הנה יהיו לה מולידיה, שהם ההנחות הראשונות. והרי התולדה במולידה בכח קודם שתוולד ממנה, ובהוולדה - יוצאת מן הכח אל הפועל.

Esta expresión y todas las expresiones parecidas pueden utilizarse en sentido figurativo en el dominio del pensamiento. Del mismo modo que de una creación puede decirse que «ha nacido», así respecto a aquello que está en potencia, esperando pasar a ser en acto, también puede hablarse de «gestación» (הריון) como el mismo texto lo dice (*Salmos* VII-14): «Concibió maldad y dio luz a la mentira». Ya que todo lo que se puede atribuir a un término, también puede atribuirse a todos sus aspectos.

ולא עוד, אלא שבהיות שכל דבר שמשתלם הנה שלמותו דבר נוסף על מציאותו, כי יש באפשרותו לימצא זולת השלמות ההיא. אמנם יגיעו אל סיבת הדבר ההוא שני דברים, דהיינו המצאו והשלמתו, כי הסיבה המהווית היא הסיבה המשלמת ומתמדת הקיום, שאין השתלם המסובב אלא שלמות הולדת הסיבה, שכשתוליד כל מה שבחוקה להוליד, ימצא הנולד ההוא שלם בכל שלמותו. וכל זה פשוט למי שדרך דרכי החכמה.

Y, además, sabemos que cualquier conclusión obtenida de forma válida conduce a nuevos términos que dependen de hecho de las primeras premisas que lo originaron. En realidad, el resultado está contenido en potencia en aquello que lo ha originado. El nacimiento es el paso de la potencia al acto. Además, en cualquier cosa que alcanza su estadio final nos encontramos con la idea de un añadido a su existencia, pues puede existir sin ese añadido. La causa de ese efecto contiene, pues, simultáneamente su existencia y el añadido que la completa. De hecho, la causa de la existencia es la que asegura su perfección y la causa de la perduración de su existencia, ya que la perfección no es otra cosa que el perfeccionamiento de la causa del engendramiento. Cuando ha acabado de engendrar todo lo que puede engendrar, lo generado será totalmente perfecto. Todo esto es sencillo para aquel que ha tomado el sendero de la sabiduría.

ואמנם כבר שמעת למעלה, היות כל עניני הנמצאות מתקשרים זה בזה, עד שכולם נמשכים זה אחר זה, ונולדים זה מזה. וכולם ביחד קשר אחד, ומציאות כלל אחד, שאינו נשלם אלא בכל הפרטים האלה, ובזה תלוי יופיו ושכלולו של העולם, וכמו שביארנו דבר זה למעלה. והרי זה לנו מקום רחב ידים הרבה מאד להתבונן ולהעמיק. בחכמת הבורא ית"ש בבריאתו.

Y, ciertamente, ya se ha explicado que todos los aspectos de la creación están vinculados los unos con los otros, pues surgen los unos de los otros y todos juntos forman una existencia única que sólo es perfecta cuando se cumplen todos estos detalles. Y aquí están la belleza y la perfección del mundo, como ya lo hemos explicado. Todo esto nos proporciona una perspectiva más amplia para la reflexión sobre la sabiduría del Creador en su creación.

כי כל ענין אשר נמצא בהנהגתו ית' - נדע שיש לו בהנהגה עצמה ענין קודם יחייבהו, ויקרא לו סיבה ומוליד, והסיבה הזאת היא שתוליד, והיא שתשלים הענין המתחייב ונולד ממנה. וזה הוא כלל הכרניות שזכרנו למעלה, שמתגלגלים בעולם משמי השמים ועד תחתיות הארץ, בהיות כל הנמצאות העליונות והתחתונות, הגבוהות והשפלות, מתקשרות זו בזו, ונולדות ומתחייבות זו מזו.

Porque cada aspecto de la dirección del Bendito tiene un principio que lo precede, que es denominado causa o generador. Y ésta es la causa que genera el mecanismo que hemos mencionado anteriormente y que se desarrolla desde la altura de los cielos hasta las profundidades de la Tierra; todas las criaturas, superiores o inferiores, elevadas o bajas, están vinculadas entre sí, ya que las unas generan a las otras y proceden necesariamente las unas de las otras.

ובהשפיע האדון ב"ה אחת מהשפעותיו, לא נבחין בה מה שתפעל בעולם לבד, אלא גם מה שיש כלול בחוקה להוליד עוד ענין מתחייב ממנה. ומה שימשך ממנה בנמצאות יהיה תמיד בהשקפה אל הענין ההוא הכלול בחוקה. ואמנם אם עוד ירצה האדון ב"ה ויוציא מן הכח אל הפועל הענין ההוא המתחייב, הנה גם בעולם יפעל ענין היותר רשום ומצויין, שיהיה נמשך ממה שחודש בהשפעה בפועל; שמתחלה לא היה אלא נשקף לבד בכלל מה שהיה נפעל מן השפע הראשון, ועכשיו יחודש מציאותו בפועל. וגם בזאת יבחן מציאותו בבלתי שלמות ובשלמות. וכל אלה ענינים פשוטים ליודעים דרכי החכמות המופתיות.

En una influencia como ésta del Señor, bendito sea, no únicamente debemos distinguir que se realiza en el mundo sino también que, en su naturaleza, todavía está en medida de engendrar. Lo que de ella llegue a las criaturas será siempre un reflejo de aquello mismo que se halla en su naturaleza. Sin embargo, si el Bendito así lo desea, y hace que lo que estaba en potencia pase al acto, podremos ver sus consecuencias en este mundo, de un modo más claro y pronunciado ya que se ha originado en la influencia de forma activa. Porque, al principio, esta existencia no era más que el producto de la primera influencia, pero ahora su esencia se ha renovado en acto. Aquí también se puede distinguir un estado de imperfección y un estado de perfección. Todos estos son asuntos sencillos para aquellos que conocen los caminos ejemplares de la sabiduría.

ואמנם כאשר נעמוד להתבונן על בריותיו ית' בדרכים ומשפטים האלה, נמצא חכמה רבה ועמוקה, ויובנו לנו סתרים רבים מן התו־רה, ויותרו ספיקות וקושיות רבות, הנמצאות בענין ההנהגה והאמו־נה למי שלא ידע אלה הדרכים.

Y, ciertamente, cuando escrutamos las criaturas del Bendito de esta manera, constatamos una gran profunda sabiduría. Permite comprender los grandes secretos de la *Torah* y resolver muchas dudas y dificultades relativas a la dirección y a la fe con las que se encuentran aquellos que no conocen estos caminos.

קמא) אמרה הנשמה - אין ספק אצלי שאי אפשר להשיג אפילו אותו המעט מזער שהאדם יכול להשיג בחכמת מעשיו ית' אלא בד־רכי הלימוד והחכמה. ומי שירצה ליכנס בחקירות אלה זולת ההכנות והלימודים המצטרכים לו - אינו אלא זדון, ולא יוכל להצליח.

141. Dijo el alma: sin ninguna duda es imposible adquirir un mínimo de conocimientos a propósito de la sabiduría y las obras del Bendito a los que el hombre pueda llegar si no es por medio de los caminos del estudio y la sabiduría. Y aquel que quiera adentrarse en estos estudios sin la preparación y los estudios necesarios, no es más que un malicioso y no podrá tener éxito.

קמב) אמר השכל - נדבר עתה על מה שאנחנו בו, שהוא מידת משפטו ית' הישר והמתוקן. וזה, כי מציאות העולם הזה בזמן הזה, שהוא כל זמן עבודת האדם בכל ענייניו ותולדותיו, תלוי רק במידת משפטו ית', לפי שזה הוא עולם וזמן שהכינו האדון ב"ה להראות בו יושר משפטו.

142: Dijo el intelecto: ahora hablaremos de la época en la que nos hallamos actualmente, que es la época de la justicia divina, recta y perfecta. El estado de este mundo en estos tiempos, que corresponden a los del trabajo del hombre en todos sus aspectos y ramificaciones, depende enteramente de la *middah* de la justicia del Creador pues éste es el mundo y el momento que dispuso el Santo, bendito sea, para revelar la rectitud de su justicia.

ואין ענינו של העולם הזה מתוקן אלא בהעשות המשפט הזה על יושרו, וכמו שכתוב - (תהלים ט, יז), "נודע ה' משפט עשה", וכתיב (ישעיהו ה, טז), "ויגבה ה' צבאות במשפט", וכתיב (משלי כט, ד), "מלך במשפט יעמיד ארץ". והיינו, שאינו טוב לעולם כלל מה שהקב"ה מניח לרשעים להתהולל ולהרים קרנם, והנה הצדיקים מדוכאים, ושטנא נצח, ודאי אין זה טוב לעולם, אלא רע.

Y este mundo no es corregido verdaderamente más que cuando se realiza esta justicia, según ha sido escrito (*Salmos* IX-17): «El Eterno es conocido por el juicio que hizo». Y también (*Isaías* V-16): «Pero el Eterno de los ejércitos será exaltado con justicia». Y (*Proverbios* XXIX-4): «El rey con la justicia afianza la Tierra». Esto significa que no es bueno para el mundo que el Santo, bendito sea, permita que los malvados se glorifiquen y se eleven mientras los justos son oprimidos y prevalece el mal. Ciertamente, esto no es bueno para el mundo, sino lo contrario, es un mal.

אבל הטוב הוא, אדרבא, שהקב"ה יעשה משפט, ושיכניע את הרשעים וישפיל הגאים, וירומם הצדיקים וירים כבודם, וכן נאמר (משלי כא, טו), "שמחה לצדיק עשות משפט", "ובאבוד רשעים רנה" (משלי יא, י).

Pero el bien es que el Santo, bendito sea, ejerza la justicia, que doblegue a los malvados y que haga descender a los orgullosos, que eleve a los justos y que aumente su gloria, según ha sido escrito (*Proverbios*

XXI-15): «Alegría es al justo el hacer juicio». Y (*Proverbios* XI-10): «Cuando perecen los impíos, hay alegría».

ונמצא, שהזמן שהקב"ה מניח לרשעים החבל ארוך, שהם גוברים בעולם ומשחיתים את היושר ואת הצדקה, אין נקרא זה לגביו אלא כביכול - שינה. ובשעה שייקץ מן השינה הזאת, נאמר בו (תהלים עח, סה - סו), "ויקץ כישן ה' וגו' ויך צריו אחור".

Y sucede que en el tiempo en el que el Santo, bendito sea, no tensa la cuerda de los malvados, cuando dominan y rechazan la rectitud y la justicia, puede llamarse «sueño». A propósito del momento en el que despertará de este sueño ha sido dicho (*Salmos* LXXVIII-65 y 66): «Entonces despertó el Eterno como de un sueño... e hirió a sus enemigos en sus partes posteriores».

וזה, כי בשלמא אם באמת היה רוצה הקב"ה להנהיג עולמו רק בחסד ובהטבה גמורה, שלא יהיה בעולם רע כי אם טוב - זה היה נקרא תיקון לעולם; אבל היה צריך שלא יהיה מציאות לעוונות כלל, ולא יהיו נעשים מעשים שפוגמים הטוב ומעוותים אותו, וכמו שיהיה לעתיד לבא, דכתיב (תהלים קד, לה), "יתמו חטאים מן הארץ", וכמאמרם ז"ל (ברכות י ע"א), "חטאים כתיב". ואז היה נקרא שהעולם מתנהג רק בחסד, והיינו שלא היה יצר הרע, אלא בני אדם עובדים את ה' בהכרח, כמו שכתוב (יחזקאל לו, כז), "ועשיתי את אשר בחוקי תלכו".

Admitamos que el Santo, bendito sea, hubiera escogido dirigir su mundo únicamente por el amor y por la pura bondad, para que no hubiera mal en el mundo, sino sólo bien, esto se habría considerado como la perfección del mundo. Sin embargo, hubiera hecho falta que no hubiera lugar en absoluto para la transgresión y que no se hicieran actos que pudieran deteriorar el bien o empequeñecerlo, como ocurrirá en los tiempos futuros, según ha sido dicho (*Salmos* CXXXIV-35): «Los pecadores desaparecerán de la Tierra», algo que nuestros sabios, de bendita memoria, han interpretado (*Berajoth* 10a) como «los pecados, no los pecadores». Se diría entonces que el mundo es dirigido sólo por el amor, sin que haya Mala Inclinación, y que los hombres habrían servido al Eterno necesariamente según ha sido escrito (*Ezequiel* XXXVI-27): «Y haré que caminéis en mis estatutos».

אבל שיהיה הקב"ה ממתין לרשעים שתתמלא סאתם, שבין כך ובין כך לא יהיה העולם אלא תוהו ובוהו, ושסוף סוף הרשעים יאבדו - ודאי אין זה חסד, אלא דין קשה מאד. כי אדרבא, כבר זכרנו מאמר הכתוב למעלה למשלי ג, כד), "ואוהבו שחרו מוסר"; וכתיב (עמוס ג, ב), "רק אתכם ידעתי מכל משפחות האדמה על כן אפקוד עליכם את כל עונתיכם", וכמו שאמרו ז"ל (ע"ז ד ע"א) שהקב"ה נפרע מישראל מעט מעט, שלא ירבה עליהם הרע, שיצטרכו להיות מתמעטים ח"ו, אלא אדרבא, רוצה הוא בתיקונם וכמו שביארנו.

Pero un mundo en el que el Santo, bendito sea, esperara a que la copa de los impíos esté llena, un mundo que, de un modo u otro, estaría destinado al caos y los malvados destruidos, no habría ciertamente bondad, sino un rigor muy fuerte. Porque, por el contrario, ya hemos citado el versículo (*Proverbios* XIII-24) «El que lo ama, madruga a castigarlo». Y (*Amós* III-2): «A vosotros solamente he conocido de todas las familias de la Tierra; por tanto visitaré contra vosotros todas vuestras maldades». Y nuestros sabios, de bendita memoria, explican (*Avodah Zara* 4a): «El Santo, bendito sea, hace pagar a Israel poco a poco, para que el mal no los cubra y los destruya», Dios no lo quiera. Por el contrario, desea corregirlos, como ya hemos visto.

ונמצא, שבהיות הקב"ה חפץ בעולמו, הנה ישב, כביכול, להנהיגו במשפט תמיד, לנקות ממנו כל רע המתילד בו מעט מעט, ואז נמ־צאו דברי העולם מתוקנים ומבורכים, ומצליחים כולם הצלחה רבה.

De este modo, ya que el Santo, bendito sea, desea su mundo, se ha puesto, si puede hablarse así, a dirigirlo en constante juicio y a lavarlo, poco a poco, de todo el mal que hay en él. Y de este modo, los elementos del mundo se perfeccionan y se bendicen y todo se desarrolla con gran éxito.

אך אם ח"ו אין זכות בעולם, והרשע גובר הרבה, הנה הקב"ה אומר (דברים לב, כ), "אסתירה פני מהם", וכתיב (דברים לא, יח), "הסתר אסתיר פני ביום ההוא", ומיד החושך גובר, הרשע והסכלות, והחכ־מה נשפלת, והאמת מושלכת, וכל דברי העולם מתקלקלים ונפסדים. וכבר אמרו רז"ל (סוטה מט ע"א), אין לך יום שאין ברכתו וכו', וניטל אפילו טעם הפירות (שם מח ע"א), ואין הצלחה לא בדברים הגופ־ניים ולא בדברים הנפשיים.

Pero si, Dios no lo quiera, no hay mérito en el mundo y el mal se refuerza, el Santo bendito sea, dice (*Deuteronomio* XXXII-20): «Esconderé de ellos mi rostro». También (*Deuteronomio* XXXI-18): «Pero yo esconderé ciertamente mi rostro en aquel día». Y en tales circunstancias aumentan la oscuridad, la maldad y la ignorancia, la sabiduría es degradada, y la verdad es burlada, y todas las cosas del mundo se deterioran y se pierden. En este sentido dijeron nuestros sabios, de bendita memoria (*Sotah* 49a): «No hay día en que la bendición no sea superior a la del día anterior».[56] Y (*Sotah* 48a) «Hasta el sabor de las frutas se deteriora». Nada tiene éxito, ni en las cosas materiales ni en las cosas espirituales.

---

56. El texto talmúdico dice «bendición» pero en realidad quiere decir «maldición».

והנה אם באמת כוונת הקב"ה היה רק לייסר הרשעים, כבר היה העולם נחרב בעבורם. אך כיון שאין כוונתו אלא להיטיב, ואין מו־סרו ותוכחתו אלא מאהבה, כמו שביארנו, על כן רצה לכונן קיום מציאות לעולם אפילו בזמן שאין זכות, שהקיום הזה לא ישתנה ולא יתמוטט. והנה ישתמש לצורך זה מרוממותו ושליטתו, שהוא אינו משועבד לשום חוק, ואין לו שום כפיה, על כן יוכל לקיים את העו־לם גם שאין בני האדם הגונים. אמנם צריך שתביני היטב הענין הזה, כי הבחנות רבות יש בו, כי לכאורה נמצא חוטא נשכר, שיתקיים העולם בלי שיצטרך לזכות, ויתקיים במדת חסד ואהבה תחה חטאי הרשעים. אבל כשתבחיני כל מה שצריך להבחין בענין זה, תמצאי חכמה עמוקה בסדרי הנהגתו ית'.

Y aquí, si realmente la intención de Dios era sólo atormentar a los malvados, el mundo ya habría sido destruido por culpa de ellos. Pero como su intención es únicamente hacer el bien, y que su castigo y su reprimenda surgen sólo del amor, como ya dijimos, ha querido perpetuar la existencia. Incluso cuando no hay mérito, esta perpetuidad nunca es afectada o disminuida. Utiliza su exaltada majestad y soberanía y no está sujeto a ninguna ley o fuerza, lo cual le permite perpetuar el universo independientemente de toda noción de mérito, y sin embargo es necesario que comprendas esto muy bien ya que incluye numerosas ramificaciones. En efecto, al menos aparentemente, parecería que el transgresor es recompensado ya que el mundo puede continuar sin que haya necesidad de mérito, y se mantiene gracias a la *middah* de la misericordia y la bondad, incluso en medio de las transgresiones de los malvados. Pero una vez que hayas analizado todo lo que hay que analizar en este asunto, te encontrarás con que una profunda sabiduría rige las obras del Bendito.

וזה, כי הנה כבר שמעת שהאדון ב"ה הוא שחידש רק ברצונו אפי־לו מציאות החסרון שגורמים העוונות, ומציאות התועלת שגורמים

המעשים הטובים; וסידר סידרי הנהגות מתוקנות וישרות, סובבות על הקוטב הזה, ובאלה תלויה הצלחת העוה"ז בכל ענייניו.

Y esto, porque ya has escuchado que el Señor, bendito sea, es el que, por su voluntad, creó el defecto producido por las transgresiones y el beneficio causado por las buenas obras, y estableció ordenanzas justas y perfectas centradas en este punto, sobre esto descansa el éxito de este mundo y de todo lo que contiene.

ובהחזיקו במשפטו על פי כל הסדרים האלה, יהיה העולם מצליח בכל חלקיו. ואם יגרמו העוונות שהקב"ה יהיה כמו מואס ח"ו בבני העולם, וירחק מהם, הנה סידרי ההנהגות האלה יתבלבלו, כי לא יח־זיק בם האדון ב"ה, וימצאו הקלקולים בכל דברי העולם ח"ו. אך אם יחייק בהם להעמידם על בוריים - כל הבריות על מקומם יבואו בש־לום.

Cuando celebra su juicio bajo todos estos arreglos, he aquí que el mundo prospera en todas sus partes. Y si las transgresiones llevan al Santo, bendito sea, a despreciar a las criaturas y a alejarse de ellas, Dios no lo quiera, estas ordenanzas caerán en el desorden ya que no serán utilizadas y habrá deterioro en todas las partes del mundo, Dios no lo quiera. Pero si se rige por ellas, todas las criaturas se encuentran entonces en su lugar en paz.

ואמנם יש הנהגה אחרת, וזמן אחר, שהיא ברבות הזכות בישראל, וכמו שביארנו לעיל, בעת התתקן העולם תיקון גמור, והוא שיהיה הקב"ה משנה מצב העולם לטובה, ויבטל ממנו כל רע, והיינו שלא יהיה יצה"ר בנשמות, ולא נזק והפסד בשום בריה, ואז ינהג העולם בתיקון גדול.

Y ciertamente hay una ordenanza y un tiempo, cuando Israel tenga muchos méritos, como ya hemos explicado, y cuando el mundo esté perfectamente ordenado. Entonces el Santo, bendito sea, modificará para bien la situación del mundo y extirpará de él todo mal. La Mala Inclinación habrá desaparecido de las almas y no habrá defecto o pérdida en las criaturas y el mundo será dirigido con una gran corrección.

והנה זה יהיה תיקון לעולם, לפי שיהיה העולם מזומן ומוכן להנהגה הזאת, כי יבטל ממנו הרע, ואז לא יצטרך עוד המשפט, אלא יתנהג ברחמים גמורים ובהטבה שלמה. וכל מה שעכשיו נסתר מיושבי הארץ, מפני שהמקום גורם להם כן, להיותו מקום שהחושך גובר בו לצורך העבודה, דהיינו לנסיון של האדם כמו שביארנו, הנה לעתיד לבא יגלה, שנאמר (ישעיהו מ, ה), "ונגלה כבוד ה'" וגו.

Y he aquí que ésta será la corrección para el mundo (תיקון לעולם), ya que el mundo será apto para recibir esta dirección. Una vez que el mal haya desaparecido, ya no habrá necesidad de más juicios pues el mundo será dirigido por una misericordia y una bondad perfectas. Todo lo que actualmente está oculto a los habitantes de la Tierra porque el Lugar quiere que así sea, que la Tierra sea un lugar de oscuridad a los fines del trabajo para presentarles pruebas a los hombres, en los tiempos futuros todo esto será revelado, según ha sido escrito (*Isaías* XL-5): «Entonces será revelada la gloria del Eterno, etc.».

אמנם יש זמן שהקב"ה מתרחק, כביכול, מעולמו, ואין משפטו נעשה, ואין ממשלתו מתגלית, והיה ראוי שיחרב העולם; אלא שגם בזמן ההוא הקב"ה רוצה בקיומו של עולם, ואז מקיים אותו רק בכח ממשלתו, כי מצד המשפט אינו ראוי להתקיים, ומשתמש מרוממותו שאינו נפגם ואינו חסר בעוונות בני האדם, לקיים העולם שלא יאבד. אבל אינו מרבה לו טובה והרווחה, אלא אדרבא, אינו נותן לו כי אם קיום מצומצם לבד, מה שאי אפשר בלאו הכי, בכדי שיתקיים. כי אין

העולם מתוקן שיתנהג בהטבה זאת, אלא אדרבא, לא די שאין הרע סר ממנו, אלא שגובר בו יותר; אלא שהקב"ה רוצה שלא יאבדו מעשיו ובכח ממשלתו היחידה מקיימו, אפילו שהדין נותן שיחרב, אמנם רק בצמצום גדול, כמו שביארנו.

Ciertamente, hay un tiempo en el que el Santo, bendito sea, se aleja, por decirlo de algún modo, de su mundo y no se realiza su juicio y su poder no es visible, entonces el mundo merece ser destruido. Pero incluso en ese tiempo el Santo, bendito sea, desea la existencia del mundo y entonces lo mantiene sólo por el poder de su soberanía. Desde el punto de vista de la justicia, no sería digno de existir, pero Él utiliza su grandeza, que no se ve afectada por las transgresiones de los hombres, para mantener el mundo y que éste no se pierda. Sin embargo, no le multiplica ni la bondad ni la generosidad, sino que le proporciona una subsistencia mínima para que pueda subsistir. Pero el mundo no está entonces lo suficientemente corregido como para ser dirigido por la bondad, sino que, por el contrario, el mal no sólo no se ha retirado, sino que se ha hecho más intenso. Pero el Santo, bendito sea, no quiere que su obra se pierda y sostiene el mundo por medio de su soberanía, a pesar de que la justicia faltaría.

והנה אז נודע שהעולם ראוי להתנהג על פי דרך משפטו ית', ותיקונו תלוי בזה, ומורה על זה הצמצום הזה שזכרנו, והרע שגובר, שאין הטבע מתעלה לטובה כמו שיהיה לעתיד לבא, אלא אדרבא עומד בחוקות שחקק בו האדון ב"ה לפי סדר ההנהגה המשפטית. אלא שלפי שהקב"ה נתרחק ונסתר מן העולם - אין המשפט נעשה, והארץ היתה תוהו ובוהו, והרשעים שולטים בעולם בעזות פניהם, כחיה רעה שביער, ואין דורש ואין מבקש, והכל מעוות ומקולקל, ורק הקב"ה מקיים עולמו בכח רצונו הבלתי משועבד לשום חוק, קיום גרידא עד שייצא לאור משפטו, כמו שכתוב (ישעיהו נא, ד), "ומשפטי לאור עמים ארגיע".

Y he aquí que entonces se reconocerá que es para beneficio del mundo que éste sea dirigido por la justicia divina pues su perfección depende de ello, como resultado de la restricción a la que hemos aludido, y de que el mal se ha reforzado y la naturaleza no se eleva hacia el bien, como ocurrirá en el futuro, sino que, por el contrario, permanece dentro de las justas limitaciones que el soberano ha fijado de acuerdo con su poder directivo de juicio. Pero el hecho de que el Santo, bendito sea, se aleje y se oculte del mundo hace que la justicia no se manifieste y que el mundo conozca el caos, y que los impíos reinen con osadía, como bestias salvajes en la selva. No rinden cuenta por nada, y nadie se lo pide; todo es defectuoso y degenerado. Sólo el Santo, bendito sea, permite que el mundo se mantenga por medio de la fuerza de su voluntad que no depende de ley alguna, hasta que su juicio se revele según ha sido escrito (*Isaías* LI-4): «Y mi juicio descubriré para luz de pueblos».

והנה כשנדקדק על כל המצבים המתחלפים בעולם בענין גילוי משפטו זה ית' או הסתרו, נמצאם בהדרגה מסודרים בסדר גדול, והם חמשה וכמו שנבאר. ותראי אותם אחד אחד בזמניהם, שהיו ושיהיו עד סוף שלמותו של העולם שיהיה לעתיד לבא.

Profundizando en los estados sucesivos del mundo con respecto a la revelación o el ocultamiento de la justicia, observamos que hay un sistema dispuesto en cinco niveles que vamos a estudiar. Comprenderás cada uno de ellos en su momento, cómo fueron y cómo serán, hasta llegar al de la perfección última del mundo, en el futuro venidero.

הנה הזמן הראשון היה כל שני אלפים של תוהו (סנהדרין צז ע"א), ובפרט בגלות מצרים, והיינו שזה הוא, זמן שהאל ב"ה מסתתר לגמרי מעולמו, כאילו ח"ו עזב ה' את הארץ, אינו רואה ואינו שומע מעשי בני האדם. ואז נקרא שאין מידת המשפט פועלת בעולם כלל,

אלא היא רק ראויה להיות, ומצטרכת למציאות העולם, ומחוייבת מן הסדר שסידר האדון ב"ה את הנהגתו, שהרי באהבתו את נבראיו הוא משקיף ומתבונן, כביכול, עליהם, לדעת מה לעשות להם להביאם אל תיקון שלם. אמנם אינו אלא מחשב, ולא עושה, כי מסתיר הוא את משפטו המתוקן, ומניח העולם בתוהו ובוהו.

He aquí que el primer período es el de los dos milenios de caos (*Sanhedrín* 97a), del que es especialmente significativo el exilio de Egipto. Es el tiempo de la ocultación completa de Dios de su mundo. Es como si hubiera abandonado la Tierra, como si ya no viera ni oyera los actos de los hombres. Se puede decir entonces que no se ejerce la justicia, y sólo existe en potencia para permitir la existencia del mundo requerida por el orden según el cual Dios estableció su dirección. Por amor a sus criaturas las observa y las contempla, si puede decirse así, para saber qué hacer con ellas y llevarlas a la perfección última. Sin embargo, sólo es pensamiento sin acto, y esta ocultación de la justicia deja al mundo sometido al caos.

קמג) אמרה הנשמה - אני צריכה ליכנס בתוך דבריך כדי שלא יתבלבל הדרוש בדעתי, כי הנה אמרת ושנית דבר אחד שאינני יכולה להבין אותו.

143. Dijo el alma: debo interrumpirte no sea que la confusión entre en mi entendimiento, pues has dicho y repetido algo que no logro comprender.

קמד) אמר השכל - ומה זה?

144. Dijo el intelecto: ¿Y qué es?

קמה) אמרה הנשמה - אמרת שבשעה שהקב"ה מסתיר משפטו, אז העולם הולך בקלקול ותוהו ובוהו. אמור נא לי אחת משתים, לא תי־

מנע, או שההנהגה תהיה בחסד או במשפט. אם ההנהגה היא בחסד, אם כן יהיה טוב לכל, ומאין שורש הויה ומציאות לרע; ואם ההנהגה במשפט, אם כן מה תאמר שהמשפט הוא נסתר, הלא כל הקלקולים הנמצאים בעולם אינם אלא תולדות המשפט ומידת דינו ית'. וזה אקיים לך משני טעמים, א' - כי הרי אין שום רע וחסרון אלא מכח מידת דינו ית' והעלם טובו, וכבר פירשת לי הדבר למעלה בארוכה; והב' - כי הלא אומר אתה שהסתר זה נעשה מפני שהעוונות גורמים כך, שיהיה הקב"ה מסתיר פניו מעולמו, אם כן הרי זה משפט ודאי.

145. Dijo el alma: has dicho que cuando el Santo, bendito sea, oculta su justicia, entonces el mundo degenera hasta el caos, el vacío y la inanidad. Confírmame una de las dos cosas, la dirección ¿es la de la bondad o la de la justicia? Si es la de la bondad, ha de haber bien. Entonces, ¿de dónde sale el mal? Y si es de justicia, ¿cómo puede ser que esté oculta? ¿Acaso todos los deterioros de mundo no han sido inducidos por el rigor y la justicia del Bendito? Y te lo demostraré con dos pruebas. Diré, por una parte, que todo mal o falta sólo pueden surgir del atributo de justicia del Bendito, y del ocultamiento de su bien. Esto ya me lo explicaste extensamente. Y, por otra parte, ¿no afirmas que este ocultamiento es el producto de las transgresiones que hacen que el Santo, bendito sea, oculte su presencia al mundo? Ciertamente, aquí no se trata de justicia.

קמו) אמר השכל - ודאי הטבת לשאול, והנה איישב לך כל הדברים האלה על נכון. הנה כבר פירשתי לך למעלה ששורש כל מציאות הטוב והרע שבעולם הזה הוא יען הסתיר האדון ב"ה פני טובו, ולקח מידה זאת הנותנת מקום אל הרעות מצד הסתר פניו, כענין שנאמר (תהלים יח, יב), "ישת חשך סתרו". ויש במידה הזאת שתי דרכים, הא' - הוא בהנתן המקום לרעות להתגבר ולשלוט שליטה רבה, מבלי שיקום עליהם משפטו ית' לנקות העולם מהם, בהעמיס את הרשעים ענשם, שאז "כיון שלקה הרי הוא כאחיך" (מכות כג ע"א);

אלא מתולדות הסתר פני האדון ב"ה יהיה זה להיות רעת חעולם רבה עליו ואין מרפא.

146. Dijo el intelecto: bien has hecho interrumpiéndome con esta pregunta, voy a contestarla inmediatamente. Ya te he explicado que la raíz de la existencia de la dualidad del bien y del mal en este mundo es el ocultamiento del Señor, bendito sea, y que él ha tomado esta medida para originar los males, según ha sido dicho (*Salmos* XVIII-12): «Puso tinieblas por su escondedero». Hay en esta *middah* dos modos de expresión. El primero permite que los males se fortalezcan y ejerzan su poder sin que la justicia de Dios intervenga para purificar el mundo castigando a los malvados, y es ese caso (*Makot* 23a): «Después de haber sido golpeado, es como tu hermano». Pero a consecuencia del ocultamiento del rostro del Señor, bendito sea, el mal del mundo aumenta y nadie se cura.

והדרך הב' - גם הוא תלוי בהסתר פניו ית', אך טוב הוא לעולם ובריותיו, וזה שיהיו סדרי הנהגתו ית' מסודרים במשפט ישר, אשר בכח הסדרים האלה ינקה העולם מן הרעות, אך לא בדרך החסד המוחה לפשעים ומחזירם לאין, אלא בדרך המשפט המזרה כל רע על ידי העונשים; כי עד שלא יגיע הזמן העתיד שהקב"ה בממשלתו ימחה החטאים, הנה אין דרך לניקיון העולם אלא יושר המשפט. ונמצא, שכשאני אומר לך מידת המשפט - רצוני לומר, המשפט הישר המנקה העולם מן הרעות. אך בהתעלם המשפט - היה בדרך קלקול ולא בדרך תיקון, דהיינו, לא שנמחים הפשעים, אלא שאדרבא העולם כמו נמאס, והרעה גוברת עליו. אז ההנהגה היא לפי ההסתר הגדול, שפני האדון ית' נסתרים מן הבריות, ואז משמש בעולם התוהו ובוהו:

El segundo es también resultado de su ocultamiento aunque es beneficioso para el mundo y para los que habitan en él. Se traduce por una dirección ordenada en una justicia recta que extrae el mal del mundo.

Pero no por medio del bien, que borra y anula las transgresiones, sino por medio de la justicia que disuelve el mal por medio del castigo. Porque hasta que no llegue el tiempo en el que el Santo, bendito sea, en toda su potencia, borre los pecados, la única manera de purgar el mundo es la rectitud del juicio. Y ciertamente me refiero al atributo de justicia como justicia perfecta, aquella que purifica al mundo del mal. De tal modo que el ocultamiento de esta justicia supone deterioro y falta de orden; las transgresiones no se borran, el mundo es despreciable y el mal se amplifica. El poder directivo responde por medio de un gran ocultamiento del rostro del Señor bendito a sus criaturas, por lo que el mundo es relegado al *Tohu va Bohu*.

ואמנם, יש לך לדעת הקדמה גדולה, והיא, שבאמת אין הקב"ה מואס יגיע כפיו לעולם ח"ו, ואינו עוזב ומניח את העולם; אלא בשעה שנראה כאילו העולם עזוב ממנו, הענין הוא שאדרבא, הרי הוא מחדש טובה לעולמו, ונפלאותיו ומחשבותיו תמיד כל. היום רק לתיקונו של עולם, לא לקלקולו; אלא שהוא מסתיר עצתו הסתר גדול מאד, ואז נמצא העולם כמו עזוב, ובני האדם סובלים עונשי חטאתיהם. וכך אמרו רז"ל (ב"ה, צא, י) על יעקב אבינו ע"ה, "ויאמר ישראל למה הרעותם לי" (בראשית מג, ו), ר"ל בשם ר' חמא ב"ח, מעולם לא אמר יעקב אבינו דבר של בטלה אלא כאן. אמר הקב"ה, אני עוסק להמליך בנו במצרים, והוא אומר, "למה הרעותם לי'.

Y, ciertamente, has de conocer un principio importante. En verdad, el Santo, bendito sea, nunca desprecia su obra, Dios no lo quiera, y no abandona su mundo jamás. Y cuando parece que lo ha abandonado, está, por el contrario, buscando renovar su bien. Sus maravillas y sus pensamientos están dirigidos constantemente hacia la perfección del mundo y no hacia su destrucción. Sin embargo, su plan es tan oculto que podría parecer que el mundo ha sido abandonado y los hombres sufren las consecuencias de sus transgresiones. Nuestros sabios, de bendita memoria, dijeron a propósito de Jacob (*Bereshit Rabbah* 91:10):

«Y dijo Israel: "¿Por qué me habéis hecho mal?". Dijo Rabí Levi en nombre de Rabí Jama bar Janina: "Jacob nunca pronunció una palabra vana excepto ésta". El Santo, bendito sea, respondió: "Estoy ocupado haciendo reinar a tu hijo en Egipto, ¿y me preguntas por qué te han hecho mal?"».

הדא הוא דאתמר (ישעיהו מ, כז), "נסתרה דרכי מה'" וגו'. והיינו, כי כל זמן שהיה יעקב אבינו בצער על פרישת יוסף ממנו, הקב"ה לא היה אלא מגלגל גלגולים להמליך יוסף ולהחיות את יעקב בשלוה, אלא שמתוך שעצה עמוקה היתה, היה הצער עובר על יעקב. וזה בנה אב, שלכל עילוי שרוצה הקב"ה לתת לאדם או לעולם, הנה כל זמן הזדמן הטוב - אינו מזדמן ובא אלא מתוך עומק עצה נסתרת, ועל כן יקרה קודם לו צער. והרי זה כענין שאמרו ז"ל (ברכות ה ע"א), "שלש מתנות טובות נתן הקב"ה לישראל, וכולן לא נתנן אלא על ידי יסורין".

Así ha de comprenderse el versículo que dice (*Isaías* XL-27): «Mi camino está oculto al Eterno, etc.». Esto significa que todo el tiempo en el que Jacob sufría por estar separado de su hijo, el Santo, bendito sea, hacía girar las ruedas para que José reinara y Jacob pudiera vivir con tranquilidad. Pero, como este plan era muy profundo, Jacob sufría. Esto nos servirá para comprender que cuando el Santo, bendito sea, prepara un bien para el hombre o el mundo, lo hace siempre a partir de un plan muy profundo. Y esto produce sufrimiento al principio. Es, como dijeron nuestros sabios, de bendita memoria (*Berajoth* 5a): «Tres buenos regalos fueron dados por el Santo bendito sea, a Israel, y los tres fueron dados a través de sufrimientos».

נחזור לענייננו, כי הנה המדרגה הראשונה במצבי העולם הזה הוא בהיות משפטו ית' נסתר, ואינו מתגלה לנקות הרעות מן הארץ, וב-

זמן ההוא אין הקב"ה נודע בעולמו. וכבר אמרנו אימתי היה זמן זה, היינו, בזמן גלות מצרים.

Pero volvamos a nuestro asunto. El primer estado del mundo es aquel en el cual la justicia divina está oculta y no se revela para erradicar los males de la Tierra. En ese momento, el Santo, bendito sea, no es conocido en su mundo. Y ya hemos dicho que ese período fue el exilio de Egipto.

המצב השני הוא הזמן כזמן הזה, אשר אין נביא וחוזה, ואין אתנו אותות ומופתים לחייב כל האדם להכיר גדולתו ית'; אמנם יהיה איזה גילוי יותר, ואיזה ידיעה מגדולתו ית'. ותראי כי גלות מצרים, ודאי לא היה כגלות ההוא לפניו ולאחריו, שהיו ישראל משוקעים בעבודה, ולא היתה תורה, ולא היו ישראל אומה נבדלת בחוקותיה ומצוותיה כיום הזה, ולא היו בני אדם מכירים שמו של האדון ב"ה כלל ועיקר.

El segundo estado es el de una época como la nuestra, en la que ya no hay profetas ni videntes, ni señales ni maravillas que obliguen a los hombres a reconocer la grandeza del Bendito. Por el contrario, la revelación aún es mayor que en el estado anterior y hay un cierto conocimiento del Bendito. Constatarás que ninguna época es comparable al exilio de Egipto, ni antes ni después. Israel estaba sometido a la esclavitud y no había *Torah*, y aún no era una nación con sus leyes y sus preceptos como lo es en la actualidad. Y los hombres no conocían todavía el nombre del Señor Bendito en absoluto.

ואמנם עתה הנה יש תורה, ועל כן אף על פי שאנחנו בגלות, לא יקרא זמן של תוהו, כמו שקראו לשני האלפים הראשונים (עי' סנהדרין צז ע"א), כי יש התורה, כמו שביארנו, שכבר ניתנה מן השמים, והינה בידינו לעולם ולעולמי עולמים, תודה לאל, ושמו של האדון ב"ה נודע בעמים.

Y ciertamente, en la actualidad, aunque estamos en exilio, tenemos la *Torah* y no podemos compararlo con el caos de los dos primeros milenios (*Sanhedrín* 97a). La *Torah* que nos dio el cielo está ahora en nuestras manos, gracias a Dios y el nombre del Señor, bendito sea, es conocido entre las naciones.

המצב השלישי - זמן שהקב"ה תופס ממשלה על עולמו באותות וב־מופתים, גלוי לכל העמים, לדעת שה' אלהים בישראל; והיינו, כל זמן הבית הראשון והשני. ואמנם תביני שאפילו הגילוי הזה הוא גי־לוי מבחוץ, פירוש, שאין כאן גילוי אלא מצד הפעולות לבד מכח המופתים הנראים, שאם היו אותם המופתים חסרים - הרי לא היתה האמונה מתבררת. אמנם אין זה תכלית הגילוי, מה שהקב"ה רוצה שיהיה כבודו נגלה בעולמו.

El tercer estado es la época en la que el Santo, bendito sea, ejerce su poder sobre el mundo por medio de signos y prodigios, visibles por parte de todos los pueblos para que sepan que Dios está en Israel, tal como en la época del primer y segundo Templo. Sin embargo, has de saber que esta revelación es únicamente en la exterioridad, o sea en el plano de lo manifestado y de los milagros. Si estos fallaran, la fe verdadera no sería manifiesta. Pero este estado no constituye el objetivo final de la revelación, ya que es su gloria misma lo que el Santo, bendito sea, desea revelar a su mundo.

המצב הרביעי הוא, שיתגלה הקב"ה לכל בריותיו מצד הידיעה וההשגה, לא מצד המופתים, אלא שיראו כבודו ית' וישיגוהו בריבוי הדעת והחכמה. והוא מה שנאמר (ישעיהו יא, ט), "כי מלאה הארץ דעה את ה' כמים לים מכסים", וכתיב (ישעיהו נב, ח), "כי עין בעין יראו בשוב ה' ציון, ונגלה כבוד ה', וראו כל בשר יחדו", שאז לא יצ־טרכו אותות ומופתים לאמת האמונה, אלא מצד הידיעה וההשגה,

ככל הנביאים וכל המלאכים המכירים האל ית' מצד השגתם; וזאת היא ידיעה ברורה ואמיתית, שלא יפול עליה שום ספק.

El cuarto estado es aquel en el cual el Santo, bendito sea, se revela a toda su creación por medio de su conocimiento y su percepción, y no a través de milagros. Verán la gloria del Bendito y la percibirán ya que el conocimiento y la sabiduría aumentarán (*Isaías* XI-9) «porque será llena la Tierra del conocimiento del Eterno», (*Isaías* LII-8) «porque ojo a ojo verán como torna el Eterno a traer a Sion», (*Isaías* XL-5) «y la gloria del Eterno se manifestará; y toda carne juntamente la verá». Porque entonces ya no habrá necesidad de signos y prodigios para justificar la fe, sino que ésta se alimentará del conocimiento y de la percepción como ocurre con todos los profetas y con todos los ángeles que reconocen al Dios bendito a través de la percepción. Y este conocimiento será claro y auténtico y no dejará lugar a la duda.

וכן היתה השגת כל ישראל על הר סיני, דכתיב (דברים ה, ד), "פנים בפנים דבר ה' עמכם בהר מתוך האש"; ואומר (שמות כ, יט), "כי מן השמים דברתי עמכם"; ונאמר (שמות יט, ט), "בעבור ישמע העם בדברי עמך, וגם בך יאמינו לעולם", שלא תהיה האמונה מצד המופתים, שבנפול איזה ספק במופתים עצמם תתבלבל האמונה, אלא ידיעה ברורה מצד הראייה והשגה, שאין שם ספק כלל.

Y ésta fue la percepción de todo Israel delante del monte Sinaí, según ha sido dicho (*Deuteronomio* V-4): «Cara a cara habló el Eterno con vosotros en el monte de en medio del fuego». Y (*Éxodo* XX-22): «Vosotros habéis visto que he hablado desde el cielo con vosotros». Y (*Éxodo* XIX-9): «Para que el pueblo oiga mientras yo hablo contigo, y también para que te crean para siempre». De este modo, el creer no dependerá de los prodigios, ya que, si hubiera la menor duda a propósito de los prodigios, habría confusión en la creencia. Sólo un conocimiento claro, debido a la visión y la percepción no deja lugar a la duda.

ואמנם הנה למציאות האדם יש עילויים, ולפי עילוי מציאותו וזיכוכו - כן תרבה לו ההשגה והידיעה, וזה פשוט. וזה כלל.

Y, ciertamente, el hombre también puede acceder a grados superiores de existencia y como consecuencia de esta ascensión y de esta purificación crecen su perfección y su conocimiento. Y esto es evidente.

והרי זה כלל ההדרגה שעשה האדון ב"ה למידת משפטו מתחילתה עד תשלומה, כי בתחילה אינו אלא ראוי להיות ומזדמן להעשות, אך לא נעשה. ואחרי כן מתגלה מעט, ועם כל זה אינו נקרא מגולה, כי עדיין צריך להוסיף בו ענינים שיעידו עליו, שהם המופתים והנסים. ובהגלותו באותותיו - הרי נשלם מה שצריך לגילוי המשפט, אך מצד מה שהוא [חוץ] ממנו. ועוד יש תשלום גילוי מצד עצמו, פירוש, מצד הידיעה וההשגה, שהוא עצמו יהיה מושג. ועוד יש תוספת גילויים יתירים ממנו כפי התעלות מציאות הצריכים להשיגו.

Ésta es, en general, la evolución parcial establecida por el Señor, bendito sea, para el atributo de su justicia, desde el principio hasta el fin. Al principio, este atributo es sólo potencial, y aún no es efectivo. Luego comienza a manifestarse sin que pueda considerarse revelado, porque aún requiere que se le añadan elementos que den testimonio de su presencia, es decir, de prodigios y de milagros, Una vez revelada por medio de señales, la revelación de la justicia está completa, pero sólo respecto a lo que le es externo debe operarse también un desvelamiento intrínseco por medio del conocimiento y las percepciones directas. Además, revelaciones complementarias son ejercidas después en función de la naturaleza de la ascensión de aquellos que aspiran percibirlo.

והנה אראך דבר נעים, איך לכל ההדרגה הזאת יש דוגמה בעולם.

Y he aquí que te mostraré algo grato: cómo todos estos niveles tienen un ejemplo en el mundo.

קמז) אמרה הנשמה - ודאי אחפוץ לשמוע אותו.

147. Dijo el alma: deseo escucharlo.

(קמח) אמר השכל - תראי יצירת האדם בהדרגותיה. כי הקב"ה היה יכול להוליד האדם משוכלל בכל שלמותו ודאי אם היה רוצה, כי אין לו מונע; והוא לא כן עשה, אלא כמה חסר האדם ביום לידתו, והוא הולך ומשתלם מעט מעט. ותמצאי שהוא מראה ממש על כבודו ית' והנהגתו בגילוי ממשלתו, כמו שהוא מסבב ומנהג את העולם בחמשת המצבים שזכרנו, שהם הם גדולתו של העולם שהולך וגדל כגדלותו של האדם, וכבודו של מקוט שהולך ומתגלה בהדרגה הגדולה הזאת.

148. Dijo el intelecto: observa la formación del hombre en sus distintos niveles. Porque el Santo, bendito sea, ciertamente habría podido crear al hombre totalmente perfecto en todos los aspectos si lo hubiera deseado, pues nada se lo impedía. Mas no lo hizo, y desde el día en el que nace, el hombre está incompleto y va completándose poco a poco. Hay aquí un paralelismo con lo que hemos dicho a propósito de la revelación de la gloria del Bendito y su poder directivo en los cinco estados mencionados. De hecho, esta progresión del mundo y el despliegue de su gloria son comparables al crecimiento del hombre. Y en este gran orden se descubre su grandeza.

הנה ראשית מציאותו של האדם הוא על ידי החיבור של השות־ פים בו, הם אביו ואמו, הם הם נגד המולידים אשר לכל תולדה. ואמנם הוא סגור בבטן אמו כל ירחי העיבור. אחר יוולד וייצא לאויר העולם, ושוב יגדל מעט מעט הלוך וגדל. והוא אינו מושלם עדיין, לא בקומתו ולא בדעתו, עד שיעמוד על צביונו. והנה בת־ חילה ישתלם בדעתו עד שיתחייב במצוות, והוא בן י"ג, ועם כל זה עדיין אינו שלם, ועודנו נער. אחר כך ישתלם ויעמוד על פרקו לגמרי.

Y he aquí que el principio mismo del hombre resulta de la asociación de dos socios, que son su padre y su madre, que corresponden a los progenitores. Oculto en el vientre materno durante los meses del embarazo, viene al mundo y crece progresivamente. Sin embargo, no está aún completo, ni en estatura ni en intelecto, hasta que se finalice el proceso de crecimiento. Su intelecto se desarrolla hasta el momento de cumplir las *mitzvot*, a la edad de trece años. Sin embargo, todavía no es perfecto, sino que es tan sólo un joven. El proceso de desarrollo continúa hasta culminar en la adolescencia.[57]

ומשם והלאה יש לו עילויים על עילויים בבואו בימים, בהידור הזק־ נה, ועטרת שיבה, וטעם זקנים, אשר רוב שנים יודיעו חכמה. והנה כל זה דוגמה לסדר מעשיו בהדרגה אשר זכרנו למעלה. ונמצא שהאדם עצמו, שהוא הנהוג ממנו ית', מראה בעצמו ההנהגה אשר הוא ית' מנהגו, וכבר זכרנו מזה למעלה.

A partir de ese momento hay elevaciones sucesivas que acompañan la maduración que lo llevará hacia la gloria de los ancianos, la corona de las canas, el conocimiento de los mayores. Se trata de una imagen del orden progresivo de las manifestaciones antes mencionadas.

57. O sea, alrededor de los 20 años.

Vemos, pues, que es el propio hombre guiado por el Bendito el que refleja en sí mismo esta guía, como ya hemos explicado.

קמט) אמרה הנשמה - ודאי דבר מתקבל מאוד הוא, שיהיה דמות האדם רומז לסתרים עליונים ממעשיו ית.

149. Dijo el alma: ciertamente podemos admitir que la forma del hombre sea a la imagen de los secretos del Bendito.

קנ) אמר השכל - וגם כל שאר בריאות העולם הם כך, כל אחת ואחת דוגמא לאחד מסתרי הנהגתו ית', וכיוונה המחשבה העליונה לעשות לכל סדרי הנהגותיה דוגמא בעולם הזה. ומכאן נמשך רוב המון הבריות, שכל בריה ובריה מראה על אחד מסדרי הנהגתו ית'; ונידונים כל מקרי הבריה ההיא, בכל צורותיה וסגולותיה, על פי עניני הסדר ההוא העומד ליראות בו, עד שנמצאו כל מידותיו ית' כמו שרשים, והבריות ענפים להם ממש, שמציאות הבריות האלה תלוי במציאות המידות ההמה. וכבר מזה נמשכו מראות הנביאים, שברצות האדון ב"ה להראות להם מידות ממידותיו, הנה בדמות הנבואי הראה להם האריה והשור וכל שאר הענינים שבאו בנבואות, וזה פשוט.

150. Dijo el intelecto: lo mismo ocurre con las demás criaturas del mundo, pues cada una de ellas corresponde a uno de los misterios de la dirección del Bendito. La Inteligencia Suprema diseñó para cada uno de los órdenes de dirección un símbolo en este mundo. De ahí la multitud de criaturas existentes, ya que cada una de ellas revela uno de los aspectos de la dirección del Bendito. Y todo acontecimiento que afecta a una criatura en particular, en cualquier forma o especificidad, puede ser considerado desde el ángulo de uno de los aspectos representados. Todas las medidas del Bendito son como raíces y las criaturas como ramas. Efectivamente, la existencia de estas criaturas

depende de la de las medidas. Y aquí hallamos la explicación del proceso de las visiones de los profetas: cuando el Señor, bendito sea, quiso mostrarles una de sus medidas, lo hizo por mediación de una imagen, como un león o un buey o alguna otra imagen profética.

ונשלים עתה הענין שאנחנו בו, כי הנה לפי מה שביארנו, נמצינו למדים שלכל מידה ומידה יש ענין המידה ההיא, וכח המידה ההיא, פירוש, הכח איך תוכל לגלות הענין שבחוקה. כי המשפט הוא כלל דרכי השכר ועונש, אם לחסד אם לשבטו, נכללים בשלושה ראשים, שהם, מידת החסד, מידת הדין ומידת הרחמים. אך כח היגלות המשפט הזה על פי דרכיו, הוא המשתנה מעת לעת, שהוא מתרבה או מתמעט, ונמצא הגילוי חסר או יתר. הא למה זה דומה? - לבני האדם שדמותם בכל איבריהם שוה, אך הכח מתחלף מאחד לשני הרבה מאוד, על כן יעשה אחד מה שלא יעשה חברו, ובאדם אחד עצמו יהיה שינוי בכחו מזמן אחד לזמן אחר, וזה פשוט.

Vamos ahora a concluir con este asunto. Según lo que hemos explicado, es necesario distinguir entre la medida propiamente dicha y el potencial de esta medida, o sea, su capacidad de revelar su naturaleza. De este modo, el juicio, que es el principio del castigo y la recompensa, misericordioso o riguroso, incluye tres principios que son: la medida de bondad, la medida de rigor y la medida de misericordia. El poder que permite la revelación de este juicio difiere según las épocas, aumentando o disminuyendo, y de este modo la revelación es más o menos importante. La cosa se parece al caso de los hombres que tienen la misma constitución, pero cuyas fuerzas pueden ser distintas de unos a otros, y de este modo un hombre es capaz de hacer lo que su vecino no puede. También en un mismo individuo la fuerza puede variar de un tiempo a otro. Esto resulta obvio.

כן הדבר הזה, שהאל ית' מנהג העולם במידת משפטו זאת תמיד, ויקיים כל חוקות הבריאה התלויים בדרכי משפטו, אבל בהיגלות יותר או בהתעלם, וכמו שביארנו. וכאן נמצאו ההבדלים שבין ימים לימיט בכל ימות השנה, שיש ימי הקודש וימי החול, וההבדל ביניהם - גילוי פחות או יותר מהשגחתו בבחינת הקדושה, וכמו שנבאר עוד לפנים בס"ד.

Pues he aquí que también el Dios bendito dirige el mundo constantemente con el atributo de justicia y mantiene todas las leyes de la creación, solo que varía la intensidad de la revelación u ocultación, como ya hemos explicado. De hecho, los días del año son distintos entre sí: hay días que son sagrados y días que no son sagrados, y sus diferencias proceden de la mayor o menor revelación de la influencia del flujo de santidad, como vamos a explicar con la ayuda de Dios.

ואמנם, בהיות כל דברי ההנהגה חקוקים דבר דבר וסיבותיו, הנה ודאי צריך שהסיבות יספיקו לכל מה שיש להבחין בתולדותם ודאי, ועל כן יצטרך לנו להבין בפרט ענין הסיבות לדברים, ואיך הם מולידים את תולדותם, לדעת מה שמתחלף בתולדה. ואמנם כדי שנבין הענין הזה היטב צריך שנעמיק בו יותר, וכמו שתשמעי עתה.

Pero, dado que todos los aspectos de su dirección están establecidos, cada cosa con su causa, resulta obvio que las causas han de contener en sí mismas todo lo que podemos encontrar en las consecuencias. Por esta razón debemos comprender en detalle la naturaleza de las causas y la manera en la que producen sus ramificaciones, a fin de comprender las diferencias que afectan a estas últimas. Y, de hecho, para entender bien este asunto, necesitamos profundizar en él, como ahora verás.

קנא) אמרה הנשמה - וכי לא טוב הדרך שדרכנו עד כה? ואין הידיעות האלה מספיקות להבין דרך התנהג הבריאה.

151. Dijo el alma: ¿y acaso el camino por el que hemos llegado hasta este punto no es correcto? ¿Y no es esta información suficiente para comprender el comportamiento de la creación?

(קנב) אמר השכל - טוב וישר מה שאמרנו. אמנם צריך לדעת שעל פי כוונת ההנהגה נעשה מהות הנבראים הנהוגים, וזהו העומק שאני אומר לך שצריכים אנו לדעת עתה, והיינו, מציאות מהות הברואים, וכל מקריו המתחלפים לעומת ההנהגה להשתוות לה.

152. Dijo el intelecto: lo que hemos dicho es correcto. Debemos, sin embargo, comprender que la esencia de las criaturas procede de la intención de la dirección divina. Y aquí reside el elemento profundo que te dije que teníamos que conocer ahora, es decir, el conocimiento de la esencia de lo creado y sus accidentes con la dirección que los induce.

הנה כבר שמעת ענין תעולם השפל הזה, שהוא מקום חשוך ופחות, שכל הענינים המתילדים בו הם ענינים חשוכים ופחותים. וכבר שמעת גם כן איך כל מה שיש במציאות הוא דבר מחודש מרצונו, ותלוי רק בגזירתו ובמאמרו. ונמצא שהיות המקום הזה בחשכו - זה ודאי תלוי במאמר פיו ית', שמעמידו בתכונה זאת.

Ya habrás oído decir que este bajo mundo es un lugar oscuro e inferior, y que todos sus accidentes son oscuros y deficientes. También sabes que todo lo que existe es creación de su voluntad y sólo se mantiene por su decreto y su palabra. El hecho de que este lugar sea tenebroso resulta ciertamente de la palabra de la boca del Bendito, que así lo ha establecido.

והרי אם היה רוצה היה יכול להגיה חשכו הרבה, ולעשות עני-
נו יותר נישא ונכבד, וזה פשוט. ואמנם בענין ערך מציאות העולם
והאדם, אם ביקר ואם בשפלות, יש לנו מקום רחב ידים מאוד לעיין
ולהתבונן בו, כי נמצא בזה חכמה עמוקה להבין כמה מעלות של
עילוי והשפלה יש לאדם בעולמו. ובאמת הפרטים אין להם סוף כלל,
אך הכללים אינם כל כך, והם מפתחות גדולים להבין סתרים גדולים
ממעשיו ית.

Si Él lo hubiera querido, hubiera podido corregir esta oscuridad, elevando y ennobleciendo el mundo. Esto resulta obvio. Sin embargo, en lo que se refiere al valor de la naturaleza del mundo y del hombre, se nos ofrece un largo horizonte de estudio y reflexión ya que hay una profunda sabiduría en la comprensión de los grados ascendentes o descendentes de la progresión del hombre en su mundo. Estos son ciertamente indefinidos, pero sus principios no son tan numerosos y son de hecho importantes claves para la comprensión de los grandes misterios de las obras del Bendito.

ונאמר עתה, כי הנה כשרצה האדון ב"ה. לנהג את עולמו במי-
דת המשפט, שהוא דרך השכי ועונש, הוצרך שימצא בעולם הטוב
והרע, וממילא שיהיה האדם בנוי בתכונה אחת, ונהוג בהנהגה
אחת, שיוכלו ליפול בו שניהם, הטוב והרע, בשיקול אחד; מה שאין
כן אם היה רוצה האדון ב"ה לנהג את העולם לפי טובו ואור פני
חסדו, שאז כל הבריות יש להם להיות נשלמות ומתוקנות מהארת
פניו ית', ולא יהיה רע בעולם, ומציאות האדם יהיה מעולה, שלא
יפלו בו הרעות, ולא יהיה מקום בו אלא לטוב, ליקר, להארה ולחכ-
מה.

Podemos decir ahora que cuando el Señor, bendito sea, escogió dirigir su mundo con el atributo del juicio, que es el camino del castigo y la recompensa, era necesario que el bien y el mal coexistieran y, como consecuencia natural, el hombre está formado de un modo que está sujeto a ambos, el bien y el mal, en igual medida. Lo opuesto ocurriría si el Señor, bendito sea, hubiera querido dirigir el mundo a través de la bondad y la luz de su rostro de amor. Todas las criaturas habrían sido perfectas y completas en virtud del resplandor de su rostro, y no habría habido mal en el mundo y la naturaleza del hombre habría sido tan noble que el mal no la habría condicionado. Habría habido un lugar para el bien, la gloria, el esplendor y la sabiduría.

על כן נמצא, שמציאות האדם בשפלותו ועילויו תלוי בדרך הנהיגו ית' את האדם עצמו, כי לפי מה שירצה בהנהגתו - ירצה במציאותו. על כן במידת המשפט תלוי השפלת העולם, להיות הוא ועניניו שפלים ופחותים. וזה ענין מה שביארתי לך למעלה כבר מענין השפעתו ית', שלהיותה השפעתו ית"ש - לא היתה ראויה להיות אלא השפעת קדושה רבה ודברים יקרים. ונכבדים, אלא שרצה הקב"ה להלבישה בדברים שפלים שאינם ראויים לה, אלא שכך צריך לעולם השפל הזה לפי התכלית המכוון בו.

Vemos, pues que la naturaleza del hombre, en su estado superior o inferior, depende de la manera en que el poder directivo que el Bendito estableció para él, que busca en la esencia del hombre lo que busca en su poder directivo. La degradación del mundo, la naturaleza y sus accidentes dependen del atributo de juicio. Es lo que te expliqué antes en referencia a la influencia del Bendito. Habría sido mejor que la influencia del Santo, bendito sea, hubiera sido de una gran santidad, noble y elevada. Sin embargo, el Santo, bendito sea, escogió vestirla con vestiduras degradantes que no le convienen pero que son necesarias en este mundo inferior a fin de alcanzar el objetivo al que aspira.

ואולם אף שהעולם הזה שפל וחשוך, הנה כשנדקדק בו נמצא שאינו חשוך לגמרי, שלא יהיה בו אור כלל, אלא יש בו דברים של הארה; פירוש, כי החומריות הגופני המתיחס לבהמיות השולט בעולם הזה -

זהו החושך שאנחנו מכירים בו; אך אינו משולל לגמרי מאיזה דברים של הארה, דהיינו מה שאינו חומריות אלא רוחניות; כי על כל פנים יש הידיעה והחכמה בבני אדם, ויותר מזה - יש התורה, יש רוח הקודש, כולם דברים שאינם מחוק החומריות.

Sin embargo, a pesar de que este mundo es degradado y oscuro, cuando lo observamos con cuidado, nos encontramos con que no es tan oscuro como para carecer totalmente de luz, sino que incluye algunos destellos luminosos. Es decir, que lo corporal que se atribuye a la animalidad en este mundo es lo que constituye en él la oscuridad. Pero no carece completamente de luz, ya que entre los hombres se encuentran conocimiento y sabiduría. Y aún más, hay *Torah* y espíritu de santidad, y nada de esto pertenece a lo material.

מכל אלה נלמד שיש בעולם הזה הרכבה של חושך ואור, ונבין מדרגות חשכו ומדרגות הארתו בכל העתים והזמנים, ונבחין מדרגות החושך לבד ומדרגות ההארה לבד, ואז נבוא עד תכונת כל המקרים המתחלפים בו. ואמנם החושך וההארה - כבר שמעת מה היא ומה מקורה; פירוש, כי חושך הוא כל החמריות והטבעיות הגופני, והארה הוא כל הרוחניות; שזה מה שנבדלים בו הנבראים התחתונים השפלים שאינם קדושים, מן העליונים שהם קדושים, לפי שכולם הארה ואין שם חומר. ומקור החושך הוא - שאין הקב"ה משפיע שפע רוחני, כמו שהיה ראוי להיות שפע אלקי, אלא משפיע שפע לפי בחינת העולם השפל הזה. ומקור ההארה - שהקב"ה ישפיע שפע אלקי ממש, רוחני וקדוש.

Todo esto nos enseña que este mundo está compuesto de tinieblas y de luz. Para empezar, hemos de comprender los distintos aspectos de la oscuridad y de la luz en todos los lugares y los momentos, para poderlos distinguir después. Ya hemos hablado de la naturaleza y la fuente de la oscuridad y de la luz. La oscuridad es toda materialidad y corporalidad. La luz es toda espiritualidad. Y en esto difieren todas las criaturas terrestres, degradadas y profanas, de las criaturas celestes sagradas, que son luz pura sin materialidad. El origen de la oscuridad se halla en el hecho que el Santo, bendito sea, no manifiesta la influencia espiritual como correspondería a la influencia divina, sino a nivel de este mundo. Las criaturas terrestres no son capaces de integrar toda la luz que emana de la fuente divina. El origen de la luz viene de la influencia del Santo, bendito sea, espiritual y santa.

ונאמר עתה, כי בהיות האדון ב"ה רוצה לנהג העולם במשפט, אז ישעבד, כביכול, השגחתו למעשי התחתונים, עד שמעשיהם הטו־בים יעוררו השגחתו לטוגה, והרעים ימנעו מהשגחתו ההטבה, וכמו ביארנו ענין זה למעלה כבר. וברצותו לנהג העולם באהבתו לבד - ישתמש מממשלתו שאינה משועבדת לשום חוק, ואינה צריכה לב־ריותיו כלל, כענין שנאמר (ישעיהו מח, יא), "למעני למעני אעשה", ואז אין מקום לרע כלל, אלא לטוב.

Y digo que cuando el Señor, bendito sea, dirige el mundo con el juicio, hace que su influencia se someta, por decirlo de algún modo, a las acciones de las criaturas terrestres y de este modo sus actos de bondad despiertan a la providencia para el bien y sus actos de maldad la restringen, como ya hemos explicado. Y cuando dirige el mundo sólo con este amor y con esta soberanía, como ya lo hemos explicado, una influencia divina santifica las criaturas según ha sido escrito (*Isaías* XLVIII-11): «Por mí, por mí lo haré». Entonces no queda lugar para el mal, sino sólo para el bien.

ועל כן, בנהגו את העולם באהבתו זאת ובממשלתו, כמו שביארנו, אז ישפיע שפע אלקי וקדוש על כל הבריות, שיתקדשו בו, וכמו שכתוב (ישעיהו ד, ג), "והיה הנשאר בציון והנותר בי־רושלים קדוש יאמר לו". אך ברצותו לנהגו במשפטו - לא ישפיע שפע רוחני אלא מה שראוי לגשמיות לבד.

Entonces, cuando dirija su mundo con este amor y con esta soberanía, tal como hemos explicado, una influencia divina santificará a todas las criaturas, como dice el versículo (*Isaías* IV-3): «Y acontecerá que el que quedare en Sion, y el que fuere dejado en Jerusalén, será llamado santo». Pero cuando desee dirigirlo por medio del juicio, la influencia espiritual se verá limitada por la materialidad.

נמצאו בידינו שלוש מדרגות השפעתו ית'. הראשון ה - השפעה של הגשמיות שעושה הדברים השפלים. והשניה - השפעת הרוחניות הגמור; פירוש, שיהיה כל העולם מתהלך בדרך הקדושה לגמרי בכל חלקיו.

Hay, pues, tres niveles de influencia del Bendito. Primero, el de la materialidad, que produce las cosas inferiores. Segundo, el de la espiritualidad pura, cuando el mundo se comporte de un modo completamente santo en todas sus partes.

והשפעה השלישית היא השפעה המרכבת ההארה בתוך החומר; פירוש, שנותנת מציאות דברים רוחנים אפילו בזמן הגשמיות הזה, ואינם משנים הגשמיות כמו השניה שזכרנו, אלא משתפת אליו ההארה באותה המדרגה שמשתפת. ואמנם ההשפעה השלישית הזאת אינה ממין ההשפעה השניה, כי הרי אותה השפעה מעברת החושך של החומריות, וזאת אינה מעברת. אמנם היא פחותה מן השנית, ורק נגזרת ממנה, כי גם תיא ענינה רוחניות והארה.

Tercero, cuando la influencia mezcla la luz con la materia produciendo de este modo cosas espirituales, incluso en la época de la materialidad. No modifica la materialidad, como ocurre en el segundo nivel, pero la asocia a la luz. Esta tercera influencia no es del mismo tipo que la segunda, que privaba a la materia de su oscuridad, le es inferior y deriva de ella, ya que también está hecha de espiritualidad e iluminación.

אבל הבורא ית"ש שחידש כל מציאות הנמצאות, חידש כל המי־
נים האלה בהשפעה, דהיינו, מין השפעה מקדשת לגמרי המושפעים
ממנה; ומן המין הזה גזר מין השני, שמקדש, אך לא לגמרי את המו־
שפע ממנה. ועוד חידש המין הראשון שזכרנו, שהוא השפעה של
גשמיות, לא יותר. ועוד הרכיב שני המינים - השני והראשון - בה־
רכבות ידועות מה שרצה, ובהרכבות מתחלפות, שבזמן אחד ירבו
ובזמן אחר ימעטו, ויעשו תולדות מתחלפות במציאות העולם הזה.
ומן ההרכבה הזאת יוולד היות אפילו באדם הגשמי דברי ההארה,
ובפרט - התורה בעולם, ורוח הקודש באדם, וכמו שביארנו,

Pero el Creador Bendito, que dio origen a todos los tipos de influencia, la renovó dentro de la influencia, es decir, una variedad de influencia que santifica completamente a aquellos sobre los cuales se ejerce, de la cual, a su vez, deriva otro tipo de influencia que sólo santifica de un modo parcial. Él fue el que originó la primera de la que hablamos, una influencia que únicamente trae materialidad. También combinó dos tipos, el primero y el segundo en las asociaciones deseadas o alternadas, aumentando una vez y disminuyendo otra y produciendo diferentes resultados en la existencia de este mundo. Y de esta asociación se deriva el hecho que el hombre material conoce una cierta luz, como son la *Torah* dentro del mundo y el espíritu de santidad en el hombre, como ya hemos explicado.

והנה כאן הוא ביחוד מקום התחלף הזמנים לחול ולקודש, כי ברבות
ההרכבה מן ההשפעה הרוחנית בהשפעה הגשמית - תרבה ההארה
על החומר בבני האדם. ויום שבת קודש הוא קדוש מכל שאר
הימים, יען בו הירבה האדון ב"ה להשפיע בהשפעות רוחניות ואל־

קיות שזכרנו; וכל שאר הימים הטובים במדרגותיהם כך הם - ימים שההשפעה הרוחנית רבה בהם בסדר המדרגה הראויה.

Y particularmente aquí se halla la alternancia de lo sagrado y lo profano. Cuando la influencia espiritual supera a la material, la luz triunfa sobre la terrenalidad en el hombre. De este modo, el *shabbat* es más sagrado que los demás días pues el Señor, bendito sea, aumentó en él la influencia divina y espiritual que hemos mencionado. Lo mismo ocurre con los días de las demás festividades, de acuerdo con sus niveles, cuando la influencia espiritual es más intensa.

ועוד אודיעך הקדמה עיקרית, והיא, כי הנה כבר ביארתי לך ההשפלה הקדומה בחוק האדם, וההשפלה שנשפל אחרי חטא אדם הראשון, כי היה ערך הגופניות הראשון כרוחניות אחר ההשפלה. ואמנם צריך העולם להתעלות מהשפלותיו, ועל זאת ההנהגה הולכת וסובבת, וכמו שביארנו לעיל כבר.

También voy a hacerte otra aclaración esencial: ya te he explicado el descenso original de la naturaleza del hombre, así como la degradación que hubo a raíz de la transgresión de Adán. El primer nivel de la corporalidad corresponde a la espiritualidad de después de su degradación. Ahora bien, el mundo debe ascender de sus degradaciones y alrededor de este asunto se articula el poder directivo, como ya lo hemos explicado.

ואמנם צריך בתחילה שישתלם העולם במצבו התחתון, בהתרבות בו כל ריבויי ההארה שיכולים לימצא בו לפי ערכו התחתון, או יהיה לו עילוי ממצבו, ויקבל כל השייך לו לפי העילוי ההוא, ועל דרך זה יתעלה מעילוי לעילוי.

Para que esto tenga lugar, primero es necesario que el mundo se perfeccione en su condición inferior, para que reciba grandes flujos espirituales. Sólo después podrá tener lugar la ascensión, al haber recibido todo lo necesario para ese ascenso. Y de este modo, el mundo se elevará de nivel en nivel.

קנג) אמרה הנשמה - ודאי כל אלה הקדמות מצטרכות לבאר מצבי האדם בעולמו, ומה נגזר עליו בכל עתותיו.

153. Dijo el alma: todas estas aclaraciones son ciertamente útiles para explicar los estados del hombre en este mundo y lo que se le ha decretado en todos sus momentos.

קנד) אמר השכל - עתה נשוב לענין המשפט והאהבה שזכרנו למעלה. כי כבר שמעת ששני ענינים הם מה שיש לנו להבין במעשיו ית', ומתחברים זה בזה, והיינו, ענין מידות ההנהגה וענין מהות הנהוגים ומצביהם, והם מתחברים ונקשרים ענין בענין, וכמו שביארנו למעלה.

154. Dijo el intelecto: volvamos ahora al tema de la justicia y el amor que mencionamos más atrás. Porque ya sabes que en las acciones del Bendito hay dos cosas que debemos tener en cuenta, dos nociones conectadas la una con la otra; el asunto de las medidas del poder directivo, y el asunto de la esencia y los estados de las criaturas que son dirigidas, como hemos dicho anteriormente.

ונשלים ענין ההנהגה.. שכבר שמעת איך המוסר עצמו נולד מן האהבה, כענין הכתוב שזכרנו למעלה (משלי יג, כד), "ואוהבו שחרו מוסר". כי האב האוהב את בנו לא יחפוץ שיתמלא הבן מידות רעות, אבל מאהבתו אותו יסדר לעצמו סדר הנהגה להתנהג

עמו בתבונה רבה, עד שיישיר דרכיו. ומשם והלאה (משלי כג, כד) -. "יולד חכם וישמח בו", והוא כאב את הבן ירצה, להיות הבן בור־תחטא אל אביו ועושה לו רצונו. ונמצא, שמאהבתו אותו ירצה ודאי לחבבו כשילך בדרך טובים, ולתת לו שכר גדול; ומאהבתו עצמה שרוצה בטובתו ולא ברעתו, ירצה ליסרו אם יקלקל מעשיו; ומאהבתו עצמה ירצה להתהלך עמו בדרך הממוצע - שמאל דוחה וימין מקרבת (עי' סוטה מז ע"א).

Vamos a concluir con el asunto del poder directivo. Ya habrás escuchado que el castigo procede del amor, como vimos más arriba, (*Proverbios* XIII-24): «El que lo ama, madruga a castigarlo». Porque el padre que ama a su hijo no quiere que su hijo adquiera malas costumbres y, al amarlo, establece con mucha inteligencia un plan para llevarlo al perfeccionamiento. Entonces se puede decir que (*Proverbios* XXIII-24): «El que engendró un sabio se alegrará con él». Entonces, el padre es clemente con su hijo, que le muestra su afecto cumpliendo su voluntad. Y como el padre ama al hijo, su deseo es ser clemente con él y otorgarle una gran recompensa. Vemos, pues, que por este mismo amor que busca su bien y no su mal, cuando el hijo se descarría querrá castigarlo. Finamente, por amor, actuará con él según el justo medio: «La izquierda rechaza, pero la derecha acerca» (*Sotah* 47a).

הרי שממקור האהבה עצמה נובעים שלושת מידות המוסר, דהיינו, החסד, הדין, והרחמים הממוצעים. ומתולדות האהבה להיות המו־סר אפילו בזמן שהוא נעשה - ממותק ולא באכזריות חימה ושטף אף, ולהיות קשה לכעוס ונוח לרצות. ומתולדותיה גם כן ומפעולותיה להיות לפעמים עובר על מידותיו לגמרי לעשות צדקה גמורה, שאין משגיחין בכף מאזנים כל עיקר, אלא כחפץ חסד מרבה להטיב.

De este modo, del amor mismo emanan tres medidas: bondad, rigor y la vía intermedia de la misericordia. Y dado que procede del amor, el castigo, incluso cuando se produce, es dulcificado con atenuación y no con enojo cruel o ira y arrebato. Es lento en el enfado, se apacigua rápidamente. Ocurre incluso que supera estas medidas a través de una bondad total, más allá de toda justicia, por un deseo de bondad que multiplica el bien.

נמצא, שכאשר נבחין פעולת האהבה הזאת, נמצא ששני דברים יש בחוקה, הא' - אהבת החסד והחפץ בברכה וטובה, שזה עיקר ענינה; והוא פונה לשני ראשים, דהיינו, הראש האחד פונה למתק המשפט והמוסר אפילו בעת העשותו, שלא תבער אש הקנאה ועברת ה' ח"ו, ולא יהיה העולם כלה בו; והראש השני מביט להיות מעביר על הדין לגמרי בשעה שיצטרך העולם לכך.

De este modo, cuando se da este acto de amor, nos encontramos con dos vías de expresión. La primera es el amor de la bondad y el deseo de bendición y de bien. Esta vía posee dos modalidades. La primera es la atenuación del juicio y del castigo, incluso cuando ya se han realizado, para que el fuego del cielo y de la cólera del Eterno no ardan violentamente, Dios no lo quiera, y el mundo no entre en llamas y sea destruido. La segunda consiste en pasar por alto completamente la justicia si es lo que el mundo necesita.

והוא העמן שהבאנו פעמים רבות למעלה (ברכות כ ע"א), "וחנו־תי את אשר אחון" - אע"פ שאינו הגון". הלא זה ענין י"ג מידות של רחמים שאינם חוזרות ריקם (ר"ה יז ע"ב). ופשוטו של מקרא מוכיח דכתיב (שמות לד, ו), "ויעבור ה' על פניו", דהיינו פנים של זעם, וכע־נין שאמרו (ברכות ז ע"א), "פני ילכו" - אלו פנים של זעם".

Y esto es lo que dijimos anteriormente en varias ocasiones: «"Seré clemente con el que sea clemente", incluso si no lo merece» (*Berajoth* 7a). Éste es el concepto de los trece atributos de misericordia que nunca son implorados en vano (*Rosh haShannah* 17b). Y el sentido literal del versículo lo demuestra la *Torah* (*Éxodo* XXXIV-6): «Y pasando el Eterno por delante de él», el rostro de cólera. Como ha sido dicho (*Berajoth* 7a): «Mi rostro pasará, se trata del rostro de cólera».

וההבחנה השניה אשר נבחין בחוק האהבה היא - שממנה עצמה נובע המשפט בכל סדריו הכלליים, שהם, החסד דין ורחמים, והפר־טיים שהם המשלימים ענין אלה השלוש שזכרנו. והנה הגזירה במי־דת האהבה היא הנותנת מקום למידה זאת, ובחוקה יש בכוח לע־שות המשפט גם כן, וכמו שביארנו. אמנם אם לא היתה באה הגזירה גם כן להוציא לפועל מידת המשפט הזה, הנה לא היה מוכרח שימ־צא כלל, כי כבר אין הכרח אצלו ית', אלא הכל רצון פשוט.

La segunda expresión del amor es aquella que está en el origen de la justicia, que siempre está ordenada según las tres *middot* de bondad, rigor y misericordia, así como en las *middot* que las completan. Y es la *middah* del amor la que da lugar a la medida de justicia en cuyo poder está ejercer el juicio, como ya hemos explicado. Sin embargo, si la actualización de esta *middah* de justicia no viniera de un decreto, no existiría. Ya que el Bendito no tiene ninguna obligación, sino que todo es voluntad sencilla.

אמנם בבוא הגזירה שיצא המשפט מן הכח אל הפועל - אז יצא. ותדעי שלכל דבר ודבר יש סדרים ותנאים פרטיים ומיוחדים להש־לימו; פירוש, יש מידת האהבה וסדריה המשלימים ענינה, יש מידת המשפט וסדריה המשלימים ענינה כמו כן. ואמנם גם דבר זה שיצא המשפט לפועל מן האהבה, גם לו יהיו סדרים המשלימים ענינו, פי־רוש, המשלימים היציאה הזאת, כי החכמה הולכת לפרט ההבחנות עד כחוט השערה, וכל המרבה להבחין הרי זה משובח. והגם שהפ־רטים אי אפשר לעמוד עליהם מפני רובם, אך הכללים ראוי לנו לה־כירם.

Ciertamente, aunque el propio decreto dictaminó tal manifestación de juicio de la potencia al acto, la manifestación tuvo lugar. Porque la sabiduría es la que revela los detalles más sutiles y esto está bien. Y aunque todos los detalles son imposibles de conocer debido a su número, que es infinito, es deseable conocer los principios que se encuentran detrás.

והנה אחר שבאה הגזירה גם על יציאת המשפט לפועל, הנה יצטרך ההשקפה על הבריות כולם כפי מה שהם, לראות מה הוא המצטרך להם לפי דרכם, ומה יהיה המשפט אשר יווסד לצרכם. ואף זה הנה יווסדו בתחילה בכלל - ראשי סדרי המשפט הזה, ואחר כך יבחנו כל הדרכים אחד אחד, להבין דבר מתוך דבר, ולהשקיף על כל הפרטים ליסדם על נכון, וזה פשוט, שאין פרט בלא כלל שיקדם אליו. ואחר כל ההשקפה הזאת יושמו המשפטים על סדריהם, כי ודאי לא יהיו המשפטים בלא טעם מספיק לכל פרטיהם.

Y he aquí que el decreto para la manifestación del juicio ha sido establecido, es necesaria una observación de todas las criaturas y de sus vías, ya que la justicia deberá responder según sus necesidades. También aquí hay que establecer en primer lugar los primeros principios del juicio en general, así como todos los caminos que aparecen, unos detrás de otros, y todos ellos exigen ser observados en todos los detalles a fin de establecer un sistema adecuado. Y esto es evidente, ya que no hay ningún principio particular que no proceda de uno general. Después de esta consideración total, establezcamos los juicios dentro de sus órdenes porque seguramente no hay juicios sin suficiente razón en todos sus detalles.

אמנם המשפטים ענין אחד, וטעמיהם ענין אחר, ואין לנו לערבם זה עם זה. אבל נדע שכל המשפטים אשר שם האל ית' לכל צבא השמים והארץ, וכל ההנהגה שהוא מנהג אותם, הם מסודרים לפי מה

שהשקיף בחכמתו ותבונתו על כל הנבראים, לגזור את המצטרך להם, ולשום אותו חוק בהנהגתו. ובהשקפה הזאת יוכללו כל טעמי המשפטים האלה, שמי שידע אל מה השקיף האל ית', ועל מה התבונן בשומו משפטו (זך), ידע טעמי משפטו.

Sin embargo, los juicios son una cosa y las razones, otra, y no hemos de mezclarlas. Pero hemos de saber que todos los juicios que estableció el Dios bendito para todos los ejércitos del cielo y de la Tierra, así como todo su poder directivo, están ordenados en función de lo que ha observado en todas sus criaturas con la sabiduría y la inteligencia de las que dispone. Esto a fin de decretar lo que les es necesario y fijarlo en su dirección. Y esta observación contiene todas las razones de estos juicios. Aquel que sabe lo que contempló y concibió el Santo, bendito sea, con este juicio, conoce también todos los argumentos.

ובגלותו סודו לנביאיו, ויודיע משפטיו להם, יודיעם מתחילה על מה פקח עיני השקפתו, ועל מה התבונן לשום כל סדרי המשפטים האלה. ונמצא שהשקפתו זאת בכלל ובפרט היא המולידה את המשפט בכל סדריו וכל התלוי בו, ובה תלוי שנות את המשפט וסדריו לפי הצריך בכל העילויים או ההשפלות המצטרכות לעולם, וכל תיקון חדש המצטרך לו, דבר בעתו.

Cuando revela su secreto a los profetas, y les hace conocer sus caminos, primero les hace ver esta parte de lo que él contempló cuando estableció todos los órdenes de estos juicios. Vemos, pues, que esta observación global detallada es la que genera el juicio en todos sus órdenes y todo lo que depende de él. De ella dependen las variaciones de la justicia y sus órdenes en función de lo que es necesario al mundo, ya se trate de los ascensos y descensos, como de todas las nuevas correcciones necesarias en ese tiempo.

ואמנם ההשקפה הזאת לא תחסר לעולם, ותולדתה להעמיד העו־
לם על קיומו בכל עת ובכל שעה, ובכל רגע, ובעתו ושעתו. עוד תחדש
לעולם עילויים ויתר עוז כמו שמצטרך לתיקונו. והנה עוד יש לנו להע־
מיק בהבנת הענינים, לבוא עד תכונתם.

Y ciertamente, esta observación nunca cesa, y le da al mundo su existencia en todas las épocas y períodos, y en cada momento, además, genera para el mundo ascensos y aumento de su fuerza según lo que exige su perfección. Pero debemos detenernos en la comprensión de estos asuntos para analizarlos con más profundidad.

קנה) אמרה הנשמה - ודאי לחכמה אין סוף, ולעמוד על בורים של
דברים צריך הרבה.

155. Dijo el alma: ciertamente, la sabiduría no tiene fin y hace falta mucho estudio para entender estos conceptos en profundidad.

קנו) אמר השכל - אבל על כן נאמר (קהלת ז, כג), "אמרתי אח־
כמה והיא רחוקה ממני". ונבוא אל הענין. הנה מה שיוצא לנו מכל
אשר דיברנו עד כה, הוא - כי הנה האדון ב"ה כבר שמעת שהוא
נעלם מהשגת כל נבראיו לגמרי, ואין ענינו שום אחד מן הענינים הנ־
תפסים מדעתנו ומצטיירים ממחשבתנו. ואמנם רצה להשפיע ממנו
איזה השפעות המתיחסות ונאותות לנו, אשר בעבורן אנחנו מיח־
סים לו כל תואריו הרבים, ומספרים תהילותיו לפי מיעוט כוחנו לבד.
ודבר זה כבר פירשנוהו למעלה, כי הוא ית' חידש לפעולתו והשגחתו
איזה מידות וחוקים אשר ניחסם אליו, כמו שיחס המידות והתכונות
לנפש.

156. Dijo el intelecto: a propósito de esto, ha sido escrito (*Eclesiastés* VII-23): «Diciendo: "seré sabio"; mas la sabiduría se alejó de mí». Regresemos a nuestro asunto. Lo que se desprende de todo lo que hemos

dicho es que el Señor, bendito sea, está totalmente oculto a sus criaturas, y su naturaleza no puede relacionarse con cualquier cosa que puedan concebir nuestras mentes o nuestros pensamientos. Sin embargo, ya que Él así lo quiso, sus influencias son proyectadas sobre nosotros y son benéficas para nosotros, y gracias a ellas podemos atribuirle numerosos calificativos y decir sus alabanzas con la poca fuerza que poseemos. Ya hemos explicado que el Bendito creó para sus actos y su influencia ciertas medidas y ciertas leyes que le son atribuidas. También estableció medidas y características para el alma (נפש).

אבל כבר טדע לנו ההפרש גדול שבין אלה לתכונת הנפש, כי הנפש מוטבעת באותם התכונות, והם ענין נוסף בה על עצמותה, ובאדון ב"ה לא נדמה ח"ו כן; כי רק נדע שבאלה המידות הוא פועל, אך לא שיהיו אלה תכונות טבועות בו ומקרים נוספים עליו ח"ו, כי כבר ידענו היותו משולל מכל מקרה ומכל מה שאנו מבחינים בנבראיו. ואין אנו מזכירים מידות אלה לו, אלא מצד מה שנעשה בנו מהשפעתו והשגחתו, אך לא שנבין איך הם המידות האלה בו כלל. ודבר זה כבר בארנו אותו במקומו, וכבר הרחיב לדבר על זה המיוחד שבמחברים הרב הגדול הרמב"ם זלה"ה בספר המורה שלו:

Pero ya nos hemos dado cuenta de la gran diferencia entre estos y las funciones del alma: el alma ha recibido sus características que son como un añadido a su esencia, mientras que no ocurre lo mismo con el Eterno, Dios no lo quiera. Únicamente sabemos que actúa a través de estas *middot* y que no son caracteres implantados o accidentales, Dios no lo quiera. Él está opuesto a todo accidente en cualquier otra cosa que esté al nivel de las criaturas. Sólo hablamos de *middot* como una forma de expresión de su influencia sobre nosotros y de su providencia, sin llegar a comprender cómo estas *middot* están en él. Ya explicamos esto en su momento, y el gran maestro Maimónides se ha explayado sobre este asunto en su *Guía*.

אמנם ידענו ודאי כי גם אלה המידות שאנו מבחינים בפעולתו - אינם אלא דברים מחודשים ממנו לצרכנו, כפי ערכנו ולא כפי ערכו כלל. וכלל המידות האלה שחידש לפעולתו, הם הם מקורות כל הנע־שה בכל זמן בנבראיו. והנה הם ערך סדר הנהגה מעולה מכוונת לת־כלית השלמת כל הנבראים, כולם ענינים בהדרגה, ענין גבוה מענין, עד רום כל הענינים הנכלל במידות האלה.

Sin embargo, sabemos con certeza es que estas *middot* divinas que observamos sus actos nos son reveladas según nuestro valor y no según el suyo. El principio de esas *middot* que ha de manifestarse en acto está en el origen de todo lo que es realizado en todos los tiempos en la creación. Conforman un excelente modo de ordenanza hacia la perfección de todas las criaturas, siguiendo una graduación jerárquica y alcanzando el más alto grado de todo lo que comprenden estas *middot*.

ואמנם הבחנת ההדרגה הזאת אינה נעשית אלא מן הפעולות, כי כש־נקבץ כל מה שנפעל ממנו ית' בנבראיו, ונגדור כל דבר לאמיתו, ונעריך כל הפעולות האלה קצתם עם קצתם, נמצא בהם הערך הזה בהיותם פעולה נכבדת מפעולה, על כן נקראת גבוהה ממנה. וניחס המידות לו ית' כפי הפעולות הבאות ממנו, וכסדר הפעולות ניחס הסדר והעהך למידות. והנה נמצא לחכמים אשר הבינו סדרי ההנהגה, שגזרו היות המידות האלה, וממילא הפעולות הנמשכות מהם, מתקשרות אלה באלה בדרכים רבים וענינים רבים. כי אף על פי שכל מידה היא ענין בפני עצמו ודאי, אמנם רצה האדון ב"ה ועשה כלל כל המידות מת־קשרות קצתם בקצתם, עד שלהשלמת ענין האחד יצטרך עזר השני באותו השיעור וחלק המצטרך.

Y, sin embargo, el detalle de esta jerarquía no puede ser percibido más que por medio de sus actos. Únicamente a través de la síntesis de todo lo que ha sido realizado para las criaturas, cuando cada parte está definida correctamente y que han sido comparadas las unas con las otras, se puede establecer una jerarquía. Hemos de vincular las *middot* divinas con sus manifestaciones y, en función de estas últimas, seremos capaces de evaluar el orden y el valor de estas medidas. Algunos maestros que han sido capaces de captar la estructura de la dirección han establecido las de las *middot*, e incluso las de las manifestaciones que se desprenden de ellas, así como de los lazos y ramificaciones que se establecen. Si bien cada medida puede considerarse ciertamente un ente en sí misma, el Señor, bendito sea, hizo que formaran un conjunto que revela que están interrelacionadas. De este modo, cada medida sólo podrá ser verdaderamente conocida en relación con las demás.

ויש חכמה עמוקה בענין הקשר הזה, לדעת התחברות כל עניני ההנהגה, כטבעות השלשלת הנכנסות אחת באחת. והרמב"ם זלה"ה אמר בפרק נד מן המורה שלו חלק א, זה לשונו, "אמרו "כל טובי" הוא רמז להראות אותו הנמצאות כולם, רצה לומר, בהראות אותם לו שישיג טבעם והקשרם קצתם בקצתם", עכ"ל.

Y hay una profunda sabiduría en el asunto de esta interrelación, que detalla las conexiones en las diversas partes de la dirección, como ocurre con los diversos eslabones de una cadena, que están insertados el uno dentro del otro. Y dijo, Maimónides en el capítulo 54 de la primera parte de su *Guía*: "Está escrito todo mi bien". Lo cual alude al hecho que Dios mostró a Moisés todas las criaturas, es decir que se las mostró de un modo que tenía que comprender su naturaleza y las interrelaciones que había entre ellas.

כי הנה יש שיתקשרו מידות אלה קצתם בקצתם, בדרך סיבה ומסובב, ויבחן בקשרם כל מה שמצטרך ליחס הסיבה ומסובב שלה; ויש בדרך השיתוף לדבר מן הדברים בדרך העזר, רב או מעט; ויש בדרך ההשפעה והקבלה, דהיינו שיצא חיוש עניף אחד מאחת מן המידות, ויקובל החידוש ההוא מן האחרת.

Porque he aquí que estas *middot* pueden ser aprehendidas en sus relaciones de causa y efecto, y entonces se distingue entre unión todo lo necesario para la determinación que permite el paso de la causa al efecto. También pueden ser relacionadas por vía de conjunción en una capacidad adjunta donde una *middah* puede recurrir a otra, de un modo más o menos importante. Y, finalmente, se pueden considerar sus relaciones como don y recepción, cuando primero es engendrado por una *middah* y sin embargo, es revelado por otra.

והנה אתן לך דוגמא לדבר אדם המתבונן על דבר אחד שיראה, וירצה להשיג ענינו, הנה בתחילה ישמש בו כח הציור, לצייר הדבר ההוא בד־עתו. ואמנם אם לא ישתמש מכח האחר, לא יעשה בדעתו אלא הציור. אך אם ירצה להבינו, הנה יתעורר בו כח ההתבוננות, ויקח הדבר בו, ויחלקהו, וינתחהו, ויחזור ויחבר חלקיו, להבדיל מה שצריך להבדיל, ולחבר מה שצריך לחבר, עד שיקח לו ממנו ידיעה שלמה. וכל אלה דברים שצריך שיעשו ודאי בנפש האדם טרם ישיג הענין המבוקש, אף על פי שאין הפעולות האלה גשמיים, כי אם רוחניים, אך צריך שיעשו. והנה פה מצאנו שיצא הנושא המצוייר בכח המצייר ממנו, וינתן אל כח ההתבוננות לעשות בו את שלו, כמו שביארנו. הרי זה חיבור מידות על דרך ההשפעה והקבלה, וזה פשוט.

Por darte un ejemplo, piensa que un hombre medita sobre un objeto que ha visto e intenta comprenderlo. Al principio utiliza su fuerza imaginativa para representarlo y forma una imagen en su mente. Si no utiliza ninguna otra facultad, sólo proyectará una imagen en su mente. Ahora bien, si quiere comprenderlo, ha de despertar en sí mismo en la facultad de reflexión y concebirá aquel objeto, lo dividirá, lo disecará, y que lo reunirá de nuevo con todas sus partes, dividiendo lo que es divisible y uniendo lo que pueda unirse, hasta alcanzar el conocimiento perfecto. Todas esas cosas han de ser realizadas necesariamente en el alma humana para comprender el objeto deseado. Aunque esas actividades no sean materiales, sino espirituales, han de ser realizadas.

Constatamos aquí que el objeto que ha sido dibujado por la facultad imaginativa surge de esta facultad y se transmite a la facultad de la reflexión para actuar como debe hacerlo, según ya lo hemos explicado. He aquí un ejemplo sencillo de comprender de las relaciones del don y de la recepción.

והנה נמצא בסדרי ההנהגה שכל מדרגה תחתונה תסובב מן העליונה ממנה, וגם תצטרך לה, עד שלהשלמת עניני התחתונה עצמה יכנס בדרך נסתר קצת שיעור מה שיכנס מן העליונה עצמה. ונבחין לתחתונה עצמה סיבה קרובה וסיבה רחוקה. וכל זה לרוב דקדוק ההשערה, שהכל משוער בתכלית חכמה עמוקה

Y de aquí que, en los grados del poder directivo, cada nivel inferior es un efecto causal del nivel inmediatamente superior. Le es necesario en la medida que, de un modo oculto, una parte del nivel superior penetra en el inferior para completarlo. Entonces se distingue en el nivel inferior una causa cercana y una causa alejada, y todo esto implica una gran precisión y pertenece a una sabiduría sumamente profunda.

כללו של דבר, חידש האדון ב"ה מיני השפעות משוערות בערך וסדר והדרגה, שמכללות כולם, לפי ענין כל אחד ואחד, ולפי התקשרם זו בזו בכל מיני התקשרות שהם נקשרות, ולפי כל מדרגותיהם - תצא הנהגה שלמה, היא ההנהגה שהאדון ב"ה מנהג את עולמו מיום היבראו עד תכלית השלמתו

Concluyendo, el Santo, bendito sea, creó diversos tipos de influencias establecidas según la medida, un orden y una jerarquía. Cada una de ellas, de modo separado, así como todas estas influencias reunidas forman una dirección perfecta, por medio de la cual el Santo, bendito sea, dirige el mundo desde el día de su creación hasta el día de la perfección final.

ויש לנו להבין בכל אלה מה שתלוי בסדר ההדרגה והערך לפי סי־
דורם, ומה שתלוי בהבחנת ענינם; כי יש מידות והשפעות לפי הנה־
גת השכר ועונש, הנותן המציאות לטוב ורע; ויש לפי ענין יחוד
ממשלתו ית', המשלים כל החסרונות

Y tenemos que entender en todo esto lo que depende del orden jerárquico y lo que define el asunto estudiado. Existen, en efecto, *middot* e influencias que pertenecen al poder directivo basado en la recompensa y el castigo que dan existencia al bien y al mal, así como otras que, por el contrario, pertenecen a la Unidad que corrige todos los defectos.

ובמידות השכר ועונש עצמם יש מהם על פי מידת חסדו, ויש על פי
מידת דינו, ויש על פי מידה ממוצעת, וגם כל אלה בכמה דרכים וב־
כמה מזגי ענינים. יש מיני השפעות לפי ענין החושך של החומריות,
שיש בחוקם להחשיך ולעבות הענינים הנולדים בעולם

Y, ahora bien, en el seno mismo de las *middot* de recompensa y castigo, algunas siguen la bondad; otras, el rigor, y otras, la justicia, que es el equilibrio entre las dos fuerzas anteriores. Y todas ellas operan en muchas combinaciones distintas. Están las variedades de las influencias que pertenecen a la oscuridad y a la materialidad, cuya naturaleza es conducir a la opacidad y al espesor de las cosas de este mundo.

ויש לפי ענין ההארה הרוחנית והאלקית שבחוקה להגיה החושך
ולהאיר לנבראים, ובענין הזה כמה הדרגות נמצאות של בחינות
גבוהות זו מזו.. ועל כל אלה הענינים צריך להשקיף מי שירצה להבין.
עד מקום שהיד האנושית מגעת בהנהגתו ית'. וצריך לדעת השרשים
והענפים, פירוש, מיני ההשפעות האלה וסידוריהם והנולד מהם,

בין בבריות ובין במקריהם. וכלל כל הענינים האלה יתבאר לך כש־
תתישבי על כל מה שביארתי לך עד הנה.

Y están también aquellas que pertenecen al marco de los espiritual y divino, cuya naturaleza es iluminar la oscuridad y llenar de luz a las criaturas. Distinguimos allí varios niveles, unos superiores a otros. Aquel que quiera comprender todo lo que el hombre puede percibir de la dirección de Dios ha de contemplar estas realidades. Hay que conocer también las raíces y las ramas, es decir, las diversas influencias, sus órdenes, y lo que producen tanto en las criaturas como en sus accidentes. Y todo esto te resultará claro cuando hayas integrado todo lo que te he explicado hasta ahora.

והעיקר מה שהזכרתי לך, שמלבד ידיעת סדר ההנהגה על צד הפעו־
לות הנפעלות בעולם, הוא ידיעת מציאות ערך מעלת הבריות לדקו־
תם ורוחניותם, או לגסותם וגשמיותם, לגבהם ויקרם, או לפחיתותם
ושפלותם, שהכל נמשך מכח מיני ההשפעות האלה שחידש האדון
ב"ה. שלפי שלמותו היה כל הנברא שוה בתכלית היקר והדקות הנע־
לה, ואמנם חידש מיני ההשפעות אלו שענינם כל ההדרגות והשינויים
הנמצאים בענין זה בבריאה. ונמצא, שכל זה תלוי בהשפעות המחוד־
שות האלה ובסידוריהם. ועוד לפנים אדבר עוד קצת מזה.

Lo esencial y lo más importante de todo lo que te he dicho, al margen del conocimiento del sistema de dirección a nivel de las acciones que sean realizadas en el mundo, es el conocimiento de las creaciones, definidas según su pureza y su nivel espiritual, o, por el contrario, según su vulgaridad y su inferioridad. Todas ellas dependen del poder de las influencias pues si dependieran de la perfección, todas las criaturas serían iguales y puras. Pero como en el mundo hay múltiples influencias decretadas por el Creador, para producir los distintos niveles y diferencias en la creación, todo depende de las influencias y de sus órdenes. Más adelante te volveré a hablar de todo esto.

ואמנם די עתה במה שהודעתיך לישב אותך על ענין ההנהגה העמוקה במין האחד שבחוקי הנהגת השכר ועונש, דהיינו חוקי ההשפעה. עתה נבוא אל המין השני, שהוא חוקי הקבלה.

Sin embargo, con lo que te he dicho hasta ahora es suficiente para calmar tu espíritu a propósito de la dirección divina que dirige por medio de la recompensa y el castigo, es decir, las leyes de su influencia. Pasemos ahora a ver el segundo principio general: las leyes de la recepción (cábala).

קנז) אמרה הנשמה - הנה שמעתי עד כה הקדמות גדולות ומבוררות שישבו אותי ודאי, והוציאוני ממבוכת ספקות רבים שהיו מבלבלים אותי. הנני עתה לשמוע שאר דברי פיך שישלימו לי הישוב על כל המצטרך לי.

157. Dijo el alma: he escuchado tus palabras de introducción, claras e importantes, que ciertamente me han satisfecho y me han sacado de la perplejidad, y me han liberado de las diversas dudas que me asaltaban. Ahora estoy preparada para escuchar el resto de tus palabras, que van a completar tu explicación del tema.

(קנח) אמר השכל - הנה עד עתה דיברנו מענין השפעתו ית', המו־לדת בעולם כל המעשים המתחדשים בו. אמנם עתה יש לנו לבאר ענין מציאות התחתונים בכל השינויים המשתנים במציאותם, ובכל החוקים החקוקים במציאותם. והנה גם זאת השפעה מהשפעותיו ית' ודאי, אבל עם כל זה היא מין בפני עצמו.

158. Dijo el intelecto: hemos hablado hasta ahora de la noción de la influencia del Bendito, en tanto que da origen en el mundo a todos los actos que se manifiestan en él. Debemos ahora explicar cuál es la esencia de las criaturas terrenales, con todos los cambios que afectan su

existencia, así como las leyes que las dirigen. Aquí también, se trata de las influencias del Bendito, pero, de cualquier modo, es una especie en sí misma.

כי שאר ההשפעות הוא מה שהקב"ה משפיע אל הנמצאים, וזאת עני־נה מה שהוא במציאות הנמצאים, שגם זה ודאי אינו אלא תלוי במא־מר פיו של האל ית', ונמשך גם זה אחר ענין שאר ההשפעות, וכמו שביארנו למעלה, ועוד נדבר מזה בס"ד.

Las demás influencias son lo que el Santo, bendito sea, proyecta sobre la creación, mientras que esta se refiere a la existencia de estas últimas, si bien también ella depende de la palabra del Bendito, siguiendo el modelo de las demás influencias, como hemos explicado más arriba. Hablaremos de esto más adelante, con la ayuda de Dios.

אמנם מה שיש לנו להבחין עתה הוא - כי כלל המעשים הנעשים בעולם ממנו ית' הוא ענין אחד, וכלל הימצא הבריות שבהם נעשים המעשים ההם הוא ענין אחר. וכשנחקור על הענין הראשון, נשיג סדרי השפעתו ית'; וכשנחקור על הענין הזה השני, נשיג כל סדרי השתנות מציאות הבריות, לעילוי או לירידה, בכל הפרטים התלויים בזה השורש. ונבאר עתה ענין זה.

Ciertamente, lo que ahora hemos de comprender es que el conjunto de las acciones realizadas por el Bendito en el mundo constituye una categoría, y la existencia de las criaturas en relación con las cuales éstas se relacionan constituye otra. Profundizando en la primera podemos comprender la influencia divina; profundizando en la segunda podemos conocer los órdenes de las variaciones de la existencia de las criaturas, de sus ascensos o de sus descensos, en todos sus detalles. Y esto es lo que ahora explicaremos.

הנה כבר אמרתי, גם מציאות הנמצאים אינו אלא תלוי במאמרו ודאי, שאין מציאות לנמצאים אלא מכח שפעו והשגחתו. שאם היה האדון ב"ה מסלק ח"ו שפעו והשגחתו זאת, כבר כל הנמצאים היו לאין ברגע אחד; אבל כח ממנו נמשך ודאי אל הנמצאים להתקיים.

Ya te he dicho que la existencia de los seres depende únicamente de su palabra, lo que significa que esta existencia únicamente puede proceder de su influencia y de su providencia. Si el Santo, bendito sea, retirara esta influencia y esta mirada, Dios no lo permita, todas las criaturas desaparecerían en un instante. Pero, ciertamente, hay una fuerza que surge de Él y permite que las criaturas existan.

ועל דרך משל נאמר, כמו שהנפש מקיימת את הגוף, שזולתה נפסד ודאי, כך השגחת האדון ב"ה מקיימת כל נמצאיו, שזולתה היו נפסדים; על כן תיארו החכמים השגחת הבורא ית' - נשמה לנשמות.

Para ilustrarlo, ya hemos visto que del mismo modo que el alma perpetúa el cuerpo y que sin ella, éste se deteriora, el influjo divino perpetúa a todos los seres que sin él desaparecerían. Esta es la razón por la cual los maestros han descrito esta influencia del Creador como un «alma de almas».

וכבר אמרתי - זה ענין נבחן לבדו, מלבד כל כלל ההשפעות שהוא משפיע לעולם, כי אין הכוונה בהשגחה הזאת אלא למציאות הנמצאים, לא למקרים המתילדים ונפעלים בם. ואמנם מה שיש להבין בענין הזה, הוא רק שינויי עידני הבריות, והתחלף ענינם במציאותם, לעילוי או לירידה, כמו שביארנו, שכל אלה ודאי ענינים תלויים במאמרו ית' לפי החוקים שחקק למציאת הנבראים; כי הרי לא יתעלו הנבראים עילוי יתר על מה שבחוקם, ולא ירדו ירידה יתירה מאשר בחוקם. ונבין עתה מה שיש להבין במציאות הזה, שהרי כל זה ייוחס לכח הזה והשגחה הזאת שממנו ית' למציאות הזה.

Ya he precisado que se trata de una noción particular, distinta de las demás influencias que se proyectan en el mundo, ya que el único objetivo es dar existencia a las criaturas y no a los accidentes que surgen de ellas y que padecen. Sin embargo, hemos de comprender en este asunto que únicamente las influencias de pedidos que atraviesa las criaturas desde el punto de vista de las modificaciones de su estado de existencia sus ascensos y sus descensos tal como hemos explicado. Todas dependen de la palabra del Bendito y siguen las leyes existencia que ha establecido para las criaturas. No pueden ascender o descender más allá de lo que ha sido fijado en su naturaleza. Así comprendemos lo que hay que discernir en esta existencia, ya que todo está ligado a esta fuerza, es decir, a esta influencia divina.

הנה עיקר הנבראים הוא האדם, ועיקר האדם - כנסת ישראל. וכבר אמרו ז"ל (ירושלמי שבת סוף פרק ו; ועיין נדרים לב ע"א), מלאכי השרת יושבים מבחוץ וישראל מבפנים, דכתיב (במדבר כג, כג), "כעת יאמר ליעקב ולישראל מה פעל אל".

Y he aquí que la principal de estas criaturas es el hombre, y de entre los hombres, la asamblea de Israel. Dijeron nuestros sabios, de bendita memoria (*Ierushalmi, Shabbat*, final del capítulo 6, y *Nedarim* 32a): «Los ángeles de servicio residen en el exterior e Israel en el interior, como ha sido escrito (*Números* XXIII-23): "Como ahora, será dicho de Jacob y de Israel: ¡Lo que ha hecho Dios!"».

ואמנם צריכים אנו להבחין באדם שתי בחינות הפכיות שיש לו, והוא מה שאמרו ז"ל (ויק"ר יד, א), "זכה, אומרים לו, אתה קדמת לכל מעשי בראשית, לא זכה, אומרים לו, יתוש קדמך". וזה, שאין יש בריה כל כך עלולה לרע כמו האדם, שיש באפשרותו לחטוא ולמרוד ח"ו, ויצר לב האדם רע מנעוריו, מה שאין כן לשום בריה אחרת.

Y ciertamente, hay en el hombre dos condiciones opuestas, como dijeron nuestros sabios: «Si tiene mérito, se le dice: "tú precediste a todos los actos de la creación", y si no tiene mérito se le dice: "el mosquito te precedió"» (*Vayikrá Rabbah* 14,1). Y esto se debe a que ninguna criatura, a excepción del hombre, es capaz de hacer el mal, Dios no lo quiera. La inclinación del corazón del hombre es mala desde que es pequeño, lo que no ocurre con el resto de las criaturas.

אך מצד אחר, כשהוא נתקן ונשלם, הוא המתנשא לכל לראש, ולו מגיע ההתדבק בו ית"ש; וכל,שאר הבריות תלויות בו, וכמאמרם ז"ל שזכרנו למעלה. וכן אמרו על ישראל (מגילה טז ע"א) שהם ככוכבי השמים וכעפר הארץ לרום ולעומק.

Por otra parte, cuando alcanza la perfección, es superior a todo lo demás. Logra la unión con el Bendito y todas las criaturas están a su servicio, tal como expresa la afirmación de los sabios que hemos mencionado anteriormente. Y, además, dijeron a propósito de Israel (*Meguilah* 16a) que se pueden comparar con las estrellas del cielo y el polvo de la tierra en altura y profundidad.

והיינו, כי באמת גזרה החכמה העליונה לעשות מציאות האדם לפי אמתת ענינו נכבד ונעלה מאד, אלא שהשפילו תחילה כדי שישלוט בו הרע הזה, ובזמן שהוא שפל - הוא שפל מכל הנבראים, ששולט בו הרע, שאינו שולט בכל בריה אחרת. אך כשכבר נתקן ונשלם - חוזר לגובה יקר ענינו באמת, ואז הוא נישא ונעלה מן הכל, ועולה למדרגה שאין שום אחד מן הנבראים מגיע לה.

De hecho, la Sabiduría Suprema decretó que la verdadera esencia del hombre fuera correspondiente a su verdadera naturaleza, noble y elevada. Sin embargo, Dios la degradó para que este mal pudiera dominarlo, y cuando está abajo, es inferior a todas las demás criaturas y el mal lo domina, mientras que el mal no tiene poder sobre ninguna otra criatura. Pero cuando alcanza la perfección después de haberse corregido y vuelve a su estado original y se eleva por encima de todo, accede a un nivel que ninguna otra criatura podría alcanzar.

ותראי שכבר תכלית סיבוב הגלגל הסובב והולך, הלא הוא גילוי היחוד העליון, במה שהרע עצמו ישוב להעיד על יחודו ית', בשוב הרע עצמו לטובה, דהיינו ענין (ישעיהו יב, א), "אודך ה' כי אנפת בי", שפירשתי כבר למעלה. והנה אין דבר זה נעשה אלא בכח ההשפלה הזאת שנשפל מציאותו של האדם, שעל ידי כן הנה הרע שולט בו. וכשהוא מתקן את עצמו ומתעלה, אז מחזיר את הרע לטוב, כי היצר הרע עצמו הוא גורם לו הזכות, ונמצא קלקלתו - תקנתו. כי אם היה תמיד בעילוי, שלא היה הרע שייך בו, גם הוא לא היה מגיע לו תיקון החזרת הרע לטוב, שהוא עיקר שלמות הב-ריאה.

De este modo puedes ver cómo desde el principio el objetivo final del mundo es la revelación de la Unidad suprema, donde el mismo mal atestiguará la Unidad del Bendito, según ha sido escrito (*Isaías* XII-1): «Cantaré a ti, oh Eterno; pues aunque te enojaste contra mí...». Como ya he explicado más arriba, este proyecto no puede ser realizado sin esta fuerza de la disminución de la esencia del hombre, porque de este modo el mal tiene poder sobre él. Y cuando el hombre se perfecciona y se eleva, el mal es transformado en bien, ya que la Mala Inclinación se convierte en fuente de mérito. Entonces sus defectos se convierten en su perfección. Si siempre estuviera elevado, de manera que el mal no tuviera poder sobre él, no podría operar la corrección de la transformación del mal en bien, lo cual es la principal perfección de la creación.

והנה עשה הקב"ה מציאות האדם גדול לפי האמת, אך לא קבע טובו בו שיהיה תמיד ביקרו, אלא עשאו כלבנה זו שהיא אפלה וצריכה לקבל אורה מן השמש, ואז היא מאירה. כך האדם אינו בכוחו מצד עצמו, אלא ישוכלל בכוחו מצד התדבקו בו ית', שיאיר אליו באור פניו, ואז יהיה מושלם.

Y he aquí que el Santo, bendito sea, hizo que la esencia del hombre fuera según el estado evidente, pero no implantó en él su bien para que estuviera siempre en estado glorioso, sino que lo hizo como con la Luna, que es oscura antes de recibir la luz del Sol y volverse luminosa. Del mismo modo, el hombre no posee su fuerza por mérito propio, sino que la obtiene de su unión con Dios que, iluminándole con la luz de su rostro, lo hace completo.

והנה כל מגמתו ית' בכל סדרי השפעתו היא לעומת כנסת ישראל, שכל הכוונה אליה תמיד, כענין שנאמר (תהלים מ, ו), "נפלאותיך ומחשבותיך אלינו", ועל כן מקבילים הם ודאי סדרי ההשפעה וסדרי מציאותם של ישראל. ובכל סדר שנסדר בהשפעה, נקבע התדבקות לכנסת ישראל בו ית' לפי הסדר ההוא, כפי העילויים המוומנים לה.

Y el objetivo del Bendito en todos los órdenes de influencia es la asamblea de Israel. Su intención está dirigida constantemente hacia ellos, según ha sido escrito (*Salmos* XL-5): «Tus maravillas; y tus pensamientos para con nosotros». Por esta razón, los órdenes de su influencia corresponden a los de la existencia de Israel. A cada estado de influencia corresponde un modo particular de la unión de Israel con el Bendito, que varía en conformidad con el estado del ascenso que le ha sido proyectado.

ואמנם צריך שתדעי עיקר. גדול בענין העבודה המסורה לאדם, וזה, כי הנה כל הנבראים תלויים בבוראם, ואין להם ענין זולת מה שמו-

שפע בהם ממנו, על כן אינם אדונים בפעולותיהם ומעשיהם, אלא כל מעשיהם בהכרח מצד מה שהם מושפעים ממנו ית'.

Y, ciertamente, has de conocer que un gran principio rige el trabajo del hombre, y que es que todas las criaturas dependen del Creador, y no son más que el resultado de su influencia sobre ellas. Por lo tanto, ellas no son dueñas de sus actos. Están todas determinadas por la influencia que ejerce sobre ellas el Bendito.

רק האדם יש לו סגולה זאת פרטית, שיש בידו הבחירה, ויש לו כח לפעול ברצונו בלא הכרח, והוא מה שאמרו ז"ל (ברכות לג ע"ב), "הכל בידי שמים חוץ מיראת שמים". ונמצא, שגם האדם ודאי תלוי בבורא ית' ככל שאר הנבראים, אלא שמצד העבודה ניתן לו מציאות ענין שבו לא יהיה תלוי בבורא ית' כלל, אלא ברצון עצמו; והוא זה שאמרנו, "הכל בידי שמים חוץ מיראת שמים". והנה הנשמות עצמן טרם רדתן לגוף אינן אלא ככל שאר הנבראים - תלויים בבורא ית', לפי שאין להם שם עבודה בבחירה. רק אחר רדתן לגוף אז ניתן להם הבחירה, ואז בדבר זה הן תלויות בעצמן, ולא בבורא ית"ש. אך בכל דבר אחר ודאי שגם האדם תלוי בו לגמרי, וכמו שאמרו, "הכל בידי שמים".

El hombre está dotado de la facultad particular del libre albedrío, y pude actuar según su voluntad sin restricciones. Es lo que dijeron nuestros sabios, de bendita memoria (*Berajoth* 33b): «Todo está en manos del cielo, excepto el temor del cielo». Y las almas, antes de descender a los cuerpos, son semejantes a las demás criaturas sometidas al Creador, ya que no tienen trabajo que realizar con el libre albedrío. Sólo es después de que hayan entrado en el cuerpo que están dotadas de libre albedrío, y en este nivel, se vuelven independientes y no dependientes del Creador. Por el contrario, no hay dudas de que también el hombre depende de Él enteramente, como ha sido dicho: «Todo está en manos del cielo».

ותראי כמה כבוד גדול חלק הבורא ב"ה אל הצדיקים שחשבם לשו־
תפים אליו, וכמו שארז"ל (זוהר ח"א, ה ע"א), "עמי אתה" - עימי
אתה". כי באמת חלק הניחו להם בתיקונו של עולם ובשכלול הב־
ריאה, וכמו שביארנו לעיל, עד שנמצא תיקון הבריאה, כביכול,
מחולק בין הקב"ה והצדיקים, שאינו נשלם אלא בשניהם. והנה,
כביכול, כנסת ישראל לבה גס בהקב"ה כאשה לבעלה; וזה מצד היות
לה חלק בתיקון העולם עצמו, כמו שביארנו, אשר על כן יש לה פת־
חון פה לפניו ויכולה להרים ראש, אשר לא "כמאן דאכיל דלאו די־
ליה דבהית לאסתכולי באפיה" (ירושלמי ערלה פ"א, ה"ג), אלא נה־
נים מזיו השכינה מתוך שמחה והרמת ראש. מה שאין כן לנשמות
טרם בואן בגוף בעולם הזה, כי לא יהיו אלא כעבד דשקיל ואזיל
אחרי אדוניו. והנה הם חלק אלוה ממעל. ודאי, ודבוקות בו ית', אך
בבושת מקבל הצדקה, כמו שביארנו.

Y considera el inmenso honor que el Creador, bendito sea, concedió los justos a considerarlos como sus socios, según han dicho nuestros sabios (Zohar I-5): «Tú eres mi nación, tú estás junto a mí».[58] Les ha dado parte en el perfeccionamiento del mundo y en la mejora de la creación, tal como hemos explicado más arriba, de manera que la corrección del mundo está compartida entre el Santo, bendito sea, y los justos, y únicamente se perfecciona gracias a ellos. De este modo, la asamblea de Israel está cerca del Santo, bendito sea, como una esposa de su marido, y esto en virtud de compartir una parte de la corrección del mundo, como ya hemos explicado, y éste es el motivo por el cual puede hablar ante Él y mantener erguida la cabeza al contrario de aquel «que come lo que no es suyo y le da vergüenza mirar a quien le dio de comer» (*Ierushlami Orlah* 1,3). Y se alegra con la luz de la Divina Presencia, con alegría y dignidad, lo que no ocurre con las almas antes de llegar al cuerpo en este mundo, pues son como un servidor sometido a su amo; forman parte del Bendito, y están unidas

58. Juego de palabras entre *ami* «mi nación» e *imi* «junto a mí».

con Él pero sin embargo, «reciben caridad llenas de vergüenza», como ya hemos explicado.

ומשל נאה המשיל לענין זה הרשב"י זלה"ה, בענין ההתפלל אליו ית'. אמר, שיש מי שהוא כעבד שאינו כל כך חביב לפני המלך, שמאחרי המלך ישא את קולו להתחנן לפניו על דבר מה, והמלך יגזור אומר ויתנו שאלתו, אך לא יסב המלך את פניו אליו ולא יביט בו. ויש עבד שהוא חביב על המלך, ויקבלהו המלך בסבר פנים יפות, ויחזיר פניו אליו, וידבר עמו כל הצורך.

Y Rabí Shimon bar Iojai pronunció una hermosa parábola a este respecto, en cuanto a rezarle al Creador. Dice que se parece a un sirviente al cual el rey no le tiene en mucha consideración, ni lo mira, y que cuando el rey le vuelve la espalda, alza la voz para suplicarle. Entonces el rey acepta lo que le pide, pero hay otro sirviente a quien el rey tiene mucha estima, y dirige hacia él su rostro y habla con él todo el tiempo que sea necesario.

הוא הענין האמור במשה וישראל (דברים ה, ד), "פנים בפנים דבר ה'" וגו'; (שמות לג, יא), "ודבר ה' אל משה פנים אל פנים, כאשר ידבר איש אל רעהו"; וכענין הברכה בברכת כהנים (במדבר ו, כה), "יאר ה' פניו אליך"; ובמקום אחר אומר (שמות לג, כג), "וראית את אחורי ופני לא יראו". וכל זה ענין טבעי הוא, ששני ריעים הפו־נים באהבה זה אל זה מחזירים פניהם זה לזה, וזה מראה הקירוב ביניהם; ושנים שהם מתרחקים - זה הופך פניו לכאן וזה הופך פניו לכאן; כי הפנים מראים תמיד הפניה, והחזרת העורף יראה הרי־חוק. וכל הדרכים ייוחסו אל ההתדבקות של התחתונים באדון ב"ה, שבהיותם מתוקנים במעלה הראויה להם, הנה יהיו מתדבקים עם האדון ב"ה בהתדבקות גדול וחיבור של אהבה ממש, כביכול, כשני ריעים המחזירים פניהם זה לעומת זה.

Y esto es lo que ha sido dicho propósito de Moisés e Israel (*Deuteronomio* V-4): «Cara a cara habló el Eterno, etc.». Y (*Éxodo* XXXIII-11): «Hablaba el Eterno a Moisés cara a cara, como habla cualquiera a su compañero». Y como dice la bendición sacerdotal (*Números* VI-25): «Que el Eterno haga resplandecer su rostro sobre ti». Pero en otro lugar ha sido dicho (*Éxodo* XXXII-23): «Y verás mis espaldas; mas no se verá mi rostro». Y todo esto es natural. Dos amigos que se tengan afecto se miran cara a cara, expresando así su apego. Sin embargo, dos hombres que están distantes, uno vuelve su rostro para un lado y el otro para el otro lado. El rostro siempre manifiesta el interés, mientras que dar la espalda expresa distancia. Y todas estas posiciones las volvemos a encontrar en la relación que une al Santo, bendito sea, con las criaturas terrestres. Y cuando se han corregido y estén en el nivel adecuado, se unirán profundamente al Santo, bendito sea, por medio de un verdadero lazo de amor, como lo pueden estar dos amigos que se miran el uno al otro.

אך בלא מעלתם זאת, וטרם היותם מוכנים, הנה יהיו נשואים ונס־בלים ממנו ודאי, וכמו שביארנו, שעל כל פנים, הנשמות חלק אלוה ממעל הן, ומתאחזות בו תמיד מצד היותו שרשן ומקורן, אך לא בלב גס והרמת ראש, אלא כשנים ההופכים פניהם זה לכאן וזה לכאן, שמראה זה על הריחוק, שכל אחד פונה לעצמו לבד ולא לחבירו, והם נשואים ממנו רק כדבר שאינו כל כך חביב. וכן הם אין להם פנים לפנות ולהביט אליו, והוא אינו מחזיר פניו אליהם. אך כשנת־קנו, אז יביטו זה לזה באהבה, כענין שנאמר (שיר השירים ב, יד), הראיני את מראיך וגו' ומראיך נאוה.

Pero mientras no alcancen este nivel, no están preparados y Él los aguarda con paciencia, como ya hemos explicado. Al ser divino, el origen de las almas siempre están unidas a Él, que es su raíz y su origen. Aquí no hay familiaridad y altanería, como ocurre con dos que vuelven el rostro cada uno en una dirección opuesta, demostrando la distancia;

cada uno está de su lado, sin relacionarse con el otro. Son llevadas por Él, pero como un objeto poco amado. No tienen rostro con que mirarlo y Él no las mira a ellas. Pero cuando han sido perfeccionadas, se miran mutuamente con amor, según ha sido escrito (*Cantar de los cantares* II-14): «Muéstrame tu rostro, (...) tu aspecto hermoso».

והנה ממוצא דבר תביני, שאף על פי שאין גוף וגויה למעלה ודאי, אמנם יהיו מיני השגחה והשפעה שיקראו בדרך המשל, פנים; ומיני השגחה הנקראים, אחור, וכדברי הכתוב אשר לפנינו, "וראית את אחורי ופני לא יראו". וזה פשוט, שמיני ההשפעה הנקראים פנים, יהיה ענינם כחוק הפנים אשר לאדם, שמראים קירוב ואהבה; ואחור - מיני השגחה והשפעה ענינם כחוק האחור באדם המראה על הריחוק. ובאלה השתי מידות נבחין הקירוב או הריחוק בין ישראל ובינו ית.

De lo que acabamos de decir comprenderás que, si bien no hay arriba ni cuerpo ni forma, la providencia y las influencias pueden ser llamadas simbólicamente «rostros». Del mismo modo, ciertos tipos de providencias pueden llamarse «espaldas», como en el versículo que hemos citado («Y verás mis espaldas; mas no se verá mi rostro»). Y las influencias denominadas «rostros» pueden ser comparadas con el rostro del hombre, y expresan cercanía y amor. La espalda, por otra parte, hace referencia a la espalda del hombre y expresa ese tipo de providencia y de influencia que es el alejamiento. Por medio de estas dos *middot* se distinguen la proximidad y el alejamiento entre Israel y el Bendito.

[ומה שיש לנו לדעת עוד., שאף על פי שישראל כבר מוכנים הם מצד עצמם להיות לעבודתו ית', וגם הם פועלים בעצמם שלא בהכרח כלל, כמו שביארנו, אמנם כח העבודה עצמה אינו ניתן ל,הם אלא מידו ית', וזה מה שנתן להם בשעת מתן תורה, ומה שמקיים ומחדש לכל אחד ואחד תמיד. ותראי שזהו ענין ההפרש שבין המצווה ועושה למי שאינו מצווה ועושה, כי האדם המצווה יש כח בידו,

מסור ממנו ית', שיתקן במעשיו התיקונים המצטרכים בבריאה, מה שאינו כן שאינו מצווה.

Lo que también hemos de saber es que, si bien los hijos de Israel están dispuestos para realizar el servicio divino y actuar según su propia voluntad libremente, como ya lo hemos explicado, el poder de este servicio lo reciben únicamente del Eterno. Es lo que les fue concedido cuando recibieron el don de la *Torah*, y Dios lo perpetúa y renueva constantemente para cada uno. A propósito de esto hemos de distinguir entre aquel que recibe una orden del Bendito y la cumple, y aquel que la cumple sin estar obligado a ello. El hombre al cual el Bendito ha ordenado las *mitzvot* posee una fuerza que le ha conferido el Bendito, que le permite realizar con sus actos la corrección necesaria a la creación, lo que no ocurre con aquel que no recibió la *mitzvah*.

וראיה לדבר, הכהונה, שהכהן העובד. מתקן כל העולם, וזר שעבד - חילל, וחייב מיתה; ולא עוד, אלא שהכהן עצמו שעבד בלא בגדים הרי הוא כזר; כי הכל תלוי בכח העליון, הורמנא דמלכא, שביד המ־צווה לבדו. אמנם לא ינתן הכח הזה אלא למי שהוא מוכן מצד עצמו לקבלו, כי לא ינתן לא לבהמות וגם לא למלאכים, אלא לבני ישראל שכבר הוכנו לזה מתחילה.

Una prueba de esto es el sacerdocio: el sacerdote que realiza el servicio corrige el mundo entero, mientras que el extranjero, con el mismo servicio, profanando, merece la pena de muerte. Además, el mismo sacerdote que oficia sin llevar las vestimentas sacerdotales es considerado como un extranjero. Efectivamente, todo depende del poder divino, el mandato del rey, y únicamente aquel que lo ha recibido lo detenta. Por otra parte, esa fuerza no es conferida más que a aquellos que son dignos de ella. No es transmitida ni a los animales, y a los ángeles, sino únicamente a los hijos de Israel que fueron preparados para ella desde el comienzo.

ותראי כי זה מה שעשה האדון ב"ה לישראל בהר סיני, שהנה לא נתן להם שם התורה כולה במעמד ההוא, אבל היתה הכנה כוללת לכל עבודת המצוות, כי אז השלים להם תחילה כל העיטורים והמעלות הראויים לאדם העשוי לעבוד את יוצרו, שבתחילה נשפל מעלתו להיות עלול ליצר הרע, כמו שביארנו, ואז נמשל כבהמות נדמה.

Constatarás que es exactamente lo que hizo el Santo, bendito sea, con Israel en el monte Sinaí. No les entregó toda la *Torah* en esa ocasión, sino que los preparó para el servicio de las *mitzvot*. Entonces los adornó con las coronas y los grados necesarios al hombre para servir a su Creador. Pues al principio Él había disminuido la estatura del hombre para que fuera susceptible a la Mala Inclinación, como ya hemos explicado, y entonces «se parecían a los animales».

ובבואם אל הר סיני, נתן להם האדון ב"ה כל היקר המגיע להם להשתלם במציאותם, להיות להם כח להיות משרתים אותו. ואז קירבם אליו באהבה, שהוא ענין (הגדה של פסח), "קרבנו לפני הר סיני", וכך מה שאנו אומרים בכל יום, "וקרבתנו לשמך הגדול" וגו.

Pero cuando Israel llegó al monte Sinaí, el Santo, bendito sea, les concedió toda la grandeza necesaria para su perfección a fin de que tuvieran el poder de servirle. Entonces los acercó a Él con amor, tal como recitamos en la noche de *Pésaj*: «Nos acercó al monte Sinaí» (*Hagadá de Pésaj*).[59] Del mismo modo, cada día decimos: «Nos has acercado a tu gran nombre, etc.».

והדביקט אליו באהבתו, ואז נתן להם תחילה הכח לשמור כל מצ־ וותיו, ושמעשיהם בעבודתו יעשו הפרי הטוב המצטרך לתיקון הב־

59. Véase *Hagadá de Pésaj*, Elie Wiesel. Ediciones Obelisco, Barcelona, febrero de 2022.

ריאה, והוא מה שכתוב (שמות יט, ו), "ואתם תהיו לי ממלכת כהנים וגוי קדוש". ומשם והלאה נשארו ישראל מובדלים מן העמים, ומעו־טרים בכח עליון לשמור כל המצוות, לתקן בהם כל הבריאה כולה, וכמו שביארנו. ומתחדש דבר זה תמיד, שאינו נפסק מישראל, אלא כענין שנאמר (דברים כז, ט), "היום הזה נהיית לעם" וגו' - שחייב אדם לראות את עצמו כאילו מקבל תורה מהר סיני (פסיקתא זוטא פ' ואתחנן), כי כל השבח הזה מתחדש לישראל דבר יום ביומו, ודבר בעתו.

Los unió a Él con amor, y fue entonces cuando les dio por vez primera el poder de cumplir las *mitzvot*, y lo dispuso todo para que sus actos en el servicio pudieran lograr la corrección de la creación; es lo que ha sido escrito: « Y vosotros seréis mi reino de sacerdotes, y gente santa» (*Éxodo* XIX-6). De este modo, Israel fue distinta de las demás naciones y fueron coronados con un poder divino para observar todas las *mitzvot*, y por medio de ellas corregir la creación, como ya hemos explicado. Éste fenómeno se renueva constantemente y no sufre interrupción alguna en Israel, como ha sido escrito (*Deuteronomio* XXVII-9): «Ese día se transformaron en un pueblo», ya que todos y cada uno de los miembros de Israel es como si hubiera recibido la *Torah* en el monte Sinaí (*Pesiktah Zutah Vetjanan*), y esa gloria se renueva para Israel cada día en todos los tiempos.

ונבאר עתה מציאות השותפות שהזכרנו בין הצדיקים והקב"ה בתי־קון הבריאה. וזה, כי הנה המציא האדון ב"ה מציאות החושך המו־טבע בתחתונים שבו תלוי מציאות הרע, וגם העברתו והחזרתו לטובה, וכמו שביארנו, והנה הוא ית"ש משפיע לתחתונים רק כפי הכנתם, על כן נוגע לצדיקים להיות הם הולכים ומתקנים מעט מעט את הטבע החשוך הזה, שהרי כפי מה שהם יתקנו בה - כך ישפיע האדון ב"ה השפעות חדשות ומעולות, לערך ההכנה והתיקון הנעשה בטבע התחתונים.

Vamos a explicar a continuación la naturaleza de la asociación que mencionamos entre los justos y el Santo, bendito sea, para la corrección de la creación. El Señor, bendito sea, dio origen a la oscuridad que está en el seno de las criaturas naturales y que constituye el origen del mal. Asimismo, dio la posibilidad de la desaparición del mal y de su transformación en bien, como ya hemos explicado. Ahora bien, solamente dispensa su influencia a las criaturas según su preparación. Ésta es la razón por la cual los justos deben corregir progresivamente esta naturaleza oscura. Ya que según sea el grado en que en la preparen, el Señor, bendito sea, ejercerá nuevas influencias más y más elevadas, según el grado de preparación y de reparación realizado en el seno de las criaturas naturales.

על כן הצדיקים מקריבים לפני האדון ב"ה מציאות הכנה חדשה ותיקון חדש בטבע החשוך שזכרנו, והקב"ה יענם בהשפעה מעולה לפי ערך ההכנה ההיא. וראוי לצדיקים להרבות במציאות התחתונים הכנה על הכנה ותיקון על תיקון, ולעומתם ישפיע האדון ב"ה השפעה על השפעה בתוספת עילוי על עילוי.

De este modo, los justos ofrecen al Señor, bendito sea, la existencia de una nueva preparación y de una nueva corrección de la naturaleza oscura. El Santo, bendito sea, les responde por medio de un influjo supremo que corresponde a este nuevo grado de preparación. Por esta razón, les concierne a los justos multiplicar progresivamente la preparación en los seres naturales, en respuesta a lo cual el Señor, bendito sea, dispensará una influencia tras otra, que significará un ascenso tras otro.

והנה אחר חטאו של אדם ירד העולם ירידה רבה, וכמו שביארנו, ונוסף חסרון על חסרון במציאות התחתונים. על כן מה שצריך עתה הוא לתקן החסרונות הנוספים תחילה. ודבר זה הולך ונעשה עד

זמן הגאולה, כי זאת היא הכוונה התכליתית בגלויות לתקן מה שנ־
תקלקל, ולהרויח מה שחסרנו, כדי להשיג אחר כך הטוב שיבואנו
אחר כך, כמו שהיה ראוי לבוא לאדם הראשון אילו לא חטא, וכמו
שביארנו לעיל. ובהשתלם ענין זה - אז ניגאל גאולה שלמה.

Y he aquí que a raíz de la transgresión de Adán, el mundo conoció una gran regresión, como ya hemos visto, y las deficiencias se sumaron, una tras otra, a la naturaleza de las criaturas terrestres. Es, pues, necesario corregir primero las deficiencias añadidas. Este proceso se realiza en el período que va hasta la época de la redención. Éste es el sentido último de los exilios: perfeccionar lo que quedó deficiente y recuperar lo perdido para recibir más tarde el bien que tendría que haber conocido Adán si no hubiera pecado, como ya lo hemos explicado. Y una vez terminado este proceso, mereceremos la redención completa.

ונמצא, שאנו צריכים להרחיק הרע מן הגבול שנרחב לו אחר החטא
כמו שביארנוג ולהשיב את הטובות שאבדנו. וכפי מה שמתחדש
תמיד מענין זה ממעשי הצדיקים בהכנת התחתונים - כך האדון ב"ה
משפיע להם.

De hecho, hemos de expulsar el mal de los límites expandidos tras la transgresión, como ya hemos explicado, y recuperar el bien perdido. Y a medida que se hagan avances en este sentido por medio de las acciones de los justos para preparar las naturalezas de los seres terrenales, en ese mismo grado, el Santo, bendito sea, ejercerá su influencia para con ellos.

והנה הקב"ה מחלק מעצם הנהגתו לכנסת ישראל, להיותה. שות־
פת עמו בהשלמת הבריאה, שיהיה הוא ית' מתקן מצד אחד, והיא
מצד אחר, ומיניה ומינה יסתיים התיקון השלם. ובבחינה זאת אמרו
ז"ל במדרש (שהש"ר ה, ב; וילק"ש שם), "יונתי תמתי" - תאומתי".

ומצינו בכתוב ענין התחבר ההשפעה והקבלה להשלמת הנמצאות, שאמר (ישעיהו מח, יג), "אף ידי יסדה ארץ, וימיני טפחה שמים, קורא אני אליהם יעמדו יחד", שהשמים משפיעים והארץ מקבלת, ואף על פי כן שניהם שקוליט.

Y aquí el Santo, bendito sea, comparte su poder directivo con la asamblea de Israel, ya que está asociada a Él en la corrección de la creación; Él la perfecciona y ellos la perfeccionan, y de este modo se consigue la percepción completa. En este sentido, dijeron nuestros sabios, de bendita memoria, en el *Midrash* (*Cantar de los cantares* V-2 y *Ialkut Shimoni* 5,2): «Mi paloma, mi inocente» y «Mi gemela».[60] Y en la Escritura aparece esta idea que indica la conjunción de la influencia y del receptáculo[61] para la perfección de las criaturas, según ha sido dicho (*Isaías* 48-13): «Ciertamente mi mano fundó la Tierra, y mi mano derecha midió los cielos con el palmo; al llamarlos yo, aparecieron juntamente». Los cielos derraman su influjo, y la Tierra lo recibe, pero ambos son iguales en su labor para el perfeccionamiento de la existencia.

זה כזה, מצד השתלם המציאות מבין שניהם. על כן. אמרו במדרש הנ"ל (ילק"ש שם), "ואף על פי כן לא אני גדול ממנה, ולא היא גדו־לה ממני". ואמנם יחס עניני ההשפעה לימין, לפי שהיא השולטת, והצורך והקבלה לשמאל, שהיא השפלה מן הימין.

Éste es el sentido del *Midrash* que hemos citado más arriba: «Incluso así, yo no soy mayor que ella y ella no es mayor que yo». Sin embargo, el influjo se denomina «la mano derecha», ya que es el dominante,

60. Juego de palabras entre *tamaiti*, «mi inocente», y *teumati*, «mi gemela».

61. En este caso, Israel.

y la necesidad y recepción se denominan «la mano izquierda», dado que está sometida a la derecha.

והנה שמעת כבר איך כל עניני התחתונים תלויים הם במאמר, ועל כן שורש כל הענינים האלה הוא מציאות כח עליון המחזיקם בכל מצ־ביהם. ועניני הכח הזה משתוים ומתיחסים עם עניני השפעותיו ית' בכל סידוריהם, וכמו שביארתי לך למעלה בביאור הפסוק (שמות לג, כג), "וראית את אחורי ופני לא יראו", כי מיני השפעות הם שבהם ישוער הקירוב או הריחוק בין ישראל לאביהם שבשמים, ולפי התיחס והשתוות כח התחתונים עם מיני השפעותיו ית', יתחלף מצב התחתונים בכל עניניהם, שכבר הודעתיך איך כולם קשר אחד, ענפי נוף אחד לבד.

Ya has escuchado que todo lo que se refiere las criaturas depende de la Palabra Divina. Por lo tanto, su origen está arraigado en una fuerza superior que le proporciona subsistencia en todos sus estados. Los diversos aspectos de esta fuerza corresponden a las influencias del Bendito, según sus distintos grados, tal como te he explicado anteriormente a propósito del versículo (*Éxodo* XXXII-23): «Y verás mis espaldas; mas no se verá mi rostro». Pues las múltiples y distintas influencias determinan el grado de proximidad o de alejamiento entre Israel y su Padre Celestial. De este modo, la situación de los seres terrenales en todos sus aspectos variará según el estado de las criaturas terrestres y de todo lo que les corresponde. Ya te he explicado cómo todas ellas forman un único lazo, como las ramas de un único y mismo árbol.

קנט) אמרה הנשמה - ודאי טעמא דמסתבר הוא זה, שבמהות התח־תונים המתחלף ממצב למצב יהיו דברים בגו, והיינו איזה מקור שמת־חלף, שלפי שנותו את טעמו ישתנו התולדות הנראות בתחתונים, ויש־תוה התחלפו להתחלף מיני ההשפעה.

159. Dijo el alma: efectivamente, se puede comprender que en la esencia misma de los seres de abajo haya algo que hace que se sucedan de un estado a otro, que un elemento inferior sea determinante y sea el origen de los cambios, y que en función de lo que pueda variar en esa fuente, aparecerán modificaciones en el nivel de las criaturas de abajo, que se adaptaran a los cambios de las influencias.

קס) אמר השכל - עוד יש לנו מקום הבחנה במה שבין הכח הזה לתחתונים עצמם; פירוש, כי הנה האדם בנוי מגוף ונשמה, וידענו שכל תנועות הגוף נולדות מן הנשמה. אמנם יש לנו לדעת גם כן איך מתישבת הנשמה בגוף עצמו, ואיך פועלת בו להוליד התנועות ההם בגוף, כך יש לנו עוד לדעת עניני הכח של התחתונים עם התחתונים עצמם.

160. Dijo el intelecto: queda todavía una distinción en la relación entre esta fuerza y las criaturas de abajo. El hombre está constituido por un cuerpo y un alma, y sabemos que todos los movimientos del cuerpo proceden del alma. Pero necesitamos comprender cómo el alma habita en el cuerpo y de qué modo funciona dentro de él a fin de animar estos movimientos en el nivel del cuerpo. Además, hemos de entender la idea de la relación que liga la fuerza que sostiene a las criaturas con las criaturas mismas.

ואודיעך ענין עמוק בזה, והוא, כי הכבוד העליון הוא השורה בכל מקום, והוא המחיה את כל הנמצאות, והעיד הכתוב (נחמיה ט, ו), "ואתה מחיה את כולם", ועל כן נאמר (ישעיהו ו, ג), "מלא כל הארץ כבודו". ואמנם, העוונות של בני האדם מרחיקים הכבוד מן התחתונים, והוא ענין שנאמר, (ישעיהו נט, ב), "כי אם עונותיכם היו מבדילים ביניכם לבין אלוקיכם".

Y voy a hacerte comprender algo muy profundo a propósito de este asunto. La Gloria Suprema es omnipresente y es lo que le da vida a todas las criaturas existentes, como lo atestigua el versículo (*Nehemías* IX-6): «Tú das vida a todos». De este modo, está escrito (*Isaías* VI-3): «Toda la Tierra está llena de su gloria». Sin embargo, las transgresiones de los hombres alejan esta gloria de las criaturas, como dijo el profeta (*Isaías* LIX-2): «Pero vuestras iniquidades han hecho división entre vosotros y vuestro Dios».

ולהפך, הזכיות משכינים הכבוד בתחתונים, והוא ענין (שמות כה, ח), "ושכנתי בתוכם". והנה, הכבוד עצמו מתעלה ומתרומם בהיותו שוכן בתחתונים. וכבר אמרו ז"ל (יומא לח. וסוף פרקי אבות), "כל מה שברא הקב"ה בעולמו. לא בראו אלא לכבודו". ובגלות נאמר (איכה א, י), "וילכו בלא כח לפני רודף", לפי שהיה הכח העליון רחוק מהם, וכענין (במדבר יד, ט), "סר צלם מעליהם". ובהגאל ישראל נאמר (ישעיהו ס, א), "וכבוד ה' עליך זרח", ואז הכבוד עצמו יתרומם, וזה פשוט.

Por el contrario, los méritos hacen reinar la gloria entre las criaturas terrestres, según ha sido dicho (*Éxodo* 25:8): «Y habitaré entre ellos». Esta misma gloria se eleva y ennoblece cuando reside entre sus criaturas. Nuestros sabios, de bendita memoria, han dicho: «Todo lo que el Santo, bendito sea, creó en su mundo, lo creó únicamente para su gloria» (*Iomah* 38a, y final de *Pirkei Avoth*). Por el contrario, ha sido dicho a propósito del exilio (*Lamentaciones* I-2): «Fueron como ciervos que no hallan pasto, y anduvieron sin fortaleza delante del perseguidor», porque el poder divino se había alejado de ellos, según ha sido escrito (*Números* XIV-9): «Su amparo se ha apartado de ellos». Y a propósito de la redención de Israel, sin embargo, ha sido escrito (*Isaías* 60:1): «La gloria del Eterno ha nacido sobre ti». Entonces la gloria misma se elevará, y esto es evidente.

ותדעי שענין זה מצטרך מאוד לענין המלאכים ופעולותיהם, כי הנה רצה האדון ב"ה לעשות מעשיו על ידי משרתים, הלא הם מלאכיו הקדושים; ועל כן רצה ושיכן שכינתו על המלאכים האלה, הם הם שלוחיו המוציאים כל גזירותיו לפועל; ואדנותו בהם תמיד, כמו שא־מרו ז"ל (יל"ש ח"ב, תשצז), "ה' בם" - אדנותו בהם". ואמרו (תנחו־מא משפטים יח), "שמו של הקב"ה משותף עם כל מלאך ומלאך". והנה, זה הכבוד עומד על כל הצבאות, ומתדבק עליהם תמיד, אך בערך המלאך וחשיבותו, כי גם בהם נמנו המדרגות, איש לפי ערכו.

Y has de saber que ese fenómeno se aplica únicamente a los ángeles y a sus actividades. El Señor, bendito sea, quiso llevar a cabo sus acciones a través de sus delegados, sus ángeles santos. Por esta razón, deseó hacer residir su presencia sobre estos ángeles, los mensajeros que realizan concretamente todos sus decretos. Su poder los acompaña constantemente, y a propósito de esto dijeron nuestros sabios, de bendita memoria: «Dios está entre ellos, Dios está dentro de ellos» (*Ialkut Shimoni* 2,797). Y ha sido dicho (*Tanjuma, Mishpatim* 18): «El nombre del Santo, Bendito sea, está asociado a cada ángel». Y de aquí que la gloria resida sobre todos los ejércitos y se aferren constantemente a ellos, pero según la importancia y la naturaleza de cada ángel, que, por otra parte, están dispuestos por rangos establecidos cada uno según su valor.

ותדעי עוד, שאף על פי שהכבוד בכל מקום, אמנם מתגלה במקום אחד יותר ממקום אחר, והוא מקום מיוחד לו ששם ידרשוהו הרוצים לידבק בו, והוא ענין (דברים יב, ה), "לשכנו תדרשו ובאת שמה", וכתיב (שמות לד, כג), "יראה כל זכורך את פני האדון ה' אלהי יש־ראל".

Has de saber, además, que si bien la gloria es omnipresente, se manifiesta más bien en un lugar que en otro. Es en este lugar que le es propio en el que se detendrán aquellos que la buscan. De este modo, ha sido

Y ésta era una gran sabiduría que los sacerdotes tenían que conocer, para acercarse al Señor por el bien de todo Israel, y que su trabajo fuera verdaderamente aceptable. Por esta razón, ha sido escrito (*Malaquías* II-7): «Porque los labios de los sacerdotes han de guardar la sabiduría, y de su boca buscarán la *Torah*». Se concentraban para unir todas las criaturas con el Creador y conocían todo aquello que era necesario para realizarlo completamente. Se concentraban en los detalles necesarios del rito de los sacrificios como la aspersión de la sangre y a propósito del incienso; todo esto realizado según misterios muy profundos para llevar a la perfección a todos los seres de la creación y unirlos con el Creador. El desarrollo de este asunto es muy complejo y no es este el lugar donde hacerlo.

ואמנם הכוונה הכללית הוא לקשר כל הנמצאים, התחתונים והעליונים שעל גביהם, כולם בכבוד העליון, שנאמר בו (ירמיהו כג, כד), "הלא את השמים ואת הארץ אני מלא", וזה באותם הסדרים המתוקנים לזה. וזה בבחינת עבדים המתקבצים תחת צל אדוניהם

Con todo, el objetivo consiste en unir a todas las criaturas, las de abajo y las de arriba, en la Gloria Suprema según ha sido dicho (*Jeremías* XXIII-4) «¿No lleno yo los cielos y la Tierra?». Y todo esto según el orden diseñado para este propósito, y gracias a los ángeles sirvientes que se reúnen bajo la sombra de su Señor.

אמנם עוד לצדיקים ענין פרטי בבחינת העבודה המסורה בידם, כמו שביארנו, שהוא לגמור תיקון הבריאה עצמה, כמו שהודעתיך, בהזמינם בכל יום תיקון חדש במה שנוגע להם, כדי שישפיע לעומתם האדון ב"ה שפע ברכה כנגד התעוררותם והזמנתם.

Y, ciertamente, los justos, desempeñan una función especial a través del trabajo que les ha sido confiado y que es, como ya hemos explicado, realizar las correcciones de la creación. Esto se produce estableciendo cada día una nueva corrección, a fin de que el Señor, bendito sea, despliegue una influencia de bendición correspondiente a su despertar y a su preparación.

והנה כבר שמעת שכל החסרונות שבבריאה הם תולדות העלם שלמותו ויחודו ית'. כי אמנם יחודו בהיותו שולט - פעולתו היא לתקן הבריאה תיקון שלם, ולהעביר כל מונע שמבדיל בין הנבראים והבורא ית', כמו שאמרנו בענין הכתוב (ישעיהו נט, ב), "כי אם עונותיכם היו מבדילים" וגו'.

Y he aquí, como ya sabes, que todas las deficiencias de la creación son engendradas por el ocultamiento de la perfección y de la Unidad del Bendito. Cuando domina su Unidad, pueden perfeccionar la creación completamente y eliminar cualquier impedimento entre el creador y las criaturas, como dijimos a propósito del versículo (*Isaías* LIX-2): «Pero vuestras iniquidades han hecho división entre vosotros y vuestro Dios».

והנה בהיות הצדיקים עובדים העבודה הזאת, יתעורר היחוד העליון, ויגלה קצת גילוי ממנו כפי הכנת העבודה ההיא, עד שיהיה נוסף תיקון בבריאה כולה כערך העבודה ההיא; שאין לך עבודה שאין מוספת תיקון בעולם מצד גילוי מיחודו ית', שהוא המעביר מה שמפריד בין הנבראים ובין הבורא ית', ומדביק הנבראים אל הכבוד העליון.

Cuando los justos realizan ese servicio, la unidad suprema se despierta y se revela parcialmente de acuerdo con la corrección realizada. Ya que no hay servicio que no agregue corrección al mundo desde el punto de vista de la revelación de la unidad divina, lo cual elimina al mismo tiempo aquello que separa a las criaturas del Creador, uniendo a las criaturas con la Gloria Suprema.

ויתדבק מציאות התחתונים עם קדושתו ית' בכל הדרכים שסידר להיות מאציל מקדושתו עליהם, הם הם מיני השפעותיו, שהם כל מיני הברכה שהוא ית' מברך את נמצאיו.

La existencia de las criaturas se une con la Santidad Divina según todos los caminos que preparó para propagarla sobre ellos por medio de las diferentes influencias, que constituyen las distintas bendiciones por medio de los cuales el Bendito bendice a sus criaturas.

והנה בתחילה יתחזק התדבקות הנשמות בקדושתו ית', כחלק המת־דבק בכל שלו, שהוא ענין שהמשיל הכתוב (דברים לב, ט), "כי חלק ה' עמו"; והוא הענין המבואר בתחילת שיר השירים (א, ב), "ישק־ני מנשיקות פיהו", שהוא מראה עוצם ההתדבקות.

Y he aquí que, en un primer momento, se fortalecerá la adhesión de las almas a su santidad, como una parte apegada a la totalidad, según enseña de modo alegórico el versículo (*Deuteronomio* XXXII-9): «Pues una parte del Eterno es su pueblo». Es el anuncio que nos recuerda el principio del *Cantar de los cantares* (I-2): «Que me bese con besos de su boca», lo cual connota la fuerza de esta unión.

והיינו שזה מין התדבקות חזק שיוכל להעשות בין הקב"ה וכנסת יש־ראל, שבדוגמא לזה הנשיקה באדם. ומתוך עוצם ההתדבקות ישפיע הקב"ה לכנסת ישראל ולכל כללות נמצאיו שפע של קדושה, דהיינו שפע אלקי ורוחני, ושפע של ברכה, שהוא שפע להצלחות אפילו בעולם הזה.

Es una unión profunda que puede establecerse entre el Santo, bendito sea, y la asamblea de Israel, y que puede verse representada en el beso humano. Gracias a la fuerza de esta unión, el Santo, bendito sea, proyectará su santidad sobre la asamblea de Israel y sobre todo lo que está dentro de su órbita. Se trata de una influencia divina y espiritual, una influencia de bendición, que se expresa por medio del éxito, incluso en las cosas de este mundo.

והנה בהיות מתדבקים התחתונים בו ית' בדבקות אהבה, יעורר הקב"ה האהבה בינו וביניהם, וירצה בעבודתם, כענין שתיקנו ז"ל, "הבוחר בעמו ישראל באהבה", "רצה ה' אלקינו בעמך ישראל ובתפלתם".

Y aquí, mientras las criaturas inferiores se aferran a Él con amor, el Santo, bendito sea, despertará el amor entre Él y ellas, y agradecerá su servicio, como han dicho nuestros sabios, de bendita memoria: «El Eterno elige a su pueblo Israel con amor» y «Acepta, oh Eterno, nuestro Dios, a tu pueblo Israel y sus oraciones».

כי מצד הרצון הזה הוא היות עבודתם מועלת לתיקון הבריאה, וכמו שביארנו זה למעלה כבר, כי רק כח הציווי. והרצון העליון הוא שעושה למעשה המצוות להיות מועיל ומתקן. ומכח הרצון הזה הנה תועיל העבודה למה שתועיל, ויושפע שפע הברכה בכל הדרכים המתוקנים לדבר הזה, ותתחדש הברכה בכלל התחתונים, ואחר כך יגיע אל האישים, כל אחד כראוי לו.

Porque parte de este deseo es que su servicio contribuya a la corrección de la creación, como ya ha sido dicho, ya que únicamente a través del orden y de la Voluntad Suprema pueden operar las *mitzvot* y ser efectivas e influyentes. Por medio del poder de esta voluntad el servicio es operativo y la influencia de bendición penetra a través de todos los caminos establecidos para este fin. La bendición es renovada para conjunto de las criaturas y luego para cada individuo en particular, de acuerdo con su situación.

אלה הם דרכיו ית', ישרים דרכי ה', להתנהג עם. התחתונים להנאתם ולטובתם. ומי שיעמיק בהם ימצא טוב טעם ודעת, העמק הגבה בכל התורה ומצוותיה, אחת מהנה לא נעדרה.

Estos son los caminos del Bendito, «los caminos de Dios son justos»,[62] para dirigirlos hacia su placer y beneficio. Y el que profundice en ellos encontrará los beneficios del conocimiento, una dimensión profunda respaldada en toda la *Torah* y sus *mitzvot*, sin que falte nada.

והנה עוד ענין עיקרי אודיעך, והוא שיש לכנסת ישראל שורש של קדושה, שהיא כללית לכל האומה הקדושה מצד היותם ישראל, ואפילו לרעים שבהם, שהרי ארז"ל (סנהדרין מד ע"א), "אף על פי שחטא - ישראל מוא". ואף על פי שדבר זה מושרש בענינים גבוהים מאוד, בהיות ישראל משתלשלים ממנו ית', כמו שאמר הכתוב (איכה ג, כד), "חלקי ה' אמרה נפשי על כן אוחיל לו".

Y he aquí que voy a revelar de otro principio fundamental. La asamblea de Israel posee una raíz de santidad que es común a toda esta nación santa en virtud de que son Israel, e incluso a los impíos que están entre ellos, ya que nuestros sabios, de bendita memoria, han dicho (*Sanhedrín* 44a): «A pesar de que haya transgredido, forma parte de Israel». Y aunque esto está arraigado en niveles muy elevados, ya que Israel proviene del Bendito, como dice el versículo (*Lamentaciones* II-24): «"El Eterno es mi porción", dice mi alma, "por eso confiaré en Él"».

אף על פי כן הנהגת העולמות הרבה והרחבה מאוד בכל סדרי הנמ־צאות לטוב או למוטב אינה תלויה בזה, אלא בענין המעשים של בני האדם, לדון כל אחד לפי מעשיו. ונמצא שיש מציאות לכנסת יש־

62. Véase *Salmos* CXLV-17.

ראל - מציאות כללי שאין לו תולדות הרבה וענפים רבים, אבל הוא מציאות שאינו כל כך עיקרי, אף על פי שהוא גבוה הרבה. ועוד יש מציאותה העיקרי, שהוא מציאותה לפי ענין העבודה שבידה, שת־לויים בה כל עניני ההנהגה הגדולה והעמוקה.

Sin embargo, la dirección de los mundos, muy amplia y extensa en todos los niveles de las criaturas, buenas o malas, no depende de esto sino de los actos de los hombres, ya que cada uno es juzgado en conformidad con sus acciones. Hay pues un tipo de existencia para la asamblea de Israel, una existencia general, con pocas generaciones o ramificaciones, una existencia que no es extremadamente principal a pesar de ser muy elevada. Hay, sin embargo, otra existencia principal en relación con el servicio divino que gira en torno a ella, del cual dependen todos los aspectos de la gran y profunda dirección.

ועוד צריך שתדעי, כי ענין היום והשבוע הוא סיבוב אחד שהולך וסובב, וכמו שנבאר לקמן בס"ד. והנה עיקר השבוע הוא השבת, ושאר השבוע אינו אלא השלמת מה שתלוי בשבת עצמו. והנה ית־חדש שפע בשבת, ובשאר ימי השבוע יוציא השפע ההוא תולדותיו למה שצריך לכל הנמצאות דבר יום ביומו, לפי שיעורו וסדרי הסי־בוב. ועיקר היום הוא הבוקר, ושאר זמניו - השלמת ענין,המתחדש בבוקר.

Es necesario que sepas, además, el concepto de los días y las semanas que constituye un ciclo, como explicaremos más adelante,[63] con la ayuda de Dios. El corazón de la semana es el *shabbat*, y al resto de la semana simplemente completa lo que está relacionado con el *shabbat*. En el *shabbat* se origina una emanación y durante los demás días de la semana se produce lo que se necesita para todas las criaturas, día tras

63. En el párrafo 174.

día, en relación a su medida y a su fase en el ciclo. Lo esencial del día es la mañana, y las demás horas completan lo que ha sido renovado por la mañana.

ואמנם ההשפעה העיקרית ימשיכוה התחתונים לפי בחינתם העיק־ רית, ושאר עניני ההשפעה הבלתי ראשוניים ימשכו לפי ענין התחתו־ נים הבלתי עיקרי; וזה פשוט, כי הכל הולך בהקבלה והשוואה, ההשפ־ עה עם מקבליה, והפעולות עם הנפעלים.

Y, ciertamente, las criaturas terrestres son las que prolongan el flujo principal según su raíz principal. En cuanto a los aspectos secundarios de este flujo, proceden de la raíz que no es principal. Esto es evidente, ya que todo se realiza por medio de un paralelismo y una equivalencia que enlazan la influencia con lo que la recibe, los actos con aquellos sobre los que actúan.

והנה תביני שהאדון ב"ה, המרומם ונשגב ובלתי מושג כלל, הנה חידש מיני קדושות המתאצלות ממנו ית' אל התחתונים. ואפי־ לו קדושה זאת אין ענינה כענין קדושתו העצמית הנעלמת ובלתי מושגת, אלא היא ענין משתוה אל הכנת מקבליה. ואף בזאת תי־ פול ההדרגה, כי יוכל להימצא קדושה גדולה מקדושה, ויש קדשים קלים, ויש קדשי קדשים, וזה פשוט.

Y he aquí que has de comprender que el Señor, bendito sea, que es elevado, exaltado y absolutamente insondable, dio origen a distintos tipos de santidad que emanan de Él hacia las criaturas de abajo. Sin embargo, esta santidad poco se parece a su propia santidad, que es oculta e insondable, ya que más bien corresponde a las disposiciones de aquellos que la reciben. Incluso en esto está sujeto a graduaciones, ya que es posible que una santidad sea mayor que otra y que haya santidades subalternas y santidades extremas. Y esto es evidente.

והנה האדון ב"ה הולך ומחדש תמיד תיקונים חדשים בכללות הב־ריאה לפי התעוררות התחתונים, כמו שביארנו.

Y aquí que el Señor, bendito sea, renueva constantemente nuevas correcciones en la generalidad de la creación según el despertar espiritual de las criaturas terrestres como ya hemos explicado.

ובכל תיקון יצטרכו כל התנאים הצריכים להשלמתו ולהשל־מת כל התולדות הצריכות להיולד ממנו, וכל זה נעשה בהתדבק הנבראים בו. ואמנם לחידוש אחד מן התיקונים העקריים יצט־רך התדבקות הנבראים, והעיקר - כנסת ישראל, בבחינת עיקריות מציאותם, בבחינתם הנכבדת יותר שכל הנמצאות תלויות בה, ואז ימשיכו ממנו שפע גדול ועיקרי המצטרך לתיקון ההוא המתחדש בם. אך להשלמת עניני התיקון ההוא, לא יצטרך התדבקות כי אם בבחינותיהם משתוות לערך התנאים ההם הנשלמים בו, וזה פשוט לפי טעם ההקבלה והדרגה.

Y cada corrección exige todas las condiciones necesarias para su perfección y para la perfección de todos sus engendramientos. Todo esto se realiza gracias a su adhesión a Él. Sin embargo, para la renovación de una de las correcciones principales, la adhesión de las criaturas es necesaria. Lo esencial se refiere a la asamblea de Israel, a nivel de la raíz principal de su existencia, el nivel más noble del que depende todo lo que existe. Entonces se puede prolongar a partir del influjo mayor y fundamental necesario para la corrección renovada. Pero la realización de los distintos aspectos de la corrección no necesita más que de una adhesión proporcional a los niveles que corresponden a su perfeccionamiento. De hecho, se trata de las leyes de la analogía y de la gradación.

וכל אלה הדברים היו צריכים לדעת הכהנים המקריבים את קרבן ה', תמידין כסדרם ומוספין כהלכתן, לפי חילוקי הזמנים, וכמו שביארנו, לדעת התדבקות הנבראים באיזה מדרגה ממדרגות ההתדבקות הזה יהיה, ואיזה גילוי מן הרצון העליון יתגלה לגביהם, ואיזה שפע ימשך להם, הכל לפי הזמן וצורך השעה.

Y todas estas enseñanzas las conocían los sacerdotes que consagraban los sacrificios al Eterno, ya se tratara de los sacrificios cotidianos de acuerdo con sus actos o de los sacrificios suplementarios de acuerdo con sus leyes como ya hemos explicado. Tenía que saber, en relación a esta adhesión de las criaturas, en qué tipo de nivel ocurriría en que revelación de la voluntad suprema tenía que rebelarse ante ellos, así como el flujo que se prolongaría para ellos, y todo según el momento y las exigencias de la hora.

ועד כה עזרני ה' לבאר לך מה שאת צריכה לו בענין הנהגת השכר ועונש, עתה נבוא לבאר ההנהגה השנית שזכרנו, שהיא ההנהגה המסותרת ההולכת אל התכלית של השלמות הכללי, ופה יתבאר ענין, "הכל תלוי במזל[64]", שהזכירו רז"ל (זהר נשא קלד ע"א.

Hasta aquí el Eterno me ha ayudado a explicarte lo que necesitas conocer a propósito de la dirección de la recompensa y el castigo. Llegamos ahora al análisis de la segunda dirección a la que me he referido, la dirección oculta que lleva finalmente a la perfección total. Explicaremos ahora la idea de que "todo depende del destino" que mencionan nuestros sabios (Zohar, *Nassó* 134a).[65]

64. En hebreo, del *mazal* (מזל).

65. Véase nuestra edición, Zohar XXIII, Rubí, 2017.

קסא) אמרה הנשמה - הזכרת לי דבר שאני תאבה להבנתו הרבה, כי הוא מן הענינים המתקשים עלי יותר, על כן מתאוה אני מאוד לדעת ישובו.

161. Dijo el alma: has mencionado un punto que deseo pacientemente comprender. Forma parte de los problemas que me resultan más difíciles y que verdaderamente me gustaría resolver.

קסב) אמר השכל - אבל כאן נמצא ענין, "צדיק וטוב לו, צדיק ורע לו", שאינו ניתן להיודע.

162. Dijo el intelecto: pero aquí están contenidos todos los problemas del malvado que prospera y el justo que sufre, que resultan imposibles de comprender.

קסג) אמרה הנשמה - ואם כן, למה העירותני עליו, הואיל ואינך יכול לפרשו.

163. Dijo el alma: si no puedes explicarlo, ¿por qué mencionaste este asunto?

קסד) אמר השכל - תחום יש לדבר עד היכן נבין, אחר כן נחדל לחקור. והנה אודיעך מה שדי לנו להתישב בדבר בראותנו יושר ענינו, ומה שלא ניתן להיודע - לא נבקש. אבל תראי, כי מה שאינו ניתן להשיג אינו מבלבל כלל האמונה, ולא מערבב הדעות. כי הנה בעינך תראי שאינו אלא תוספת ידיעה בלתי מוכרחת לנו. אך הבירור המצטרך לישוב הלב ולבירור האמונה - יש ויש לנו.

164. Dijo el intelecto: efectivamente, hay en este asunto unos límites para nuestra comprensión más allá de los cuales no se puede inves-

tigar. Te explicaré lo necesario para conocer este asunto y comprender la idea justa del tema. Lo que no podemos comprender, no lo hemos de investigar. Pero has de saber que lo que no puede comprenderse no altera en modo alguno nuestra fe y no perturba nuestras concepciones. Ya que has de saber que se trata de un conocimiento agregado que no nos resulta imprescindible. Pero lo que sí es necesario para satisfacer la mente y aclarar la fe, sin duda lo poseemos.

ולא עשה ה' אלקים דבר שישתבשו בו בני האדם באמונה, שלא ימצאו ישובו, ועל כן נאמר (דברים ד, לט), "וידעת היום והשבות אל לבבך כי ה' הוא האלקים" וגו.

El Eterno no creó nada que pudiera alterar la fe de los hombres y que no puedan resolver. Por esta razón ha sido dicho (*Deuteronomio* IV-39): «Aprende pues, hoy, y reflexiona en tu corazón que el Eterno es el único Dios».

קסה) אמרה הנשמה - אם כן, אמור מה שתדע היות לי צורך בו:

165. Dijo el alma: si es así, dime qué sabes, ya que lo necesito.

(קסו) אמר השכל - הנה כיון ששם האדון ב"ה הנהגת השכר ועונש, מעתה יגיע לכל אדם כפי מעשיו - טוב לטובים ורע לרעים. אמנם העצה העמוקה של האדון ב"ה הוא לגלגל הדברים באופן שלא תהיה ההנהגה אלא לטוב, ולא יהיה מציאות רע כלל בעולם, וזה נקרא תיקון ההנהגה עצמה וזיכוכה.

166. Dijo el intelecto: ya que el Señor, bendito sea, ha establecido una dirección según el principio de recompensa y castigo, cada cual recibe de acuerdo a sus actos, el bien para los buenos y el mal para los

malvados. Sin embargo, el profundo pensamiento del Soberano consiste en que las cosas se resuelvan en un poder directivo del bien únicamente, y que no haya existencia del mal en el mundo. Se trata de la corrección de la dirección misma y su purificación.

ואמנם כדי לעשות התיקון הכללי הזה, יצטרך להתנהג על פי שורש הענין של מציאות הטוב ורע, כי הרוצה לרפאות חולי רפואה שלמה צריך שישרש אחר הסיבה, ואז יסור המסובב. כן הדבר הזה, כדי לעשות שההנהגה לא תהיה אלא לטובה, ולא שיהיה בה מציאות רע, צריך לדעת הסיבה הגורמת הימצא עתה הרע בהנהגה, ועל פי הסיבה ההיא יצטרך לגלגל הדברים באופן שיצא הפרי הזה - שלא יהיה עוד בהנהגה הרע. וזה פשוט, כי אין הקב"ה רוצה להנחם, כאדם המתחרט ממעשיו הראשונים, ולעזוב דרך אחד בעבור דרך אחר, אלא על פי המונח הראשון עצמו יגלגל הדברים לבוא אל השלמות שהוא רוצה.

Sin embargo, antes de realizar esta corrección universal, es necesaria una dirección que utilice la causa del bien y del mal. Porque si quiere curar completamente una enfermedad, hay que desarraigar la causa y de este modo se elimina el efecto. Asimismo, para que la dirección engendre únicamente el bien, sin existencia alguna del mal, hay que conocer la causa del mal en el poder directivo actual y, en relación a esa causa, orientar las cosas a fin de que se produzca el resultado: la eliminación del mal del poder directivo. Como es evidente, el Santo, bendito sea, no desea comportarse como aquel que se arrepiente de lo que hizo, abandonando un camino en favor de otro. A partir de la primera situación, orienta las cosas para alcanzar la perfección que Él desea.

ואמנם שורש הימצא הרע בהנהגה - כבר פירשנוהו שהוא מטעם
גילוי יחודו ית', שצריך לגלות הרע ולהניחו לעשות כל מה שבחוקו,
להראות אחר כך יחוד שליטתו ית' בהחזירו אותו לטוב.

Y, ciertamente, ya hemos dicho que la realización la existencia del mal en el poder directivo es la revelación de la Unidad, que necesita desvelar el mal y dejarle hacer todo lo que está en su naturaleza, para demostrar más tarde la unidad de su gobierno por medio de la transformación del mal en bien.

ומטעם הזה, כל עוד שיתעלם ויסתיר פניו האדון ב"ה, ויניח לרע
להתגבר עד הגבול האחרון שאפשר לו להתגבר, דהיינו עד חורבן
העולם, ולא עד בכלל, הנה זה יהיה טעם יותר להיגלות ולהיראות
אחר כך אמיתת יחודו ית', בתקנו את הקלקולים ההמה בכח שליטתו, והאור ניכר מתוך החושך, וכמו שביארנו לעיל כבר. על כן ברצות
האדון ב"ה לקבוע תנהגת העולם לטובה, צריך שיסדר הנהגתו על פי
הענין הזה השרשי של גילוי היחוד שזכרנו, שממנו נולד הימצא עתה
הטוב ורע.

Por esa razón, mientras el Señor, bendito sea, oculta su rostro y deja que el mal se intensifique en el mayor grado posible, es decir, hasta la casi destrucción del mundo. Esta situación servirá de razón adicional para la revelación de su Unidad desvelada. Corrigiendo los errores para luego revelar su soberanía, la luz será desvelada a partir de la oscuridad, como ya hemos explicado. Así, ya que la voluntad del Señor, bendito sea, es establecer su mundo en dirección hacia el bien, ha sido necesario ordenar su acción de acuerdo con la dialéctica del bien y del mal.

ואמנם השכר ועונש אינו תגבורת הרע, כי על כל פנים אין רע אלא
לרעים, ועוזבי ה' יכלו, אבל אשר ידרשוהו - ידרש להם. אך תגבורת הרע הוא היות הקב"ה מסתיר פניו לגמרי מעולמו, שנאמר בו

(משלי א, כח), "אז יקראונני ולא אענה"; (ישעיהו כט, טו), "ותהי האמת נעדרת וסר מרע משתולל", זה יקרא הסתר הגמור העשוי רק כדי לגלות אחר כך תיקון שלם, וכמו שאמר הכתוב (ישעיהו נט, טז), ותושע לו זרועו וצדקתו היא סטכתהו.

Sin embargo, la recompensa y castigo no constituyen un refuerzo del mal, ya que el mal solamente alcanza a los malvados y «aquellos que abandonan a Dios se consumen», mientras que aquellos que lo buscan lo encontrarán. La intensificación del mal consiste, más bien, en que oculta totalmente su rostro del mundo, como ha sido dicho (*Proverbios* I-28): «Entonces me llamarán y no responderé» e (*Isaías* LXIX-15): «Y la verdad fue detenida; y el que se apartó del mal, fue puesto en presa». Esto se refiere a un ocultamiento total cuyo único objetivo es revelar la perfección total, como dice el versículo (*Isaías* LIX-16): «Y lo salvó su brazo, y le afirmó su misma justicia».

והיינו, כי לפי הסדר והנהגה הזאת אין משגיחין על הזכות או החו־בה, אלא ההנהגה נוהגת לפי סדריה, דהיינו, להניח תגבורת לרע כדי להראות אחר כך שליטת הטוב.

Esto significa que en este poder no hay mérito o culpa, sino que procede de acuerdo con sus órdenes, dejando que el mal se intensifique para poder mostrar después el poder del bien.

וכל זמן תגבורת הרע, הנה גם הטובים יצטרכו לעמוד תחת עוני הרע, לא מפני שהדין כך, אלא שהשעה צריכה לכך. כי על כל פנים, אחר כך יקבלו שכר שלם כשיחזור הטוב ויגלה וישלוט, כפי הרעה שסבלו מתחילה, כמו שכתוב (תהלים צ, טו), "שמחנו כימות עניתנו" וגו.

Durante todo el tiempo en el que el mal se intensifica, los justos también deben soportar pruebas, no porque eso sea justo, sino porque es «necesario para ese tiempo», de cualquier modo, más tarde recibirán toda su recompensa, cuando se revele el bien y se desvele su poder, en contraparte del mal que habrán soportado al principio según ha sido escrito (*Salmos* XC-15): «Alégranos conforme a los días que nos afligiste».

אך כל זמן תגבורת הרע לא יועיל זכותם להנצל ממנו, וכענין הכ־תוב (עמוס ה, יג), "לכן המשכיל בעת ההיא ידום כי עת רעה היא".

Pero durante todo el período de la intensificación del mal, el mérito de los justos no será eficaz para preservarlos de la desgracia, según ha sido escrito (*Amós* V-13): «Por tanto, el prudente en tal tiempo calla, porque el tiempo es malo».

ולא עוד, אלא שבהיות מטבע הרע כל קלקול והשחתת סדר, על כן לא די שלא יועיל הזכות לצדיקים להנצל מן הרעה, אלא שאדרבא, אנשי רע יצליחו, והשעה תשחק להם, והישרים מעונים ונדכאים, וכמו שאמרו (סוטה מט ע"א), "בעקבות משיחא חוצפא יסגי וכו' חכמת סופרים תסרח" וכו'. והכתוב עצמו (ישעיהו נט, טו), "ותהי האמת נעדרת וסר מרע משתולל" וגו'.

Además, ya que todo el deterioro y la destrucción del poder directivo forma parte de la naturaleza del mal, no sólo el mérito ya no es útil a los justos para protegerse del mal, sino que, por el contrario, los malvados prosperan y les sonríe la fortuna. Entonces, cuando los justos son oprimidos y afligidos como han dicho nuestros maestros, de bendita memoria (*Sotah* 45a): «Antes de que llegue el Mesías, el descaro prevalecerá y la sabiduría de los escribas será despreciada…, etc.».

Y está escrito (*Isaias* LIX-15): «Y la verdad fue detenida; y el que se apartó del mal, fue puesto en presa».

נמצא, שאם האדון ב"ה רוצה לנהג העולם לפי הנהגת היחוד - להכיר האור מתוך החושך ולעשות שהרע עצמו יחזור לטוב, הנה יצטרך לתת תגבורת לרע בלא השקיף אל זכות הצדיקים; אדרבא, אז נבנו עושי רשעה, והצדיקים - נשפל ראשם לעפר. ואחר זה יגלה ממשלתו, ופרי הגילוי יהיה להחזיר הרע עצמו לטוב, ולא יהיה עוד רע אלא טוב בעולם, ואז יקבלו הצדיקים שכרם, ולא קודם לכן.

Vemos, entonces, que si el Señor, bendito sea, quiere dirigir el mundo de acuerdo con la dirección de la Unidad para que la luz sea reconocida a partir de la oscuridad y hacer de manera que el mismo mal se transforme en bien, es necesario que el mal se intensifique y que sea considerado sin tener en cuenta el mérito de los justos. Por el contrario, aquellos que hacen el mal, prosperan mientras que las cabezas de los justos se degradan hasta el polvo del suelo. Luego, su poder se desvelará, y el fruto de esta revelación será la transformación del mal en sí mismo. En ese momento ya no habrá mal, sino únicamente bien en el mundo y los justos recibirán su recompensa, pero no antes de este momento.

אך אם הוא מנהג לפי השכר ועונש, אז לא יהיה אלא טוב לטובים ורע לרעים, אמנם אין כאן מה שיגרום תיקון גמור להנהגה שיבטל מציאות הרע, כי למה יבטל וכבר איננו אלא לרעים, והרי הוא מוגבל בתחומו שלא לעשות כטבעו הרע אלא כמשפט הראוי. ולפי שהקב"ה רוצה באמת תיקון הגמור של העולם וביטול הרע לגמרי, על כן הוא רוצה ללכת עם הצדיקים בדרך הנהגת היחוד שזכרנו, שלא יועיל להם צדקתם להצילם מיסורי העוה"ז.

Sin embargo, si el Santo, bendito sea, rigiera el mundo de acuerdo con la recompensa y el castigo, únicamente habría bien para los justos y mal para los malvados; entonces no habría nada que causara la corrección total de dirección que precisa de la aniquilación de la existencia del mal. ¿Cómo podría ser eliminado efectivamente si sólo se aplica a los malvados? Permanecería dentro de sus límites y no podría actuar según su naturaleza malvada sino únicamente según los límites prescritos. Pero dado que el Santo, bendito sea, desea en verdad corrección total del universo y la eliminación total del mal, debe comportarse con los justos de acuerdo con el poder directivo de la Unidad del que hemos hablado, según el cual no serán liberados de los sufrimientos en este mundo.

וזה לא מטעם השכר ועונש ודאי, אלא כדי שיתוקן על ידם התי־קון השלם. וזה טוב להם ודאי, שאז יקבלו שכר יותר גדול ממה שהיה להם לקבל לפי זכותם גרידא. אמנם טוב גם לעולם, כי אם לפי השכר ועונש היה מתנהג עמהם, לא היה יוצא פרי ממעשיהם הטובים אלא שכר מעשיהם, אך לא העברת הרע מן העולם. אך כיון שמה שהם סובלים אינו מטעם מעשיהם אלא מטעם סדר ההנהגה, על גן גם התועלת לא יהיה פרטי להם לתת להם שכר, אלא כללי להנהגה, לגלות בזכותם היחוד העליון, ויבטל הרע מן ההנהגה עצמה.

Y eso no se encuentra dentro del marco de recompensa y castigo si no sólo dentro del perfeccionamiento del mundo. Y que es en verdad para su propio beneficio, ya que al final recibirán una recompensa mayor de la que habrían recibido por su mérito únicamente. Y también esto es para beneficio del mundo, pues si Él se comportará con ellos de acuerdo con el poder directivo de recompensa y castigo, sus actos no producían frutos y sólo abriría la recompensa a sus actos, pero no la eliminación del mal del mundo. Pero el modo en que lo sufren no es debido a sus actos, sino al poder directivo, y su beneficio no será particular, sino general, en términos de poder directivo a fin de revelar a través de su mérito la Unidad Suprema y eliminar el mal.

ותראי איך נוסף עוד תועלת בזה - שאפילו גילוי הממשלה העליונה יהיה בזכות ולא בצדקה לגמרי. כי אף על פי שהוא בצדקה לגבי שאר בני האדם, אך לגבי הצדיקים הוא בזכות, ומטובם יטיב לעולם כולו, ונמצא כלל כנסת ישראל זוכה.

Y así verás el beneficio suplementario, la revelación de la Soberanía Suprema será merecido y no regalado. Ya que, si bien puede ser un regalo en el caso de otros seres humanos, en el caso de los justos es la recompensa a sus méritos. Su bien será dispensado al mundo entero y de este modo vemos que es la recompensa para el conjunto de la asamblea de Israel.

קסז) אמרה הנשמה - אמנם לפי הדרך הזה היה ראוי שכל הצדי־קים לא יהיו אלא מיוסרים, והרי המציאות אינו כן. לפי טעמי הנה־גתו הנעלמים יש תיקונים לקראת התכלית ע"י ריבוי השפע ויש ע"י מיעוט השפע.

167. Dijo el alma: según esta argumentación, todos los justos no conocerían más que sufrimientos, pero la realidad no es así. Según su modo de conducción hay correcciones hacia el propósito, es decir, multiplica la abundancia o disminuye la abundancia (השפע).

קסח) אמר השכל - יש לדבר הזה שורש עמוק מאוד. וזה, כי הנה האדון ב"ה עשה את הרע באותה התכונה שעשאו, ובאותם הגבולים שרצה אותו. והנה הוא מגלגל גלגולים להעבירו מן הבריאה לגמרי, וכמו שביארנו.

168. Dijo el intelecto: hay una raíz muy profunda que explica todo esto. Y es que creó el mal con el carácter y las limitaciones que Él deseó, y lo puso todo movimiento al fin de eliminarlo completamente de la creación, como ya hemos explicado.

אמנם צריך שיגלגל גלגולים אלה לפי הענין של הרע, ולפי הסדרים שעשה אותו, וזה פשוט. והנה אחר שעשה האדון ב"ה את הבריאה הזאת חסרת השלמות, הוא מגלגל גלגולים אלה להשלים אותה בהעביר חסרונותיה, והוא ית' לבדו יודע שורש כל הענינים שרצה לעשות, וטעמי כל גזירותיו הנעלמים מבריותיו, כי אין הבריות יודעות אלא מן הגזירות של הרצון העליון והלאה, אך למעלה מזה, פירוש, טעמי הגזירות האלה, באמת לא נמסרו לבריות כלל, והם החקירות האסורות לנו, כי הדברים מושרשים ברוממות הרצון הרוצה אותם, מה שאי אפשר לנו להשיג. והנה הוא ית"ש יודע שלהשלים הבריאה הזאת צריכים שני דברים, הגברת ההארה, דהיינו הגברת ההשפעה וריבויה, והעלמה ומיעוטה. כי יש ענינים שנתקנים בריבוי ההארה וההשפעה, ויש ענינים שנתקנים אדרבא בהעלם ומיעוט, בהניח לרע התגבורת הגדול, כמו שביארנו.

Sin embargo, da la vuelta a las cosas según la naturaleza del mal y según los distintos grados con los que Él creó el mal. Y es evidente que el Señor, bendito sea, creó este mundo imperfecto y da vueltas a las cosas para completarlo eliminando sus deficiencias, y sólo Él conoce la causa de todo lo que ha querido crear y el sentido de todos sus decretos, que están ocultos a sus criaturas, ya que las criaturas únicamente pueden comprender a partir de los decretos de la voluntad divina. Pero lo que trasciende esto, es decir, las razones de estos decretos, no ha sido transmitido a las criaturas y su búsqueda está prohibida ya que tiene su raíz en las alturas de la Voluntad Suprema y es algo que es imposible de concebir para nosotros. Y he aquí que el Bendito sabe que para perfeccionar esta creación son necesarios dos elementos, por una parte, la intensificación de la influencia y su magnificación y, por otra, su ocultación y su disminución. En efecto, algunas cosas se perfeccionan por medio de la intensificación de la influencia y otras lo hacen, por el contrario, por medio de su ocultación y su disminución, dejando un lugar que permite que el mal se intensifique, como ya hemos explicado.

ודבר זה יראה בבירור למי שישים לב אל כל הנולד בעולם, שימצא שלא יולד דבר, לא לטובה ולא לרעה, שלא ימשך ממנו תועלת וטוב לעולם. וכבר אמרו (ברכות ס ע"א), כל מאי דעבדין מן שמיא לטב.

Y esto puede ser explicado claramente a aquel que ponga todo su corazón en observar lo que ocurre en el mundo. Veremos que no existe nada en el mundo, sea cual sea su naturaleza, que no produzca un beneficio o un bien para el mundo, como dijeron (*Berajoth* 60a): «Todo lo que hace el cielo lo hace para bien».

אפס כי הרבה דרכים למקום, אלה מיימינים ואלה משמאילים, ואין הדברים האלה תלויים במעשה ובזכות, אלא בתכונת הבריאה ומהותה. והוא ית' שיודע לבדו מהות הבריאה באמת - יודע גם המ־צטרך לה. רק זאת ידענו, שיש ענין זה במהות הבריאה שלהשלמתה צריך הריבוי והמיעוט.

Pero el Lugar tiene muchos caminos y algunos de ellos pasan por la derecha y otros por la izquierda. Y todas estas cosas no dependen de los actos y del mérito, sino de la disposición y de la esencia de la creación. Sólo Él conoce verdaderamente esta esencia y sabe lo que le es necesario. La única cosa que sabemos es que hay en la esencia de la creación algo cuya perfección requiere aumento y disminución.

והוא ענין הכ"ח עתים המוזכרים בספר קהלת (פרק ג), שכנגדם עד בשחק - הלבנה, המתמלאת ומתמעטת להיות דוגמא לענין הזה. ויש בזה הענין ידיעות עמוקות לחכמים בהבנת דרכי הלבנה והליכו־תיה, והתחברה עם השמש בכל מקריה, שהם דוגמא ממש לכל הע־נינים הכלליים של ההנהגה הסובבת להשלים הבריאה לפי התכונה הזאת שיש בה, כמו שביארנו, שצריך להשלמת ענינה הריבוי והמי־עוט, אשר על כן המשילו כנסת ישראל ללבנה, ואמרו (סנהדרין מב ע"א), "שהם עתידים להתחדש כמותה".

Y esto es lo que encontramos en los 28 tiempos mencionados por el *Eclesiastés* (III-2 a 8), que se expresan por medio de un testigo del cielo: la Luna, que aumenta y disminuye, constituye un ejemplo de este misterio. Los sabios comprenden y conocen los caminos y los movimientos de la Luna, así como sus distintas relaciones con el Sol. Un conocimiento así corresponde a los principios mismos de la dirección divina que evoluciona para perfeccionar la creación según sus propias disposiciones, que implican aumento y disminución, como ya hemos explicado. Por esta razón, la asamblea de Israel se compara con la Luna, y nuestros sabios, de bendita memoria, han dicho: «Como ella, serán renovados» (*Sanhedrín* 42a).

והפרטים בענין זה רבים ועמוקים. אך כלל הענין הוא, שהגלגל הסובב על ישראל וכללות הנבראים להשלים תיקונם מצד תכונת הבריאה, לא מצד המעשה של התחתונים - כלל עניניו מתראים בלבנה הזאת וכל הנבחן בה.

Y los detalles de este asunto son muchos y profundos. Pero el principio general es el siguiente: el perfeccionamiento de la corrección de Israel y del conjunto de las criaturas se dará a partir de las disposiciones de la creación, algo que no es según los actos que las criaturas de abajo. Esto se refleja en la Luna y en todo lo que tiene que ver con ella.

ואמנם כלל תיקון הבריאה חילק אותו האדון ב"ה בין כל הנשמות אשר עשה לעבדו, לפי מה שידע היות הגון לכל אחד מהן לפי הענין שברא אותו, שהוא דבר נעלם מאוד מאוד, ולא הושג משום נביא וחוזה, כי כל זה נכלל בטעמי הגזירות שזכרנו, שהם נעלמים מן הנבראים, ולא יוודעו לנו אלא התולדות. ונמצא, שיש אדם שיגיע לו מצד שורש ענינו להיות מושפע בריבוי ההשפעה, שהוא אחד מן הדרכים שבהם נשלמת הבריאה כמו שביארנו, ויש אדם שיגיע לו מצד שורש ענינו להיות מושפע במיעוט ההשפעה, שהוא הדרך

השני המצטרך להשלמת הבריאה. ואין כאן מצד מעשי בני האדם ההם, אלא מצד מה שמגיע להם לפי מה שחילק האדון ב"ה תיקון הבריאה בין הנבראים, כי זה תיקון לה וזה תיקון לה, כל אחד לפי דרכו.

Con todo, el Señor distribuyó la corrección de la creación en todas las almas que hizo para servirle, de acuerdo con lo que Él sabía que era apropiado para cada una de ellas en función del objetivo para el cual fue creada. Se trata de algo muy oculto y ningún profeta o vidente nunca ha podido percibir. La razón es que esto depende del nivel del sentido de los decretos que mencionamos, que es una categoría que se halla totalmente fuera del dominio de las criaturas. Puede darse el caso de un hombre que, por su raíz, se beneficie de una influencia de abundancia según uno de los caminos por los cuales es corregida la creación, como ya hemos explicado. También otro hombre, por su país, que no se beneficie de ninguna influencia, según el otro camino a través del cual se corrige la creación. Esto no depende de los actos de los hombres, sino de la repartición divina de la corrección de la creación entre las criaturas, ya que ambos caminos conducen a la corrección.

ואמנם המשפט לאלקים הוא, לתת אחר כך שכר טוב לצדיקים, שהיו צדיקים והגיע להם מצד דרכי ההנהגה העליונה להיות מעונים ומיוסרים מצד העינוי שהיה להם בעולם הזה, וכנגד כל מעשיהם הטובים.

Y, ciertamente, la justicia pertenece a Dios (אלקים) y al final dará su recompensa de bien a los justos por el sufrimiento que han padecido en este mundo a causa de los dos caminos de dirección suprema, así como de sus buenas acciones.

ואמנם לכלל ההנהגה הזאת שאינה פונה אל הזכות והחובה, אלא פנייתה למה שמצטרך להשלמת הבריאה לפי מהותה, קראוה החכמים ז"ל, "מזל", יען אין ענינה אלא גזירה, ואינה תלויה בבחירת האדם ובזכותו. אמנם כבר אמרתי, אין דבר זה נוהג אלא בעולם הזה, אך בעולם הבא אין שם אלא שכר המעשים, מידה כנגד מידה, אפילו שכר דיבור נאה.

Y, ciertamente, el principio de esta dirección que no considera el mérito y la culpa, sino aquello que es útil para el perfeccionamiento de la creación en su esencia, es denominado por los sabios *mazal*. Pues pertenece a un decreto que no depende del libre albedrío del hombre ni de sus méritos. Lo que comporta este poder directivo únicamente opera en este mundo ya que en el mundo venidero sólo hay recompensa para los actos, medida por medida, incluso para las palabras bonitas.

קסט) אמרה הנשמה - אמנם אם כן נגזר אומר שאין שכר ועונש בעולם הזה כלל, אלא בעולם הבא.

169. Dijo el alma: ciertamente deberíamos decir que no hay recompensa o castigo en este mundo, si no únicamente en el mundo venidero.

קע) אמר השכל - איננו כן; אבל צריך שתדעי הקדמה עיקרית, והיא, כי הנה אמרו חז"ל (בראשית רבה כה, ג), "ויהי רעב בימי דוד" (שמואל ב כא, א) - עיקר אותנטיא שלו לא היה ראוי להיות בימי דוד, אלא בימי שאול, אלא על ידי שהיה שאול גרופית של שקמה גלגלו הקב"ה והביאו בימי דוד".

169. Dijo el intelecto: no es así. Sin embargo, debes conocer antes una introducción fundamental. Nuestros maestros, de bendita memoria, han dicho (*Bereshit Rabbah* 25,3): "Y hubo hambruna en los días

de David" (2 *Samuel* XXI-1). Esta hambruna no tendría que haber tenido lugar en los días de David, si no en la época de Saúl. Pero dado que Saúl no habría podido soportarla, el Santo, bendito sea, la llevó a los días de David.

וכן אמרו (ב"ר נה, ב), "הפשתני הזה כשהוא בודק פשתנו אינו בודק אלא" וכו'. הרי לפניך שלא תמיד ישתמש האדון ב"ה מן הנהגת המזל הזה, אלא בזמן שהוא יודע שטוב להשתמש בה. כי הנה האדון ב"ה הכין סדרים עמוקים בהשלמת הבריאה, כמו שביארנו, ושם לו שני דרכים, דרך השכר ועונש ודרך המזל, והוא הבוחר, ומשתמש פעם מן הדרך האחד ופעם מן הדרך האחר, מה שהוא יודע היותו יותר טוב לעולמו.

En el mismo sentido, también han dicho: «El mercader de lino sólo somete a la prueba más difícil el lino más fuerte» (*Bereshit Rabbah* 55,2) .Así vemos que el Señor, bendito sea, no siempre utiliza el *mazal*, sino que sólo lo hace en los momentos adecuados en los que Él sabe que conviene hacerlo. Ya que el Señor, bendito sea, instituyó sistemas profundos para el perfeccionamiento de la creación, como ya hemos explicado, según dos caminos: recompensa y castigo, y también el del *mazal*. Recurre a veces a uno y a veces a otro según lo que Él considera mejor para su mundo.

אמנם בהשתמשו מן הדרך השכר ועונש - יהיו כל הענינים הנולדים לפי סדרי השכר ועונש בחוקותיהם; ובהשתמשו מדרך המזל - יהיו הענינים. הנולדים לפי סדר הנהגת המזל ותכונת הבריאה, כמו שביארנו.

Ciertamente, cuando Él opera por medio del camino de la recompensa y del castigo, todo lo que es engendrado lo será en conformidad con las leyes de la recompensa y el castigo, y cuando utiliza el camino del *mazal*, todo lo que es engendrado lo es según el camino del *mazal* y las disposiciones de la creación, como ya hemos explicado.

והנה גם זה יוליד לצדיקים זכות יותר, כי אלמלי תמיד היה האדון ב"ה מענה את הצדיקים לבד - היה נסיון, אך לא כל כך גדול, כי על כל פנים היו מתנחמים לדעת שהם ודאי צדיקים, כיון שהם מעונים; וכל בן שכל היה בוחר באלה היסורים, שודאי אינם אלא יסורי הצדיקים, כי הרשעים אינם מיוסרים. אמנם רצה האדון ב"ה שיהיה מקום נסיון יותר גדול, שלא יוכלו בני האדם להבין בבירור מה שהקב"ה עושה בעולם עם כל איש ואיש. אבל מה שיראה לכאורה - הוא היות "הכל כאשר לכל, מקרה אחד לצדיק ולרשע" (קהלת ט, ב).

Y esta situación es igualmente un mayor mérito para los justos. Porque si el Señor, bendito sea, únicamente afligiera a los justos, entonces la prueba no sería tan grande, ya que se consolarían al saber que fueron afligidos y que por lo tanto son, sin duda, justos. Cualquier persona sensata escogería estos sufrimientos que no podrían ser más que los sufrimientos de los justos, ya que los malvados no sufren de este modo. Pero el Señor, bendito sea, quiso que la prueba fuera mayor e hizo de manera que los hombres no puedan comprender claramente lo que el Santo, bendito sea, realiza en el mundo con cada hombre. Lo que de entrada parece es que (*Eclesiastés* IX-2): «Todo acontece de la misma manera a todos; un mismo suceso tiene el justo y el impío».

וענין זה ביארוהו במדרש ז"ל (ילק"ש קהלת תתקפט, וע"ש בסי' הקודם לו), שלמה מביט בכל הדורות ורואה דברים שמגיעים לר־שעים מגיעים לצדיקים" וכו'. פירוש, כי יראה הקב"ה שמקרה אחד שיוולד לרשע שיהיה, עובר אחת מן העבירות בפרט, ויהיה העונש ההוא מתיחס לעבירה ההיא, יוולד גם כן לצדיקים שיהיו ממש נזה־רים עד מאוד באותה העבירה עצמה; והיינו, אברהם ונמרוד, וכל

האחרים המוזכרים במדרש שם, שהמעשה מוכיח האמת הזאת
שפך הוא ודאי.

Y esto ha sido explicado en el *Midrash* (*Ialkut Shimoni, Eclesiastés* 989): «Salomón contemplaba todas las generaciones y veía lo que les ocurriría a los malvados y a los justos». Esto significa que el Santo, bendito sea, le mostraba que el mismo suceso podía aplicarse al malvado cuando comete una cierta transgresión a la cual se atribuye un castigo correspondiente a esta transgresión que para el justo que es absolutamente cuidadoso en evitar esa transgresión. Y esto nos lo prueba el ejemplo de Abraham y de Nimrod, así como todos los demás mencionados en este *midrash.*

והנה זה עשוי כדי לתת שכר טוב יותר לצדיקים המתחזקים באמו־
נתם, והוא מה שאמר הכתוב (חבקוק ב, ד), "וצדיק באמונתו יחיה".
כי אי אפשר לשום אדם לעמוד על בורים של הדברים שהקב"ה עושה
עמו, כי הוא ית' מתנהג פעם בדרך השכר ועונש ופעם בדרך המזל,
כמו שביארנו. וכל דבר שיתחדש על האדם, הנה אין שם מי שישפוט
אם מן השכר ועונש הוא, וכפי מעשיו, אם מן המזל הגוזר עליו; ויש
בכל דבר ודבר פנים לכאן ולכאן, עד שהלב סוער מאוד ברוב מח־
שבותיו ושרעפיו בקרבו. אבל מי שהוא נאמן לה', צריך שיתקע יתד
אמונתו חזק בל ימוט, לדעת שכל מעשה ה', יהיה באיזה דרך שיהיה,
ישר ונאמן הוא ודאי, ואין עולה ח"ו, ולא כרשעים שהיו אומרים,
לא יתכן דרך ה'; אלא על משמרתו יעמוד לעבוד את בוראו בעבו־
דה תמה, בהשואה אחת בכל מידה ומידה שהוא מודד לו, ואז יקרא
תמים ממש.

Y está hecho para dar una mejor recompensa a los justos que se fortalecen en su fe, como está indicado en el versículo (*Habacuc* II-4): «Y el justo vivirá por su fe». Ya que ningún hombre puede comprender perfectamente el modo en el cual el Santo, bendito sea, actúa con él, ya que a veces utiliza el camino de la recompensa y el castigo, y a veces el del *mazal* como ya hemos explicado. Cada acontecimiento puede ser interpretado de dos maneras de modo que el corazón se siente agitado por un montón de reflexiones y de pensamientos. Aquel que es fiel a Dios debe fijar su fe y saber que todos los actos de Dios, sea cual sea el camino que siga, son justos y adecuados, y jamás injustos. No ha de ser como dicen los malvados (*Ezequiel* XVIII-29): «El camino del Eterno no es recto», sino que ha de permanecer firme, sirviendo a su Creador con un servicio puro, indiferente a cual sea la medida que se le aplique. Entonces será llamado un «hombre de verdad».

כללו של דבר - שני דרכים הם, דרך השכר ועונש ודרך המזל; והאדון ב"ה משתמש מהם לפי מה שהוא יודע היותו טוב לעולמו.

Resumiendo, hay dos caminos: el de la recompensa y el castigo, y también el del *mazal*. El Señor, bendito sea, los utiliza según lo que considera beneficioso para su mundo.

ובמדרשו של רשב"י נמצא מאמר אחד, שאף על פי שענינו עמוק בסתרי המידות, אבל שטחיותו נראה זר מאוד למי שלא ידע הקד־מות אלה שהודעתיך. וז"ל המאמר (תיקוני זוהר, תיקון ע), "ובזמנא דאסתלק הוי"ה מכרסיא דדין ומכרסיא דרחמי, לית תמן לא אגרא ולא עונשא", כי נראה כאילו ח"ו אין שכר ועונש.

En el *midrash de* Rabí Shimon bar Iojai se encuentra un pasaje que, aunque trata de las más profundas verdades de los atributos y de los secretos de las *middot* divinas puede, de un modo superficial, parecer un poco extraño para aquel que desconoce lo que dijimos antes. He aquí un extracto (*Tikkunei haZohar* 70): «Cuando el Eterno se levanta de su trono de justicia y del trono de compasión, no hay allí recompensa y castigo». Y podría parecer, Dios no lo permita, que no hay ni recompensa ni castigo.

אמנם הכוונה האמיתית היא להודיענו שיש זמן שאין האדון ב"ה מנהג העולם בהנהגת השכר ועונש, אלא בהנהגת המזל, וכמו שביארנו, שהטוב והרע נמשך ובא לפי עניני ההנהגה לצורך התיקון הכללי. אך ודאי שהשכר ועונש יהיה לעולם הבא, לתת לאיש כדר־כיו וכפרי מעלליו.

Pero la verdadera intención es enseñarnos que existe un período en el que Dios no dirige el mundo según la recompensa y el castigo, sino según la dirección del *mazal*, como ya hemos explicado. En este caso, el bien y el mal proceden de las direcciones para la corrección universal (*tikún olam*). Sin embargo, es cierto que la recompensa y el castigo se aplicarán en el mundo por venir para dar a cada uno según sus caminos y del fruto de sus actos.

אמנם הודיענו, שבזמן תוקף עקבות משיחא, לא יקשה עלינו אם הצדיקים נשפלים השפלה גדולה, ואם בני האדם צועקים ולא נענים, וכל שאר הדברים הרעים שאמרו רז"ל (סוטה מט ע"ב), "בעקבות משיחא חוצפא יסגי", כי כל זה נולד לפי שאין הצדיקים יכולים אפי־לו בזכותם לתקן הקלקולים ההם, כי השעה גורמת כך, וכדי להוליד מזה התיקון השלם שיהיה אחר כך בגילוי יחודו ית', וכמו שביארנו.

Sin embargo, hemos de saber que durante la época anterior a la llegada del Mesías no hemos de extrañarnos de que los justos sean degradados y que los hombres imploren y no se les responda, así como todos los otros acontecimientos mencionados por nuestros sabios, de bendita memoria (*Sotah* 49b): «En los días anteriores a la llegada del Mesías, el descaro aumentará, etc.». Todo esto se produce por el hecho de que los justos, a pesar de sus méritos, no podrán arreglar estas degradaciones. «El tiempo es la causa», a fin de engendrar la perfección universal que se manifestará a través de la revelación de la Unidad del Bendito, como ya hemos explicado.

ואמנם צריך שתדעי הקדמה, צריכה לנו הרבה לישוב ספיקות רבים. והוא, כי אפילו בזמן שהאדון ב"ה רוצה לנהג את עולמו בהנהגת המזל שזכרנו, הנה הוא מחזיר ומסבב הדברים, שאפילו מה שצ־ריך לבוא לפי המזל - יגיע מתוך דרכי הנהגת השכר ועונש. וכענין זה מצאנו יסורין של רבי, שאמרו ז"ל (ב"מ פה ע"א), "על ידי מעשה באו ועל ידי מעשה הלכו".

Y, ciertamente, necesitas conocer una introducción muy necesaria para resolver muchas fallas. Y esto, porque, aunque el Señor, bendito sea, quiere conducir su mundo por medio del *mazal*, que hemos mencionado, Él orienta y le da la vuelta a las cosas, de manera que hasta lo que debe venir del *mazal* pasa por los caminos de la recompensa y el castigo. De este modo se explican los sufrimientos del Rabí (Iehuda Hanasí), a propósito de los cuales nuestros maestros han dicho (*Baba Metzia* 85a): «A causa de un acto llegaron, y a causa de un acto se fueron».

ובאמת לא היו היסורין ההם אלא מיסורי הצדיקים, אבל כך היא המידה, שהקב"ה מרכיב שתי ההנהגות אלה ביחד, ואף גזירות המזל לא יבואו אלא על ידי ענין מה המתיחס אל השכר ועונש שיוכלו לי־תלות בו, שהרי אגביו יתגלגל כל הצריך להתגלגל, אף על פי שבעצ־מו לא יהיה אלא דבר קטון.

Y, verdaderamente, esas aflicciones no eran sino los sufrimientos de los justos, pero la regla es ésta: el Santo, bendito sea, combina esas dos direcciones. Los decretos del *mazal* únicamente son materializados por medio de algo que es relativo a la recompensa y el castigo, pues de este modo debe encadenarse todo, incluso si se trata de algo banal.

כללו של דבר שורש ההנהגה באמת הוא ענין התיקון הכללי של כל הנמצאות, הסובב על קוטבי תכונת הנמצאות עצמם, לפי מה שע־

שאם הבורא ית"ש; וכל גלגולי ההנהגה הזאת אינם אלא סיבובי דב־רים ההולכים אל תכלית התיקון הכללי הזה שזכרנו, בהסיר מהם כל החסרונות המצויים בהם. ויש לדבר הזה חוקים וסדרים עמוקים בלתי מושגים כלל. ובעוד שגלגולים אלה מתגלגלים והולכים, יש הנהגת השכר ועונש, שהיא ההנהגה המתגלית, שכל חוקות שמים וארץ תלויים בה.

Concluyendo, la raíz de la dirección es realmente una cuestión de corrección general de todos los seres, girando en torno a los polos de la naturaleza de las propias criaturas, tal como el Creador las ha hecho. Y todas las peripecias de esta dirección están orientadas hacia el fin de la perfección universal que ya hemos mencionado, eliminando sus faltas. Hay en este sistema leyes y niveles profundos que superan la comprensión. Y en medio del «girar de estas ruedas», la dirección de recompensa y castigo es aquella que se manifiesta, ya que todas las leyes del cielo y de la Tierra dependen de ella.

אמנם תוכיות כל הסדרים והחוקים נקשר בענין התיקון הכללי שז־כרנו, כי אינם שתי הנהגות הפכיות ומתנגדות, אלא אדרבא, העיקר היא הנהגת התיקון הכללי; אלא שידע האדון ב"ה בחכמתו הנשג־בה, לסדר חוקי שכר ועונש ראויים לשמש כל זמן סיבוב ההנהגה הזאת, ויהיו חוקים מתיחסים ונאותים ומשתווים בתוכיותם אל גל־גולי ההנהגה של התיקון. ועל כן לא תצא ההנהגה של השכר ועונש חוץ ממרכז הנהגת התיקון הכללי, אדרבא, הנה היא משתווה אליה ומתחברת עמה, ודברי ההנהגה של התיקון עצמה ימשכו ויבואו בד־רכי השכר ועונש, וכמו שביארנו.

Ciertamente, la interioridad de todas estas órdenes y leyes mencionadas depende de la perfección total, ya que no se trata de dos poderes directivos opuestos y contradictorios, sino que, por el contrario, el principal es el poder directivo de la corrección universal. Ahora bien, el Señor, bendito sea, en su extraordinaria sabiduría, dispuso las leyes de recompensa y castigo adecuadas durante todo el período en el que estas leyes se relacionan, someten y corresponden a los ciclos de la dirección del arreglo. Ésta es la razón por la cual la dirección de recompensa y castigo no se aparta del eje del poder directivo del arreglo universal. Por el contrario, se adapta y se le une y el arreglo se conforma a las leyes de recompensa y castigo, tal como hemos explicado.

אפס, כי העלים האדון ב"ה מנבראיו השגת ההנהגה העליונה הזאת, ולא היא ועניניה, ולא היחס שבינה ובין הנהגת השכר ועונש מתגלים ונודעים. ולא עמד על בירור הדבר הזה כל נביא וחוזה, אלא ראו מה שראו, ולא עמדו על בוריו, כי אם נשארו תמיד מסופקים בספיקות רבות, וכמו שאמרו ז"ל על הפסוק (שמות לג, יט), "וחנותי את אשר אחון ורחמתי את אשר ארחם" (עי' ברכות ז ע"א).

Es cierto que el Señor, bendito sea, ha ocultado a sus criaturas la comprensión de esta dirección suprema para que ni ella, ni sus facetas, ni su relación con la dirección de recompensa y castigo se conozcan. Ningún profeta ni vidente ha llegado nunca a esta comprensión. Vieron lo que vieron, sin comprender totalmente. Siempre han estado perplejos ante grandes contradicciones como dijeron nuestros sabios, de bendita memoria, a propósito del versículo (*Éxodo* XXXIII-19): «Y tendré misericordia del que tendré misericordia, y seré clemente con el que seré clemente» (Véase *Berajoth* 7a).

וצריך שתדעי כי פרי המעשים הטובים שהצדיקים עושים, הוא מה שיהנו מהם לעתיד לבא בעולם הגמול, דהיינו הנצחיות. ואמנם יש במעשים טובים עצמם התיקון שהם מתקנים עתה בבריאה לפי הסדר שהיא מסודרת, ויש השכר מה שראוי להם לקבל לפי התיקון הזה שתיקנו. על כן הנה האדון ב"ה צריך לקחת מעשי בני האדם לפי מה שהם, ולשפוט אותם לפי התולדה הנולדת מהם באמת - לפי מה שהניח הקב"ה לבני האדם לתקן בבריאה כולה. ודבר זה צריך לג־

זור אותו לפי ענין מהות הבריאה כמו שעשאה האדון ב"ה, ולפי כל ההבחנות הנבחנות בתכונתה.

Y debes saber que el fruto de las buenas obras que hacen los justos es lo que disfrutarán en el futuro en el mundo de la recompensa, es decir, la eternidad. Y, en verdad, hay en las buenas obras una corrección de la creación en el orden en que está dispuesta, y hay una recompensa de lo que merecen recibir de acuerdo con esta corrección que han realizado. Por lo tanto, aquí el Señor, bendito sea, debe tomar las acciones de los seres humanos tal como son, y juzgarlos según la consecuencia que engendran, según lo que el Santo, bendito sea, ha instruido a los seres humanos para que corrigieran en toda la creación. Y esto debe deducirse de la esencia de la creación, como lo hizo el Señor, bendito sea, y de acuerdo con todas las disposiciones de su estructura.

ותדעי שאין שום דבר נשכח לפני כסא כבודו, ואין נעלם מעינו ית' בשפטו המשפט הזה; פירוש, שלא תאמר כיון שנתקלקל דבר, ואחר כך נתקן, לא יזכר לפניו אלא התיקון, והקלקול שהיה כבר נשכח; או להפך, בדבר שהיה מתוקן ונתקלקל לא יזכר תיקונו שהיה; אינו כן אלא אין שכחה לפני כסא כבודו.

Y has de saber que nada se olvida ante el trono de su gloria, y nadie ha desaparecido del ojo del Bendito cuando pronuncia su sentencia; esto significa que no debe decirse si algo alguna vez se hizo deteriorado y luego fue perfeccionado, que Él sólo recuerda la perfección y olvida la perfección de algo que luego se hizo imperfecto. No ocurre así. No hay olvido ante el trono de gloria.

שאינו דומה התולדה היוצאה מן התיקון הבא אחר הקלקול, או התיקון הבא אחר תיקון אחה, או תיקון שבא אחר שני קלקולים, ועל דרך זה עד אין תכלית, מה שאין הפה יכול לדבר. כי לפי הגלגול

של כלל הנמצאות צריך לשפוט כל מעשה על פי העבר ההוה והע־
תיד, שהרי אין תיקון כלל הבריאה נתקן אלא מכל מה שיתגלגל בכל
השיתא אלפי שנין, זמן העולם הזה.

No se puede comparar lo que surge de la siguiente reparación después del mal con la reparación después de otra reparación. O una reparación que viene después de dos deficiencias. Y de esta manera hasta que no haya ningún propósito, «lo que ninguna boca puede hablar». Porque según el ciclo del conjunto de las criaturas, toda acción debe ser juzgada según el pasado, presente y futuro, ya que toda la creación se perfecciona únicamente por medio de la totalidad de los elementos de los seis mil años que dura este mundo.

והנה האדון ב"ה בידיעתו ידון כל דבר על פי שלושת הזמנים שזכר־
נו, כי אין תולדת כל מעשה אלא לפי מה שקדם לו, ולפי ההוה עמו,
ולפי כל הבא אחריו.

Y he aquí que el Señor, bendito sea, en su conocimiento juzgará todas las cosas según los tres tiempos que hemos mencionado, porque no hay consecuencia de ningún acto que no esté de acuerdo con lo que lo precedió, con lo que ocurre en el presente y con lo que vendrá después.

ואחר כל המשפט הזה נקבע לו שכר לעתיד לבא, שכר ההגון לו
לפי מעשיו, וזה פשוט. והנה ביום הדין הגדול יפרוש האדון ב"ה
את השמלה לעיני כל היצור, מכל מה שנעשה מיום ברוא אלקים
אדם על הארץ עד היום ההוא, ויראה יושר משפטו בכל מעשה
ומעשה, קטון וגדול, ומה נגזר עליו לפי משפטו האמיתי לזמן קי־
בול, שכר לעתיד לבא. ואחר כך יצאו צדיקים לקבל שכרם, איש
איש כפי מעשיו.

Y después de toda esta prueba se fija una recompensa para el futuro por venir, un salario decente para la persona de acuerdo con sus actos, y es esto es evidente. Y he aquí que en el Día del Juicio, el Señor, bendito sea, retirará el manto[66] dejando a la vista de todas las criaturas todo cuanto ha sido realizado desde el día en el que Dios creó el hombre en la Tierra hasta ese día, y entonces se verá la integridad de su juicio en cada hecho y obra, pequeño o grande, así como fue decretado de acuerdo con su juicio verdadero para el tiempo de la recepción de la recompensa en el futuro por venir. Y luego los justos vendrán para recibir su recompensa, cada uno según sus obras.

קעא) אמרה הנשמה - ודאי הרבה למדתי, ויכולתי לפחות לסבור איזה סברא שתשקוט בה דעתי בענין השגחתו. וראיתי מקום גדול לעבודת האדם, ומה היא ומה תועלתה. וראיתי תולדות הזמן המ־תחדשות לבקרים, כמה מקורות יש להם, דהיינו, מידת משפטו ית' ומידת רחמיו, הנהגת המזל, והכוונה התכליתית בכל אלה מה היא. הבנתי מציאות האדם בזמן הזה, ועילויו בזמן שיתעלה. הבנתי ענין ביאת המשיח ותחית המתים ועולם הגמול מה הם ועל מה הם.

171. Dijo el alma: he aprendido mucho, sin ninguna duda, y al menos puedo seguir un razonamiento que tranquiliza mi espíritu a propósito la Providencia. También he visto mucho acerca del trabajo del hombre, lo que representa, así como su importancia. Y he visto lo que se repite en el tiempo en su renovación, cuáles son sus orígenes, la *middah de* justicia y la *middah* de compasión, el poder directivo del *mazal*, y el fin último de todo esto. He comprendido la esencia del hombre en este momento y su ascensión en el futuro. He entendido el asunto de la venida del Mesías y la resurrección de los muertos y el mundo de recompensa, su naturaleza y su finalidad.

---

66. Véase Deuteronomio XXII-17.

ועל הכל - תוקף האמונה, לדעת שהכל מאתו ית' בעצה עמוקה, אין דבר במקרה ולא לבטלה, לא קטון ולא גדול, כי הכל גלגל הוא שחוזר בעולם, סובב סובב והולך לתת תיקון כללי אל כל הנמ־צאות, וסוף סיבובו יהיה התיקון הכללי הזה. והנה אחשוב שעד כאן כללים של חכמה, ואידך פירושא הוא, להבין כל הפרטים שבעולם, איש איש תחת סוגו. די לי שיהיו השרשים בידי, למען היותי לפחות מיושבת באמונתי בבירור.

Y, por encima de todo, la validez de la fe, saber que todo proviene de Él en la profundidad de su consejo, que no hay nada que sea casual o vano, ni pequeño ni grande, porque todo es una rueda que gira en el mundo para la corrección total de todo lo que es, y el final de este ciclo será esa corrección total. Comprendo que lo que me has explicado corresponde a los principios de la sabiduría. El resto es mero comentario que consiste en comprender los detalles del mundo, cada uno en su categoría. Me basta con tener los principios en la mano, para estar al menos claramente asentada en mi fe.

קעב) אמר השכל - עוד יש לי לבאר לך ענין הזמן ההולך בהיקף על כל האישים בשוה. ומצאנו בו שינויים בחלקיו מטעם הזמן עצמו, פירוש, לא מטעם מעשים שיחודשו בו, אלא מטעם היות העת ההיא. והוא מה שאמר קהלת (ג, א), "לכל זמן ועת לכל חפץ". והלא גם לזה צריך שיהיה שורש הגון ודאי.

172. Dijo el intelecto: todavía tengo que aclararte la cuestión del tiempo que influye a todos los individuos por igual. Es decir, no por sus actos que se originan en el individuo, sino por ser ese momento. Y es lo que se dijo en *Eclesiastés* (III-1): «Hay un tiempo señalado para todo, y hay un tiempo para cada suceso». Y esto también tiene un fundamento coherente.

קעג) אמרה הנשמה - גם זה ענין נחמד לדעת אותו על בוריו:

173. Dijo el alma: esto también me gustaría conocerlo.

קעד) אמר השכל - ראי, הכוכבים והמזלות הם משפיעים כל אחד ואחד על דבר מיוחד ופרטי בעולם השפל הזה. ומי שהוא מו־שפע מכוכב אחד אינו מושפע מחבירו. וכל המקבלים מקבלים ממשפיעיהם תמיד בכל מקום.

174. Dijo el intelecto: mira, las estrellas y los signos del zodíaco están influyendo de manera especial y particular en todos y cada uno de los entes en este bajo mundo. Y quien está influenciado por un planeta no está influenciado por otro. Y todos los destinatarios reciben sus influencias siempre en todas partes.

אמנם מלבד הפקודה הזאת אשר להם, הנה יש להם ממשלה וש־ליטה בסיבוב הזמן, שכל אחד שולט בשעה ועת אשר הוחק לו, וזה ידוע. ואמנם יש הפרש גדול בין שתי השליטות האלה, כי השלי־טה שיש להם כל אחד על הדברים המיוחדים לו, היא שליטה מגעת בעצם המקבלים, שכל ענינם תלוי בהם, ומתפעלים בתוכיות עצמו־תם מן ההשפעה שהם משפיעים עליהם.

Aunque aparte de esta influencia tienen gobierno y control sobre la rotación del tiempo, y cada planeta controla el tiempo y el período que le fueron decretados, como es sabido. Aunque hay una gran diferencia entre estos dos poderes, ya que el poder que cada uno tiene sobre las cosas que le fueron decretadas especialmente es un poder que se ejerce sobre la esencia de sus destinatarios, de quienes depende toda la materia, ya que reciben esta influencia que se ejerce sobre ellos en la interioridad de su esencia.

אך השליטה של ההיקף היא שליטה כללית, שכל השולט שולט על כל העולם, בין על הבריות המיוחדות לו, בין על הבריות שאינן מיוחדות. אך מצד אחר, אין השליטה ההיא שליטה גמורה על שום אחד מהם, ואין מקבלים ממנה אלא איזה התפעלות. ורושם הניכר יעשה בבריות מצד השליטה ההיא ודאי, כי אין שום מעשה במעשי האל ית' שיהיה לבטלה, אך אין זאת הפעולה העצמית אשר לכו־כבים האלה. אך עצם פעולתם אינו אלא מה שהם פועלים ביחוד בבריות המיוחדות להן, וכמו שביארנו.

Pero el poder ejercido por el ciclo temporal posee un carácter general que se ejerce en todo el mundo, tanto en las criaturas que le fueron designadas en forma específica como en las que no. Y, por otra parte, este poder no es absoluto y no se ejerce sobre las criaturas más que de un modo general e impersonal. Lo que reciben es insignificante. Sin embargo, este poder deja una impronta bastante visible en las criaturas, ya que ningún acto del Nombre es en vano. En suma, no se trata aquí de la actividad esencial de estas estrellas, que sólo consiste en que ejercen en relación a las criaturas que les fueron asignadas, como ya hemos visto.

ואמנם זאת היא דוגמא עשויה להראות ענינים היותר גבוהים ונעל־מים. והיינו, כי הנה מיני השפעות רבות חידש האדון ב"ה להשפיע על בריותיו, השפעות מיוחדות לכל בריה כראוי לה. ומלבד זה, גזר היקף סיבובי לכל מיני ההשפעות האלה, להיות שולטים בסיבוב על העולם, שיהיה סדר שליטתם ופעולתם בסדר סיבוב הזמן.

Y si bien éste es sólo un ejemplo, puede enseñar asuntos superiores y ocultos. Porque el Señor, bendito sea, ha dado origen a muchos tipos de influencias para sus criaturas y cada influencia específica se adapta perfectamente a cada criatura. Y, además de esto, ha decretado un ciclo que abarca todas estas variedades de influencias a fin de que dominen en el mundo cíclicamente de manera que el orden de su poder y de su actividad sigan el orden cíclico del tiempo.

ובכל יום שולט בהנהגה מין ממיני ההשפעות, והיא שליטה כללית על כל הבריאה, אך אין פעולתו בשליטה זו פעולתו העיקרית שהוא עושה בנמצאות המקבלים ממנו ביחוד, אבל עם כל זה יחודשו ענינים בכל הבריאה לפי ענין ההשפעה ההיא, תולדת שליטתה זאת.

Y cada día la conducción está dominada por un tipo de influencia. Su reino es universal y abarca toda la creación, incluso si no es esencial para las criaturas que, de todos modos, reciben específicamente como resultado de su dominio.

ובזה גם כן תלויה קדושת ימי המועדות מימים ימימה, וכל שאר הדברים התלויים בזמן. אמנם צריך להבחין ההבחנה שזכרתי, שיש הפרש בין הפעולה המיוחדת מכל השפעה בכל זמן, ובין הפעולה הסיבובית שאינה כל כך עיקרית להגיע בתוכיות עצם המקבל.

Y de esto también depende la santidad de las festividades desde tiempos inmemoriales. Sin embargo, hay que captar la distinción que he hecho: hay una diferencia entre la actividad específica de cada influencia, en todo tiempo, y la actividad cíclica que no es tan esencial como para penetrar en la esencia íntima de aquellos que la reciben.

על דרך זה ענין יצירת האדם וכל זמניו, שכבר שמעת היותם מקבילים אל סדרי ההשפעה העליונה. כי ודאי הוא שבכל זמן מזמניו יתנהג על פי סדרי ההשפעות שהזמן ההוא מקביל להם, אך לא על צד התולדות הנולדות ביחוד מן ההשפעות ההם, אלא על צד הכנות גופו ואיבריו על הסדר ההוא. והנה אמרתי לך מה שיספיק לישב דעתך על האמת בעיקרים האלה אשר ביקשת ממני, ותו לא מידי.

De esta manera se comprende el asunto de la creación del hombre y todos sus tiempos, que, como ya se ha dicho, es paralelo a los órdenes de la influencia suprema. Pues es cierto que en todo momento su tiempo se comportará de acuerdo con el orden de la influencia a la que corresponda ese tiempo, y no por los engendramientos específicos de estas influencias. En suma, lo hará según la disposición de su cuerpo y sus miembros en relación a este orden. Ya he dicho suficiente como para tranquilizar tu espíritu a propósito de la verdad de estos principios sobre los cuales me interrogaste. Con esto es suficiente.

קעה) אמרה הנשמה - עוד ענין אחר אחפוץ לדעת ממך, ואולם איננו ענין כל כך ארוך, וגם לא מן המבהילים הרעיון בהעדר הידי־עה בו, כמו הענינים שזכרנו עד עתה; אבל הוא דבר שתאותי לעמוד עליו בבירור.

175. Dijo el alma: hay otro asunto que me gustaría conocer; no es un asunto demasiado largo, ni tampoco algo que perturbe el pensamiento si no se lo conoce, como eran aquellos que hemos analizado hasta ahora. Pero es algo que me gustaría comprender con claridad.

קעו) אמר השכל - ומה הוא הענין הזה?:

176. Dijo el intelecto: ¿y de qué asunto se trata?

קעז) אמרה הנשמה - ענין הנבואה, מה היא, מה דרכה ומה תועל־תה.

177. Dijo el alma: se trata de la profecía: qué es, cuál es su camino y cuál es su utilidad.

(קעח) אמר השכל - הנבואה היא ידיעה והשגה שהקב"ה נותן לנביא מכבודו ית'. ואמנם, הנה שמעת כבר שאמיתת מהותו ית' ושלמותו מה שהוא לפי עצמו - אינו ניתן להיות מושג לנו כלל, ולא ישיגוהו אלא מצד פעולותיו ומצד המידות אשר קבע לעצמו להנהיג את העולם, וכמו שביארנו. וישיגוהו מטיב ומעניש, מרחם, שופט, מחיה, רופא, ובכל שאר כל התארים המיוחסים לו מצד פעולות ו. ויראה להם כל השפעותיו בכל דרכיהם, ויראו כל ענייניהם שבהם תלויים כל חוקות השמים והארץ וכל צבאם וכל פרטיהם.

178. Dijo el intelecto: la profecía es un conocimiento y un modo de percepción que el Santo, bendito sea, concede al profeta. Sin embargo, ya sabes que lo que se refiere verdaderamente a la esencia y la perfección del Bendito no puede ser captado. Sólo puede ser aprehendido el nivel de sus actos y de sus *middot*, que estableció para gobernar su mundo, tal como hemos explicado. De este modo, lo concebimos como dispensando el bien o el castigo, como compasivo o juzgando, dando la vida, curando o como poseyendo todos los demás atributos en virtud de sus actos. Revela a todos sus profetas todas las influencias, así como todos los caminos, a fin de que contemplen todas las ramificaciones. Y ellos ven todas sus obras, de las que dependen las leyes de los Cielos y la Tierra, sus ejércitos y sus detalles.

ועל כן ידעו העבר והעתיד מה שהקב"ה עושה בעולם, כי הנה ישיגוהו תופס באחת המידות, וישיגו כל התולדות הנולדות מזה בכל הנבראים שיהיו, וישיגוהו תופס במידה שתפס, ובמידה שיתפוס בכל פרטי הענין הזה כולו. אך מהותו הפשוט לא ישיגו. ואף השגה זאת שמשיגים לא תהיה בראיה פשוטה, אלא בדרך מיוחד לנבואה.

Por esta razón, los profetas conocen el pasado y el futuro de lo que el Santo, bendito sea, hace en el mundo. Cuando lo perciben actuando según una *middah* y conciben todos los resultados que surgen de esto para engendrar a todas las criaturas, lo perciben actuando según la *middah* precedente y lo perciben actuando según la *middah* que le sigue en todos sus detalles. Pero no perciben todos los detalles de todo el asunto. No pueden percibir su esencia simple y su percepción no es perfectamente clara, sino una manera especial de la profecía.

קעט) אמרה הנשמה - זה מה שאני מבקשת לדעת, איך היא הראיה הזאת.

179. Dijo el alma: esto es lo que quiero saber: ¿cómo es esa visión?

קפ) אמר השכל - מקרא מלא הוא (הושע יב, יא), "וביד הנביאים אדמה". ובמשה רבינו ע"ה נאמר (במדבר יב, ח), "ומראה ולא בחי־דות", הא לאחרים - בחידות. ובהדיא אמר (שם), "בחלום אדבר בו", ורז"ל קיימו מה שקיבלו (ברכות נז ע"א), "חלום - אחד מששים בנ־בואה".

180. Dijo el intelecto: ha sido escrito (*Oseas* XII-10): «Y hablé por los profetas, y yo aumenté las visiones». A propósito de Moisés, nuestro maestro, la bendición sea con él, ha sido escrito (*Números* XII-8): «Boca a boca hablaré con él, y a las claras, y no por figuras». Con los demás habló efectivamente con figuras, como (*Números* XII-6): «En sueños hablaré con él». Y nuestros sabios, de bendita memoria, lo han confirmado diciendo (*Berajoth* 57b): «El sueño es la sexagésima parte de la profecía».

וזה, כי לא ניתן רשות לנביאים לראות הכבוד העליון כמו שהוא, אבל הכבוד המתגלה עליהם יחדש בלבבם דמיונות נבואיים, שיהיו כמו לבושים וחידות לענינים הראויים להגיע לידיעתם, וכמו כל שאר המשלים והחידות שבעולם.

Y esto es así porque a los profetas no se les permitió contemplar la Gloria Suprema en sí misma. Esta última les es revelada haciendo nacer en sus corazones imágenes proféticas, que son como mantos y enigmas que más tarde se transmitían a su conocimiento, como cualquier metáfora o enigma que podamos ver en el mundo.

ואמנם אין דרך השגתם כמו שמשגת הדעת האנושית בדרך הטבעי; אבל היא השגה נשפעה בהם, וידיעה נחקקת, שלא יפול בה הספק וצורך העיון והרגל המופתים, אלא יתברר להם בלי שום ספק שהמתגלה עליהם ומדבר עמהם יהיה כבודו ית', והוא המחדש בלבם הדמיונות הנבואיים ההם.

Y, ciertamente, su modo de percepción no era el mismo que el de la percepción natural e intelectual del hombre, sino que era una percepción del orden del intelecto, agente que permite percibir el conocimiento de una manera muy clara que no precisa de un análisis o de una prueba empírica. Para ellos es claro, sin lugar a dudas, que lo que se les revela y les habla es la Gloria Divina y es ella la que anima estas visiones proféticas en sus corazones.

ותחקק בלבם ידיעה כמו כן - שישיגו פתרון המראה והחידה, וישיגו מה שהאדון ב"ה רוצה לגלות להם. וכדברים האלה כתב הרמב"ם זללה"ה בפרק ז' מיסודי התורה (הלכה ג), זה לשונו, "הדברים שמודיעים לנביאים במראה הנבואה - דרך משל מודיעים לו, ומיד יחקק בלבו פתרון המשל במראה הנבואה, וידע מה הוא.

Y este conocimiento se graba en sus corazones de manera que entienden también el significado de la imagen y del enigma por medio del cual podrán percibir aquello que el Señor, bendito sea, quiere revelarles. Y esto es lo que ha expresado el Rambam en el capítulo 7 de sus *Iesodei haTorah:* «Lo que le es comunicado al profeta por la visión profética le llega en forma de parábolas, y, al mismo tiempo, queda grabado en su corazón el significado de la imagen, para que sepa de qué se trata».

וצריך שתבחיני שיש משלי המידות ומשלי התולדות. פירוש, יש משלים שבהם יתדמה הכבוד העליון על פי מידותיו ופעולותיו, ויש משלים שימשילו הפועל הנפעל ממנו ית.

Y has de distinguir que hay parábolas de *middot* y parábolas de engendramientos. Por ejemplo, hay parábolas en las que la Gloria Suprema es representada según sus atributos y sus acciones, y hay parábolas que expresan las consecuencias que opera el Bendito.

דרך משל, כשירצה האדון ב"ה להראות כבודו לנביא כמו מטיב ומרחם - יתדמה לו כזקן, כענין שנאמר (דניאל ו, ט) "ועתיק יומין יתיב" וכשירצה להראותו כמו גבור על אויביו - יראה כבחור איש מלחמה, וכמו שאמרו ז"ל (מכילתא יתרו כ, ב), "נגלה על הים כבחור ונגלה על הר סיני כזקן"; (חגיגה יד ע"א), "שבחור נאה למלחמה וזקן נאה לישיבה.

Por ejemplo, cuando el Señor, bendito sea, quiera mostrar su gloria al profeta como benefactor y misericordioso, se le aparecerá como un anciano, como está dicho (Daniel VI-9) «Y el Anciano de los Días estaba sentado». Cuando la quiere mostrar como un héroe victorioso sobre sus enemigos, puede aparecerse como un joven guerrero, según dicen nuestros sabios, de bendita memoria (*Mejiltá Itró* 20,2): «Se apareció en el mar como un joven y en el monte Sinaí como un anciano», porque (*Jaguigah* 14a) «el joven es apto para la guerra y el anciano para sentarse (a dirigir)».

אך משלי הפעולות הם כענין מקל שקד דירמיה, וסיר הנפוח, סולם דיעקב, מגילת יחזקאל, איפת זכריה, ומנורת הזהב. והנה משלי המידות, כשיראה הכבוד העליון לעיני הנביא באותם הדמיונות, מיד ישיגו פתרון המראה ההוא. אך משלי הפעולות אפשר להם שלא ישיגום עד שיפרשום להם, וכמו שמצאנו בנביאים (זכריהו ד, ה), "הלא ידעת מה המה אלה, ואומר לא אדוני", וכדברי הרמב"ם ז"ל שם.

Sin embargo, las metáforas de las acciones son como la vara de almendro de Jeremías, la caldera rebosante, la escalera de Jacob, el rollo de Ezequiel, la medida de Zacarías o el candelabro de oro. Y he aquí que las parábolas de las *middot*, en cuanto la Gloria Suprema, se le aparecen al profeta según las imágenes proféticas, percibe inmediatamente la explicación de la visión; pero en lo que se refiere a las parábolas de los actos no puede percibirla hasta su revelación, como podemos ver en el libro de los profetas (*Zacarías* IV-5): «¿No sabes qué es esto? Y dije: no, Señor mío», y es como lo explica allí el Rambam, de bendita memoria.

והנה ממה שאפשר להיות במראיהן - זה הוא ריבוי הדמויות, ואפילו הפכיים זה לזה ברגע אחד. ודבר זה לימדונו חז"ל במסכת סופרים (טז, ב) ז"ל, "פנים בפנים דבר ה' עמכם'. פנים תרי, בפנים - תרי, הא ד' אפין של אימה - למקרא, בינוניות - למשנה, שוחקות - לתלמוד, מסבירות - לאגדה". וכן אמרו (ילק"ש יתרו רפו), "אנכי ה' אלקיך" - אמר ר' חמא בר פפא, הראה להם הקב"ה פנים זועפות, פנים מסבירות וכו'. אמר להם, אף על פי שאתם רואים כל הדמויות הללו - אנכי ה' אלקיך.

Y esto es lo que puede haber en estas visiones: una multiplicidad de imágenes, incluso opuestas entre sí en un mismo momento. Y esto es lo que enseñan nuestros sabios, de bendita memoria (*Masejet Sofrim* 16,2): «El Eterno habló cara a cara con vosotros». Cara: dos. A cara:

dos. Dos más dos, cuatro caras: una de temor, para la *Torah*; una de moderación, para la *Mishnah*; una sonriente, para el Talmud, y una acogedora, para la *Hagadah*. Y, asimismo, ha sido dicho (*Éxodo* XX-2): «Yo soy el Eterno, tu Dios». Dijo Rabí Jama ben Papa: «El Santo, bendito sea, les mostró un rostro colérico (y después) un rostro favorable... Les dijo: aunque veáis todas estas imágenes, Yo soy el Eterno, vuestro Dios» (*Ialkut Shimoni, Itró* 286).

והרי זה כדרך שאמרו בדיבור גם כן. (ירושלמי נדרים פ"ג ה"ב, וע"ש עוד דברים), "ערות אשת אחיך", "יבמה יבא עליה" - בדיבור אחד נאמרו; "זכור" ו"שמור" - בדיבור אחד נאמרו (שם, ועי' ר"ה כז ע"א.

Después de todo, esto es también lo que dijeron respecto al habla (*Yerushalmi Nedarim,* 3,2): «"La desnudez de la mujer de tu hermano", y "Su yerno vendrá sobre ella" fueron dichos de una sola vez; en una sola vez se dijo "recuerda" y "salva"», (*Ibíd., Rosh HaShannah* 27 b).

והנה הטעם לזה מבואר הוא, כי כיון שאין הדמויות הללו עצמיים, אלא גילוי נבואי נברא, תלוי ברצונו של מלך שהוא אומר ויהי, שי־תדמו דמויות אלה לנפש הנביא. הלא הוא יכול לברוא דמויות כמו שרוצה באיזה דרך שרוצה, ואינו צריך לחוקות הטבע הגשמי הלז, שאינם עשויים אלא לגופים לבד. אמנם זה ודאי שאין שום דבר מד־ברי ה' לבטלה ח"ו, אלא כל דמות ודמות שהוא מראה לו, אינו אלא להודיעו מידה אחת ממידותיו ית', או ענין ממידותיו. וברצותו לה־ראות לו ענינים שונים, יראה לו דמויות שונים, אף על פי שבעצ־מם יהיו הפכיים, כי כבר אין התכלית על הדמות המתראה, אלא על המובן לנביא מתוך הדמות ההוא.

Y la razón de esto se explica porque estas figuras no son reales, sino revelaciones proféticas creadas relativas a la voluntad del rey, «que dijo y fue», que se expresa por medio de imágenes en el alma del profeta. Ciertamente, puede crear imágenes según lo desee, de la manera que desee, sin tener que seguir a la naturaleza sensible, que fue creada para expresar las cosas materiales. Ciertamente, no hay ninguna palabra que haya dicho el Eterno que sea vana, Dios no lo quiera, sino que cada imagen que revela al profeta tiene por objetivo darle a conocer una de sus *middot* o uno de sus aspectos. Cuando desea revelarle varios acontecimientos, le muestra varias imágenes, incluso imágenes contradictorias, ya que el objetivo no es la imagen que aparece, sino el significado que el profeta extrae de ella.

קפא) אמרה הנשמה - אבל קשה לי מאוד מקרא שכתוב (דברים ד, טו), "כי לא ראיתם כל תמונה", שהרי הוא הפך כל הדברים האלה שדיברת.

181. Dijo el alma: pero es muy difícil para mí entender el versículo siguiente (*Deuteronomio* IV-5): «Porque no visteis figura alguna». Se contradice con todas estas cosas que has dicho.

קפב) אמר השכל - וכי בלאו הכי אינו קשה שהכתובים סותרים זה את זה ? פסוק אחד אומר, "כי לא ראיתם כל תמונה", ופסוק אחר אומר (במדבר יב, ח), "ותמונת ה' יביט"; וכתיב (יחזקאל א, כו), דמות כמראה אדם עליו מלמעלה", וכל דכוותיה.

182. Dijo el intelecto: en cualquier caso, ¿no es difícil que dos versículos se contradigan? Un versículo dice: «Porque no visteis figura alguna». Y otro (*Números* XII-8): «Y verá la apariencia del Eterno». Y otro (*Ezequiel* I-26): «Y sobre la figura del trono había una imagen que parecía la de un hombre sentado sobre él».

קפג) אמרה הנשמה - תשיב אתה לשתיהן:

183. Dijo el alma: respóndeme a las dos.

קפד) אמר השכל - כתוב (ישעיהו מ, כה), "ואל מי תדמיוני ואשוה יאמר קדוש", וכן (ישעיהו מ, יח), "ואל מי תדמיון אל ומה דמות תערכו לו". ועיקר זה הוא, שהרי ודאי הוא שאין הקב"ה מכשיל הנ־ביא ח"ו, אלא מחכים אותו ומעמידו על האמת. והנה, שיהיה הקב"ה מראה לו דמויות במקום שאדרבא צריך להתרחק מאוד מדמות, אין לך מכשול גדול מזה.

184. Dijo el intelecto: está escrito (*Isaías* XL-25): «¿Y a qué, me haréis semejante, para que me comparéis?». Y también (*Isaías* XL-18): «¿A qué, pues, haréis semejante a Dios, o qué imagen le compondréis?». El principio es que el Santo, bendito sea, ciertamente no descarría al profeta, sino que le otorga sabiduría y lo coloca frente a la verdad. Sin embargo, el hecho de que le revele imágenes, sobre todo cuando deberíamos evitarlas, podría constituirse en una gran trampa.

אמנם האמת הוא, שנפש הנביא משגת האמת בבירור. וזה, כי כבר שמעת שאין השגת הנביא וידיעתו כהשגה וידיעה הטבעית, אבל היא השגה מוטבעת ונחקקת בו, שימצא לו בירור גמור בידיעותיו בלא שום ספק.

Ciertamente, el alma del profeta capta claramente la verdad. Como sabes, la percepción y el conocimiento del profeta no corresponden a la percepción y el conocimiento naturales. Su percepción está inspirada y grabada en él de modo que produce un conocimiento completamente claro y no deja lugar a la duda.

וזה הוא מין ידיעה שלא יוכל דעת האדם הטבעי לשער אותה כלל. והנה על פי הדרך הזה - נפש הנביא תשיג כל ענין הנבואה לאמ־תו, דהיינו, הנה יתברר לה שהאדון ב"ה הוא המתגלה עליה, ומודיע אותה מה שמודיע אותה; ויתברר לה כמו כן שאי אפשר לה להסת־כל בו; לא מבעיא בהסתכלות של עין טבעי, אלא אפילו בהסתכלות נפשי, שאינו אלא השגה והבנה, כי לא תוכל הנפש להשיג ענינו ית־ברך.

La dimensión de este conocimiento es insondable para el intelecto natural. Asimismo, el alma del profeta percibe el sentido profético de verdad, a saber, el alma concibe con claridad que es el Señor, bendito sea, quien se revela a ella y la informa de lo que la informa, y también le queda claro que Él no puede ser visto ni por medio del intelecto natural, ni por medio del intelecto agente que de hecho está dotado de percepción y comprensión sutiles. Pues el alma no puede alcanzar la visión del Bendito.

ויתברר לה שהכבוד המתגלה עליה מחדש בה דמות נבואי נברא, שמתוכו מקבלת הידיעה שהיא צריכה לקבל, והיינו (הושע יב, יא), "וביד הנביאים אדמה", שהבאנו למעלה:

Y le quedará claro que la gloria que se está revelando a él es una figura profética creada, de la cual él recibe el conocimiento del mensaje divino como indica el versículo (*Oseas* XII-10): «Y por mano de los profetas puse semejanzas», que ya citamos más arriba.

ונמצא, שהאמת מתברר לה בירור גמור, ואין לה מקום לטעות, כי הידיעה האמיתית חקוקה בה לדעת כל האמת הזאת. והנה לא תשיג הדמיון הנבואי אלא אם כן באותה השעה עצמה תשיג שאינו אלא דמיון נבואי, ולא עצמותו של האדון ב"ה.

Y se encuentra, que la verdad le resulta totalmente clara al alma del profeta y no hay lugar para el error dado que el verdadero conocimiento está grabado en ella y toda la verdad le resulta evidente. No puede percibir una figura profética si antes no realiza que se trata solamente de una figura profética y no de la esencia del Señor, bendito sea.

ועל כן, אף על פי שנאמר, "וביד הנביאים אדמה", מזהירם תמיד, "ומה דמות תערכו לו", כי הרי אין הנביא רואה דמות בלא שיראה גם כן שאינו אלא דמות נבואי, ולא עצמי, העשוי להבנת הנביא, שאינו יכול להשיג את עצמותו ית' הפשוט מכל דמיון לגמרי. וכן משה רבנו ע"ה מזהיר לישראל (דברים ד, טו), "כי לא ראיתם כל תמונה", כי שם מדבר על העצמות הפשוט של האדון ב"ה, ואומר להם, השמרו מאוד, כי כבר השגתם אתם האמת, וראיתם שלא ראיתם כל תמונה בו ית', אלא ראיתם שאדרבא מחמת היות עצמותו ית' פשוט מכל תמונה, לכן לא השגתם אותו, אלא אחר שברא לכם הדמויות הנבואיים.

Y aunque está dicho «Por intermedio de los profetas os haré conocer visiones», la exhortación siempre es: «¿Y con qué figura lo vestirás?». Pues el profeta no percibe ninguna imagen sin saber al mismo tiempo que se trata de una imagen profética, y no una esencia real, adaptada a la comprensión del profeta, que no puede percibir esencia simple del Bendito, más allá de la imagen. De este modo, Moisés, nuestro maestro, imploro a Israel (*Deuteronomio* IV-15): «Pues ninguna figura visteis», designando a la esencia divina, y también les dijo «Guardad, pues, mucho», ya que habéis percibido la verdad, habéis visto que no habéis visto ninguna imagen del Señor, bendito sea, sino por el contrario, visteis que no podríais percibirle mientras Él no os creara figuras proféticas.

והמקרא קצר קצת, אך אינו קצר יותר משאר הכתובים, "ואל מי תדמיוני ואשוה", "ומה דמות תערכו לו", כי משה רבנו ע"ה מדבר עם ישראל שראו כל האמת הזאת, והזכיר להם מה שראו באמת.

El versículo es un poco breve, pero no mucho más que los demás: «¿Y a qué me haréis semejante, para que me comparéis?» y «¿Qué imagen le compondréis?». Pues Moisés, nuestro maestro, hablaba a Israel que había presenciado toda esta verdad y le recordaba lo que habían visto en verdad.

קפה) אמרה הנשמה - פירשת "כי לא ראיתם כל תמונה", אך לא פירשת "ותמונת ה' יביט.

185. Dijo el alma: me has explicado «Porque ninguna figura visteis»,[67] pero no me has explicado «Verá la semejanza del Eterno».[68]

(קפו) אמר השכל - אפילו הדמות ההוא המתדמה לנפש הנביא יקרא היטב "תמונת ה'". והוא, כי הנה אין ספק אצל הנביא שהמ־תגלה להם מתחפש בדמות ההוא אינו אלא האדון היחיד ברוך הוא וברוך שמו, אשר על כך יוכלו לקיים בפה מלא (יחזקאל א, כח), "הוא מראה דמות כבוד ה'", (ישעיהו ו, א), "ואראה את ה'". כי הנה בהשגתם המושפעת יתברר להם היות הדמות ההוא דמות מתחדש מהתגלות עליהם הכבוד העליון, ואין התמונה ההיא אלא הדרך שבו מגיעים להשגת גילויו זה ית'.

186. Dijo el intelecto: incluso esa figura que se aparece al alma del profeta se llama apropiadamente «la figura del Eterno». Y eso, porque

67. Véase Deuteronomio IV-15.

68. Véase Números XII-8.

no hay duda en el profeta de que lo que se le revela disfrazado en esa figura no es sino el único Señor, bendito sea y bendito sea su nombre. Y por esto podrán decir con convicción (*Ezequiel* I-28): «Ésta fue la visión de la semejanza de la gloria del Eterno». O bien (*Isaías* VI-1): «Vi yo al Eterno». Porque he aquí que, en su percepción inspirada, les resultará claro que esa figura es una figura que surge a partir de la revelación de la Gloria Suprema sobre ellos, y esa imagen no es sino la forma a través de la cual llegan al logro de esta revelación del Bendito.

הא למה זה דומה - לרואה את חבירו מתוך אספקלריא, שהנה אף על פי שאין עצם חבירו בתוך האספקלריא ההיא, הנה מה שהוא רואה הוא באמת רק חבירו, שנראה לו מתוך הסתכלותו באספקלריא. ונולד עוד מזה, שאם האספקלריא תהיה היא משונה, תראה בה צורת חבירו משונה, כפי ענין האספקלריא. ואמנם לא יסתפק הרואה שלא יהיה הגוף ההוא שהוא רואה גוף חבירו העומד שם, אלא שידע שבעמוד חבירו נגד האספקלריא ההיא המשונה, והוא מסתכל באספקלריא ההיא, תתחדש לעיניו הצורה ההיא.

¿A qué se parece? Se parece a uno que ve a su amigo a través de un espejo. Aunque la esencia de su amigo no está en el espejo, lo que él ve efectivamente es su amigo reflejado en el espejo. Podemos igualmente deducir que si el espejo deforma la imagen verá una imagen deformada de su amigo, como se la muestra el espejo. Sin embargo, aquel que mira no dudará de que el cuerpo que ve en el espejo no es el cuerpo de su amigo, sino que sabe que cuando su amigo está ante el espejo que deforma y él lo mira, ve esa imagen.

כן הדבר הזה, הנה הנביא יודע שהאדון ב"ה הוא המתגלה עליו ודאי במראה ההוא, אף על פי שאין המראה ההוא אלא מה שמתחדש לעיני הנביא מפאת נפשו עצמה, או מה שיהיה שגורם לו ראות

הדמות ההוא. ועל נן הדמות - ההוא יקרא היטב "תמונת ה'", ויאמר בו, "ותמונת ה' יביט.

Lo mismo ocurre con el profeta, que sabe que es el Señor, bendito sea, el que se revela en esa visión, aunque esa visión no es más que la consecuencia ante los ojos del profeta por medio de su propia alma. Por esta razón, esta imagen es denominada «imagen del Eterno» y podemos decir que «contempla la imagen del Eterno».

קפז) אמרה הנשמה - אבל עתה יקשה לי שלפי דבריך אין הפרש בין נבואת משה לשאר הנביאים, כי כולם רואים התמונה הזאת, וכולם רואים שאין תמונה לו ית' לפי עצמותו האמיתי.

187. Dijo el alma: pero ahora emerge otra dificultad, ya que, según tus palabras, no hay diferencia entre la profecía de Moisés y la de los demás profetas, ya que todos ven esta imagen y todos saben que el Bendito carece de forma en su verdadera esencia.

קפח) אמר השכל - עתה אומר לך הפרש גדול בין משה רבנו ע"ה לשאר הנביאים. כי שאר הנביאים - אפילו הדמות הזה לא יוכלו להביט בו הבטה גמורה, כי אינו נראה להם אלא כמו אחר כתלים, או כמה מראות, או מראה בלתי מצוחצחת. וענין זה פירשו חז"ל על מקרא זה עצמו (במדרש רבה, פרשת ויקרא, א, יד) וז"ל, "מה בין משה לשאר הנביאים? ר' יהודה אומר, כל הנביאים ראו מתוך תשע אספקלריות וכו', ומשה מתוך אספקלריא אחת; ורבנין אמרי, כל הנ־ביאים ראו מתוך אספקלריא מלוכלכת וכו' ומשה מתוך אספקלריא מצוחצחת".

188. Dijo el intelecto: ahora voy a mostrarte la gran diferencia que hay entre Moisés, nuestro maestro, y el resto de los profetas. Los demás profetas no podían ni siquiera contemplar esta imagen de manera

perfecta ya que sólo les era visible como estando tras un muro o reflejada a través de varios espejos o a través de un espejo opaco. Nuestros sabios, de bendita memoria, han explicado a propósito de este versículo (*Vayikra Rabbah* 1,14): «¿Cuál es la diferencia entre Moisés y los demás profetas? Dijo Rabí Iehudah "Todos los profetas vieron a través de un espejo opaco, y Moisés a través de un espejo claro"».

והנה בהיות שאפילו הדמות הנראה להם אינם יכולים לראות אותו היטב, הנה לא ישיגו סוף עניניו, וממילא גם מן הפתרון יחסר להם הבנה, וזה פשוט; כי כבר אין הקב"ה מראה להם דמויות אלו אלא להודיעם ידיעות נכללות בדמות הנבואי ההוא, שבראותם הדמות ישיגו הידיעה הנכללת בו בכל חלקיו; ואם הדמות עצמו לא ישיגוהו כי אם קצת, הנה ודאי הוא שלא תגיע אליהם הידיעה מושלמת בכל חלקיה, אלא הקצת שכנגד הקצת שראו מן הדמות.

Dado que no podían ver bien la figura que se les aparecía, no podían asimilarla del todo, y por eso la comprensión de su significado tampoco era completa. Y esto está claro ya que el Santo, bendito sea, únicamente les revela estas imágenes para transmitirles los conocimientos que se deducen de esta visión profética. Completando la imagen captan la quintaesencia y los aspectos que se refieren a ella. Pero al percibir la imagen de un modo parcial, el conocimiento alcanzado no será perfecto, ya que su percepción corresponde a lo que han captado de la imagen.

אמנם משה, לפחות הדמות הנבואי היה משיגו בבירור, ועל כן היתה ידיעתו שלמה במה שאפשר להיות ידיעת הנבראים, והוא הגיע לשיעור היותי גדול של. ידיעות הנבואה. אבל גם הוא לא ראה אלא מה שניתן לו רשות לראות, וזה פשוט.

Sin embargo, Moisés percibía la figura profética con claridad, por eso su conocimiento era perfecto a la escala de percepción que pueden alcanzar los hombres. Y por eso alcanzó el más alto nivel posible de conocimiento profético. Pero también él, si hubiera alcanzado el nivel supremo de la experiencia profética, únicamente hubiera percibido lo que le estaba permitido ver. Y esto resulta evidente.

ואמנם אעירך עוד על ענין אחד במראה הנבואה הזה, והוא, שאף על פי שמצינו לנביאים שיראו דמויות נבואיים אלו, אין צורך שיראו אותם בראיה כראית העין הגשמי, אלא בראיה הנפשית. כי הנה נושא אחד עצמו יוכל להיראות מהעין הגשמי ומהנפש מופשטת מגוף, ושניהם יקיימו היותו הנושא ההוא. אמנם כל אחד רואה אותו לפי דרכו, הא כדאיתיה והא כדאיתיה, כי הרי הנפש יכולה לראות מה שבחבית ומה שבתוך הכותל, שהעין הגשמי אי אפשר לו מפני דרך ראיתו, שאינו יכול להגיע אליו אלא מה שיכול לפי הגבול אשר שם לו הבורא ית"ש. אך החבית עצמה יראה אותה העין הגשמי בדרכיו, ויקיים היותה חבית, ותראה אותה הנפש בדרכיה, ותקיים גם היא חיותה חבית. כן הדבר הזה, שאין הנביאים צריכים לראות הצורה שיקראוה "אריה", והצורה שיקראוה "נשר" (עי' יחזקאל י, יד), וכן כל כיוצא בזה, כמו שיראו הצורה ההיא עיני הבשר, אלא בדרך הראיה הנפשית, וזה פשוט.

Voy a darte a conocer otra faceta más de esta visión profética. Aunque digamos que los profetas ven estas imágenes proféticas, no se trata de que las vean por medio del órgano de la vista. Se trata más bien de una percepción espiritual. Pues un mismo objeto puede ser percibido tanto por el ojo físico como por el ojo sutil del alma que se sustrae a los órganos corporales, y ambos pueden confirmar que se trata de un objeto aunque cada uno lo percibe de una forma distinta. El alma puede ver lo que se encuentra en el interior de un barril o lo que está dentro de la pared mientras que el ojo físico no puede a causa de la naturaleza de su visión que únicamente le permite ver ciertas cosas dentro de los límites prescritos por el Creador. Sin embargo, el ojo verá el barril según su modo, y lo confirmará como tal, y el alma también lo verá, a su manera, y también lo confirmará como tal. De este modo no es necesario que los profetas perciban la imagen llamada «león» o «águila» (véase *Ezequiel* I-14), como el ojo de la carne ve estas formas, sino que la ven por medio de una visión espiritual. Y esto resulta evidente.

קפט) אמרה הנשמה - עדיין צריכה אני לדעת, מה צורך יש לתמונות האלה? וכי מה היה חסר אם היה הקב"ה מודיע מה שרוצה להודיע מן הידיעות או העתידות בלא שיראוהו דמות כלל ועיקר.

189. Dijo el alma: ¿todavía necesito saber ¿cuál es la necesidad de estas imágenes? ¿Qué pasaría si el Santo, bendito sea, revelara lo que quisiera, tanto conocimientos como acontecimientos futuros sin que los profetas recibieran imágenes?

קצ) אמר השכל - יכולני להשיב לך בדרך נקל ופשוט, והוא, כי רוצה הקב"ה להגלות על בני האדם כדרכי בני אדם, וכמו שביארנו כבר. כי הנבראים בצורתם עצמה מראים על ההשפעות והמידות העליונות, והם דוגמא להם ממש. על כן האדון ב"ה מראה להם כבודו כדמות הנברא ממנו, כי כבר הצורה ההיא למטה אינה אלא דוגמת ההשפעה והמידה ההיא שלמעלה. ותראי, כי גם זו מידה ממידותיו ית' - להעתיק ענייני השפעותיו ומידותיו אל ענייני הצורה של התחתונים, שתוכל הצורה להיות דוגמא רומזת אל העניינים של ההשפעות ההמה וסידר האדון ב"ה סדר שלם שיספיק לעשות בצורות הנבראים דוגמא לכל העניינים העליונים שהוא רוצה להראות בם, עד שנמצא טעם הגון ושלם לכל חלקי הצורה של הנבראים, שלא יהיה בם שום ענין בהזדמן, אלא הכל מיושב על אפניו על פי השורש הזה - שיהיו העניינים העליונים והרוחניים נרמזים בצורות הנבראים. השפלות עצמם. ומרוממותו של הכבוד העליון הוא, שלא

יראה הנביא הענינים העליונים אלא מצד התיחסם לנבראים עצמם, להיותם נרמזים בהם, וכמו שביארנו.

190. Dijo el intelecto: podría responderte breve y simplemente diciendo que el Santo, bendito sea, quiere revelarse a los hombres según sus caminos, como ya hemos explicado. Las criaturas en sus formas expresan las influencias y las *middot* de arriba, de las cuales son verdaderos ejemplares. Por esta razón, Dios le revela su gloria en la figura que ha creado, pues la imagen de abajo es únicamente un ejemplo de influencia y de la *middah* de arriba. También puedes constatar que este es también un atributo de Dios: la corporización de los aspectos de su influencia y sus *middot* dentro de los seres inferiores, permitiendo así que la forma se convierta en un símbolo de estas influencias. Por otra parte, el Creador estableció todo un orden por medio del cual las imágenes creadas podían servir adecuadamente como ejemplares de los aspectos celestes que fueron designados para que reflejaran. Por esta razón, hay una explicación apropiada integral para todas las partes de la imagen de las criaturas, y ninguna de ellas es arbitraria. Por el contrario, todas proceden de esta raíz: los factores celestes y espirituales se reflejan en las formas de abajo de las propias criaturas, como hemos explicado.

ואמנם יש עוד עומק יותר בענין הזה, והוא, כי הנה הסדר והדרך שלקח האדון ב"ה להיות מעתיק בו עניני ההשפעה אל עניני הצורה של התחתונים, וכמו שביארנו, הוא הפועל הרבה במציאות הנבראים האלה בכל צורותיהם. ואתן לך משל מזה, לפי שרצה הקב"ה להעתיק ענין השגחתו אל ענין העין, על כן יש העין באדם. ולפי שרצה להעתיק מידות השגחתו - מידת החסד מידת הדין ומידת הרחמים - אל ענין הגוונים הלבן האדום והירוק, לכן יש שלושה גוונים אלה בעינו של האדם.

Y, de hecho, hay más profundidad en este asunto porque el orden y el agente a los que recurre el Señor, bendito sea, para la corporización de los aspectos de la influencia dentro de las formas terrenales influye mucho en la existencia de estas criaturas en todas sus formas. Y te daré un ejemplo según el cual el Santo, bendito sea, quiso dar cuerpo al asunto de su providencia en la configuración del ojo. Por estos matices existen el ojo en el hombre.

ולולא היה רוצה להעתיק ענינים אלה בדרך הזה, לא היו אברים אלה וחלקיהם באדם, אבל אברים וחלקים אחרים, וזה פשוט. וכן בכל שאר התכונות שבנמצאים, ואיכויותיהם, והתגברם פעם בדרך אחד ופעם בדרך אחר, עד שעושים שינויי המצבים בכל הגופים הנבראים - הנה כל זה תלוי בדרך איך שרצה האדון ב"ה להעתיק הענינים העליונים לצורות ותבנית בנבראים. נמצא, שזה הענין הוא שורש גדול לנבראים ולמקריהם. על כן יראה האדון ב"ה את כבודו לנביא בדרך הדמויות האלה, - כדי שיבין המידות הנשפעות, וגם העתיקם אל הצורות התחתונות, כדי שישיג ויבין היטב ההתפעלות שנעשה בתחתונים מן ההשפעות העליונות בכל סידורי הערך, וכל החילוקים אשר עשה בענין הזה.

Y es porque quiso corporizar los atributos de su providencia, *middot* de bondad, justicia y compasión, en las configuraciones de las tonalidades de blanco, rojo y verde, por lo que hay tres de estas tonalidades en el ojo del hombre. Y si no hubiera querido corporizar estos asuntos de esta manera, en el hombre no existirían tales órganos y partes, sino otros órganos y partes, y eso es obvio. Y ocurre lo mismo con todas las demás criaturas que existen, y sus cualidades, y superarlas una vez de una forma y una vez de otra, hasta que se haga en todos los cuerpos creados. Aquí todo depende de la forma en que el Señor Dios quiso copiar las materias supremas en formas y patrones en las criaturas. Éste es un principio fundamental de las criaturas y sus accidentes. Por tanto, el Señor, bendito sea, mostrará su gloria al profeta por medio de estas figuras, para que pueda comprender las influencias, y también corporizarlas en las formas inferiores, para que pueda alcanzar y comprender bien claramente el efecto de las influencias superiores sobre las inferiores en todos los órdenes de valores, así como todas las divisiones que hizo en este asunto.

ונמצא, שהנביאים יראו דמות אורים גדולים וקטנים, עולים או יורדים, נוסעים ועומדים, וכמה מיני דמויות כעניני דמויות התחתונים, וכמו שמצינו להם הכתובים, בראייתם הנפשית, וכמו שביארנו, ומהם יתבוננו ויעמדו על סדרי ההשפעה וההנהגה העליונה בכל סדריה. ואמנם הוראת הדמויות על המידות הוא על פי המובן מן התמונה עצמה.

Y, ciertamente, se encuentra que los profetas verán una figura de lucecitas grandes o pequeñas, que asciende o que desciende, en movimiento o estática, y algunos tipos de figuras que corresponden a las figuras inferiores, tal como vemos en las Escrituras, y por medio de ellas reflexionarán y conocerán los órdenes de la influencia y la soberanía celestial en todos sus órdenes. Y, de hecho, la enseñanza de las imágenes sobre las *middot* es en el sentido de la imagen misma.

,לאמש אלו ןימי אל הב ןיאש ,תפקמה תירודכה הרוצה ,לשמ ךרד
לכ תפקמה תיללכ תחא הפקשה לע הרות הנה ,ףוס אלו שאר אל
,ןידדצל תקלחתמה הרשיה הרוצה ךא .הושב וילע ףיקשת רשא ןינעה
תגרדומ הפקשה לע הרות ,סילגרו שאר הב שיו ,עצמאו לאמש ןימי
סיפקשומה לכב הגרדהב ןותחתה דע ןוילעה ןמ תכלוהה ,תיטרפו
לכ ןכו ,סיליאמשמ ולאו סינימיימ ולא - סיטרפה קוליחב ןכו ,הנמנ
סלוכ תונומתה ראש.

A modo de ejemplo, la forma esférica circunferencial, en la que no hay ni derecha ni izquierda, ni principio ni fin, alude a una doctrina sobre una visión general que engloba todo lo que entra dentro de ella. Sin embargo, la forma recta que divide al lado en derecho, izquierdo y medio, y posee una base y un techo, alude a una idea específica y estructurada, que va de arriba a abajo gradualmente en todo lo que se ve desde ella y en la división de los detalles.

ופירוש הענין, הנה עולם השפל הזה מושגח כולו בהשגחה כללית לקיומו מן הרצון העליון, ובבחינת הקיום הנה אין הפרש בין מין למין, ולא בין איש לאיש, כי כך צריך קיום הגלגל העליון כמו היתוש הקטן. ונמצא, השגחתו ית' מקפת על כל הנבראים כולם בהשואה אחת, וכולם נשואים ממנו ונסבלים מכוחו. אך ההשגחה המשפטית אשר לענין העבודה, היא השגחה, מתפרטת לפרטים רבים, כי הנה האל ית' שוקל כל דבר במאזני צדק להטיב או להרע, כל דבר ודבר בטעם פרטי לפי מה שהוא.

Y la explicación del asunto es que la existencia de este mundo inferior está enteramente bajo la supervisión general de la Voluntad Suprema, y en el examen de la existencia aquí no hay diferencia entre sexo y sexo, y tampoco entre hombre y hombre, porque es tan necesaria para el astro celeste como el más pequeño de los mosquitos. Y se encuentra que su providencia abarca a todas las criaturas de una única manera, y todas están unidas a ella y se sostienen por su poder. Pero la providencia de la justicia que, en lo que concierne a la obra, es providencia, está desglosada en muchos detalles, pues aquí Señor, bendito sea, pesa todo en la balanza de la justicia para bien o para mal, todo y cada cosa según lo que es.

והנה ברצות האדון ב"ה להראות לנביאיו כוחו הגדול הסובל כל הנ־מצאות והשגחתו המקפת את כולם בשוה, איש לא נעדר, ואין נסתר מעיני השקפתו, הנה יראהו כאילו אור מאתו ית' סובב כל העולם

כולו, כרקיע הסובב את הארץ מכל צדדיה, וכן נאמר (יחזקאל א, כב), "ודמות על ראשי החיה רקיע" וכו.

Y aquí el Señor, bendito sea, quiere mostrar a sus profetas el gran poder que soporta todo lo que es y su providencia que los abarca a todos por igual; nadie está ausente, y no hay nada oculto a sus ojos, aquí verán como si la luz de Él lo rodeara el mundo entero, según ha sido escrito (*Ezequiel* I-22): «Y sobre las cabezas de cada animal aparecía un cielo a manera de un cristal maravilloso, etc.».

וברצותו להראות לו משפטו ית' - יראה לעיניו כמלך יושב על כסאו, צדקה בימינו ומשפט בשמאלו, להעמיד את כל בריותיו במשפט צדקו. ואם ירצה האל ית' להראות את נביאו פרטיות הכוחות הסובלות את העולם אלה על אלה, כענין אמרם ז"ל (חגיגה יב ע"ב), "הארץ על מה היא עומדת? - על העמודים, ועמודים - על המים וכו', וכולם תלויים בזרועו של הקב"ה" - יראה לנביא גלגלים רבים אלה בתוך אלה, כל עליון סובב את התחתון ממנו, והעולם במרכז כולם, והוא ית"ש משקיף וסובל את כולם.

Y queriendo mostrarle su justicia, el Bendito aparecerá ante sus ojos como un rey sentado en su trono, con la misericordia en su diestra y el juicio en su mano izquierda, para mantener a todas sus criaturas en el juicio justo. Y si el Bendito quisiera mostrarle a su profeta los detalles de las fuerzas que sostienen el mundo unas encima de las otras, dijeron nuestros maestros, de bendita memoria (*Jaguigah* 12b): «La Tierra, ¿sobre qué se sostiene? Sobre los pilares. ¿Y los pilares? Sobre el agua, etc., Y todos son sostenidos por el brazo del Santo, bendito sea». Le muestra al profeta muchos círculos concéntricos, cada círculo superior envuelve al inferior y en el centro de todo, el mundo, y el Bendito los observa y los sostiene a todos.

וברצותו להראות לו השתלשלות כל הכוחות ההולכים בהדרגה, נמשכים זה מזה, והעולם השפל נמשך מסוף כולם, וכמו שביארנו במקומו, הנה יראה לו מדרגות מדרגות זו תחת זו, והעולם מתחת לכולם. וברצותו להראות לו מדרגת מעלת הנמצאים הקרובים יותר אליו ית' והרחוקים ממנו - בסדר ההדרגה, ובמידות עצמם הקרובות אל שלמותו, והמתרחקות יותר שמתיחסות יותר על ערך התחתונים - יראה לו מדרגות מדרגות זו לפנים מזו, כחדר לפנים מחדר, או כל-בוש על גבי לבוש, והעולם השפל חוץ מכולם, חיצוני מכולם.

Y cuando quiere mostrarle el encadenamiento gradual de todas las fuerzas, se extraen unas de otras, y el mundo inferior está debajo de todas. Y como hemos explicado en su lugar, aquí le mostrará paso a paso, una debajo del otra, y el mundo que está debajo de todas. Y cuando quiere mostrarle los niveles superiores que están más cerca del Bendito y los que están más lejos de él, respecto a las criaturas de abajo, le muestra los grados uno a uno, como una habitación que da a otra, como un vestido que está envuelto por otro; el mundo de abajo está aparte de todos, en el exterior de todos.

ולא עוד, אלא שכל המראות הללו יראם לו בבת אחת, אם ירצה להודיע לו כל הענינים שזכרנו ותולדותיהם כולם כאחד, ואף על פי שהם מתנגדות זו לזו, וכענין (ירושלמי נדרים פ"ג, ה"ב), "ערות אשת אחיך" ו"יבמה יבא עליה", "זכור" ו"שמור", שזכרנו למעלה הנאמרים בדיבור אחד; כי מה שהוא למעלה מן הטבע אינו מוגבל בחוקות הטבע.

Y, además, todas estas visiones le mostrarán a la vez, si quiere informarle al mismo tiempo de todos los asuntos que hemos mencionado y de sus consecuencias y aunque se opongan entre sí, como ha sido dicho (*Ierushalmi Nedarim* 3,2): «Recuerda el día de *shabbat*» y «Guarda el día de *Shabbat*». «Recuerda» y «Guarda», como mencionamos anteriormente, se dicen en un discurso, porque lo que está por encima de la naturaleza no está limitado por las leyes de la naturaleza.

וכבר בחלום, שהוא גם כן ממין הנבואה, וכמאמרם ז"ל (ברכות נז ע"ב), "חלום אחד מששים בנבואה", יקרה קצת מזה - שיתדמו עני־נים שאינם לפי הראיה שבעת היקיצה, ויתחלפו הנושאים לחולם ברגע אחד מבלי שיבחין דרך התחלפם. ויראה איש אחד בחלומו, יחשוב שהוא ראובן, וברגע אחר יחשוב שאותו שהוא רואה הוא בית אחד או אבן אחת.

Y ya sobre el sueño, que también es del tipo de profecía, nuestros maestros, de bendita memoria, enseñan (*Berajoth* 57b): «El sueño es la sexagésima parte de la profecía». Costará un poco más recordar las cosas que no están a la vista al momento de despertar, ya que las imágenes pueden cambiar en un momento sin que se vea en como lo hacen. Un hombre puede ver en un suelo la imagen que le parece que es la de Rubén, y un momento más tarde la imagen se ha convertido en una casa o una piedra.

סוף דבר, יתרכבו הרכבות שאינם לפי דרך הראיה כלל. כל שכן הנבואה שהיא ממש חוץ לטבע, שהקב"ה ידמה ביד הנביאים מה שהוא רוצה, וכמו שביארנו למעלה כבה.

Finalmente, se mostrarán imágenes que no se ven en la realidad. Más aún en la profecía que realmente está más allá de la naturaleza, en la cual el Santo, bendito sea, se muestra a los profetas lo que Él quiere, como ya hemos explicado.

קצא) אמרה הנשמה - ישבתני מאוד בדבריך אלה. והנה קודם שנ־
שלים דיבורינו, אשאלה ממך שאלה קטנה שאינה כל כך מצטרכת,
אך תשובתה בה יהיה לי לנחת.

191. Dijo el alma: me han satisfecho mucho estas palabras tuyas. Pero antes de que terminemos nuestro discurso, te haré una pequeña pregunta que no es tan esencial, pero deseo obtener una respuesta a ella.

קצב) אמר השכל - שאלי.

192. Dijo el intelecto: pregúntame.

קצג) אמרה הנשמה - ענין הבריאה אם אפשר להבין דרכה, פי־
רוש, איך יצא היש מן האין, אם לא.

193. Dijo el alma: La cuestión de la creación, ¿es posible comprenderla o no? Es decir, ¿cómo surgió algo a partir de la nada?

קצד) אמר השכל - איך הקב"ה פועל, כבר הודעתיך שאי אפשר
לנו להשיגו, פירוש, באיזה דרך הוא עושה פעולתו. ואין לנו לבקש
אלא על מה הוא פועל, ובאיזה סדר הוא פועל. ואשיבך על אשר
שאלת.

194. Dijo el intelecto: cómo obra el Santo, bendito sea, ya te he explicado que no podemos concebirlo, es decir, de qué manera hace sus acciones. Y no podemos preguntarnos más que en qué y en qué orden está trabajando. Pero responderá a lo que preguntaste.

הנה החומר הזה שחידש, חדש הוא חידוש גמור שחידש האדון ב"ה ביכולתו הנשגבה, שאי אפשר לנו להבין איך חידשו. אמנם באיזה סדר פעל לחדש אותו - זה נוכל להבין, שכבר אין אנו מבינים בזה אלא הדרגת הפעולה.

He aquí que la materia que ha renovado, que ha hecho completamente nueva, el Señor, bendito sea, la ha hecho nueva en su sublime habilidad, pero nos es imposible comprender cómo la creó. Aunque en qué orden actuó para renovarlo, esto sí lo podemos entender, ya que no entendemos sino las etapas de la acción.

ונאמר, כי הנה עשיית החומר הזה שעשה, ודאי היה קדום בחוקו ית' שיזכל לעשותו, ושהיה עתיד לעשותו, כי לא נוכל לחשוב בו ית' שום תוספת או שינוי כלל, שיתחדש אתו ענין מה שלא היה לו; אלא היה קדום ברצונו שיעשה החומר הזה. אמנם יה אינו נקרא אפילו היות העולם בכח, כי אין יחס בין פשיטותו ית' ובין ברואיו, וכל התארים הנופלים בברואיו אינם נופלים בעצמותו ית' כלל.

Y diremos que la elaboración de esta sustancia que Él hizo seguramente existía ya en el decreto del Bendito, destinado a ser realizado, y que él lo iba a realizar, porque no podemos atribuir el Bendito una adición o un cambio en absoluto, ya que no puede aparecer nada que no estuviera ya con Él. Pero ya estaba en su deseo de hacer esta materia. Aunque no se puede decir que el mundo existiera en potencia, ya que no hay ninguna relación entre la esencia del Bendito y sus criaturas. Y todos los atributos que se aplican a su creación no se aplican a la esencia del Bendito para nada.

רק כשרצה לחדש ממש החומר הזה, אז חידש מיני השפעות ממנו
ית' שהיה בחוקם ממש להוציא החומר הזה, ויש להם יחס לחומר
הזה, כי לא חודשו אלא בשיעור הגון להוציא החומר הזה.

Sólo cuando realmente quiso crear esta materia, entonces renovó todo tipo de influencias que implicó en la creación de esta materia, y éstas tienen una afinidad con esta materia ya que han sido emitidas según la justa medida que permite hacer salir a esta materia.

ואמנם ההשפעות האלה כבר הודעתיך שהם מיני השפעות ההול-
כות בסדר הדרגה. אך לא תקרא סיבה קרובה אל החומר הזה בת-
כונתו כאשר הוא, כי אם המין האחרון והפחות שבכל ההשפעות.
וכבר פירשתי לך דבר זה למעלה באר היטב.

Y ciertamente, ya te he informado de que estas influencias van según un orden, y no se puede designar como causa inmediata de esta materia en su estado actual más que a la última y más inferior de todas las influencias. Y antes ya te he explicado bien esto.

ונמצא, שמאז חודשה ההשפעה הראשונה, כבר יש בחוקה עשיית
החומר, ונקרא שהחומר הזה כלול בה, כי בחוק ענינה הוא, ולא נת-
חדשה אלא בעבורו; אך היא עדיין סיבה רחוקה, כי ענינה יותר נכבד
ומעולה ממה שמצטרך למציאות החומר השפל. וההשפעה השנית
תהיה סיבה יותר קרובה אליו, והוא כלול בחוקה וקרוב יותר לימ-
צא ממה שהוא בראשונה. וכן על דרך זה הולך ומתגלגל בחוקי כל
ההשפעות שחידש לבעבור זאת, ומן האחרונה שבהם יוצא בפועל.

Y así, desde que se renovó la primera influencia, ya existe en su ley la realización de la materia y podemos decir que esta materia se halla potencialmente en ella, ya que forma parte de su naturaleza y se originó únicamente para la materia. Es, sin embargo, una causa lejana, ya que es más noble y exaltada con respecto a lo que se necesitaba para la existencia de la materia inferior. La segunda influencia es una causa más cercana a la primera. Lo mismo ocurre con todas las influencias hasta la última, que puede hacerla salir de una manera efectiva.

והנה אין ההשפעה הראשונה אלא מציאות החומר הזה מושפע ממנו ית' ביתר שאת ממה שראוי להיות. וההשפעה השנית כמו כן מציאות החומר הזה מושפע בפחות כח מהראשונה. כי הרי אין ההשפעות אלא מציאות נמצא אחד משולח ומושפע ממנו ית', שעד שהוא משולח ממנו טרם שתצא תולדתו בפועל - נקרא השפעה ממנו. ובצאת ענין ההשפעה בפועל ויעשה נמצא.

Por eso, la primera influencia no es sino la existencia de esta materia proyectada con mayor intensidad de la necesaria para su materialización en la realidad. Del mismo modo, le segunda influencia es la existencia de esta materia, proyectada con menor intensidad que la primera. Pues las influencias no son sino la emanación de la existencia de un ente que procede del Bendito. Y todo el tiempo que es una emanación de Él y aún no se ha materializado en la realidad, se la llama «su influencia».

מן הנמצאות - אז יקרא תולדה. ונמצא ההשפעות והתולדות ענין אחד, אך ההשפעות הם כלל השגחותיו ית', והתולדות הם הנמצאות הנולדות מן ההשגחות. אבל השגחתו היא ככל שאר עניניו ית' הבלתי נודעים מצד עצמם, כידיעתו וזכירתו וחמלתו, שאינם דבר חוץ ממנו, ולא כידיעתנו וזכירתנו וחמלתנו; אבל הם השגחות שמצד פעולתם נשיגם, שאינם אלא המצאת הנמצאות ההם, ושילוח מציאות הנמצאות ההם ועצמותם מאתו ית'. ודי בזה לאשר שאלת.

Y cuando la influencia se materializa concretamente en la forma de una creación, se la denomina «engendramiento». Vemos, pues, que las influencias y los engendramientos son esencialmente una misma cosa. Las influencias implican el principio de sus providencias, y los engendramientos son las criaturas que surgen de estas providencias. Sin embargo, su providencia es como todas las demás cosas divinas que no pueden ser captadas substancialmente, así como su conocimiento, su recuerdo o su compasión, ya que no son cosas distintas de Él como lo son nuestro conocimiento, nuestro recuerdo o nuestra misericordia. Son influencias que sólo percibimos a través de sus efectos. Pero estas influencias no son nada más que la creación de estas criaturas y su surgimiento en una existencia independiente de la emanación del Bendito. Esto debería responder a lo que has preguntado.

קצה) אמרה הנשמה - ודאי הנני שמחה בחלקי מאוד מאוד, שקבלתי ממך ידיעות גדולות ועמוקות, ונשארתי מיושבת באמונה השלמה והנאמנה בכל הדברים שחייב כל בן דת משה וישראל להיות מושב בהם, ושלום על ישראל.

195. Dijo el alma: ciertamente estoy muy, muy feliz, de haber recibido esta gran y profunda información de ti, y me he fortalecido en una fe completa y fiel en todas las cosas en las que todo hijo de la religión de Moisés e Israel debe estar enterado, y la paz sea con Israel.

ברוך יי לעולם אמן ואמן.

Bendito sea el Eterno por la eternidad, amén y amén.

ÍNDICE ANALÍTICO

Los textos en *cursiva* hacen referencia a las **citas talmúdicas.**
El resto de referencias son para las **citas bíblicas**

Símbolos

A

B

C

D

E